Die sinnlose Gesellschaft

Das Humankapital eines fiktiven Geldwerts

Wolfram Pfreundschuh

Wolfram Pfreundschuh befasst sich seit 1970 mit den Grundlagen marxistischer Theoriebildung. Er hatte 1979 mit seinem Buch „Der Reichtum der bürgerlichen Gesellschaft“ den gedanklichen Zusammenhang von Marx in der Beziehung seiner „Frühschriften“ zu seinem Hauptwerk, dem „Kapital“, als eine fundamentale Kulturkritik nachgewiesen. Seit 1978 arbeitet er an einer systematischen Kritik der politischen Kultur, mit der er sein Engagement in der antipsychiatrischen Bewegung der siebziger und achtziger Jahre unterlegte und die bis heute die Grundlage für seine seit Juni 2001 herausgegebene und ständig aktualisierte Web-Site „kulturkritik.net“ ist.

In diesem Buch über „Das Humankapital eines fiktiven Geldwerts“ stellt er den Zusammenhang der bisherigen marxistischen Diskussionen mit den neueren Entwicklungen des Kapitalismus durch die Globalisierung des fiktiven Kapitals her, die bisher nur bruchstückhaft und oft auch sehr unzureichend begriffen ist. Das liegt nach seiner Auffassung nicht nur an dem Unvermögen einer zeitgemäßem marxistischen Analyse, sondern schon an der mangelhaften Rezeption des Marx'schen Gesamtwerks, die noch nicht in die konkreten Verhältnisse dieses Jahrhunderts finden konnte. Der Wertbegriff von Marx - seine Arbeitswerttheorie im weiteste Sinn - ist unumgänglich, um diese Zeit und ihre fiktiven Geldwerte zu begreifen.

Deshalb versucht der Autor eine andere Herangehensweise an das schwere Thema, indem er keine Begriffe in ihrer theoretischen Folge abarbeitet, sondern von einer Welt berichtet, die vor allem auch subjektiv begriffen werden muss. Er geht dennoch auf das Thema ganz objektiv und sehr umfassend und tiefgründig im Zusammenhang der ganzen Marxschen Theoriebildung ein und bezieht daraus auch neue Gedanken für eine der Zeit entsprechenden und absolut notwendigen gesellschaftlichen Veränderung. Diese muss nach der Darstellung seiner konkreten Utopie in eine kommunale, regionale und internationale Ergänzungswirtschaft münden, in welcher Politik durch eine qualifizierte Delegation entschieden wird und die wirtschaftlichen Beziehungen durch ein Rechengeld ins Verhältnis gesetzt werden.

Dieses Buch ist eine wissenschaftliche Erzählung über die Lebenszusammenhänge im globalisierten Kapitalismus mit Begriffen, die seine vielfältigen Erscheinungen durchdringen. Es ist eine wissenschaftliche Argumentation gegen eine Diskussion, in der bisher das Anliegen des Marxismus in seinen wesentlichen Positionen blockiert wurde und deshalb neu auseinandergesetzt werden muss.

Danksagung

Ich danke den Menschen, die mir bei der Diskussion, Lektorierung und Finanzierung dieses Buches zur Seite standen, besonders Gerhard Falk, Markus Hoffmann, und Holger Biebrach.

Bibliografische Information der Deutschen Nationalbibliothek:
Die Deutschen Nationalbibliothek verzeichnet diese Publikation
in der Deutschen Nationalbibliografie,
detailierte bibliografische Daten sind im Internet abrufbar über
http://dnb.dnb.de

2. Auflage 2019
Satz: Verlag Kulturkritik
Druck: BoD –Books on Demand, Norderstedt
Verlag Kulturkritik, Holger Biebrach, Am Veringhof 7, 21107 Hamburg
Email: verlag@kulturkritik.net
ISBN: 978-3-947823-62-8

Inhalt

Zur Einführung

In der Summe, sagt man, gehe es den Deutschen „doch ganz gut". Die Auftragsbücher sind voll, denn die Zinsen sind günstig wie noch nie - günstig für die Investoren und Spekulanten. Die Arbeitslosen haben sich in ein Heer von „Aufstockern" verwandelt, weil die in der Mittelschicht verarmten Selbständigen zu Subunternehmern der Arbeitsverwertung geworden sind. Und die Kaufkraft des Geldes ist stabil geblieben, weil die Importe von Lebensmitteln und Ausstattungsgütern für den Lebensunterhalt mit einer Währung bezahlt werden, die den Lieferanten unterwertige Preise aufzwingt. Eine zunehmend autarke Energieversorgung macht die reichen Länder unabhängiger vom Preisdiktat der Erdölförderung. Im Angebot an billigen Arbeitskräften herrscht im Bereich der Dienstleistungen kein Mangel, weil der Arbeitsmarkt von Wirtschaftsflüchtigen aus anderen Ländern überflutet ist. Und solange die Exporte der reichen Länder die Wirtschaftskraft der armen blockieren, werden auch immer wieder billig Arbeitskräfte ins Land einreisen wollen. Das zentrale Problem ist überhaupt die Masse der Produkte, die dabei entstehen, weil Geld nur Wert hat, wenn damit auch Produkte eingekauft werden. Aber solange der Massenkonsum anhält wird das Geld schon irgendeinen Wert haben und so wird auch die Mehrwertsteuer weiterhin viele Löcher der Haushaltskasse stopfen.

Nicht mehr die lokalen Verhältnisse sind die Ressourcen der Wirtschaft - und auch nicht die realen Investitionen und das reale Geldvermögen der Banken. Sie schöpfen das Geld schon, indem sie es ausgeben. Giralgeldschöpfung nennt man das. Man hat hier vor allem viel Geld und viele Schulden. Und beides ist nötig, um auf den Märkten der Welt flexibel zu sein. Denn Geld ist nicht nur das Mittel der Selbsterhaltung und zur Bereicherung des Lebensstandards, sondern vor allem das Mittel der Spekulation auf mehr Geld, das durch den Geldeinsatz im Handel die eigene Position der konkurrierenden Geldbesitzer verbessert und die Zukunftserwartungen bestärkt. Denn ein Mehr an Geld versteht man als „Gewinn“ aus dem Handel mit Geld oder Gütern. So behauptet das ja auch die Volkswirtschaft mit ihrer Grenznutzentheorie, die das Geschick im Umgang mit Angeboten für den Einkauf und günstigem Verkauf als Quelle des Mehrwerts vermutet, als Produkt einer „unsichtbaren Hand“ des Marktes (Adam Smith), die es den geschickten Geldbesitzern ermöglichen soll, immer reicher zu werden, wenn er die Raffinesse dieser „Hand“ begriffen hat. Und tatsächlich werden die Reichern auch immer reicher, aber auch immer weniger, und die Armen werden immer ärmer, dafür aber immer mehr. Das jedoch lässt sich nur mit der Arbeitswerttheorie von Karl Marx erklären. Denn der Reichtum der Geldbesitzer ist nicht das Resultat des Liberalismus der „freien und sozialen Marktwirtschaft“, sondern der Enteignung der Lebenskräfte von Mensch und Natur.

„In Deutschland herrscht Wohlstand“ behaupten die Agenten der politischen Ökonomie und meinen damit die Statistiken zur Handelsbilanz dieses Meisters der Exportwirtschaft, die „Erfolgsgeschichte“ seines Bruttoinlandsprodukts (BIP), in der die Geldumsätze der Finanzwirtschaft, der Realwirtschaft und der Dienstleistungen gegeneinander positiv aufgerechnet sind [(1)]. Und dieses gilt als Gradmesser des Wohlstands, als sei der bloße Umsatz des gesamten Handelsvermögen in seiner Geldsumme auch das positive Vermögen der Deutschen, als wäre das Leben der Menschen hier auch so reich und vielfältig, wie die Umsätze und Kredite, die hier zirkulieren. Und so gilt

1) In der Statistik des Bruttoinlandsprodukts werden alle Umsätze aufsummiert, die auch völlig gegensinnige Werte darstellen. So erscheint dort der Geldumsatz der Finanzindustrie ebenso positiv, wie der realwirtschaftlich erzeugter Produkte, obwohl erste dem Buchgeld einer Negativverwertung entspringen, die letztre Produktion entwertet, ein fiktives Kapital gegen reelle Produktion verrechnet. Von daher kann das BIP überhaupt keine Aussage über den Wohlstand einer Nation machen. Der wäre dann um so größer in dem Maß, wie das Kreditwesen anwächst.

dieses Vermögen, das die Menschen für ihren Lebensunterhalt und ihren Konsum nötig haben, auch schon als ihr Lebensstandard, für den sie sich abarbeiten, sich ausbilden und verfüttern. Sie selbst sind in ihren persönlichen Eigenschaften und Fähigkeiten, in ihrer ganzen Kultur durch diese Geldzirkulation des Kaufmittels bestimmt, sollten sich eigentlich als Humankapitals einer gigantischen Reichtumsproduktion verstehen, das praktisch alles Leben auf blanken Notwendigkeiten des Zahlungsmittels reduziert (2).

Von diesen ungeheuerlichen Geldmengen und Umsätzen her könnte man ja auch meinen, die Menschen hier seien wirklich reich. Doch die Bevölkerung ist politisch tief gespalten wie die der meisten kapitalistischen Länder, in denen die Mittelschichten zerbrechen und Arbeitsleute und Angestellte immer wieder mal zu einer Randgruppen werden. Das macht Angst und stellt sich auch in den politischen Positionen bei öffentlichen Auseinandersetzungen immer deutlicher und härter dar. Immer öfter sind sie fanatisch und mit Gewalt verbunden. Die Meinungen streben auseinander, die Rechten ziehen in die Parlamente ein und machen sich mit ihren Ressentiments und Pogromen immer stärker in den Ängsten der Bevölkerung breit. Im Allgemeinen scheitert man an den Glücksversprechungen auf eine Zukunft, in der alle Bildungen aufgehen soll, die heute schon im Niedergang sich

2) „Humankapital [engl. human capital], beschreibt diejenigen Merkmale einer Person, die ihr ermöglichen, wirtschaftlich produktiv zu handeln. Der Begriff geht auf Arbeiten der Wirtschaftswissenschaftler Jacob Mincer, Theodore W. Schultz und Gary S. Becker zurück. Das Konzept dient der Erklärung von individuellen Unterschieden im ökonomischen Erfolg (mikroökonomisch, etwa Einkommensunterschiede) und von nationalen Unterschieden im ökonomischem Erfolg (makroökonomisch, etwa im durchschnittlichen Pro-Kopf-Bruttonationaleinkommen). Daneben wird Humankapital zum Verständnis von Gesundheitsverhalten, Erziehung und Fertilität herangezogen. In der Regel wird Bildung als Indikator für Humankapital verwendet, konkret der höchste Abschluss einschließlich tertiärer Bildung oder der Umfang an Bildungsjahren (Schule, Berufsschule und Hochschule zusammen).“ (zitiert nach dem „Lexikon der Psychologie“ von Dorsch)

befinden. Politische Rationalität verliert ihre Wirkung, der Kapitalismus feiert Urständ', linke Positionen zerstreiten sich während antikapitalistische von rechts besetzt werden. Man kennt das schon. Wo politische Kultur die Wahrnehmung einer bedrohlichen Wirklichkeit unkenntlich macht, sich in eine heile Welt rettet und die Selbstwahrnehmung mit kollektiven Events in ästhetischer Perfektion verfüllt wird, da können Massengefühle eine Politik durchsetzen, der innerhalb einer nur repräsentativen Demokratie wenig entgegen zu setzten ist. Es ist schließlich die perfekte, die in sich geschlossene Repräsentation, das Selbstgefühl in der Masse narzisstischer Selbstbezüglichkeiten vor allem diese befriedigt, in seiner Allgemeinheit zur Gesinnung einer öffentlichen Meinung wird, die vor allem abschaffen, ausgrenzen, abtreiben oder verbieten will, was ihr als Belastung von beliebiger Herkunft begegnet. Eine Demokratie, die Verstand und Einsicht in die Lebensverhältnisse anderer Menschen verlangt, lässt sich immer schwerer verteidigen, wenn und wo sie überhaupt noch wahrgenommen wird. Die Geschichte des Kapitalismus wiederholt ihre finsterste Seite immer dann, wenn der gesellschaftliche Verfall tragend wird.

Die hat schon seit dem Ende des 19. Jahrhunderts nicht nur die Prognosen von Karl Marx bestätigt, sondern auch neue Fragen aufgeworfen, die bislang nicht beantwortet, stattdessen eher verfremdet wurden. Unter den marxistischen Rezeptionen seiner Theorie haben sich nicht nur philosophische Revisionen - wie z.B. die von Theodor W. Adornos „Negativer Dialektik" - entwickelt, die Marx wieder „von den Füßen auf den Kopf" gestellt und zu einem Linkshegelianer deformiert oder zu einem Proudhonisten verfälscht hatten. Die so genannten „Postmarxisten" hatten sich dahin verstiegen, das Herzstück seiner Kritik der politischen Ökonomie, ihren Arbeitsbegriff und die darauf gründende Arbeitswerttheorie abzuweisen, weil beide „von der Zeitgeschichte überholt" worden seien. Doch ihre Erkenntnisse wurden dadurch nicht verschärft, sondern nur verflacht.

Und die Gründe hierfür sind nicht einfach als Schwachsinn abzutun. Tatsächlich hat sich die Welt um einiges verändert, tatsächlich lässt sich mit zunehmender Automation der Produktion und internationalen Vermarktung die Wertgröße der Produkte sehr viel schwerer aus dem Durchschnitt der aufgewendeten menschlichen Arbeitszeit erklären und schon gar nicht im Preis der Sache wiedererkennen. Offensichtlich hat sich der Gegensatz von Reichtum und Armut weit über das monetäre Vermögen hinaus tief in die Kultur der menschlichen Verhältnisse getrieben und in der sozialen und psychischen Wahrnehmung extrem verschärft.

Die abstrakt menschliche Arbeit lässt sich nicht mehr so einfach in den fast schon vollautomatisch hergestellten Produkten der Realökonomie als die Wertsubstanz menschlicher Arbeit, und auch als deren Wertgröße nicht mehr alleine aus der Länge der Arbeitszeit pro Tag erkennen. Es ist offenkundig, dass es das Proletariat kaum noch als gesellschaftliches Subjekt geben kann und deshalb kaum noch als „geschichtliches Subjekt" einer Revolution zu begreifen ist. Wer sich dennoch auf Marx weiterhin beziehen will, ohne seine Auseinandersetzung mit den sozialistischen Bewegungen seiner Zeit - und damit den wissenschaftlichen Sozialismus überhaupt - einfach abzutun, tut sich heute etwas schwerer, damit überhaupt noch wesentliche Aussagen über die Zustände unserer Zeit zu machen, auch wenn die Resultate und Krisen des Kapitalismus noch ganz offensichtlich die selben sind. An der Ausbeutung der des Lebens und der Lebensumstände der arbeitenden Menschen hat sich jedoch im Großen und Ganzen nichts Wesentliches verändert.

Es lässt sich jedoch die Mehrwertproduktion nicht mehr so einfach aus den Produkten einer realwirtschaftlichen Mehrarbeit und ihrer Wertrealisierung erklären, wenn der größte Wertbetrag nur noch als Buchgeld um die Welt zirkuliert und ganze Nationalstaaten niedermachen kann, weil die Fiktionen auf den Aktienmärkten deren

Realwirtschaft zugrunde richten. Die marxistische Arbeitswerttheorie steht damit nicht unbegründet im Zweifel. Doch zugleich kann nur sie wirklich aufklären, was hierbei Grund und Folge, was Wesen und Erscheinung ist und wie und wo dies zu ändern wäre. Das verlangt allerdings ein tieferes Verständnis ihrer Grundlagen und deren Beziehung auf den Weltmarkt des Finanzkapitals.

Der Nachweis, dass sich das Wertwachstum, die Mehrwertproduktion, aus dem Warenumschlag als Produkt einer unbezahlten Arbeit durch einen überlangen Arbeitstag herausstellt, muss durch den Beweis ergänzt werden, dass unbezahlte Arbeit inzwischen nicht mehr nur unmittelbar aus der menschlichen Arbeitszeit pro Produkt, sondern auch über den international zirkulierenden Geldwert begriffen werden muss, der sich als Existenzwert aus der Konkurrenz der Nationalstaaten um die Wirtschaftlichkeit ihrer Produktivität, um die Arbeitsersparnis ihrer Produktion ergibt. Er wird vom fiktiven Kapital durch die Spekulationen der Finanzindustrie auf den Weltmärkten dazu benutzt, die Währungsverhältnisse auf dem Devisenmarkt durch Druck auf ihre nationalen Geldwerte und deren Abhängigkeit vom umlaufenden Buchgeld zu bestimmen.

Der Umlauf des Weltgeldes verhält sich als fiktives Kapital nicht mehr nur in der Zeit, sondern auch im Handel der Geldwährungen. Der politische Raum der Nationalstaaten ist immer mehr aus dem Verhältnis ihrer Grundwerte, der Existenzwerte ihrer durchschnittlichen Subsistenz durch die Konkurrenz der Währungen bestimmt. In deren Handelskriegen verhält sich der Geldwert ihrer Währungen gegen ihre Realökonomie und verhält sich als Wert von Zahlungsterminen, Staatsverschuldung, Giralgeld und Eigentumstiteln selbst unmittelbar gegen die Preisbildung der Realwirtschaft. Das realwirtschaftliche Arbeitsprodukt kann sich deshalb kaum noch adäquat auspreisen. Denn der Mehrwert wird immer weniger aus einer reellen Produktion, sondern vor allem aus dem Arbeitslohn über die Preise für die Nutzung von Lizenzen, der Vermittlung von Agenturen und Institutionen und über Miete und Pacht von Eigentumstiteln im Nachhinein der Produktion entnommen wird. Hierfür ist es nötig, den Wertbegriff, besonders seine Wertsubstanz und Wertgröße weitaus tiefer zu begreifen, als dies bisher geschah.

Aber auch hierfür liegt längst eine Begrifflichkeit von Marx vor, die bisher mehr oder weniger achtlos überlesen wurde: Nicht das sachliche Produkt als ein nützliches Ding an sich verkörpert einen Wert, sondern nur das Wertding, das gegen seine Herkunft aus dem Arbeitsprozess nichtig bestimmt ist, als eine Sache als Verkörperung einer gesellschaftlichen Abstraktion, als Produkt einer abstrakt menschlichen Arbeit zum privaten Gebrauch und Verzehr. Deren Geldform bleibt ihre einzige Gesellschaftsform, die völlig gleichgültig gegen ihren Gebrauchswert sich verhält. Deren Wert hat nur eine abstrakte Substanz, in der überhaupt alles nur entsteht und besteht, um verbraucht und vernutzt zu werden. Das ist zwar vielleicht auch jedem informierten Marxisten klar, aber genau dies wurde bislang nicht grundsätzlich auf die Erscheinungen unserer Zeit hin vertieft, weil die Sache immer noch wie das Ding im Sinne von Immanuel Kant, aber nicht als ein wirklich äußerer Gegenstand begriffen wurde, wie ihn Marx im Kapital als eine dem Menschen fremd gewordene Macht analysiert hatte, die ihn bindet und unterwirft, indem sie ihn wie ein Fetisch gesellschaftlich sein lässt, wo er nur isoliert und privat existieren kann.

Der Zugang zu einem Mehrwert als unbezahlte Arbeit, und dass, der sich auch in Dienstleistungen erzeugt und vermittelt, blieb lange außen vor und wurde von den Diskussionen um Wert, Preis und Profit ausgeschlossen, weil sie nicht so sinnfällig zwischen Lohnarbeit und Kapital als Machtverhältnis im Arbeitstag der Menschen verhandelt und noch weniger als eine Art Übervorteilung behandelt werden kann. Doch gerade in den modernen Dienstleistungsgesellschaft finden heut die wichtigsten Wertbeziehungen statt und machen heute auch die Verwertungslogik in den reichen Ländern der Erde aus. Ihr Wert bewegt sich nämlich vor allem in der Geldmenge eines konstanten Kapitals, im Wert von Einrichtungen, die nur zur Reproduktion des Kapitals und der ihm nötigen Infrastrukturen selbst Verwendung finden. Darin leben und arbeiten die Dienstleister und existieren darin selbst mit „Haut und Haaren", bezahlen Steuern und Gebühren und ihre Miete zur Nutzung der bereit gestellten Wohnungen, der Kommunikations- und der Verkehrsmittel.

Und gerade dieses Wertgemenge lässt sich nur noch zu etwa einem Zehntel aus dem Warenhandelskapital bestimmen und bewegt ansonsten vor allem die Fiktionen des Kapitals und seiner Spekulationen. Und darin wird dem Finanzhandelskapital zu seiner Wertdeckung vor allem sehr viel Arbeitsaufwand als unbezahlte Arbeit aus Dienstleistungen übereignet. Dort existiert dann allerdings kein realer Mehrwert aus Mehrarbeit, sondern vor allem ein Kapital als „Frischgeld" zur Wertdeckung fiktiver Geldwerte, durch das sein Bestand über seine politische Macht der Staaten als Wert von Fiktionen gehalten, ernährt und ausgeweitet wird. Dienstleistungen sind lebendige Arbeit, die nicht als Sache ihren Wert darstellen können, sondern nur durch die Existenz von Menschen, die sie leisten. Das „Proletariat" von heute existiert als ein „Humankapital", das durch einen fiktiven Geldwert bestimmt und bewegt wird und durch einen Existenzwert innerhalb der Nationalstaaten bestimmt ist, lebendige Arbeit für tote Verhältnisse zu leisten hat.

Doch gehen wir erst mal in die Geschichte zurück, um sie als Geschichte des Humankapitals zu beschreiben. Mit der zunehmenden Automation der Produktivkräfte und der damit verbundenen Entwertung der menschlichen Arbeit gelangte die Ausbeutung der nationalen Realwirtschaft schon zum Ende des 19. Jahrhunderts an die Grenze ihrer Kapitalverwertung, der Wertsicherheit des Geldwerts und der

Währungen der verschiedenen Nationen. Über Kolonialismus und Imperialismus waren sie noch gewaltsam in Wert zu halten. Hieraus speiste sich aber vorwiegend das Finanzkapital, das sich als Kreditgeber einer Weltwährung zu einer selbständigen Weltmacht entwickelte. Seine Verwertungskrisen traten daher als Weltwirtschaftskrisen einer unbändigen Stagflation (3) auf, die bis dato zwei Weltkriege entzündet haben. Denn bislang konnten solche Krisen nur durch die kriegerische Ausweitung der Märkte und Einflussbereiche bewältigt werden. Und solche Kriege besorgten zugleich auch die Vernichtung von Überproduktion, Produktivkraft und politischen Systemen und setzten mit ihrer Kriegswirtschaft die stagnierende Produktion wieder in Gang. Aber eben nur auf Zeit und auch unglaublich teuer. Kriege „lohnen" auf Dauer sich inzwischen nicht mal mehr für das Kapital, weil es durch die Zeiten hindurch nur noch in den Verhältnissen seiner Zeitumsetzung, seiner Bewegungszeit zwischen den Phasen seiner produktiven Verwertung und denen der bloßen Materialvernutzung verwertungslogisch funktioniert. Kriege betreiben immer schon die Zerstörung ganzer Gesellschaften, und wenn der Kapitalismus selbst nicht mehr funktioniert, dann verbleiben diese eben auch nur noch als eine zerstörte Welt voller Elend, in dem sich nichts mehr produzieren oder handeln lässt.

Mit seiner fast totalen Vernichtungswut zeigte sich die Geschichte der absoluten Kapitalverwertung getrieben von der Sucht nach einem Mehrwert, der chronisch erschöpft war, - schon im Vorhinein ausgeschöpft durch Staatsverschuldung und durch den Zerfall des Kreditwesens. Das stellte sich immer wieder als Falle der bürgerlichen

3) Stagflation ist eine Inflation, ein Verfall des Geldwerts zu einer Wertgröße, mit der keine Produktion mehr rentabel sein kann und diese stagnieren lässt. Von daher ergeht hieraus eine Deflation, eine Stagnation des Bruttoinlandsprodukts der Nationalstaaten. Dies ergibt seitens des Geldes eine Entwertungsspirale, da der sinkende Wert des Inlandsprodukts die nationale Geldentwertung weiter treibt.

Lebensverhältnisse heraus und erzwang aus dem, was dabei entstanden war eine politische Macht, welche zur Anwendung als Staatsgewalt eine ihr entsprechende faschistische Kultur nötig hatte, um sich in ihrer Brutalität gegen die Bevölkerung auch durchzusetzen. Faschismus ist die Rute (ital. „fascies“) des Nationalstaats, der politisch wie wirtschaftlich am Ende ist. Er ist immer wieder die Reaktion einer sich selbst auflösenden Demokratie auf die Zerstörung von Gesellschaft in einem Staat, der seine Gewalt gegen die Bevölkerung richtet, um sich als Gewalt seiner Macht zu erhalten. Hierfür nötig ist eine kulturpolitische Auftrennung zwischen Sozialem und Politischen, zwischen Meinung und Gesinnung, zwischen dem Teil und dem Ganzen, zwischen Art und Abart.

Durch die Verfügung über „das Gute“ und „das Böse“ einer Gesellschaft will sich der Staat als Kulturmacht verwirklichen, das „so genannte Böse“ (vergl. Hannah Ahrend) ausgrenzen oder vernichten. Und daran sind vor allem die Menschen einer niedergehenden Mittelschicht interessiert hierzu befähigt, die sich gerne im Glauben an das Große und Ganze zu retten suchen. Sobald die Menschen gegen einander und ohnmächtig gegen ihre Lebenswirklichkeit gestellt sind, glauben sie leicht an Heilsvorstellungen, die ihnen einen Ausweg aus ihrem Elend versprechen. In dem Maß, wie das Kapital am Unvermögen seines Krisenmanagements scheitert, sucht es sich über den Staat zu retten. Und der muss letztlich - schon um sich selbst zu erhalten - alles tun, was dem Verwertungsstreben des Kapitals nützlich ist. Und hierfür ist der Staat bereit, den wirklichen Lebenszusammenhang seiner Bevölkerung aufzulösen und zu entkräften, um deren ganze wirtschaftliche und kulturelle Existenz an sich zu binden. Staat und Kapital lösen einander in der ihnen entsprechenden Art der „Krisenbewältigung“ ab.

Aber der Kapitalismus gelangte so in einen Kreislauf ohne Ende: Nach der Zerstörung durch den furchtbarsten der Kriege, nach einer totalen Kritik des Totalitarismus der Faschisten, nach dem „Wirtschaftswunder“ durch die Geldanlagen des Marshallplans, konnten die Währungssysteme wieder frei konkurrieren und ihren Hauptfeind, den Kommunismus, durch ihr weltmächtiges Wirtschaftsvermögen aushebeln. Es schien das Ende einer jeden sozialistischen Bewegung zu sein. Aber trotzdem fing alles nur von vorne an, weil das Geld immer wieder mehr Wert darstellen muss, als es an Mehrwert darstellen kann. Die verfügbaren Geldmengen des Kapitals übertrafen schon bald bei weitem das Vermögen der Nationalstaaten, deren Staatsverschuldungen selbst nur noch - wenn überhaupt - durch eine Weltbank zu decken war. Mehrwert kann eben in Wirklichkeit nur durch das Kreditwesen fort existieren, das auf nationaler Ebene durch den Staat gesichert sein sollte. Die Globalisierung hatte bis zum Ende des 20. Jahrhunderts ein Weltgeld entwickelt, welches das gesamte Kreditwesen einer weltweiten Finanzwirtschaft zum Medium einer internationalen Ausbeutung der Währungen und des so genannten Freihandels der realwirtschaftlichen Verhältnisse getrieben hat.

Die Produktion des Mehrwerts verschärft nun weltweit über den Devisenhandel die Ausbeutung menschlicher Arbeitskraft, die Verwertung unbezahlter Arbeit vor allem aus armen Ländern, und erfand durch die Internationalisierung der Preisbildung auf den Weltmärkten neue Techniken einer so genannten Finanzindustrie, ein neues „Anlagesystem“. Das funktionierte direkt über die Preisbildung des Geldes über den Derivatenhandel, durch das eigenständige Wertmaß seiner „neuen Finanztechniken“ im Terminhandel und einer Giralgeldschöpfung. Diese „Industrie“ verfügte nicht nur indirekt über die Arbeit, sondern auch direkt über die ganze Existenz der Menschen, die das Finanzkapital über die Staats- und Privatbanken immer besser auszubeuten verstand. Indem der Kapitalvorschuss über den Handel mit Buchgeld, dem fiktiven Kapital von Schuldverschreibungen, auf eine selbständige Ebene des Terminhandels in eine Ausbeutung der nationalen Währungen gehoben wurde, war der Geldwert selbst zum Machtmittel einer verdoppelten Ausbeutung der Menschen entwickelt worden, deren Arbeitskraft wie auch ihre ganze Existenz entwertet wurde. Über die Entwertung ihres Geldes durch die Ausbeutung ihres Existenzwerts als Staatsbürger eines Währungssystems, hatte das globale Kapital Einfluss in das unmittelbare Leben der Menschen gewonnen und sich bis in deren Bedürfnisse und Erlebensweisen eingeschlichen. Dessen Wertsubstanz wurde zunehmend und tiefgreifend vor allem von bloßen Eigentumstiteln bestimmt und der Maßstab ihrer Preisbildung wurde selbst zum Wertmaß ihres Zahlungsmittels, dem Geld, das nun auch vor allem als das Kaufmittel ihrer Währung funktioniert und von ihrem Staat geschützt und versichert werden muss.

Das fiktive Kapital des herrschenden Schuldgeldsystems hat die reichen Gesellschaften durch die Konkurrenz der nationalen Währungen dahin getrieben, dass sie sich aus den gegenständlichen Notwendigkeiten ihrer wirklichen Lebensverhältnisse - dem Reichtum ihrer sinnlichen Lebenswelt - durch die Verwertung von reinem Buchgeld abgehoben haben, so dass sich ihr fiktiver Wert selbst als das Geld, als Vermittlungsmacht ozeanischer Verhältnisse und Beziehungen in den Stürmen ihrer Konjunktur verhält. Die Nationalstaaten sind darin die Geisterschiffe, die Träger eines fiktiven Geldwerts, und die Menschen die Schwimmer in einer Wasserwüste, die von Durst geplagt nach Boden und Land streben. Sie sind die Konsumenten eines völlig irrealen Mehrwerts - nicht einfach als Konsumenten eines Mehrprodukts, sondern als süchtige „Verbraucher", die überleben müssen im Tittytainment einer Welt voll ungeheuerlicher Geldmengen, in der sie aufgehen wie untergehen je nach dem, wann, wie und wo ihnen ein Boden durch irgendeine Arbeit geboten wird. Ihr Leben erscheint als bloßes Erleben nur mehr zufällig wirkender Ereignisse, wird geschichtslos und beliebig, zur reinen Glückssache, denn nichts bleibt darin wirklich so, wie es entsteht oder entstanden war, und es verändert sich ohne wirklichen Grund, weil dieser abwesend, also wesenlos da ist. Der Zufall wird mächtig, der Mensch muss sich ihm beugen.

In ihrer Konsumkultur stellt sich eine Lebenskultur her, die hierfür nützlich, für die Menschen aber gesellschaftlich sinnlos ist, keinen Sinn von ihnen und keinen Sinn für sie vergegenständlicht. Sie leben in einer Befriedungssucht, einer Scheinwelt unendlicher Bezogenheiten, und dienen ihr durch ihre Dienstleistungen, die ihre öffentliche Kultur als Design des Lebens schlechthin zur Wirkung bringt. Es ist das Leben einer Existenz, die alleine aus den ganz privaten Bedürfnissen ihrer zwischenmenschlichen Lebensverhältnisse schöpft, denen sie als Mittel ihrer Selbstbestätigung nachjagen, sich darin für sich und durch sich selbst behaupten, um sich auch selbst als Leben durch andere und für andere zu vermitteln, um dadurch alles zu erleben, was sich wie eine Geschichte ihrer Subjektivität ereignet, auch wenn es nur objektiv gegeben ist in einem allgemeinen Dasein, das sich für ihren ganz persönlichen Existenzwert, ihrem Selbstwert als objektives Selbstgefühl hernehmen lässt.

Fiktionen werden dadurch wahr, dass sich ihre Verhältnisse als Lebensform einer Selbstverwertung aneignen und wahrmachen lassen, um einer hiervon abgehobenen politischen Klasse der Wertverwertung Mehrwert zu beschaffen. Die Menschen erfüllen hierbei die Notwendigkeiten ihrer politischen Existenz als personifizierte Wertträger und Konsumenten, als Bürger und Bürgen der Nationalstaaten, die ihre politische Existenzform, ihren Existenzwert als Moment einer internationalen Kapitalverwertung produktiv vermitteln. In ihren Dienstleistungsgesellschaften existieren sie daher selbst vorwiegend als Lebensform einer toten Arbeit, als Humankapital in einer durch und durch inhuman gewordenen Welt, die für sich keinen Sinn findet, weil sie nur noch Geld und Kapital im Sinn hat.

Eine Gesellschaft, in der die Menschen die Produkte ihrer Arbeit nur in der Geldform für sich nutzen können und sie sich den Sinn ihres Lebens nur ganz für sich besorgen können, kann leicht auch jeder Widerstand verlorengehen, wenn deren Lebenswelt sich nicht mehr wirklich erklären lässt, keine Aufklärung ihrer Wirklichkeit mehr sinnvoll in ihre Verhältnisse eingreift. Die Lebenswelten einer den Menschen fremden Sinnlichkeit wurden von Karl Marx wissenschaftlich schon vor langer Zeit ausgeführt, und liegen noch zu einem beträchtlich unbegriffenen Anteil einer ihm adäquaten Rezeption entzogen. Erst wenn sie als eine Kulturkritik begriffen sind, die eine theoretische und zugleich praktische Kritik der politischen Verhältnisse umzusetzen versteht, werden die unmittelbaren Lebenswelten auch als gesellschaftliche Verhältnisse erkannt und verändert werden können. Der Gütesiegel ihrer Kultivierung muss gebrochen werden, bevor die Menschen mit ihrer Lebenswirklichkeit dahinter hervortreten können.

Die marxistische Theoriebildung muss in der Befassung mit Geld, Kultur und fiktivem Kapital nachholen und auch ihre Grundlagen überprüfen, die von Karl Marx wesentlich weiter begriffen vorgelegt worden waren, als sie umgesetzt wurden. Die Gliederung dieses Buches verfolgt das Interesse, einen Weg für diese Arbeit zu diskutieren und abzuklären. Sie beginnt mit dem Marxismus als wissenschaftliche Erarbeitung einer Analyse, die an den praktischen Lebensverhältnissen der Menschen ansetzt, um auf diese als eine neue Lebenspraxis zurück zu kommen. Eine erneute Befassung mit der Arbeitswerttheorie ist durch die Wirrungen des realökonomischen Kapitalbegriffs der Arbeiterbewegung nötig geworden, der auf einen Kampfbegriff eines darin verewigten Arbeiterbewusstseins reduziert worden war. Aus dessen Kritik ergibt sich schließlich ein neues Verständnis der Globalisierung des fiktiven Kapitals, aus dem sich eine weiterführende Einschätzung der politischen Kultur einer Dienstleistungsgesellschaft ergibt. Und daraus resultiert dann auch die konkrete Utopie einer Zukunft, die das

Verhalten der politischen Auseinandersetzungen in den Verhältnissen der reicheren Nationen der Gegenwart begründen kann.

Das Ziel ist eine Formveränderung der Gesellschaft von einer aus örtlichen Ressourcen beschränkten Konkurrenzgesellschaft zu einer internationalen Ergänzungswirtschaft. Durch diese sollen die Kommunen, Regionen und Länder einen Ausgleich und Fortschritt durch ihre Beziehungen gestalten können, die das Leben der Menschen bereichert und die zugleich zur Fortbildung eines weltweiten Lebensreichtums beitragen. Mit einer Vertragswirtschaft durch wirtschaftliche Ergänzungen wird es möglich, eine Geschichte der Erneuerung der menschlichen Gesellschaften zu begründen und die Formbestimmungen der privatwirtschaftlichen Verwertungslogik zu überwinden. Indem diese durch konkrete gesellschaftliche Beziehungen ersetzt wird, ist auch der Ersatz des Kaufmittels Geld mit einem bloßen Rechengeld möglich, das die Bedingung für einen Gütertausch jenseits der Kapitalwirtschaft ist und durch das die wirtschaftlichen Beziehungen in ein Verhältnis gesetzt werden, das in der Lage ist, eine reziproke Geldentwertung zu betreiben. Durch die Verträglichkeit einer allgemeinen Grundsicherung eines Jeden mit den hierfür nötigen Aufwänden wird zugleich eine Grundlage zur Entgeltung einzelner Mehraufwände geschaffen. Und so wird sich auch das Privateigentum selbst als ein soziales Eigentum der Kommunen und Regionen zur Vorratshaltung weiter führen lassen, die in soziale wie auch einzelne Produktionen investiert werden kann. Die politischen Entscheidungen werden sich dann nicht mehr aus persönlichem Dafürhalten und Wollen bestimmen, sondern in den Stimmverhältnissen einer qualifizierten Delegation beschlossen, die durch Herkunft, Betroffenheit und Vorhaben bestimmt ist. Über all dies im Folgenden also mehr.

Wolfram Pfreundschuh
München im Oktober 2018

Die globale Kapitalisierung der Nationalstaaten

Geld hatte schon im Mittelalter eine zentrale Funktion im Kreditwesen für den Handel oder für Investitionen in die Kirche oder den Staat oder in Kriege usw. Und das Kapital hatte sich schon seit Beginn der Industrialisierung weltweit als Warenhandelskapital und Geldhandelskapital zu einander verhalten. Das war auch der Grund, warum die Wechselgeschäfte [(4)] im Kredithandel überhaupt durch die Probleme der Transportwege und ihrer Zeitdauer für den Terminhandel nötig und einsetzbar wurden. Der war anfangs einfach nur eine Art Transportversicherung, mit der die so genannten Wechsel (das sind unabdingbare Zahlungsverpflichtungen) auf den Termin einer Anlieferung disponiert wurden, damit keiner der Beteiligten durch unglückliche Umstände während einer Lieferzeit von Monaten geschädigt wurde. Im Handel mit Bodenschätzen wurde die Ausbeutung von Devisen betrieben, die schließlich die Anbaukulturen der armen Länder soweit monopolisiert hatten, dass sie sich einem politischen und militärischen Kolonialismus nicht mehr entgegensetzen konnten. Der Übergang zu einem imperialen Welthandel der mächtigen Staaten war schließlich die einfachste Möglichkeit, ein Weltgeld einzurichten, in das sich viele Währungen transformieren lassen mussten, um im Warenhandel mit den Reichen sich zu erhalten. Das war zum Ende des 19. Jahrhunderts die Grundlage eines weltweiten Kreditsystems mit Staatsanleihen, das die Weltwirtschaftskrisen und Weltkriege des 20. Jahrhunderts zur Folge hatte. Die Voraussetzungen und Mittel hatte der Kapitalismus seit Langem selbst geschaffen und auch längst an den Börsen mit Produktbewertungen und Staatsverschuldungen gehandelt und die Nationalstaaten wurden nicht müde, ihre Währungsprobleme durch

4) Als Wechsel wurden absolut rechtsverbindliche Schuldverschreibungen bezeichnet, die selbst wie Bargeld gehandelt werden konnten.

Staatsanleihen aufzulösen. Diese wurden damit zu einer weltumspannenden Wirtschaftsgrundlage der Weltpolitik.

Deren wesentliche Grundlage ist daher selbst ein Kapitalvorschuss in die Geldzirkulation, durch den Geld mehr Wert schaffen konnte, als es selbst darstellte. Das verlangt lediglich die Anwendung von Geld als Kaufmittel, wodurch Menschen, Länder und ganze Kontinente, die es als Zahlungsmittel für ihren Grundbedarf nötig hatten, zur Lieferung von Produkten verpflichtet wurden, die in den besser gestellten Ländern die Lebenshaltungskosten reduzierten und somit deren Mehrwert erhöhten. Als Vorschuss in produktive Arbeit ist jeder Kredit eine Art von Spekulation auf den „Gewinn" einer Geldsumme, der z.B. durch Investitionen in die Produktivkraft der Arbeit entstehen kann, weil dadurch weniger menschliche Arbeit und Kosten in sie eingehen und die Konkurrenzlage des angewandten Kapitals verbessert wurde.

Man könnte alle Kapitalvorschüsse als eine Art Kredit verstehen, wenn man davon absieht, woraus sie ihren Wert beziehen und wofür sie vergeben werden. Als Vorschuss in ein Zahlungsmittel sind sie etwas gänzlich anders als ein Kredit in das Kaufmittel Geld, durch den dessen Wert weitergehend verwertet werden soll. Und einige Vorschüsse verfolgen hierbei auch noch ganz gemischte Absichten. So sind z.B. ganz gewöhnliche Aktien zu einem bestimmten Teil tatsächlich Anlagen in ein produktives Kapital, das damit Mehrwert produzieren soll, zum größeren Teil aber meistens die Bezahlung für die Nachfrage nach diesen Papieren, also der aktuelle Preis für ihren Einkauf, weil nur eine bestimmte Menge dieser Papiere ausgegeben wurden. Der Vorschuss ist dabei zugleich existent als Wert und als Preis, durch den eine fiktive Kapitalmasse des Finanzhandelskapital in einem Existenzwert gebunden wird, ohne als Kredit mit Zins und Zinseszins zu funktionieren und auch nicht auf die bloße Auszahlung von Dividenden spekuliert, sondern eine reine Geldanlage ist, durch die Geld gegen seinen Wertverfall gebunden und als völlig unabhängiges Vermögen jenseits der

Realökonomie durch die Bestimmung von Handelspreisen verwertet werden soll. Das fiktive Kapital wird dadurch zu einer selbständigen Kapitalmacht, in der sich immer größere Geldmengen als nicht realisierbarer Mehrwert und zugleich als Vorgriff auf eine Wertrealisation aufhalten und bewegen und auch als Eigentumstitel in die Realität zurückkommen, „Frischgeld" abgreifen kann. Bei der Spekulation auf Derivate und Staatsanleihen geht es nicht mehr um die Produktivkraft der Arbeit, nicht mehr um die Wertrealisierung ihrer Produkte. Da geht es um eine Geldzirkulation, die sich hiergegen verselbständigt hat, um Wertspannen der Preisbildungen auf dem Finanzmarkt, die sich an den Terminen der Wertrealisierung festmachen. Das hat deren Richtung umgepolt, indem es durch Aufhäufung der umlaufenden Geldmenge einen Wert zu entziehen sucht, den die Menschen beibringen sollen, die das Geld als Zahlungsmittel verwenden, ihre Gebühren, Mieten, Steuern, Abgaben usw. bezahlen müssen.

Je mehr Kapital das Preisgefälle vorbestimmt, desto weniger Wert behalten die Produkte, die damit bezahlt werden. Und das beschleunigt vor allem die Geldzirkulation [(5)], die im Computerhandel schon aus Sekundenbruchteilen unglaubliche Gewinne aus Preisvorteilen abschöpfen kann. Das hatte auch die Erfindung einer internationa-

5) *„Bei ihrer Arbeit bewegen sich die Rendite-Jäger mit Lichtgeschwindigkeit in einem vielfach verzweigten weltweiten Datennetz - ein elektronisches Utopia, dessen Komplexität noch ist als die komplizierte Mathematik, die den einzelnen Transaktionen zugrunde liegt. Vom Dollar in den Yen, anschließend in Schweizer Franken, dann wieder ein Rückkauf von Dollars - innerhalb weniger Minuten können Devisenhändler von einem Markt zum nächsten, von einem Handelspartner in New York zu einem anderen in London oder Hongkong springen und Deals über dreistellige Millionenbeträge abschließen. Ebenso verschieben Fondsmanager oft binnen Stunden die Milliarden ihrer Kunden zwischen völlig unterschiedlichen Anlagen und Märkten. US-Staatsanleihen verwandeln sich da per Anruf und Tastendruck in britische Schuldtitel, in Japanische Aktien oder in Schuldverschreibungen der türkischen Regierung, die in D-Mark denominiert sind." (Harald Schumann in „Die Globalisierungsfalle" 1996, Rowohlt-Verlag Hamburg, S. 74 f)*

len Superwährung, der so genannten Bitcoins möglich gemacht, die wie die Nachfrage nach Wertpapieren funktioniert, indem sie über die weltweite Vernetzung von Computern alle Nachfragen nach dieser Währung hochrechnet und in Realzeit ihren aktuellen Preis darstellt und somit für jeden Kaufakt anwendbar macht. Aber ganz gleich, ob Geld in klassische Wertpapiere der Finanzindustrie oder in Bitcoins angelegt wird, es geht dabei nur noch um den Geldwert selbst, dessen Kaufkraft die Nationalstaaten durch ihre Finanzpolitik und durch die Besteuerung ihrer Bevölkerung wieder einbringen muss, um in der Konkurrenz auf dem Weltmarkt des Devisenhandels zu bestehen. Der Mehrwert aus dem beschleunigten Geldumsatz über die Preisbildung hat schon von Grund auf einen Haken: Der stoffliche Inhalt der Reichtumsproduktion wird dem Kapital entzogen, seine Realwirtschaft „geschleift", um einen immer fiktiveren Geldwert, um das Wertwachstum eines fiktiven Kapitals zu bedienen, nur um durch das Kreditvolumen seines Geldes im „Freihandel" auf dem Weltmarkt überleben zu können. Dessen Achse hat sich aus dem Verhältnis von Kredithandel und Devisenhandel herausgeschält und sich von daher fast jedem politischen Eingriff entzogen: Wer durch seine reale Wirtschaftskraft einem Land seinen Geldwert schneller zu reduzieren vermag, als es für sein Geld als Zahlungsmittel erwirtschaften kann, der obsiegt auch im Derivatenhandel durch die Kredite, die er hierfür aufnehmen kann. Und wer im Derivatenhandel hohe Geldsummen einzusetzen vermag, der treibt die Preise in die Höhe, die das Zahlungsmittel entwerten [(6)].

Die Nationalstaaten sind die einzige politische Gewähr für ihre Währung und fördern von daher alles, was fremdes Geld ins Land

6) Am 11.10.2018 betrug der Geldeinsatz in Derivate weltweit 442 Billionen Euro (ZDF „zoom - Geheimakte Finanzkrise"). Das gesamte Finanzhandelskapital handelt mit 770 Billionen Dollar. Dem steht ein weltweites Warenhandelskapital von 70 Billionen Dollar gegenüber.

bringt, auch wenn es damit ihre Infrastrukturen verwüstet. Und eine Frage gerät damit immer mehr in den Vordergrund: Was macht die stoffliche Wertsubstanz hierbei aus, wodurch lassen sich die Menschen dazu verpflichten, den Geldwert zu halten oder zu steigern, wenn sie mit ihrem Geld nicht mehr oder kaum noch die Preise für ihren Lebensunterhalt bezahlen können? Mieten können nicht unendlich steigen, Gebühren nicht beliebig erhöht werden. Nach wie vor relativiert sich alles am Einkommen und Auskommen der Menschen. Lediglich der nationalpolitische Druck auf ihre Existenz kann ihre Abhängigkeit vertiefen, ihre Bereitschaft zur Existenzsicherung um jeden Preis, auch um den Preis ihrer Selbstaufgabe erzwingen. Es geht ums Ganze, und wer nicht mehr folgen kann, scheitert an seiner eigenen Währung.

Diese Entwicklung wurde mit der Globalisierung des fiktiven Kapitals dadurch betrieben, dass die Nationalstaaten zu Konkurrenten und Händler ihrer Landeswährungen werden mussten, um im Welthandel ihrer Produkte überhaupt handlungsfähig zu bleiben. Die Zollschranken mussten weitgehend fallen und das nationale Kapital weitgehend ungebunden über den Freihandel sich auf alle Produkte und Währungen der Welt beziehen können, selbst wenn es dabei seine nationalen Sicherheiten aufgeben musste. Denn es gab keine wirkliche Währungsgrundlage für den Welthandel, die in der Lage gewesen wäre, diesen Handel materiell abzudecken.

Das ganze Gold der Welt würde bei Weitem nicht mehr ausreichen, um die Wertsummen zu decken, die bis zum Vertragsabschluss von Bretton-Woods damit besichert waren, durch die stabile Währungssysteme beschlossen wurden. Mit der Kündigung der Verträge durch den US-Präsidenten Nixon im Jahr 1971 wurde der Petrodollar zu einer Weltwährung, die den Wert des US-Dollars durch die Preise der Ölförderung relativ stabil halten konnte, soweit die Ölförderländer, die OPEC-Staaten sich daran hielten. Das Weltgeld, das den so genannten Freihandel bewerten kann, war zunächst durch den Devisenhandel bestimmt, der durch die „Leitwährung“ der USA als Weltmaßstab der Ölpreise weltweit verbindlich wurde, weil die ganze Welt von einer hocheffizienten Energiegewinnung abhängig geworden war. Wer Öl einkaufen musste, konnte seinen Wert nur in US-Dollar bemessen und musste diesen für die eigene Währung dadurch abdecken, dass in den USA damit eingekauft wurde. Es war die beste Absatzsicherung, die den USA damit möglich war. Und solange die dort angebotenen Waren auch gebraucht wurden, ging das zumindest für die USA gut. Es war die Gewähr für einen gediegenen Absatzmarkt und damit für deren Status als Weltmacht. Und ihre Macht hielt demnach auch die politischen Einflussbereiche der Welt in Schach. Die Spaltung der Welt war darin begründet und hat die politischen Kräfte der „Förderländer“ gebunden - vor allem die Regionen von „Kleinasien“, unter deren Boden die größten Ölvorräte noch verfügbar waren und über deren Boden der Glaube des Islam verbreitet war. Die kriegerische Gewalt gegen sie hatte hier ihre Ursprünge.

Doch mit dem Welthandel wurde auch die Weltproduktion angetrieben, bei den reichen Ländern mit einem geringeren Produktivitätswachstum, bei den ärmeren mit einem sehr hohen. Je reicher und selbständiger dadurch die abhängigen Staaten wurden, desto geringer war ihr Interesse, bei den USA einzukaufen [(7)]. Auch mit dem EURO ließ sich schließlich der Ölpreis auszeichnen und auch dort war genügend Kaufkraft zu sichern, die durch die politischen und militärischen Machtstrategien der USA wirtschaftlich immer unsicherer wurde. Als die USA sich auch bei den BRICS-Staaten hoch verschuldet hatten, begann auch ihre Weltmacht zu schwinden und die politische Prä-

7) Das hat das chronisch gewordene Problem der US-Wirtschaft begründet, die eine zunehmend passivere Handelsbilanz entwickelte und China zum Weltexporteur mit hoher aktiver Handelsbilanz aufsteigen konnte, bei dem die USA hoch verschuldet sind.

senz von China weltweit zu erstarken. Inzwischen handeln alle Staaten auch auf ihren Börsen mit internationalen Verbindlichkeiten. Ihr Geldwert war zum größten Teil durch seine Potenz auf dem Weltmarkt und immer weniger von der eigenen Produktion abhängig. Durch den Devisenmarkt wurde der Geldwert selbst im Verhältnis der Währungen, also als Verhältnis der Wirtschaftskraft von Nationalstaaten gehandelt. Die Wertdifferenzen der Währungen bereicherten das Weltgeld durch den Mehrwert, der den schwächeren Ländern über die geringere Kaufkraft ihrer Währung entnommen wurden, indem deren Produkte durch Kredite verrechnet werden, die diesen Ländern gewährt wurden, um sie auf dem Weltmarkt handelsfähig zu halten. Die Preise dieser Produkte übereigneten dem Weltgeld, das von der Weltbank als Kredit verwaltet wurde, einen Mehrwert, der aus dem Wirtschaftsvermögen der armen Ländern bezogen wurde und diese letztlich weiter schwächten.

Das Weltgeld des fiktiven Kapitals der Spekulation

Zu einem Mehrwert des Weltgeldes war das Geld in seinen Börsennotierungen ursprünglich durch Vorschüsse in den Weltmarkt, also durch einen weltweiten Kredithandel geworden, durch den Mehrwert aus dem Warenhandelskapital zu schöpfen war um Mehrwert für das Finanzhandelskapital zu produzieren. Das Wirtschaftswachstum des real produzierenden Kapitals hatte aber indes durch die anwachsende Produktivität der Arbeit und den damit sinkenden Wert der Arbeitskraft die Wachstumsmöglichkeiten der Verwertungsrate bereits stark ausgeschöpft und die Konkurrenzverhältnisse auf den Waren- und Geldmärkten extrem intensiviert: Technologische Fortschritte konnten immer weniger Konkurrenzvorteile beibringen, weil die technische Automation sich selbst entwertete, immer billiger wurde, und weil immer weniger technischer und menschlicher Aufwand durch Kopien und Massenbedarf pro Marktwert möglich geworden war. In der reinen Kreditwirtschaft häufte sich das fiktive Kapital auf, das aus der Realwirtschaft heraus schwitzte, weil ihre Wertrealisierung weltweit immer mehr stockte und versackte. Das Finanzkapital wich dem durch neue Markttechniken aus, die sich weniger auf die direkte Investition in die reale Produktion und mehr auf den realen Geldumlauf bezogen.

Der Kampf um die Wertverhältnisse der einzelnen Währungen wurde zur eigenständigen Grundlage einer Geldverwertung, die sich gewinnbringend für die währungsstarken Länder erwiesen hat. Das Wertwachstum des Finanzhandelskapitals konnte ja die Verwertungschancen der Realwirtschaft schon dadurch kontrollieren, dass die Geldmenge des internationalen Kapitals Das Vermögen der Nationalstaaten schon in deren Geldsumme übertroffen hatte. Konkurrenz bestärkt immer nur den Starken und schwächt immer mehr den Schwachen. Das Kapital machte sich daher immer intensiver im Devisenhandel stark und spekulierte gegen ganze Staaten. Mit der Konkurrenz der Nationalstaaten auf den Finanzmärkten der Welt hat sich dann auch etwas Entscheidendes geändert: Es war ein Aktienmarkt entstanden, der sich selbst wie ein Casino um Einsätze von Players bemühte, die alleine auf die Geldverwertung von Devisen setzten. Die Geldanleger boten dort nicht mehr nur ein reelles Geld für Investitionen in das Wirtschaftswachstum an, die von wirtschaftlichen Unternehmungen zur Steigerung ihrer Produktivität, zur Intensivierung der Ausbeutung der Arbeit verwendet werden sollten. Sie suchten Verbraucher ihres Geldeinsatzes, ihrer Kredite und Vorschüsse, die ihnen ein bloßes Wertwachstum ihres Geldeinsatzes dadurch bescheren sollten, dass sie davon abhängig gemacht wurden wie ein Süchtiger von seinem Suchtmittel. De facto wurden sie hierdurch zahlungsunfähig gemacht, die als fiktives Kapital von Zahlungspflichtigkeiten fortbestanden. Ihre faul gewordenen Kredite eröffneten einen äußerst lukrativen Handel mit Schuldverschreibungen über Staatsanleihen, ein Handel mit Verlusten, die über die Geldentwertung auf den Devisenmärkten zu Lasten der Bevölkerungen der immer armer werdenden Länder gedeckt werden mussten. Die Entwertung ihrer Währung wurde durch einen Terminhandel über ihre Zahlungstermine betrieben. So war eine Wertakkumulation des Weltgeldes aus dem Derivatenhandel geboren, der wie eine Rückversicherung Wert aus einem eigenständigen Schuldgeldsystem beziehen konnte. Es wurde zum Werkzeug einer weltumspannenden Negativverwertung.

Die Suche der armen Staaten nach einer Lösung ihres chronisch gemachten Geldmangels wurde immer mehr von der Sucht des Kapitals nach politischer Macht bestimmt. Das fiktive Kapital suchte eine neue Art seiner Wertrealisation durch die Sucht nach Geld, wo es absolut nötig ist, um Existenzen zu erhalten. Wie die Drogendealer trugen die Geldhändler notleidenden Staaten ihr überflüssig gewordenes Geld nach und lockten sie in die Schuldenfalle einer prozessierenden Verarmung, die über den Derivatenhandel der National- und Weltbanken Gewinne einbrachten. Die Globalisierung des Kapitals verlief über den Devisenhandel, der an die Terminierung von Kreditverhältnissen geknüpft wurde und damit eine ungeheuerlich politische Macht erfuhr. Es schien so, als ob das Kapital sich hierdurch wirtschaftlich wie politisch als absolute Weltmacht dauerhaft einrichten können sollte. Der Kapitalismus wurde als alternativloses System, als Sieger der Weltgeschichte gefeiert.

Das funktioniert natürlich am besten, wo die Preisspanne zwischen arm und reich groß genug war, um den Geldwert der Armen durch das Weltgeld so zu bestimmen, wie es dann auch von der Weltbank vorgegeben werden konnte. Wo der Preis für Wertpapiere, Eigentumstitel, Kommunikationsgebühren usw. weit über dem nationalen Geldwert liegt, geht es um die Substanz der ganzen Wirtschaft, um die Sicherheit der eigenen Währung - nicht weil sich übermäßige Ausgaben oder Vorteile im Handel ergeben hätten, sondern weil die Existenzen davon abhängen. Weil die gehandelten Preise nicht mehr so sehr vom Produktwert der Waren und auch nicht mehr vom Warenhandelskapital abhängig waren, wurden sie immer mehr vom Wert der Zahlungstermine bestimmt, von der Preisspanne zwischen der Ausgabe eines Zahlungsmittels Geld zum schließlich realisierbaren Kaufmittel Geld am Termin des Zahlungsausgleichs von Vorfinanzierungen. Der Handel ist damit zu einem Geschäft um den Geldwert geworden, darum, wie viel Wert ihm zu entziehen ist, wenn man seine Preise - den Tauschwert als solchen - politisch bestimmen kann, indem man sich Zahlungspflichtigkeiten aneignet [(8)] und aus den Ruinen der nationalwirtschaftlichen Insolvenzen Festungen des Kapitals

8) Von rechts macht sich eine eigenartige Kritik nach dem Sankt-Florians-Prinzip an der Austeritätspolitik populär. CSU und AfD warfen der EZB vor, dass sie mit dem Aufkauf von Staatsanleihen zur eigenen Wertsicherung das Sparvermögen der besser gestellten europäischen Bürger gefährden würde. Und das kann man natürlich so sehen, wenn man nicht sieht, dass jeglicher Geldwert nicht durch die Politik, sondern durch die internationale Finanzwirtschaft längst „gefährdet" ist. Das kann allerdings nicht durch realwirtschaftliche Illusionen einer Volkswirtschaft aufgehalten werden, die nach einer nationalen Autonomie und machtpolitischen Eingriffen verlangt. Das Rumgeschiebe einer absurden Geldverwertung auf den Finanzplätzen der Welt ist nicht durch eine Sozialromantik des Nationalismus zu beantworten. Die weitaus größere Gefahr ist der Fanatismus, der aus der Verdummung des Bewusstseins entsteht, das seine Beschränktheit auch politisch darstellen will. Das verstärkt den längst vorherrschenden inneren sozialen und wirtschaftlichen Druck über das politische Vermögen hinaus, die Bedingungen hierfür anzugehen und sie durch konkrete Veränderungen der gesellschaftlichen Wirtschaftsformen auszuschließen. Da schließt sich dann der Kreis von den Verkehrungen der ökonomischen Verhältnissen zu einem verkehrten Bewusstsein ihrer Auflösung. So warf auch schon die AfD-Politikerin von Storch und der CSU-Politiker Michelbach dem EZB-Chef Mario Draghi vor, dass er den „Reformdruck auf Euro-Krisenstaaten" senken und damit jene belohnen würde, die Reformen nur halbherzig in Angriff nähmen *(siehe* Handelsblatt vom 21.9.2018*)*.

macht. So kann sich diese schließlich durch die politische Verfügung einer Austeritätspolitik über die Lebensbedingungen eines Existenzwerts gerade dort verfestigen, wo Finanzmittel nicht mehr im nötigen Ausmaß produktiv verwertbar sind und die Versicherung ihres Werts durch den Derivatenhandel zu optimieren war.

Dringend verlangt wird dies von einem Kapital, das ohne Anwendung ist und als fiktives Kapital die schlechte Perspektive hat, seinen Wert entweder vollends zu vernichten oder durch allerlei Geldaktivität Risiken zu mindern oder aus Preisen für Gebühren aller Art Mehrwert in die Bedingungen der Lebensproduktion, in die Grundkosten der Selbsterhaltung, besonders in das variable Kapital abzuführen. Und dies treibt das Objekt der Spekulation nun auch selbst zur Spekulation, zum spekulativen Subjekt einer Akkumulation der Fiktionen des Geldwerts, wie sie sich durch ein Schuldgeldsystem der Staatsanleihen und durch Giralgeldschöpfung praktisch selbst tragen sollen. Der Aufkauf von Staatsanleihen aus Krisenländern wurde in der EU zur Standardlösung ihrer Austeritätspolitik, die sich mit der Ausbeutung der Armut bestens auskennt.

Und das ist auch zur wirklichen Bedingung des ganzen Systems geworden, weil darin das Mittel ihrer Existenz, ihrer Subsistenz, zugleich das Zahlungsmittel einer Weltmacht ist, die weit über ihre Lebensgrundlagen hinausgreift und nur noch das retten kann, was ihrem Bankensystem für seinen Fortbestand nötig ist. Die Menschen müssen die Gebühren und Steuern bezahlen, zahlen, als ob diese zu ihrer wirklichen Reproduktion gehören. Und sie geben Geld für alle die dafür nötigen Dienstleistungen der Agenturen ihrer Lebensvermittlung aus, der Kommunikations- und Werbeindustrie und der Banken, die keinerlei körperliche Existenz in ihrem Land veräußern. Und zum größten Teil sind sie selbst auch noch diese Dienstleister, die objektiv Kapital in Geldform vermitteln, während sie selbst kaum etwas davon für sich haben können. Der Geldkreislauf scheint damit für die Wahrnehmung wie eine Selbstverständlichkeit des Lebens geschlossen, der man selbst nur dienen kann, um leben zu können und also sich vielleicht sogar auf ewig zum Dienstleister verpflichtet fühlt, sofern man die Endlichkeit der Kräfte, die es bestimmen, nicht mehr vor Augen hat.

Jeder Geldbesitzer ist erst mal nur der Agent eines allgemeinen Kaufmittels. Er oder sie kann über das gesellschaftlich fungierende Privateigentum willkürlich verfügen. Was ihn dazu befähigt ist nicht seine Tätigkeit oder Arbeit oder irgendein besonderer Aufwand, durch den er das Geld „verdient" hätte, das er für sich aufhäufen kann, sondern der Rechtstitel, der mit der Rechtsform des Privateigentums als Eigentumstitel politisch bestimmt ist und das Geld in den Händen des Käufers von dem Geld trennt, das ein Verkäufer zu Händen hat. Wo Geld häufiger fungiert als es für das Leben benutzt wird, wo es im gesellschaftlichen Zahlungsverkehr zwischen Ware und Geld (W - G) und Geld und Ware (G - W) doppelt so oft in einer Hand vermittelt, wie es im allgemeinen Handel durch andere Hand festgehalten wird (W - G - G - W), kann es über das verfügen, was für alle Beteiligten an Eigentum als bloße Ware - als reiner Gebrauchswert - lebensnotwendig ist. Die Konkurrenz auf den Warenmärkten wird durch den Vorteil der Geldbesitzer entschieden, die Geld für sich festhalten können, weil sie es nicht zu ihrer persönlichen Reproduktion benötigen.

Das Verhältnis der Geldbesitzer ist zunächst immer ein Konkurrenzverhältnis im Einkauf der Mittel für ihre Produktion eines zusätzlichen Geldwerts, eines Mehrwerts, und um die Wertrealisierung ihrer Produkte auf dem Warenmarkt. Sie nehmen Geld aus der Warenzirkulation, kaufen damit ihre Produktionsmittel (Arbeitskraft, Rohstoff, Maschinen, Gebäuden, Verwaltung usw.) zu möglichst billigen Preisen ein und konkurrieren auf den Warenmärkten um möglichst hohe Verkaufspreise, um einen Vorteil im Produktabsatz zu realisieren.

Die Konkurrenzen treiben alle Verhältnisse auf den Wert ihres Kaufmittels Geld, das sie für sich und ihre Zwecke nutzen können. Doch Geld bleibt dabei nichts anderes als Geld und es existiert nur durch sein bloßes Geldquantum und die Position die es im Händewechsel als Kaufmittel und als Zahlungsmittel einnimmt (W - G - G - W). Es erhält sich nur, wo es sich von sich unterscheiden, abscheiden und ausscheiden kann. Um durch den Produktionsprozess den Einsatz von Geld zur Erzeugung von mehr Geld zu erzielen, um einen hohen Wert der Produktmenge zu bewirken, um aus dem Geldvorschuss einen Ertrag der Geldverwertung als Profit aus der Produktion zu beziehen, müssen die Produkte auch gut verkauft werden (G - W - G'). Das Verhältnis der Geldbesitzer ist daher durch die Konkurrenz um den besten Einsatz von Geld als Kaufmittel für den gesamten Zahlungsverkehr gegen das Zahlungsmittel Geld mächtig geworden[(9)]. Es bezahlt möglichst kostengünstige Produktionsmittel, die Arbeitskräfte und Anlagen und feilscht um die beste Realisierung hoher Preise der Produkte. Es wird also eine bestimmte Geldmenge in die Produktion (Pr) eingesetzt, um aus ihr eine durch unbestimmte Faktoren vergrößerte Geldmenge als Mehrwert (G - Pr - G') zu beziehen. Die Umlaufzeit des Geldes ist hierbei die Zeit vom Einkauf der Produktionsmittel bis zum Verkauf der Produkte. Das im Vorhinein noch unbestimmte Quantum des Geldertrags erfährt erst durch den Produktverkauf eine bestimmte Größe und also auch, was sich aus der Differenz von Ein-

---

9) *„Es ist augenscheinlich, daß die Masse des Geldkapitals, womit die Geldhändler zu tun haben, das in Zirkulation befindliche Geldkapital der Kaufleute und Industriellen ist und daß die Operationen, die sie vollziehn, nur die Operationen jener sind, die sie vermitteln. Es ist ebenso klar, daß ihr Profit nur ein Abzug vom Mehrwert ist, da sie nur mit schon realisierten Werten (selbst wenn nur in Form von Schuldforderungen realisiert) zu tun haben. Wie bei dem Warenhandel findet hier Verdopplung der Funktion statt. Denn ein Teil der mit der Geldzirkulation verbundnen technischen Operationen muß von den Warenhändlern und Warenproduzenten selbst verrichtet werden." (MEW 25, S. 334)*

kauf der Arbeitsmittel und dem Produktverkauf als Profit ergibt, wie viel Arbeitszeit sich also in der Geldmenge über den Einkauf der Produktionsmittel hinaus als eine Wertgröße in Raum und Zeit darstellen lässt [(10)]. Der Wert des umlaufenden Geldes wäre damit eindeutig bestimmt, der Mehrwert als Profit im Handel, der sich in die Verbesserung der Produktivkräfte und des Lebensstandards investieren ließe, so dass er auf einer höheren Stufenleiter der Geschichte so wahr werden könnte, wie das die Ökonomen und Politiker aller Länder auch gern glauben, weil sie das Gesamtkapital nur als eine Summe der Einzelkapitale verstehen, die gleich der Summe der gemachten Profite zu bewerten ist.

Doch weil sich die Geldumläufe der verschiedensten Produktionen zeitlich wie räumlich überlagern und organisch ergänzen, kann sich im Gesamtkapital die organische Zusammensetzung seiner Produktivkräfte nicht mehr produktförmig und auch nicht im Profit der Einzelkapitale darstellen. Es kann sich lediglich als Mehrwert eines Geldes, als zirkulierender Geldwert verhalten, von dem die Ertragswerte der Einzelkapitale abhängig sind, weil in ihm die gesellschaftliche Synergie als seine Macht über die Produktionen der Einzelkapitale herrscht. Es akkumulieren daher die Profite aus bestimmungslos verbliebener Arbeit im Gesamtprozess einen Mehrwert, der die Synergie der einzelnen Arbeitsprozesse nur mehr als einen Mehrwert des Geldes, als Kapitalmacht in der Form von Krediten veräußern kann.

---

10) *„Der Kreislauf des Kapitals, nicht als vereinzelter Vorgang, sondern als periodischer Prozeß bestimmt, heißt sein Umschlag. Die Dauer dieses Umschlags ist gegeben durch die Summe seiner Produktionszeit und seiner Umlaufszeit. Diese Zeitsumme bildet die Umschlagszeit des Kapitals. Sie mißt daher den Zwischenraum zwischen einer Kreislaufsperiode des gesamten Kapitalwerts und der nächstfolgenden; die Periodizität im Lebensprozeß des Kapitals, oder wenn man will, die Zeit der Erneuerung, Wiederholung des Verwertungs- resp. Produktionsprozesses desselben Kapitalwerts." (MEW 24, S. 156f)*

Die Konkurrenz der Umlaufgeschwindigkeiten

Der Kredit besteht aus dem übereigneten Geldbetrag eines im Grunde schon fiktiv verbliebenen Mehrwerts, der mit einem Zahlungsversprechen zu einem vorbestimmten Zeitpunkt gebunden, also politisch verbindlich ist. Mit der Verwertung eines an und für sich schon fiktiven Kapitals als Kredit wurde die Umlaufzeit des Geldes in der Form der ermittelten Preise selbst auf die Laufzeit des Kredits ausgedehnt und der hierbei zu erwartende Profit aus der durchschnittlichen Profitrate als gültiger Zinsfuß ermittelt. Mit der Spekulation auf die möglichen Ertragsdifferenzen erst wurde das Kreditwesen zu einem Schuldgeldsystem, in welchem der Preis (P) einer Kreditaufnahme mit der Umlaufzeit (Uz) des Geldes zum Zeitpunkt der Rückzahlung mit Zins (P') mehr oder weniger Geld (G') einbringt (G - P - Uz - P' - G') als zu Zeiten der Kreditaufnahme und der Zinsberechnung zu erwarten war. Mit der Spekulation auf diese Möglichkeiten hat es schließlich der Derivatenhandel zu einer „Finanzindustrie" gebracht.

Wie bereits gesagt, ist der Pferdefuß dabei, dass die positive oder negative Differenz von P' zu G' nicht durch die Produktion der Produkte für Leben und Entwicklung gedeckt ist und keine andere Realität als die der Geldzirkulation aufzuweisen hat. Das zur Spekulation eingesetzte Geld besteht demnach entweder als Gewinn oder als Verlust eines Geldquantums aus der Geldzirkulation fort, ohne dass sich der darin umlaufende Wert schon verändert hat. In Folge des Verlustes einer Geldmenge im Geldumlauf müssen die Produktionsumschläge beschleunigt, Mieten und Gebühren usw. verteuert werden, um ihren Wert zu halten. In Folge eines Gewinns an einer Geldmenge ist eine Forderung an den Geldwert der Währungen zu seiner Realisierung entstanden, der als erweiterter Schuldtitel eingetragen werden muss, um ihre Kaufkraft zu erhalten. In jedem Fall hat das Kapital „gewonnen", ganz gleich, ob es weniger oder mehr als den mit dem Zinsfuß berechneten Ertrag einbringt. Nur der Ort, an den das Kapital bewegt wird, unterscheidet sich: Die Banken können den Zinsfuß des Leitzinses auf Null oder sogar negativ setzen, wenn sie den Geldwert alleine durch den Derivatenhandel besichern und die Kredite schonen wollen. Damit wird die Staatsverschuldung entlastet und die Geldzirkulation beschleunigt. Umgekehrt muss der Zinsfuß erhöht, werden, wenn nicht genügend Geld sich im Umlauf befindet, weil die Einzahlungen von „Frischgeld" stagnieren. Dann werden die Rücklagen und Eigentumstitel aufgewertet und in die Schuldentilgung abgeführt, also ein Vorteil in der Konkurrenz um die Währungsstabilität geschaffen. Es steht damit die gesamte Geldzirkulation Kopf. Ist G' weniger als P', so gewinnt das eingesetzte Geld an Wert als Kreditgeld durch die Umsetzung von fiktivem Kapital in reales; ist G' größer als P', so gewinnt das spekulierte Geld an Wert, indem es die Fiktionen des Geldhandels bestärkt und die Geldzirkulation beschleunigt [(11)]. Die Menschen bezahlen auf jeden Fall mit der Verschärfung ihrer Lebensbedingungen, die diesen Wert ableisten und abgeben müssen. Ihr Dasein bewegt sich in einem Schuldgeldsystem mit einer doppelten Bedrohungslage zwischen Verschuldungssorgen und Existenzsorgen ihrer Arbeitswelt, die mit der Beschleunigung der Umsätze nicht mehr mitkommen.

---

11) Der höhere Geldwert muss hier im Nachhinein des ganzen Prozesses erst noch gedeckt werden, um eine Geldentwertung zu verhindern. Von daher ist der Begriff einer Negativverwertung entstanden, die nicht mehr durch Produktion realisierbar ist, sondern nur über Gebühren für leistungsfreie Eigentumstitel, also durch die Verwertung aus dem Arbeitslohn der Menschen eingetrieben werden kann. Nach wie vor arbeiten die Menschen hierfür unbezahlt, aber nicht in ihrem Lohnverhältnis, in dem sie die Geldmenge erwerben, durch die sie ihre Lebensmittel erstehen können, sondern durch den Lohnabzug, der sie für Kosten arbeiten lässt, die jenseits der Realwirtschaft in Wert gesetzt werden. Es ist ein Mehrwert, der keinerlei Produktform nötig hat, wohl aber Menschen, die für Gebühren für Lebensgrundlagen arbeiten, ohne die keine Existenz möglich ist.

Dieser Prozess kehrt nach und nach das gesamte Verhältnis von Wertbildung und Preisbildung in dem Maße um, wie die Realwirtschaft durch den Finanzmarkt erst bedrängt, dann aufgehoben und schließlich nur noch in einem Verhältnis zwischen Gegenwart und Zukunft des Geldwerts bestimmt wird. Es ist so eine Finanzmacht entstanden, welche die Währungen und auch alle Währungsverhältnisse selbst betrifft und die Nationalstaaten als Währungshüter objektiv gegeneinander stellt. Und dann kommt noch hinzu, dass man auf die Zahlungstermine des Schuldgeldes auch noch wetten kann, indem man die Zahlungen durch die Festlegung eines Termins selbst handhaben kann und auf die Preisdifferenzen im Terminhandel spekuliert und hieraus zusätzliches Geld abschöpft. Besonders für arme Länder ist das verheerend. Ganz fundamentale Warenmärkte im Lebensmittelhandel sind für ihre Erzeuger so teuer geworden, dass sie nicht mal mehr ihre eigenen Produkte einkaufen konnten und vom Weltmarkt und seinen Finanzmitteln abhängig gemacht wurden (siehe z.B. der Reismarkt und Weizenhandel in Afrika).

Und das ist dann das eigentliche Geschäft mit Derivaten, das die Banken zu einer FinaTerminhandelnzindustrie werden ließ [(12)]. Da werden in Sekundenschnelle durch einen vollautomatischen Computerhandel Eigentumstitel und Währungen gekauft und verkauft, um

12) *„Geld - hier genommen als selbständiger Ausdruck einer Wertsumme, ob sie tatsächlich in Geld oder Waren existiere - kann auf Grundlage der kapitalistischen Produktion in Kapital verwandelt werden und wird durch diese Verwandlung aus einem gegebnen Wert zu einem sich selbst verwertenden, sich vermehrenden Wert. Es produziert Profit, d.h. es befähigt den Kapitalisten, ein bestimmtes Quantum unbezahlter Arbeit, Mehrprodukt und Mehrwert, aus den Arbeitern herauszuziehn und sich anzueignen. Damit erhält es, außer dem Gebrauchswert, den es als Geld besitzt, einen zusätzlichen Gebrauchswert, nämlich den, als Kapital zu fungieren. Sein Gebrauchswert besteht hier eben in dem Profit, den es, in Kapital verwandelt, produziert. In dieser Eigenschaft als mögliches Kapital, als Mittel zur Produktion des Profits, wird es Ware, aber eine Ware sui generis. Oder was auf dasselbe herauskommt, Kapital als Kapital wird zur Ware.“ (MEW 25, S. 350 f)*

aus ihren geringsten Preisdifferenzen durch die Höhe der Beträge und die Masse der Verkäufe Millionenwerte aus ihren Preisdifferenzen zu extrahieren. George Soros hat es vorgemacht, wie man mit einer hohen Verkaufsoption große Geldsummen durch Kredite aus einer Währung abziehen und diese entwerten kann, um dann zu einem vorbestimmten Rückzahlungstermin mit billigem Geld zurückzuzahlen und dabei Milliardenbeträge in einer konkurrierenden Währung einzunehmen (siehe hierzu auch die *Fußnote auf Seite 80*).

Und das verändert natürlich alles, was bisher für das Verhältnis von Wert und Preis, von lebender zu toter Arbeit, von Arbeit zum Konsum und von Reproduktion zur Reichtumsbildung gültig war. Tatsächlich hat die Globalisierung des Kapitals die ganze Welt auf den Kopf gestellt - nicht weil damit zu viel Geld aufgehäuft worden war, sondern weil das relativ wertlose Geld als Zahlungsmittel Armut vernutzt und Armut erzeugt. Schlagartig wurde der Handel mit Währungen, der Devisenhandel zur Basis der internationalen Konkurrenz. Dieser Handel in der Konkurrenz um eine optimale Aneignung von Wert strebt danach, durch Bewertungsdifferenzen der Preise etwas relativ wertlos in etwas wertvolles einzutauschen. Theoretisch könnte hierdurch jedes Land reich werden, wenn sein Geldwert den Handel bestimmen würde, der durch viel aufgebrachten Aufwand an Lebenskraft ein armes Land reich machen würde. Aber das Verhältnis der Währungen selbst ist schon das nationalwirtschaftlich vorausgesetzte Wertverhältnis, das die Währung der Armen immer wertloser, die der Reichen immer wertvoller macht, weil diese Verhältnisse schon durch den Devisenhandel auf den Finanzmärkten der Welt vorbestimmt sind. Es entscheiden die internationalen Waren und Geldmärkte über die Währungsverhältnisse und die Wetten auf ihre Preise über Aufstieg und Fall ganzer Volkswirtschaften. Je nachdem, was auf die Preisspanne der Währungen gewettet werden kann, bzw. was aus solcher Wette wertmäßig „herausspringen“ soll, was für die Preise auf dem Weltmarkt von ihren nationalen Wertverhältnissen überhaupt zu verwirklichen ist, bestimmt darüber, wie gut sich die Menschen ernähren und wirtschaftlich beteiligen können. Denn der Devisenhandel geht voll und ganz im Derivatenhandel auf und kann ebenso auf Wertminderung wie auf Wertanstieg verwettet werden. Es muss allerdings hierfür über eine dem entsprechende Geldmenge verfügt werden können. Und die steht natürlich nur den Reichen zur Verfügung. Das können also auch nur die Nationen sein, welche eine große Geldmenge in Umlauf haben. Sie ist letztendlich entscheidend für die gesamte Weltwirtschaft - ganz gleich, was sie wirklich Wert ist. Das ist das eigentliche Resultat der Globalisierung.

Die Geschichte war rasant und nur durch den US-Dollar als Leitwährung des Weltgeldes möglich. Ursprünglich verhielt sich der nationale Reichtum im Verhältnis der bürgerlichen Gesellschaften und ihrer Nationalstaaten vor allem im Verhältnis ihrer Währungen, in dem die eine Währung gegen die andere als Kaufmittel fungierte und ihre Zahlungsfähigkeit durch den einfachen Devisenhandel bestimmt war - schwer genug schon für den Selbsterhalt der Monokulturen gegen die Industriekulturen. Aber es war das Wertverhältnis der Nationalstaaten, durch das sich die Produktivität einer Nation auf die andere bezog, mit einem geringeren Geldwert einen höheren Geldwert [(13)] aus einer fremden Welt als Mehrwert für sich kassieren konnte. Aber die Fortschritte in der Technologie konnten auf Dauer nicht mehr alleine die internationalen Machtverhältnisse bestimmen. In armen Ländern genügte auch der massenhafte Einsatz von Menschen, um durch relativ billige Arbeitskräfte die technischen Vorteile zu ersetzen. Es war immer die Macht der Geldform selbst, die dar-

13) Es sei hier daran erinnert, dass der Geldwert pro Produktmenge mit höherer Produktivität der Arbeit geringer wird, weil nur die menschliche Arbeit den Wert durch ihre durchschnittlich aufgewendete Arbeitszeit bestimmt, die maschinelle die Arbeitszeit verkürzt und damit den Produktwert pro Produktmenge reduziert.

über entschied, wer und was an der Macht war [14]. Und das war ja schließlich auch der Grund, warum und wie sich das fiktive Kapital als Weltkapital aus allen Geldverhältnissen heraus globalisiert hatte und bis heute durch seine Spekulationen und Wetten auf eine günstige Wertrealisierung durch Einfluss auf die weltweite Geldzirkulation die ganze Welt beherrscht. Das zentrale Problem dieser wirtschaftlichen Beziehungen ist daher inzwischen das Verhältnis der Nationalstaaten, die das Verhältnis ihrer Wertmasse zu ihrer zirkulierenden Geldmenge politisch vor allem in Hinsicht auf ihre Lage und Zahlungsterminierung auf dem Weltmarkt bestimmen müssen.

Die realwirtschaftliche Verwertung menschlicher Arbeit wurde durch die Globalisierung der Preise an ihre Grenze getrieben, die Verwertungsbedingungen der Arbeit über die ganze Welt verstreut und der Konsum auf das Vermögen reicher Länder - vor allem Dienstleistungsgesellschaften - konzentriert. Dienstleistungen sind zu einem großen Teil relativ unabhängig von fixen Raum- und Zeitbindungen. Ihre Arbeitszeiten realisieren sich nicht unmittelbar in den Produktmengen und ihre Leistungen überschreiten stetig alle räumlichen Grenzen und Beschränkungen. Sie vermitteln die Werkbänke der armen Länder mit dem Konsumvermögen der reichen und beschaffen zugleich die Vermittlung von beidem durch den Finanzhandel, durch die Geldbewegung, die ihre Sicherheit und Besicherung garantieren soll. Hierfür haben sich dem entsprechende Versicherungsagenturen (z.B. Ratingagenturen) aufgestellt, die aus einer Versicherungsmathe-

14) Ungläubig stellten zum Ende des 20. Jahrhunderts die Finanzaristokraten fest, dass Länder der Dritten Welt zu Gläubigern vermeintlich reicher Staaten geworden waren, allen voran China, bei dem die USA zu einem Betrag verschuldet sind, der ihr gesamtes Jahresbruttoprodukt weit übertraf. Doch die Geldmengen stellten indes keine entsprechend wertvollen Produktmengen dar. Eine Währung die aus realwirtschaftlichen Verhältnissen der Arbeit bestimmt ist, kann auf dem Weltmarkt nicht wirklich konkurrieren. China müsste vor allem um die Sicherheit seiner Währung fürchten, wenn es die USA unter Zahlungsdruck stellen würde.

matik die Einschätzungen einer Verwertungssicherheit von Verschuldungen, besonders von Staatsverschuldungen ableiten.

Die Verkehrung von Wertbildung und Preisbildung

Wenn Geld nicht nur den Wert von Waren darstellt, wenn jedes Geldstück, jede Buchung, jede Bilanzierung nicht nur den Wert transferiert, der damit benannt sein soll, sondern darin zugleich Zahlungsversprechen, reine Schuldtitel, zuversichert werden, so ist damit ein Vertrauen zur Währung verlangt, das sich aus seiner Gegenwart nicht begründen lässt. Geld wird zu einem Versprechen, dass damit in die Zukunft seiner Wertrealisation gegriffen werden kann, dass es gegen diese etwas schuldig ist. Hierbei wird diese Schuld allerdings ganz gleich, aus welchem einzelnen Mangel sie entstanden ist, einer Allgemeinheit übertragen, die sie nicht immer so leicht tragen kann, wie sie entstanden ist - zumal diese Schuld eben auch die Geschichte belastet, die sie nach sich zieht. Wer sie zu tragen hat, ist in sich gespalten, denn es werden die Schuldner der Gegenwart auch selbst zu Gläubigern, die sich hinter dem Glauben an die Wertsicherheit des Geldes als Kaufmittel verstecken können, während sie es als Zahlungsmittel für sich verwenden.

Die Alten der Gegenwart belasten mit ihrem Glauben die Zukunft der Jungen, denn sie gehen dabei mit einem Geld um, mit dem sie nicht wirklich alles auch bezahlen, was sie kaufen. Und die Jungen, die eher die Ungläubigen sind, werden immer mehr vom „Schicksal" ihrer Währung bestimmt, das vor allem die belastet, die Geld als Wertsicherheit benötigen. Sie müssen hierfür das Zahlungsversprechen ernst nehmen und Preise machen, die den Geldwert „zurückholen", der ihnen versprochen ist. Das ist das Prinzip eines Schuldgeldsystems, das auf eine Gegenwart der Verhältnisse drängt, die ihre Zukunft sicher machen soll. Dafür aber kann es keinen reellen Maßstab mehr geben. Geld als Maß der Werte fällt für diese Geschichte in dem Maß aus, indem es als Maßstab der Preise eigenmächtig werden kann.

Das könnte sich im Lot halten, wenn das Kreditwesen durch die Währung auch versichert ist, in der vorgeschossenes Geld refinanzieren sollte, in der die fälligen Zinsen berechnet und die zusätzlichen Aufwände für den nötigen Schuldendienst betrieben und eingebracht werden. Dann kann die eigene Währung als ein Zahlungsmittel nur funktionieren, wenn und weil damit alle Schulden in der Zeit und zu dem Zins bezahlt werden, der hierauf berechnet und mit der Tilgung auch vereinbart sind. Doch nur bei einem realen Wachstum in der wirtschaftlichen Entwicklung ist dies gewährleistet. Wo dieses nicht eintrifft, sind Menschen, Betriebe, Kommunen oder ganze Länder nicht mehr zahlungsfähig, wenn sie nicht erneut Kredite aufnehmen und mit diesen ihre vergangenen Kredite bedienen. Es entsteht dann eine Kettenreaktion, die den Wert der eignen Währung reduziert oder sogar ganz vernichtet, weil Schulden durch Schulden nicht bezahlt werden können, weil dann das Wirtschaftswachstum das Wertwachstum nicht hinreichend mit Mehrwert versorgen kann.

Das Kreditwesen leidet dann an „faulen Krediten“, die einen größer werdenden Anteil der vorhandenen, zirkulierenden Geldmenge in ein Buchgeld verwandelt, das als fiktives Kapital die realen Verhältnisse in dem Ausmaß bedrängt, wie sich hieraus Finanzkrisen ergeben. Die Krisen dieses Systems können zwar auch mal nur temporär auftreten und sich wieder „einfangen“, sobald „bessere Zeiten“ eintreffen. Doch sie werden systematisch, wenn das Geld selbst durch den Handel mit Geld, meist dem Devisenhandel, entwertet wird. Inzwischen besteht allerdings das vorhandene Geld der Welt zu ca. 90% nur noch aus einem solchen Buchgeld, das den Welthandel bestimmt und Armut erzeugt, wo Reichtum herrscht.

Finanzkrisen entstehen nicht einfach durch die Zahlungsunfähigkeit von Schuldnern, durch faul gewordene Kredite, durch die sie in Konkurs gegangen sind. Mit der Abwertung ihres Vermögens kann der Markt ebenso ausgeglichen werden wie bei einer „schöpferischen Vernichtung“ einer Überproduktion. Finanzkrisen entstehen über die Geldzirkulation einer Wertmasse, die ganz allgemein an Wert verliert, weil die politische Funktion einer Währung als Kaufmittel durch den Staat entmachtet wird, der sie auszugeben und zu behüten hätte. Der Nationalstaat ist dann aufgerufen, politisch eine härtere Finanzpolitik durchzusetzen, *„um Schaden vom Volk und Nation“ (GG Art 56)* [15] abzuwenden. Er wird zum politischen Subjekt eines Verhältnisses, das den angeblichen Souverän der Nation betrügen muss, wenn die Menschen keinen Einfluss mehr haben auf das, was mit ihrem Geld passiert. Die politische Klasse gibt dann vor, ganz im Sinne der Bevölkerung ihre politische Entscheidungen zu fällen, um aus den Krisen des Wertwachstums herauszukommen, das über ihre Wertverluste ihrer Währung aufgebraucht wird. Doch die sind nationalpolitisch nicht wirklich ganz zu beheben, denn sie sind in den internationalen Verhältnissen der Nationalwirtschaften begründet und könnten nur dort durch eine verschärfte Konkurrenz auf dem Finanzmarkt behoben werden. Diese wird durch einen eigenständigen Markt über das Preisgefälle der einzelnen Währungen im Handel mit Wertabkömmlingen betrieben.

Die Konkurrenz der Nationalstaaten betreibt einen Niedergang der Währung schwacher Nationalökonomien durch die Währung der

15) Bei der Vereidigung von hohen Staatsbeamten wird diese Formel gebraucht, die einen kulturellen Begriff (Volk) mit einem politischen zusammenfasst. Darin äußert sich ein Selbstmissverständnis des bürgerlichen Staates, der sich nicht aus einem Kulturzusammenhang oder einer Ethnie begründet, sondern alleine eine Staatsform ist, die aus den geschichtlich entstandenen politischen Grenzziehungen des Lebensraums seiner Bevölkerung resultiert, die seine politische Grundlage als sein Souverän ist.

starken, also der Volkswirtschaften, die aktive Handelsbilanzen vorweisen können, die Weltmeister des Exporthandels. Deren Finanzmittel lassen sich als Geld im Devisenhandel und in Derivatverträgen anlegen. Nicht mehr durch einfache Kredite wird hierbei Geldwert übertragen, sondern durch Termingeschäfte und Handelsbilanzen, in denen das Geldhandelskapital das Warenhandelskapital übertrifft und bestimmt, indem die Abwertung von nationalen Währungen über Kredite betrieben wird, die sie nicht mehr bezahlen können, weil sie zugleich gegen deren Preisbildung ausgenutzt werden, also durch Geldentwertung der schwachen Länder eine Geldsicherung der starken betreiben. Sie entziehen aber zugleich der weltweiten Geldzirkulation eine gigantische Geldmenge zur Vorfinanzierung von Derivaten und damit den Mehrwert, der in die Ausbeutung der nationalen Realwirtschaften überall intensiviert werden muss.

Durch systematisch abgesicherte Spekulation auf Produktpreise, die hierbei gehandelt werden, entziehen sie einen Wert aus vorfinanzierten Verkäufen zum Nachteil der wirklichen Käufe, der nirgendwo, nicht mal mehr als bloße Buchung existiert. Er wird durch systematische Überbewertung der Verkäufe und systematische Entwertung des Zahlungsmittels Geld getragen und es wurde eine Giralgeldschöpfung [(16)] entwickelt, die schon bei der Geldausgabe der Zentralbanken

16) Giralgeldschöpfung ist eine Geldschöpfung durch die Ausgabe von Buchgeld, das durch die Abgabe von frei erfundenen Geldbeträgen als Ausgabe der gewöhnlichen Privatbanken notiert und zugleich als Guthaben eines Zahlungsversprechens bilanziert wird, dessen Risiko nur zu einem minimalen Wertanteil (von höchstens 10%) durch das Geldvermögen der Bank gedeckt ist. Diese Versprechen kursieren somit als weitgehend ungedeckter Geldbetrag, einer bloßen Soll-Buchung, der durch den damit zugleich zirkulierenden Entwertungsdruck, den diese auf die zirkulierende Geldmenge ausübt, eine Schöpfung von Mehrwert zur Wertdeckung des Geldes durch Einnahmen aus Lohnabgaben im Nachhinein der Geldzirkulation erzwingt, der also durch die Vermehrung des unbezahlten Teils der Arbeit - ganz im Jenseits der Warenzirkulation und getrennt von einem realwirtschaftlich begründeten Kreditwesen eine realwirtschaftliche Gelddeckung erzwingt. Dies kann durch

einen Mehrwert abschöpft, der noch nicht existiert, der also im Nachhinein erst eingebracht werden muss, um die Kaufkraft der nationalen Währung im Kampf um den Wertanteil am Weltgeld zu erhalten. Geld wird als Schein einer Verwertbarkeit auf den Markt gebracht, um die Menschen der ganzen Welt zu zwingen, dessen Wert zu decken, wenn sie damit sich ernähren und existieren wollen. Das Weltgeld wird als fiktives Kapital zum Subjekt aller Märkte, einer globalisierten Marktwirtschaft der Finanzmärkte, die alle realen Verhältnisse beherrscht, wo sie den Wert der nationalen Währungen zu sichern haben. Die Geldzirkulation wird selbst zum Ort der Ausbeutung, nicht mehr nur einer Klasse, sondern der ganzen Bevölkerungen der auf den Finanzmärkten gehandelten Währungen der Nationalstaaten.

Das Schuldgeldsystem kehrt somit insgesamt die Beziehung vom Einkäufer zum Verkäufer, vom Geldbesitzer zum Warenhändler um, ohne dass dabei der Verwertungsprozess insgesamt verändert wäre. Der Warenhändler handelt lediglich mit Geld und der Geldbesitzer benutzt das fiktive Kapital eines Weltgeldes, das die Preise der Lebenshaltung der Menschen bestimmt. Der Mehrwert ihrer Arbeit, ihre unbezahlte Arbeit, fließt darin jetzt still und leise wie eine schlichte Naturnotwendigkeit des Lebens ab. Sie müssen die Mieten, die Gebühren für ihre Kommunikation und Lebenssicherheit und Energie usw. bezahlen, weil sie in einem der Staaten leben, die um ihre Währungen konkurrieren und sich zu deren Wertdeckung bei den Banken der Welt verschulden. Es herrschen jetzt allerdings keine nationalen Kredite und keine privaten Geldvorschüsse einzelner Kapitalisten über die unmittelbar produktive Arbeit von Menschen, sondern das Schuldgeldsystem eines fiktiven Kapitals der ganzen Welt, während das Kapital über Wertpapiere und Eigentumstitel nach wie vor Arbeitsverhältnisse dazu bestimmt, unbezahlte Arbeit

die Aufpreisung von Eigentumstitel über das hinaus erreicht werden, was sich nicht mehr über Extraprofite über die Durchschnittsprofitrate hinaus verwerten lässt.

über den Geldwert aus der Geldzirkulation zu akkumulieren [17]. Das fiktive Kapital überträgt seine Finanzmacht über weltweite Schuldverhältnisse - insbesondere durch Staatsverschuldungen und Derivatenhandel und Giralgeld - in ein reales Kommando zur Verfügung über das Leben und die Arbeit der Menschen, die ihre Ausgaben in keinem realen Wertgehalt mehr erkennen können. Durch das in die Nationalwirtschaften mit dem Devisenhandel übertragene Weltgeld werden fast alle nationalen Geldmittel mehr oder weniger bestimmt. Über das der Bevölkerung einzig verfügbare Zahlungsmittel der wirtschaftlichen Verhältnisse ihrer Selbsterhaltung, über ihre Währung, wird ihr Lebensunterhalt im Maßstab der internationalen Konkurrenz der Nationalstaaten verteuert, die von ihnen übertragenen Werte auf das unterste Minimum berechnet. Die Reproduktion der Lebensumstände, ihrer Infrastrukturen und sozialen und wirtschaftlichen Beziehungen, gelingt nur noch unvollständig, weil das Wertverhältnis mit dem sinkenden Geldwert weit in die organische Substanz der Gesellschaft greift und diese auszehrt. Aber all das erscheint nun wie die Naturtatsache einer übersinnlichen Notwendigkeit des Welthandels, wie ein außergesellschaftlich bestimmtes Mittel ihrer Existenz, der sie nur folgen können, wenn sie nicht untergehen wollen.

Weil der Geldwert, wie er sich jenseits des Produktionsprozesses in der Grundrente, in den Bodenschätzen und dem Immobilvermögen am besten darstellen lässt und diese Darstellung inzwischen den Waren- und Geldhandel bestimmt, könnte man meinen, dass die

---

17) *„Im Warenhandlungskapital und Geldhandlungskapital sind ... die Unterschiede zwischen dem industriellen Kapital als produktivem und demselben Kapital in der Zirkulationssphäre dadurch verselbständigt, daß die bestimmten Formen und Funktionen, die das Kapital hier zeitweilig annimmt, als selbständige Formen und Funktionen eines abgelösten Teils des Kapitals erscheinen und ausschließlich darin eingepfercht sind. Verwandelte Form des industriellen Kapitals und stoffliche, aus der Natur der verschiednen Industriezweige hervorgehende Unterschiede zwischen produktiven Kapitalen in verschiednen Produktionsanlagen sind himmelweit verschieden." (MEW 25, S. 335f)*

Besitzer von Grund und Boden über alle Preise frei verfügen könnten, dass sie sowohl die Rohstoffpreise wie die Gebühren für alle mögliche Nutzung von Eigentumstiteln bestimmen und damit die Welt beherrschen könnten, dass also auch die Nationalstaaten als formelle Besitzer der Rohstoffquellen, also als Grundbesitzer des Bodens, auf dem ihre Wirtschaft betrieben wird, nun ihre Preise machen könnten wie es beliebt, weil sie über den politisch begrenzten Lebensraum die Preise ihrer Rohstofflieferungen frei bestimmen und alle Wertbildungen hiervon abhängig machen könnten. Und tatsächlich sind ihre Grundbesitzer, die Scheiche und Ölfirmen und Bergbauindustrien auch schnell sehr reich geworden und tatsächlich haben die Industrieländer die Preise der Bodenschätze, besonders von Rohöl, Edelmetallen und Erden zu fürchten. Doch der im Geld nur dargestellte Wert verschwindet schnell in den Taschen der Privatbesitzer und vielleicht noch einiger korrumpierter Beamten und Händler. Aber die Macht über die Preise ist für die Förderländer sehr beschränkt und ganz abhängig von der Gesamtsumme der Preise des Warenhandels, also der Warenzirkulation.

Sie entsteht nach wie vor aus der gesamten Lebensproduktion, aus dem gesellschaftlichen Zusammenhang der Produkte im Warenhandel, also über den Besitz eines Kaufmittels, das sich nur innerhalb der Warenmärkte als Verfügungsmacht erweisen kann. Das Finanzhandelskapital ist nicht durch die Preise der Welt mächtig über das Warenhandelskapital geworden, sondern einzig durch den Wert einer Weltproduktion, der überschüssig ist und relativ schwer als „Frischgeld" aus Arbeit in den Wert einer realen Geldzirkulation zurückzuführen ist, wenn er von den realen Märkten sich abgelöst hat. Nur wo das Geld als Kaufmittel dem Markt durch den Derivatenhandel entzogen wurde, um es als Zahlungsmittel zurückzuführen, wird fiktives Kapital tatsächlich auch wirkmächtig für die Preisbildung. Nur wo der Devisen- oder Derivatenhändler den Geldumlauf beschleunigen kann, indem er Produktions- oder Verkehrshindernisse überwältigt, kann er Handelspreise auch wirklich bestimmen. Er zehrt alleine aus der Not der Wertrealisation und macht sein Geschäft mit dem Geldumlauf durch Spekulation auf Verwertungslücken. Und je größer diese Lücken sind, desto mehr Kapital kann er an sich binden.

Der weitaus größte Anteil der nominell existierenden Geldmenge des fiktiven Kapitals steckt inzwischen in den Eigentumstiteln und den „Hebeln“ des Derivatenhandels, den Hedgefonds der Kreditversicherungen, die ein mehr oder weniger wertloses Geld über die Handelsspannen ihrer Preisbildung mit Mehrwert versorgen, der sich aus Wetten über Zahlungstermine, also durch Vorverkäufe ergibt. Und niemand kann einen Händler dazu zwingen, erst zum Liefertermin zu verkaufen. Dass er damit ein nicht wertloses, aber fast unbrauchbares Geld „parkt“, das ihm im späteren Abverkauf seiner Eigentumstitel einen Mehrwert realisiert, kann niemand und auch kein Gesetz der Welt verhindern, solange es den Waren- und Geldhandel gibt. Insgesamt werden die Preise daher immer weniger über die Konkurrenzverhältnisse zwischen Angebot und Nachfrage auf den Märkten bestimmt, sondern direkt durch die Verfügung über Termine und ihren Risiken. Ihr Wert existiert nicht in einem materiellen Produkt, sondern im politischen Vermögen der Lebensressourcen, der Lebensräume und Schätze der Länder und Kommunen, um als Hilfsstoff für die Nutzung von Lebensgrundlagen von der Produktion unabhängige Kosten einzuziehen. Er existiert auf einer zweiten Ebene einer verselbständigten Geldform, die sich im Geldhandel begründet hatte und inzwischen als Finanzindustrie figuriert. Wie im Rohstoffhandel überhaupt [18] wird hier die Basis einer jeden Preisbildung über die Gebüh-

18) *„Der Wert der Roh- und Hilfsstoffe geht ganz und auf einmal in den Wert des Produkts ein, wozu sie verbraucht werden, während der Wert der Elemente des fixen Kapitals nur nach Maßgabe seines Verschleißes, also nur allmählich in das Produkt eingeht. Es folgt daraus, daß der Preis des Produkts in einem viel höhern Grad affiziert wird vom*

ren für die Nutzung von Eigentumstiteln alleine aus dem politischen Recht bestimmt. Die Geldmenge, die in Termingeschäften „geparkt" und dem Geldumlauf entzogen ist, muss ihm durch allgemeine Preiserhöhungen zugeführt werden.

Die Preisbildung selbst wird zu einer politischen Angelegenheit, in die auch der Staat durch seine Geld- und Steuerpolitik eingreift. Und so entsteht ein eigenartiges Verhältnis der Preisbildung, denn der Staat ist durch seine allgemeine Verschuldung an hohen Preisen der Grundkosten interessiert. Indem durch das bloße Recht des Privateigentums Lohnabgaben durch Mieten, Steuern und Gebühren politisch erzwungen werden, durch die der Anteil der bezahlten Arbeit verringert wird, wird bei gleichbleibenden Löhnen und Arbeitszeiten der Anteil der unbezahlten Arbeit vermehrt, also auch ihr Mehrwert nicht relativ zu den Selbsterhaltungskosten, sondern absolut erpresst - zumindest soweit der Staat und seine Verwertungsagenturen damit auch noch funktionieren können. Aber zugleich handelt es sich bei solcher Finanzindustrie um einen Tanz auf einem Hochseil, auf dem Werte vermittelt werden, die schnell abstürzen können.

Die Geschichte des ganzen kapitalistischen Verhältnisses hat sich über den Kapitalmarkt des Weltgeldes in einem Zukunftsglauben verfangen, der sich durch die damit entwickelte Not der Menschen, also der ganzen Menschheit verstetigt hat, und der solange in seinen Fiktionen fortbesteht, wie sie in den Existenzformen der Verwertung

Preis des Rohmaterials als von dem des fixen Kapitals, obwohl die Profitrate bestimmt wird durch die Gesamtwertsumme des angewandten Kapitals, einerlei, wieviel davon konsumiert ist oder nicht. Es ist aber klar..., daß Ausdehnung oder Einschränkung des Markts vom Preis der einzelnen Ware abhängt und in umgekehrtem Verhältnis zum Steigen oder Fallen dieses Preises steht. In der Wirklichkeit findet sich daher auch, daß mit steigendem Preis des Rohstoffs der Preis des Fabrikats nicht in demselben Verhältnis steigt wie jener und bei fallendem Preis des Rohstoffs nicht in demselben Verhältnis sinkt. Daher fällt in dem einen Fall die Profitrate tiefer und steigt in dem andern höher, als bei Verkauf der Waren zu ihrem Wert der Fall wäre." (MEW 25, S. 118)

ihrer Arbeit und ihrer Klassenkämpfe verharrt. Die höchste Form des Kapitalismus ist die Reinform des politischen Kapitals, das sich von den Mühen seiner Wirklichkeit abgelöst hat, das sich dadurch schon erzeugt, dass es seine eigene Kaufkraft verwertet.

Das ist der politische Kern der Globalisierung, die eigentliche Entwicklung der Finanzmärkte zu einer weltweiten Sicherung des Geldwerts durch eine unendliche Gegenwärtigkeit von Zahlungspflichten. Die realwirtschaftlichen Umsätze hatten einen Umfang erreicht, der sich längst nicht mehr durch Gold decken ließ. Mit der Kündigung der Verträge von Bretton-Woods im Jahr 1971 war die Golddeckung durch den Handel mit Bodenschätzen, besonders den Ölressourcen abgelöst worden. Die Preise wurden allgemein mit der Dollarwährung der USA gehandelt und so war diese zur Weltwährung geworden, zu einem Weltgeld, dass vor allem die Währung der USA versicherte, weil sie letztlich zu einem Einkauf in den USA verpflichtete - um ihren Wert zu verwirklichen. Da der so genannte „Petrodollar" sich also nur durch einen Einkauf in den USA wertgemäß einlösen ließ, also seinen Wert nur durch einen Einkauf in den USA auch sinngemäß realisieren konnte, wurde der gesamte Welthandel schon durch diese Gelddeckung völlig hiervon abhängig, asymmetrisch zugunsten einer Weltmacht, die damit zu einem Zentrum des Weltmarkts wurde und als Subjekt der Weltwirtschaft zugleich als Weltpolizist zunehmend hart und oft kriegerisch auftrat. Und das konnte nicht lange gut gehen.

Hiergegen entwickelte sich eine Geldwertdeckung aus dem Handel selbst, aus einer Versicherung im Preisgefälle zwischen den Terminen der Produktion und der Realisation ihres Werts, also vom Wert der Wertrealisierung im Derivatenhandel. Der Widerspruch zwischen der Entwicklung der Produktivkraft des Kapitals und seinem Wertwachstum, der oft als logischer Grund für einen quasi selbsttätigen Untergang des Kapitalismus verstanden wurde, hat sich zu einer neuen Kapitalform, zu einer wabernden Wertmasse an fiktivem Kapital fortentwickelt, das nicht mehr in die Realwirtschaft zurückkommen konnte, wohl aber in der Lage war, einen Kapitalwert in der Kreditwirtschaft zu erhalten, indem es ihn versicherte.

Die Regeln der so genannten freien Marktwirtschaft, der regulären Realwirtschaft, waren zu Fesseln der Finanzwirtschaft geworden. Ihre allseits beschworene Vernunft der „unsichtbaren Hand des Marktes“, welche schon den Bürgern der bürgerlichen Gesellschaft Wohlstand, Freiheit und Gerechtigkeit für alle verheißen wollte, hat sich hieraus zu einem Schuldgeldsystem, zur Gewalt eines Bankensystems fortentwickelt, das immer größere Geldmassen einer Giralgeldschöpfung auf den Markt wirft, die nichts mehr mit bereits realisiertem Mehrwert zu tun hat, sondern vorwiegend auf einen nicht vorhanden Wert, auf einen künftigen Mehrwert über die Wetten auf den Derivatenhandel spekuliert. Und diese Spekulation eröffnet eine allgemeine und folgenreiche Notwendigkeit: Sie entwertet die Verhältnisse der Realwirtschaft und macht Druck auf diese Wirtschaft, die wertmäßig nur noch höchstens ein Zehntel der zirkulierenden Finanznotierungen decken kann und zudem ihren Geldwert verliert und ihn durch Derivate ersetzt [(19)].

19) Wertwachstum jenseits der Realwirtschaft geschieht nach den seit der Regierung Thatcher, Clinton und Schröder geltenden Finanzverträgen durch eine Kreditvergabe auf der Basis einer Schuldpflichtigkeit mit einem Buchgeld, das aus der Schuldverschreibung selbst bezogen wird: Bei jeder Kreditaufnahme durch einen Schuldner wird lediglich ein Zehntel als Realwert eingesetzt und 90% des Gläubigerbetrags als bloße Zahlpflicht „vorgeschossen“. Nimmt z.B. ein Spekulant für seine Wetten oder zum Einkauf einer Immobilie 10.000 Euro bei einer Bank auf, so muss das Kredit gebende Institut lediglich etwa 10% hiervon, also 1.000 Euro als reales Geld einsetzen und „riskieren“. Für den Rest haftet weder die Bank, noch der Staat, sondern die gesamte international zirkulierende Geldmenge, die sich temporär oder dauerhaft über die Notenbanken um den Risikobetrag bemühen muss und sich entweder wieder durch neuen Mehrwert aus erworbenem Eigentum füllt oder entwertet und so zu einem „Versicherungsfall“ wird (vergl. z.B. ESM=“Europä-

Die Nationalstaaten sind durch deckungsloses Geld, durch rein nominelle Geldnoten gezwungen, die Nationalwirtschaft für die Produktion eines immer größeren Mehrwerts allein zur Deckung der zirkulierenden Werte, zur Erhaltung des Geldwerts zu bestärken. Als Konkurrenten auf den Warenmärkten müssen sie sich zugleich gegen die globale Geldwertvernichtung durch Spekulation behaupten. Die Derivate des Finanzhandels, die Kreditversicherungen, Terminhandel und BadBanks wurden zum stärksten Machtfaktor der Konjunktur [(20)]. Es ist daher zwar kein Nationalstaat an einem unmittelbaren Gewinn aus Verschuldungen interessiert - wohl aber das internationale Finanzkapital, das anwachsende fiktive Kapital, das sich mit den zunehmenden Realisierungsproblemen der produktiven Realwirtschaft auf den Welt-

ischer Schutzgeldmechanismus“). Der Staat hat lediglich über die Rechte der Besitzer von Eigentumstiteln und deren Vergabe zu wachen und entsprechende Gewalt einzusetzen. Sein nationales Münzrecht ist in diese Gewaltausübung übergegangen, die sich aus den internationalen Verhältnissen der Kapitalmärkte bestimmt.
Der Nationalstaat stellt also inzwischen selbst den Zwang dar, einen entsprechenden nationalen Geldwert durch eine zukünftige Mehrwertbildung, also aus der Auspressung unbezahlter Arbeit in der Zukunft zu decken oder aus den zirkulierenden Geldmitteln (z.B. durch eine Bestimmung der Preisbildung) abzuziehen (z.B. durch Lohnabzüge über die Verteuerungen der Lebenshaltung). Dies erscheint dann als eine Wertschöpfung aus dem Nichts, aus dem bloßen Titel einer Buchung und eines hieraus bestimmten Eigentumstitels (Wertpapier). Das geschieht besonders auf den Märkten politisch hochwirksamer Vermögen (wie z.B. Immobilien und Rohstoffen). Man nennt das Giralgeldschöpfung.

20) Je größer das Risiko ist, unter dem Kapital verwertbar ist, desto höher sind die Erträge aus solcherlei „Kreditversicherungen“. Sie wachsen in dem Maß, in dem der Handel mit Schuldverschreibungen durch dessen Derivate aus dem Devisenmarkt, den Hedgefonds und dem Terminhandel besichert werden müssen, weil sie realwirtschaftlich nicht mehr zu bedienen sind. Das einander Ausspielen dieser Kreditsysteme hat eine Finanzmacht etabliert, für die es gleichgültig ist, was für die Gesellschaften wirtschaftlich ist, wenn bei all diesen Geldverhältnissen nur überhaupt und immer wieder Schuldverschreibungen entstehen, damit das Schuldgeldsystem im Ganzen stabil bleibt.

märkten angehäuft hat. Diese Spekulation auf Schuldgeld hat daher die Globalisierung des Kapitals durch den gewaltigen Umfang seines fiktiv gewordenen Vermögens erst richtig abgehoben, die Verwertung von Wertpapieren vervielfacht, so dass jedes Wertpapier zu mehrfacher Schuldendeckung hergenommen wird. Das hieraus begründete Schuldgeldsystem sichert sich hierbei selbst auch noch in einer Kette von fiktiven Finanzverbindlichkeiten, z.B. über Kreditversicherungen ab, um über die Bewertung von Eigentumstiteln und Lizenzen zu einem Vielfachen des real produktiven Kapitals anzuwachsen. (21) Allein aus der bloßen Rechtsform solcher Titel soll es das abdecken, was an fiktivem Kapital in Wert gehalten und zur Mehrwertbildung verwendbar bleiben soll. Geld wird auf diese Weise durch die Preisverhältnisse der Geldzirkulation und ihrer Verwertbarkeit durch Werteinträge aus Devisen gehalten und wird zugleich in großem Stil in Eigentumstitel investiert, die nur noch wenig mit Produktion zu tun haben und sich ihr auch zunehmend entziehen, um sich ihrer Kosten selbst durch Kredite aus fiktivem Kapital zu entledigen (22).

---

21) Die Neukäufe von Wertpapieren hatten weltweit bereits 1999 ein Vielfaches der dem entsprechenden Warenexporte dargestellt:

> *„Die Emission von Anleihen auf internationalen Finanzmärkten hat sich seit 1980 etwa verzehnfacht. Die börsentäglichen Devisenumsätze belaufen sich mittlerweile auf 2 Bill. US-$. Das sind aufs Jahr hochgerechnet etwa 500 Billionen US-$, während die Warenexporte pro Jahr lediglich 7 Billionen US-$ betragen." (Ehrenfried Pausenberger „Globalisierung der Wirtschaft: Erscheinungsformen, Ursachen und Folgen", Vortrag in der Justus-Liebig-Universität Gießen am 7. 7. 1999)*

22) Geld, das vorwiegend als reines Buchgeld fungiert, muss sich seinen Wert über seine Verfügungsmacht sichern, auch wenn sich dieser nicht mehr produktiv verwirklichen kann. In London gehören bereits 70% der Immobilien Investoren aus fremden Ländern, hauptsächlich Russland und China. Real bildet die zirkulierende Geldmenge von 700 Billionen USD nur noch 70 Billionen USD des Warenhandelskapitals ab. Die Nationalstaaten bewähren sich hierbei als Bürgschaftsverweser und zugleich Risikoträger durch die Trennung von Steuerpflicht und „Gewinn".

Das Verhältnis des Warenhandelskapitals zum Finanzhandelskapital hat sich verkehrt. Es konkurrieren die Nationalstaaten zwar nach wie vor über den Wert ihrer Devisen. Diese aber stellen nicht nur einen Vergleich ihrer Produktivität dar, sondern vor allem die politische Macht der Geldverwertung in der Relation ihrer Preise. Nicht das wirklich gehandelte Mehrprodukt ist in ihrer Handelsbilanz formuliert, sondern die politische Macht über deren Geldwert. Eine aktive Handelsbilanz sagt daher mehr über deren Beziehung auf die Stabilität der international gehandelten Geldwerte aus als über die Anteile des nationalen Bruttosozialprodukts, dessen Verausgabung darin beschrieben sein soll.

Die Märkte der Realökonomie wurden im Zug der Globalisierung von den Finanzmärkten beherrscht und so zum Objekt der Spekulationen auf die bloßen Handelsspannen in der Preisbildung, wodurch die Wertproduktion nicht mehr nachkommen konnte und ihr realwirtschaftlich zwangsläufig unterlagen. Zu viele Produkte einer überdimensionalen Produktivität der Arbeit konkurrieren inzwischen um die Preise für ihren Absatz und zu viel Armut ist nicht in der Lage, ihre Produkte zu beziehen und sie zu nutzen. Die Wertbildung muss immer mehr der Preisbildung gehorchen - und die Preise sind somit zu einem immer stärkeren Anteil nicht mehr von ihrem Wert sondern von den Wetten auf ihre Realisierung bestimmt. Und so ist die bloße Macht der Zahlungsversprechen, Wertpapiere und Eigentumstitel von der Realisierbarkeit ihrer Preise bestimmt. Und so war zur Hauptsache eines jeden Nationalstaates geworden, deren Durchsetzung und Verwirklichung durch sein politisches Instrumentarium zu verfolgen[(23)].

23) Sein ganzes Rechtssystem und seine politische Vertretung, seine Handlungsziele und das Verhalten seiner Banken gerät durch diesen Widersinn einer Preisform, die ihre Wertform bestimmt, ins Wanken, denn maßgeblich soll ja dennoch die Privatform der Lebensverhältnisse bleiben, auch wenn sie seiner Bevölkerung vor allem nur die Gesellschaftsform von Verpflichtungen und Risiken überlässt - bzw.

Durch die Wetten im Terminhandel und durch die Giralgeldschöpfung des Finanzkapitals wurden die Werte der Produkte zunehmend von ihren realisierbaren Preisen abhängig und ihre Realisierbarkeit zur Hauptlast der Krisenprophylaxe und Krisenbewältigung der Nationalstaaten. So war der Krisenprozess im Kapitalismus schon immer und immer wieder eine Vergeudung der Lebensressourcen von Mensch und Natur, der Energien und Stoffe und Lebenszeiten, die in ihrer unendlichen Wiederkehr aufbrauchen, was im gesellschaftlichen Leben an Reichtum geschaffen wurde, was lebendig ist, nur um den Wert einer toten Arbeit aus der lebendigen Arbeit zu beziehen und zu erhalten.

Die Gewalten eines internationalen Nationalstaats

Der moderne Nationalstaat, der durch eine repräsentative Demokratie verfasst ist, muss seine politische Gestaltungsmöglichkeiten immer noch im Widerspruch zwischen den Entwicklungsmöglichkeiten der Wirtschaft und den sozialen Verhältnissen der Bevölkerung beziehen. Und das heißt: Er muss das Unmögliche schaffen, einen gesellschaftli-

aufzwingt. Das alles bestimmende Privateigentum besteht eben nicht mehr nur aus den Werten, die in Produktionsmitteln aufgehäuft sind oder in den Tauschverhältnissen von Waren und Geld zirkulieren, sondern vor allem durch die politischen Rechte des Privateigentums. Dieses wird durch bloß papierne Eigentumstitel in den Kasinos des Aktienhandels, durch die weltweit kalkulierten Wetten auf ihre künftige Verwertbarkeit, die nationalen und regionalen Lebensgrundlagen der Menschen bestimmt und beherrscht. Das hat deren Leben als Staatsbürger und Nutzer gesellschaftlicher Privatformationen selbst pflichtschuldig gemacht, um Geld als Zahlungsmittel, als „frisches Geld" aus ihrem Lohn abzuführen, durch welches das Geld der Geldbesitzer, das Geld als Kaufmittel in Wert gehalten werden muss. Es ist lediglich kreditiertes Geld welches die Verbindlichkeiten dieser Eigentumstitel in Wert hält, ohne schon wirklich vollständiger Wertträger zu sein und auch ganz gleich, ob sie sich real produktiv einsetzen lassen oder auf reale Vernichtung spekulieren.

chen Fortschritt für die sozialen Verhältnisse auf der Grundlage einer unsozialen Wirtschaftskraft zu entwickeln. Jedes Ereignis, durch das die politischen Agenten des Staates einen Erfolg in dieser Beziehung vorweisen wollen, zeigt sogleich seine Kehrseite, wenn es allgemein wirksam wird. Eine „gerechte Abwägung" zwischen ökonomischen und sozialen Entscheidungen macht die politische Klasse unglaubwürdig, denn letztlich muss sie durchsetzen, was „wirtschaftlich erforderlich" ist. Und das sind die Zwänge des Wertwachstums, welche die Wertstabilität des Geldes bedrohen. Die gewählte Politik der Repräsentanten von politischen Meinungen wird immer wieder zu einer Enttäuschung, weil ihre Selbsttäuschung zumindest nach den Wahlen offenkundig wird. Die Wahlversprechen erweisen sich als Vortäuschung einer Macht des politischen Willens, die es nicht wirklich geben kann. Mal sind des Verhältnisse auf den Arbeits-, Waren- oder Finanzmärkten, mal die der sozialen Einrichtungen und manchmal auch die außenpolitischen Bedrohlichkeiten, die sich nicht politisch kontrollieren lassen. Politische Willensbildung kann nicht aus dem Jenseits der gesellschaftlichen Wirklichkeit entstehen und auch nicht durch einen Staat durchgesetzt werden, der sich selbst als bloße Repräsentanz einer allgemein gemachten Wählermeinung versteht, die dem einzelnen Politiker letztlich sein persönliches, sein „freies Gewissen" auf „Treu und Glauben" als letzte Entscheidungsinstanz überlässt. Mal stimmt es mit wirklichen Notwendigkeiten überein, mal befriedigt es nur die Vorstellungen einer Ideologie, und meistens will es einfach nur die Bevölkerung befrieden, sie ruhig stellen und Glauben machen, dass man „die Sache schon schaukeln wird". Aber im Allgemeinen scheitert es an seiner Verwirklichung und verlässt sich dann auf die Gewalt, die der politischen Administration des Nationalstaats „von Haus aus" überlassen ist. Das macht schwindlig.

Wo es letztlich wirklich „zur Sache geht" wird daher der Einsatz von Staatsgewalt entscheidend. Sie war immer die Gewalt, die eine

Bevölkerung dem Staat im Allgemeinzweck ihrer Gesellschaft übertragen hatten, dem Zweck der Regelung, der Verwaltung, Rechtsprechung und Regierung. Das sollte dann auch durch die Gewaltenteilung des bürgerlichen Staats gesichert sein. Doch der globalisierte Staat hat für sich seinen Allgemeinzweck nur noch in der Vermittlung einer Systematik der Verwertung von Geld, die ihm einen Großteil seiner Gewalt genommen hat. Neoliberalismus ist der Glaube an eine Systematik an sich, einem Regulierungsprozess der Freiheit, die keine Notwendigkeiten mehr kennt. Der freie Handel soll die Kräfte der Märkte, also die Positionen der Geldbesitzer politisch von den Nationen frei machen, damit der Wert des Geldes sich als das internationale Machtverhältnis der Finanzwirtschaft durchsetzen kann.

Es ist im Allgemeinen gleichgültig geworden, was die Inhalte der Arbeit, die Gebrauchswerte und die ihnen entsprechenden Bedürfnisse der Menschen für den Verwertungsprozess sind. Das vorherrschende Bedürfnis und der vorherrschende Gebrauchswert betrifft den Gebrauchswert des Geldbesitzes: die reine Geldvermehrung - ganz gleich, was diese organisch betreibt, was sie dem sinnlichen Leben von Mensch und Natur wegnimmt oder zufügt. Die unmittelbare Ausbeutung der Arbeit durch eine Realwirtschaft hat zweifellos für das Kapital seine wesentliche Bedeutung verloren. Die Position auf dem Weltmarkt, das Risikoverhalten als Machtposition im Konkurrenzverhältnis der Produktivkräfte, teilt sich nicht mehr über das Warenhandelskapital, sondern vorwiegend über die Geldmärkte des Finanzkapitals und seiner Derivate mit.

Damit hat sich aber nicht die Verwertung der Lebenszeit der Menschen und ihrer Lebensverhältnisse aufgehoben. Im Gegenteil: Sie ist vorgedrungen in ihre Lebensräume, in die Preisverhältnisse ihrer Nationalstaaten. Nicht mehr nur durch die Produkte einer produktiven Arbeit wird Mehrwert eingenommen, sondern vor allem durch die Verhältnisse der Preisbildung, die Mehrarbeit durch die Verhältnisse des Geldumlaufs selbst beziehen. Es hat sich damit aber das Verhältnis von Wertbildung und Preisbildung umgekehrt: Nicht mehr der Wert bestimmt die Preise, sondern die Preise bestimmen den Werteintrag in die Eigentumstitel der Wertpapiere, Gebühren, Mieten, Steuern usw.

Das verlangt den Nationalstaaten völlig veränderte Eingriffe in die Preisbildung und die Optionen der „Wertschöpfung" ab, wie sie z.B. längst mit der Giralgeldschöpfung eingeführt wurden. Geld wird nicht mehr als Äquivalent eines in seiner Wertform vorhandenen Reichtums von irgendwelcher Art eingebracht, sondern als ein an und für sich wertloser Name eines Betrags, der erst in der Preisbildung realer Beziehungen Wert darstellen kann, wo Arbeit auf irgendeine Weise entwertet werden kann - sei es um Verschärfung der Ausbeutung im Produktionsprozess, sei es durch hohe Abgaben für eine Lebenshaltung jenseits der realwirtschaftlichen Sachwerte über Eigentumstitel des bloßen Privatrechts. Und dies ist de facto schon Alltagsgewohnheit. Der Lohnabzug selbst erbeutet damit unbezahlte Arbeit, Mehrwert, der sich alleine aus den Abhängigkeiten der Lebenshaltung in bestimmten Lebensräumen erwirken lässt.

Es mag paradox erscheinen, dass die Globalisierung das Kapital internationalisiert hat, die Begrenztheit der nationalen Märkte zum größten Teil überwinden konnte, und zugleich nur durch sie, durch ihre Konkurrenz auf den Finanzmärkten eines Schuldgeldsystems betrieben wird. Aber gerade darauf baut ja jede Konkurrenz: Sie überschreitet die Grenzen des Hergebrachten, um durch dessen Niedergang sich zu bereichern. Sie verfolgt eine Verwertung, die an und für sich durch nichts Wirkliches begründet ist, aber vieles bewirken soll. Jeder Wert entsteht durch einen Vorgriff auf etwas, das werden soll, um das zu überwinden was ist. Es ist ein teuflisches Prinzip [(24)], das

(24) Wert stellt einen Aufwand dar, der sich nicht wirklich mitteilt und daher nur negativ, in seiner Wirklichkeit also nur verneint da ist. Schon J.W. Goethe ließ in seinem „Faust" den Teufel das Nichtigkeitsprinzip des Werts aussprechen:

sich überall bewahrheitet, wo es um den Wert des Geldes geht. Es hat nur Wert durch das gesellschaftliche Potenzial seiner Bildung, seiner Geschichte. An sich wäre es bloßes Zirkulationsmittel zwischen Arbeit und Konsum - wie geworden so zerronnen. Aber obwohl die Konkurrenzwirtschaft den Fortschritt der Arbeit aufsaugt, war sie in der Realwirtschaft immer noch von einer Ergänzungswirtschaft abhängig, indem am erfolgreichsten war, wo die Unternehmungen in so genannte „Win-Win-Verhältnisse" eingestiegen sind. In einer reinen Konkurrenzwirtschaft des Geldes über das Kreditwesen herrscht das Wertwachstum nur durch eine Negativverwertung: Durch das Schuldgeldsystems, das es hervorgebracht hat. Aber dieses hat ein strukturelles Problem der politischen Willensbildung zur Folge.

Die Verkehrung von Wirtschaft und Nationalpolitik

Ein kybernetisches System der Funktionalität kann nur durch das Funktionieren der Funktionen herrschen. Es herrscht ein System, das lediglich die Abfolge seiner Funktionen zu gewährleisten hat, deren Sinn und Zweck sich im Wechsel der Ereignisse verflüchtigt und in der Zeitfolge des Wechsels einen Wert bewegt, der überhaupt nur momenthaft rentabel ist und schon im nächsten Moment sich verlieren kann. Je schneller die Gunst des Augenblicks gefunden wird und je präziser der Entwertung entkommen wird, desto höher ist der Gewinn. Das ist die einzig herrschende Logik der politischen Öko-

---

„Ich bin der Geist, der stets verneint!
Und das mit Recht; denn alles, was entsteht,
ist wert, dass es zugrunde geht;
Drum besser wär's, dass nichts entstünde.
So ist denn alles, was ihr Sünde,
Zerstörung, kurz, das Böse nennt,
Mein eigentliches Element."

nomie auf den Finanzmärkten, die sich mit der Geschwindigkeit von diesbezüglichen Entscheidungen zu bewähren sucht. Das Bewegen von Anwendungen, das Kaufen und Verkaufen von Wertträgern, das Eingehen und Verlassen von Verbindlichkeiten - oder kurz: Das Tempo des Besitzwechsels, des Händewechsels von Wettoptionen - hält das Finanzkapital in seinem fiktiven Wert und setzt die Chancen frei, in denen es sich verwerten kann. So wie in der Produktion eine schneller funktionierende Maschine Marktvorteile durch erhöhte Produktivität einbringt, so bewirkt eine Beschleunigung der Geldverwertung die Realisierbarkeit von Kapital. Es ist allerdings ein nur relativer Vorsprung in der Konkurrenz der Betriebsamkeiten, der zwar eine größere Masse bewegt und größere Produktmengen umsetzt, um darin einen Mehrwert hoch zu halten, der aber nur dann auch Mehrwert erzeugt, wenn zugleich der Produktabsatz sich erhöht, also eine erhöhte Produktivität auch einen erhöhten Güterverbrauch pro Arbeitskraft bewirkt. Doch die kann nur einkaufen, was ihr hierfür an Geld ausbezahlt wird. Die vorhandene Geldmenge konkurriert dabei gegen sich selbst: Sie lässt sich nur verwerten, wo sie in Zahlung geht, gibt aber auch nur soviel Mehrwert her was sie an Ausgaben einspart, wie sie also zugleich die Preisbildung bedrängt.

Was den Geldwert und damit die Preisbildung der Waren und Dienstleistungen jetzt ausmacht ist letztlich und im Allgemeinen die Umlaufzeit der Kapitalverwertung, wie sie durch das Schuldgeldsystem in seinen Zahlungsterminen und Prognosen bestimmt ist. Die Systematik der Lebensverhältnisse wird durch die Permanenz des Verkaufens und der Verkäuflichkeit bestimmt, dem unentwegten Drängen auf Absatz und dem Reiz der Neuheiten. Und während der hektische Wechsel von Bewertungen das Leben der Menschen bestimmt und sich ihm zugleich entzieht, wird es über die Bewertungen seiner Verkehrsverhältnisse und der Eigentumstitel und Gebühren geplündert, wird ärmer, je mehr Geldmasse in Verkehr ist, je höher das Kreditvolumen überhaupt wirksam ist, indem es als Maßstab der Preise fungiert. Wo die Fiktionen des Kapitals auf den Geldmärkten herrscht, ist die Verarmung der menschlichen Lebensverhältnisse ihr wahres Produkt. Hier geht der Sinn unter, den sie haben würden, wenn sie nicht dem Nutzen des zirkulierenden Kapitals unterworfen wären. Die Politik kann einerseits immer nur die sozialen Krisen, die sich hieraus ergeben, beantworten und mildern, während sie zugleich daran interessiert ist, den Kapitalverkehr, der sie verursacht, hoch zu halten, die Masse des fiktiven Kapitals durch eine Masse von Fiktionen zu erhalten und das Ganze in einer Schwebe von Glauben und Hoffen zu vermitteln. Für die Menschen wird das dann allerdings immer absurder.

Und dennoch herrscht hier ein ungeheuerlicher Zeitdruck, weil alle gesellschaftlichen Ereignisse und Tätigkeiten von dem Tempo der Konsumtion, dem Abverkauf der Produkte zum Selbsterhalt des Geldwertes im Kreislauf des Geldes ausgesetzt sind. Stagnation bedeutet Verlust, Beschleunigung Gewinn. Wer bei niedrigem Geldwert viel arbeitet kann billig sein; wer sich ausruht wird früher oder später „den Markt verlassen müssen ", also arbeitslos werden. Allein das Tempo der Arbeit und des Konsums entscheidet darüber wer oder was in der Welt der Werte bleibt, im Verwertungsprinzip der Gesellschaft sich halten kann, im Sinne der Geldverwertung gesellschaftlich anerkannt ist.

Dies hat auch den Sinn der Arbeit durch Masse ersetzt. Sie allein verschafft ihr wirkliche Produktaktivität in einer Welt, in der sich die Werte nur noch im Tempo bewegen und erhalten können. Der Geldwert herrscht nur noch in der Preisbildung und ist von daher ohne physische Schranke, unendlich, unersättlich, grenzenlos und außer Kontrolle. Der Markt weitet sich immer weniger durch die Produkte einer gegenständlichen Produktion aus, sondern immer mehr in der Masse von irgendwelchen Tätigkeiten, die nicht unbedingt Produkte erzeugen, sondern auch durch Gefälligkeiten handelbar sind, die Menschen zwischenmenschlich verbinden. In einer Dienstleistungsgesellschaft vereint sich von daher eine Kultur der Zwischenmenschlichkeit mit einer Preisbildung, die ihren Wert nicht mehr erkennen kann, weil er in der Dienstleistung nurmehr reproduziert und zugleich durch die Konkurrenz der Dienstleister in seinem Umlauf beschleunigt wird. Es ist der Wert der Geldzirkulation, der sich überhaupt nur noch in der Zeitspanne zwischen Einkauf und Verkauf darstellen, reproduzieren und vermehren lässt. Mehrwert entsteht hier nur noch aus der Beschleunigung und hat keinerlei gesellschaftliche Substanz außer der Zeitdifferenzen der einzelnen Arbeiten. Und die sind abhängig von den Vor- und Nachteilen der Infrastrukturen, Kommunikationsformate und Verkehrsmittel. Mehrwert verwirklicht keinen Marktwert produktiver Arbeit, sondern wesentlich nur noch die Reproduktionsbedingungen eines Lebensraums, wie er von der Politik, vom politischen Staat und seiner politischen Kultur bestimmt wird.

Und das ist schließlich auch das, worauf sich die Meinungsbildung der Bevölkerung nur beziehen kann. Das erscheint unendlich, weil es endlos ist und endlos funktionieren können müsste. Und ebenso unendlich bezieht sich das Meinen und Dafürhalten auf die verschiedenen Momente seiner rastlosen Wirkungen, dem Glück der einen wie dem Unglück der anderen. Niemand kann wirklich „seines Glückes Schmied" sein, weil eine allen enthobene Notwendigkeit der Geldverwertung herrscht. Wer viel arbeitet, wird immer ärmer, weil er dem Geld nacheifert, das andere längst verspielt haben. Das kann man im praktischen Leben nicht mehr begreifen. Und das kann sich politisch nur noch in der Vielfalt von Dagegenhaltungen darstellen, die sich in der Wählermeinung auf ein Korrelat beschränken müssen, das sich persönlich dafürhalten lässt, das sich auf Ideale verlassen muss, die über die Persönlichkeiten und Parteien der repräsentativen Demokratie das politische Handeln des Staats bestimmen sollen. Und in der Unendlichkeit der Abwechslungen können sich Ideale auch tatsächlich an den jeweiligen Erscheinungen festhalten und festmachen, die ihnen analog sind. Wo die Masse als Wertmasse herrscht, erscheinen ihre Verhältnisse auch ideal. Darin fügen sich schließlich alle Mängel des Systems zu einem Glauben an die Vollendung seiner Funktionalität zusammen, der wie eine Re-Ligio über dessen Mängel als Formel für die Ewigkeit herrscht: „Die Zeit heilt alle Wunden" - und wer sie beherrscht, beherrscht das ganze System der Repräsentation ohne Raum, aber pünktlich in der Zeit. Und da kommt der Zuspruch wie von selbst: „Deutschland ging es noch nie so gut!" Und das ist zumindest auf einer monetären Ebene nicht mal gelogen.

Die Zeit ist eben überhaupt das Maß der Dinge in den Verhältnissen der Geldverwertung und der dieser entsprechenden Politik. Die Termine der Wahlen gleichen den Rhythmus der Politik an den des Geldhandels an und machen beide voneinander abhängig und also funktional für jedwedes wirtschaftliche Verhältnis, wie dieses sich in den Lebensräumen der Menschen durchsetzen lässt. Und dies alles wird zur Meinungsbildung auch prominent gemacht und im System politisch bestärkt, popularisiert und zum Medium ihrer Macht. Man wählt in diesem Glauben nicht politisch, sondern persönlich, nicht wirkliche Entscheidungsperspektiven, sondern das Ideal für ein eigenes Leben, für die Eigentlichkeit in einer dem eigenen Leben entfremdeten Wirklichkeit des politischen Verhaltens [(25)]. Doch solche Politik widerspricht sich selbst, weil sie sich nur aus dem politischen

(25) Populismus ist eine politische Reaktion auf ein Gefühl von Entfremdung durch die Personifikation gesellschaftlicher Verhältnisse zu einem völkischen Bewusstsein. Unter der Hand wird damit gesellschaftliche Wahrnehmung zu einem öffentlichen Negativ ihrer privaten Wahrheit verkehrt und von daher Gesellschaft selbst unmittelbar als Staat begriffen. Mit der Negation von dessen Wirklichkeit wird "Volk" zum Begriff einer persönlichen Erfahrung, die sich selbst allgemein machen will, sich als Selbstwahrnehmung einer allgemeinen Persönlichkeit gegen Personen verhält, die dem Selbstgefühl fremd erscheinen und als völkische Gesinnung der Meinungsbildung zugemutet wird.

Raum bestimmen kann, der zu ihrem bloßen Echoraum so wird, wie sie ihn bestimmen muss. Was „der Wähler" meint, ist daher von ihr schon längst überholt, durch die Repräsentation seiner Meinung in der Politik nur noch verdoppelt. Es bleibt lediglich die Frage, warum das Gemeinte politisch nicht wirklich herzustellen ist [(26)].

Die Notwendigkeiten setzen sich längst schon hinter dem Rücken der politischen Repräsentanten durch, die sich ursprünglich oft mit großem Elan aus den regionalen Auseinandersetzungen heraus entwickelt haben, bis sie in der Welt der politischen Repräsentation erkennen müssen, dass sie hier nur bewirken können, was wirtschaftlich Fortschritte zur Verwertung von Eigentumstiteln einbringt. Denn nur darin vollstreckt die ungeheuer aufgeblähte Wertmasse der Schuldpflichtigkeiten, Derivate und Machtstrukturen ihren Zweck: Die Handhabung der wirtschaftlichen Zwangsverhältnisse einer Verschuldungsmacht durch politische Entscheidungen, welche eine stetige Anpassung der Lebensverhältnisse der Menschen an die Notwendigkeiten der Geldverwertung sicherstellen.

Politische Kultur ist nichts anderes mehr als die Kulturalisierung einer Politik, die durch ihre Systematik ihrem Nachvollzug selbst schon vorauseilt, um nicht zu verraten, dass sie in Wahrheit nichts bewirken kann. Ohne dass die Funktionalität des ganzen Systems aufgehoben wird, können wirtschaftliche Fortschritte keine wirkliche Verbesserung für den allgemeinen Lebensstandards der Menschen

(26) Kaum jemand zweifelt zum Beispiel daran, dass eine Elektromobilität wünschenswerter ist als das Automobil mit Verbrennungsmotor, dass Sonnenenergie nachhaltiger ist, als Kohlestrom usw. Die Politik hat zunehmend nur noch die Funktion, über ihr Unvermögen hinwegzutäuschen, ihr Handeln auf ein Geschick der Zukunft zu vertagen, die allerdings logischerweise kaum besser sein kann, als ihre Gegenwart - eben weil nichts dafür spricht, dass die politischen Folgen von wirtschaftlichen Veränderungen, dass eine Abnahme von Arbeitslosigkeit mit zunehmender Wirtschaftlichkeit der Arbeit, mit der Steigerung der Produktivität der Arbeit zu erwarten ist.

bewirken. Sie kann sich weder auf einen allgemeinen Sinn, noch auf einen allgemeinen Nutzen beziehen, weil sie im Allgemeinen unter den systemischen Bedingungen der Gegenwart nur den Zwängen des ganzen Systems folgen kann.

Die politische Klasse muss dem Zweck der Kapitalanlagen folgen und sich hierbei zugleich von einer Bevölkerung legitimieren lassen, deren natürliche Lebensbedingungen sie hierfür zu „opfern" hat. Um sich zu den Zeitfragen der politischen Verhältnisse zu verhalten, muss sie darüber hinwegtäuschen, dass Kultur und Wirtschaft unter den Bedingungen der Geldverwertung einander auflösen, dass Sinn und Nutzen der Verhältnisse sich uneinholbar auseinandertreiben und politisch in ihrem Unsinn vereint werden müssen, um verwertbar zu sein für einen Wert, der dem Geldwert unentwegt entzogen wird, also für nichts, für eine Negativverwertung, die sich in einer gegenständlichen Welt überhaupt nicht mehr darstellen lässt. In den sozialen Verhältnissen der Menschen spielen sich deren Beziehungen subjektiv als Verlust an Gewissheit und Lebensqualität ab, weil ihre Lebensbedingungen objektiv vollständig fremd bestimmt sind. Politische Repräsentation ist daher unmöglich, weil und wo diese Täuschung offenkundig wird.

Um nicht ganz offenkundig unwählbar zu sein muss sich die Politik der Repräsentanten vor allem vor dem Wählerwillen verbeugen, um sich ihm nicht wirklich beugen zu müssen. Sie erscheint daher selbst schon in ihrer Selbstdarstellung verkehrt, in ihrer Sprache, ihrer Meinung und Wahrnehmung der menschlichen Lebensverhältnisse überhaupt. Vor allem das Rechtsbewusstsein wird hierbei ganz wesentlich zerstört. Gründet es doch auf dem Vertrag der Beteiligten, auf dem Versprechen einer Verträglichkeit, so zerstört unter den gegebenen Verhältnissen schon ein Arbeits- oder ein Mietvertrag oder eine Gebühr oder eine Versicherung oder sogar das Angebot von Unterhaltungs- und Lebensmittel das Auskommen in den Lebensverhältnissen, in denen das Einkommen mit den anwachsenden Nutzungspreisen auf Eigentumstitel und Gebühren immer knapper wird. Und wenn und wo das Bewusstsein hierüber fehlt, treiben sich auch die Meinungen analog zur Zerteilung der wirklichen Lebensverhältnisse der Menschen auseinander.

Die Wählermeinung kann keine Meinung mehr sein, kann sich auf nichts wirklich Eigenes mehr beziehen und wird zunehmend nurmehr als das Korrelat einer Gesinnung politisch relevant, als ein im Subjekt politisch verkehrter Sinnzusammenhang einer Wahrnehmung zu Gunsten seiner Selbstwahrnehmung. Die herrschende politische Kultur wird zu einer Kultur der Politik, die sich den Verkehrungen der Wahrnehmung anpasst und sie über populäre Interpretationen zu einer allgemein politischen Gesinnung verfestigt. Politische Kultur existiert somit vorwiegend nur noch als Sinn für sich, totalisiert sich durch die Mythologien der herrschenden Sitten und Gebräuche, die zur Gewohnheit machen, was das Ungewöhnliche ausschließt. Über die Bürokratie des Staatswesens, der staatlichen Institutionen wird sie durch die Staatsgewalt einer herrschenden Ordnung betrieben, die sich in den Medien der Öffentlichkeit auch medial so vermitteln muss, dass sie sich in der Verfolgung ihrer staatsbürgerlichen Pflichten mit der Bevölkerung zu vereinen versteht.

Doch die Bürokratie der öffentlichen Systematisierung betreibt natürlich nach wie vor das Geschäft einer Verwaltung von privatwirtschaftlichen Notwendigkeiten, die sich von ihr natürlich auch nicht wirklich auflösen lassen, sondern sich notwendig in ihr Gegenteil verkehren [(27)]. Das aber bewirkt nichts anderes als die Funktionalität

(27) Nichts kann dies deutlicher Zeigen als der Euro-Bürokratismus, der die nationalen Landwirtschaften gegeneinander ausspielt, der Wohnraum verwertet, wo niemand mehr wohnen will und der Städte zerstört, weil deren Bevölkerung darin nicht mehr leben kann. Abwandern gegen Zuwandern lässt sich vielleicht noch aufrechnen, als Algorithmus einer abgehobenen Bürokratie logisch erklären, die sich letztlich nur noch als der große Bruder im Menschenpark gleichgeschalteter Institutionen anpreisen lässt.

einer Selbsttäuschung, welche die enttäuschten Menschen durch ihren Sinn und Zweck aus ihrem Machtbereich vertreibt, sie entpolitisiert und immer mehr Versprechungen macht, die sich nicht halten lassen. Die politische Reaktion, welche die Enttäuschung als Wählerstimme kassiert [(28)], beruht auf der schlichten Behauptung, dass das Versagen der Bürokratie ein persönliches der Repräsentanten sei, dass sie sittlich „verroht" wären und dass reaktionäre Politik „dem Volk" näher sei, höhere Lebenswerte, bessere Gesinnung und eine bessere Welt aus dem Heimatschatz ihrer heilen Welt und ihres Brauchtums zu bieten hätte [(29)]. Ihre „Wahrheit" lässt sich aus jedem Eindruck begründen, den ein krisenhaftes System in Massen aufbringt. Aber das ist nur die darin gedoppelte Täuschung darüber, dass Wirtschaft und Politik in ein verkehrtes Verhältnis geraten sind, dass die Wirtschaft nicht ihre Vertragsform als Politik, sondern dass die Politik des Wertwachstums inzwischen die ganze Wirtschaft beherrscht, die sie nur mit sich selbst verträglich machen kann. Diese Verkehrung hat die Funktionsweise des Staates fundamental verändert: Er ist nicht einfach der Vertragsbevollmächtigte der Verfassung des Privatrechts, sondern zunehmend der Vollstrecker der Ansprüche eines weltweiten Schuldgeldsystems in

(28) Siehe hierzu den allgemeinen „Rechtsrutsch" mit Trump oder der AfD oder dem Erstarken der Rechtsparteien im Osten und Süden, die sich nicht nur „abgehängt" fühlen, sondern auch tatsächlich einer politischen Täuschung unterworfen wurden und sich gegen die großen Lügen einer eigenen Größe versichern wollen.

(29) Dass solche „Volksvertreter" nur auftreten, weil sie dem Kapital einen neuen Sinn verleihen wollen, weil sie um seine Kuschelecke besorgt sind, entweder selbst aus seinem Schoß entsprungen sind oder an seiner Verwirklichung teilhaben wollen, ist im Lauf der Geschichte überdeutlich geworden. Hitler, Stalin, Erdogan oder Trump sind nicht nur Sinnstifter einer erweiterten Zerstörungskraft der politischen Gesinnung und ihrer verheerenden Folgen in ihrer Wirklichkeit, sondern zugleich ein Freibrief für jedwedes reaktionäre Bewusstsein, seine politischen Zügel frei zu lassen, jede politische Legitimation als eine bloße „Political Correctness" zu denunzieren und ihre gebrochene Persönlichkeit über das Selbstverständnis und Selbsterleben von politischer Gewalt aufzurichten, ihren autoritären Charakter zu veredeln.

den konkurrierenden Nationalstaaten, wodurch die Logik des Staates mit der Bestimmung des globalisierten Kapitals selbst schon begründet ist.

Von daher ist das Versagen der nationalen Bürokratie zu einem Phänomen der Entsagungen geworden, die durch die Weltherrschaft des Finanzkapitals zwangsläufig entsteht, sobald das Kreditwesen der Banken seinen internationalen Funktionen beim Eintreiben des Geldes nicht mehr gerecht werden kann, sobald also die Masse der ungedeckten Kredite mit ungedecktem Geld sich durch wirtschaftliche Zusammenbrüche darstellt. Es wiederholt sich dieses Versagen mit den internationalisierten Krisen der Weltwirtschaft seit dem Ende des 19. Jahrhunderts, dem Ende der Kolonialisierung, dem Ende des gewaltsamen Imports der wirtschaftlichen Ressourcen aus den Ländern, die der politischen und militärischen Gewalt der kapitalisierten Nationalstaaten nicht mehr gewachsen waren und ihre wirtschaftlichen Existenzgrundlagen durch ihr Monokulturalisierung zerstört wurden. Und dies hat sich im Prinzip auch in den Wirtschaftsverhältnissen des Imperialismus in der Form des Kapitalimports auch fortgesetzt - wenn auch weniger offensichtlich mit der rein militärischen Unterdrückung der Lebensadern dieser Welt. Die Gewalt des Wertimports lässt sich eben leichter über die Währungen, dem Devisen- und dem Derivatenhandel durchsetzen, an dessen Ende allerdings auch immer wieder die Waffen entschieden haben, was Geschichte werden kann - und was nicht [(30)].

---

(30) Wäre die Wirtschaftlichkeit der gesellschaftlichen Verhältnisse eine Eigenschaft der Politik, würde also die Politik der Rechtsförmigkeit ihrer Verträge entsprechen, so wäre eine wirtschaftliche Politik immer aus den wirtschaftlichen Verhältnissen und ihrer politischen Delegation bestimmt. Im Kapitalismus muss die Politik aber eine Eigenschaft der Wirtschaft und ihrer Verwertungslogik sein, weil deren Rechtsform den Formbestimmungen des Kapitalverhältnisses entsprechen muss. Die politische Ökonomie der bürgerlichen Gesellschaft, die Volkswirtschaft der Nationalstaaten, setzte sich immer über ihre Wirtschaftsform durch, die sich letztlich

Die sozialen Konsequenzen der Verwertungskrisen gefährden die Wirtschaftskraft des Nationalstaates (31). Er hat schließlich und vornehmlich diese Krisen als das Existenzproblem seiner Wirtschaft zu bewältigen, die dieses System mit sich bringt, weil auf nationaler Ebene Verwertung nur sinnvoll ist, wenn sich ihr Wert auch im Stoffwechsel und dem Anwachsen der Bevölkerung und der Kultur der Lebensverhältnisse real umsetzen lässt. Doch mit der Internationalisierung der kreditierten Inwertstellungen über ein temporär fiktives Kapital kann sich keine Volkswirtschaft lange in ihren Luftsprüngen und Blasenbildungen halten. Und mit der Globalisierung des Kapitals wurde nicht nur die Kapitalakkumulation immer fiktiver, sondern

---

immer nur gegen ihr Wirtschaftswachstum, gegen das Anwachsen ihrer Produktivkräfte entwickeln konnte, die hiervon in ihrer Konkurrenz sowohl angetrieben als auch „geopfert“ wurden. Die Nationalwirtschaft schuf ihr Wertwachstum aus dem anwachsenden Verwertungsdruck, der dem allgemeinen Privateigentum entspringt und als Wertsache auf den Markt geworfen wird, um sich Mehrwert anzueignen. Es ist die Konkurrenz der Preise bei anwachsender Produktivkraft, durch welche die Wertanteile der einzelnen Produkte am Gesamtwert der Produktion immer geringer werden. Und der Absatz der Produkte wurde zugleich erschwert, weil die Lohnstückkosten sinken, ihr Wertanteil bei gleich bleibenden Preisen deshalb immer größer werden müsste, daher also die Preise sinken müssten, um die Produkte auch noch absetzen zu können, der Konsummarkt unendlich anwachsen müsste. Weil die Realwirtschaft also ihre Grenze in den beschränkten Möglichkeiten des Konsums, bzw. über die Lohntüte der arbeitenden Bevölkerung erfahren muss, wird sie schon durch sich selbst immer unrentabler und ihre Profite schwinden mit dem Ausmaß einer Massenproduktion, deren Preissumme mit den Löhnen in ihrer Gesamtmasse nicht mithalten kann. Eine regelmäßige Rezession ist die Folge.

(31) In regelmäßigen Abständen sinkt die Profitrate und verstetigt das Realisationsproblem der Verwertung der Mehrproduktion zur Tendenz des Wertwachstums nach unten. Der stetige Fall der Profitrate verlagert seine Verwertung daher zunehmend auf den Finanzmarkt, wo es im Kreditwesen wieder erstarken kann. Und so hatte sich das Wertwachstum auf den Geldwert als solchen verlegt, aber auch nur eine weit abstraktere Wertverwendung über das Bankensystem durch das Kreditwesen gefunden. Immer aber war dabei die reale Wirtschaft noch die Grundlage und Bedingung der Politik.

auch ihre immanenten Folgen in den Nationen, die sich unter der Bedingung ihrer Negativverwertung sowohl organisch wie kulturell in der Zerstörung ihrer sozialen Wirklichkeit wahrmachen und verstetigen. Denn irgendwann müssen Kredite immer wieder durch frisches Geld aus der Produktion ausgelöst werden - und mit den wachsenden Verwertungsschwierigkeiten des akkumulierten Kapitals waren immer mehr Kredite nurmehr durch Neuaufnahmen von Krediten zu decken - eben weil auch das bloße Eigentumsrecht auf Dauer nur funktioniert, solange seine gesellschaftliche Wirklichkeit auch Geld verwertbar erhält.

Wo immer die Wertrealisierung unsicher bleibt, also zunehmend überall dort, wo der Warenabverkauf der Mehrproduktion mehr oder weniger ausfällt oder Kredite nicht beglichen werden, weil die Löhne in seinem politischen Wirkungskreis ihm nicht mehr folgen können, weil also das variable Kapital für das Wertwachstum der Profitrate nicht mehr hinreicht (32), müssen die Krisen nationalisiert und das Wertwachstum des Kreditwesens internationalisiert werden, um das ganze System vor seinem Absturz zu bewahren, der ihm logisch notwendig folgen müsste. So wurden die internationalisierten Wirtschaftsrisiken den Nationalstaaten wie von selbst mit ihrer Globalisierung der jeweiligen Bevölkerung und ihrer nachwachsenden Generationen übertragen, die Wertzuwächse aber immer ausschließlicher der

(32) Die Profitrate (Pr) ist das Verhältnis der Produktivität des Kapitals, worin sich der Mehrwert bezogen auf die Masse des Werts des in der Produktion insgesamt verauslagten und angewandten Kapitals, dem Gesamtkapital, im Warentausch, in der Warenzirkulation realisiert. Das Gesamtkapital der Produktion besteht aus dem Wert der Produktionsmittel (c=konstantes Kapital), und dem Wert der Arbeitskräfte (v=variables Kapital). Die Profitrate bezieht sich daher auf das Gesamtkapital (c + v) nach Ablauf der gesamten Wertmetamorphose der Waren und ist das Verhältnis des Mehrwerts (m) zum Gesamtkapital (Pr=m/(c+v)). Sie bildet die zu einer bestimmten Produktivitätsphase durchschnittliche Rate des Profits, aus dem der Produktpreis einer Ware sich ergibt (Kostpreis + Profit).

Verwertung von fiktivem Kapital dem internationalen Finanzkapital überlassen.

Aber auch die Verwertung von fiktivem Kapital hat ihre Grenzen und kann auf Dauer seinen Wert nicht halten [33]. Es besteht ja nur aus der Verwertung einer bloßen Wertmasse, als bloß ideelle Wertgröße des zirkulierenden Geldes und lässt sich daher auch nur noch in der Form von Zahlungsversprechen bestimmen. Sie kann also ihre potenzielle Macht, die sie über alle gesellschaftlichen Verhältnisse hinweg nötig hat, nur noch in den politischen Gemeinwesen der Nationalstaaten festmachen und wird daher von international auftretenden Finanzagenturen eingeschätzt, und solange mit Krediten beliefert, wie ihre Wirtschaft noch ihre Bedingungen zu erfüllen verspricht. Die finden dann auch nur noch in ihrer Einschätzung die Verwertungsbasis der nationalen Geldwerte als Wert der Kreditwürdigkeit ihrer Währung überhaupt, so dass das ganze nationale und internationale System letztlich vom Wertverhältnis der Währungen abhängt.

Für das fiktive Kapital existiert eben nur darin seine wirkliche Substanz als eine leibhaftige Fiktion der realen Verwendung einer zirkulierenden Geldmasse, die sich als diese für den politischen Zusammenhalt auseinanderstrebender Privatinteressen zu bewähren hat und als Währung expansiver Vereinzelungen zumindest deren Wert zu versichern in der Lage ist. Man kann daher - wie bei jeder Versicherung - nur noch darauf zählen, also auf ihre nationalpolitische Absicherung setzen, um sich im Preisverhalten der nationalen Währungen,

(33) Die so genannte Immobilienkrise in den USA hatte zu Beginn dieses Jahrhunderts deutlich gemacht, dass auch die Bewertung und Inwertstellung von Immobilien als bloße Eigentumstitel letztlich daran scheitern muss, dass es immer weniger Löhne gibt, die sie finanzieren können. Der Wert des Geldes lässt sich ohne eine ihm angemessene Wirklichkeit nicht beliebig hochpeitschen - selbst wenn er in Dienstleitungsgesellschaften zunächst durch die Verwirklichung ihrer Leistungen mit der Masse der Arbeitskräfte - mit der „Körpermasse“ des „Humankapitals“ - relativ hohe Toleranzen aufweisen kann.

im Verhältnis der national verbuchten Preise ihres nun rein politisch gewordenen Wertes zu versichern. Und wenn dem von allen Glauben geschenkt wird und alles, was gesellschaftlich von Bedeutung ist, daran bemessen werden kann, dann lässt sich jede Fiktion durch ihre bloße Gewöhnung selbst als gesellschaftliche Normalität und Norm einer selbständigen Kultur der Geldverhältnisse vermitteln - allerdings nur innerhalb des Lebensraums, wo er politisch abgegrenzt und bestimmt ist: über den Nationalstaat. Dessen nationale Kultur ist daher zu einer Glaubenssubstanz der Weltmärkte, zu einem wesentlichen Medium der internationalen Wirtschaftsbeziehungen geworden, denen sie den Schein einer allgemeinen Sinnhaftigkeit verleiht, während die nationale Politik ihrem Verwertungsvermögen nur noch nacheifern kann, indem sie an allem spart, was ihr wertlos erscheint. Negativverwertung ist ja letztlich bloße Austeritätspolitik, wo immer sie möglich ist. Und sie ist möglich, wo Staaten verschuldet sind, und wo sie dann ihre Politik, ihre Sicherheit und Fortbildung an den Bedürfnissen und Interessen ihrer Gläubiger ausrichten müssen. Es ist die Politik der Verarmung, eines Verwertungsstrebens, das nicht Reichtum produktiv anwendet, sondern Armut produziert um Fiktionen in der Welt zu bewegen und sich deshalb dieser Welt entzieht und sie letztlich zerstört.

Die nationale Staatsverschuldung und das Schuldgeldsystem

Mit dem Zusammenbruch der Verwertungsrate der Realwirtschaft hat sich aus der Akkumulation des fiktiven Kapitals eine Finanzwirtschaft des Derivatenhandels entwickelt, deren mächtigste Wertquelle das Kreditwesen ist [34]. Es hat aber mit der Spekulation auf seine Ver-

34) *„Das Kreditwesen erscheint als Haupthebel der Überproduktion und Überspekulation nur, weil er die Schranken des Privatkapitals bis zu einem gewissen Punkt überwin-*

wertbarkeit seinen Einfluss auf den unmittelbaren Produktionsprozess verloren und muss ihn durch die Verwertungsmacht als ein bloß fiktiv bleibendes Kapital, als bloße Schuldverschreibung wieder gewinnen. Aber es kann sich nur als Geld rentieren, wenn es als Geldrente die Existenz der Menschen durch Eigentumstitel auf den Kapitalmärkten der Grundrente ausbeutet. Und das kann nur darin bestehen, dass es „Frischgeld" aus dem realen Geldumlauf bezieht. Die Globalisierung des fiktiven Kapitals hat die ganze Wirklichkeit der Kapitalverwertung auf den Kopf gestellt. Nicht der produzierte Wert ist ihr Maßstab, sondern die Realisierbarkeit von Preisen, die sich erst durch die Verwertung der Geldzirkulation bewähren können. So spekuliert das Bankenkapital zunehmend auf die Verwertung von Eigentumstiteln, deren Profite ganz davon abhängen, was an Wert überhaupt zirkuliert, was den Menschen an Lebenszeit und Lebenskraft aus ihren Lebensverhältnissen entzogen wird und mit den Preisen, die sie für ihren Lebensunterhalt bezahlen müssen verwertet wird.

Es handelt sich hierbei um eine pervertierte Teilhabe an einem Mehrwert, der im Gebrauch der Existenzmittel zerrinnt, solange die politische Gewalt über deren Existenz dies absichert. Es erscheint wie seit eh, als ob der Lebensunterhalt durch die Mittel zum Leben, wie sie produziert werden, bezahlt wird und daher keinen Mehrwert, sondern variables Kapital darstellt. Von daher sind die Menschen und auch die Politiker und sogar auch die einfachen Agenten des Bankensystems blind für die Zusammenhänge, in denen sie einfach nur durchsetzen, was nötig zum Selbsterhalt und dem Erhalt des ganzen Systems ist. Doch das Finanzsystem der Schuldverschreibungen, das Schuldgeldsystem zeigt in seiner harten Konsequenz, dass Geld kaum

det und phasenweise die materielle Entwicklung der Produktivkräfte und die Herstellung des Weltmarkts beschleunigt. Das beschleunigt aber auch die gewaltsamen Ausbrüche ihres Widerspruchs, die Krisen, und damit die Elemente der Auflösung der alten Produktionsweise." (Kompendium Des Kapitals MEW 25, Kap.27, Abs.1, Thema 27/6)

noch reell sein kann, dass die Produktivität der Arbeit sich kaum mehr mit dem Wert der menschlichen Arbeitskraft darstellen lässt. Und es hat sich gezeigt, dass die Schuldverschreibungen nicht mehr national begrenzt bleiben, sondern international gehandelt werden. Das hat die Globalisierung des Finanzkapitals erbracht und das zerstört die Verhältnisse der armen Länder. Anstatt die Automation der Arbeit für den Wohlstand der Menschheit zu nutzen, wird sie selbst zum Prozessor der Ausbeutung, indem sie den Handel mit Spekulationen um ein hundertfaches beschleunigt und neue Finanzsysteme (wie z.B. Bitcoins und vollautomatischen Derivatenhandel) möglich macht. Damit wird fiktives Kapital selbst zum Produzenten seiner Fiktionen, die Computertechnologie zum Produktionsmittel einer weltweiten Ausbeutung der Menschen und ihrer Natur. Im Kreislauf der Wetten auf Zahlungstermine für fiktive Geldwerte wird nicht in der Nullsumme eines geschlossenen Verhältnisses gespielt, in dem die „Player", die ihre Wette verlieren, den Gewinn der „Player" tragen müssen, die sie gewinnen. Es wird damit über Preise verfügt, die Menschen zu bezahlen haben, die immer nur Verlierer sein können, weil ihr Leben das Objekt dieser Wetten ist.

Die Gebühren für Eigentumstitel machen inzwischen den größeren Anteil der Preise für Lebensunterhalt, also der Existenzkosten der Menschen aus. Sie können ihren Mehrwert aber dauerhaft nur verwerten, wenn das Geld wirklich durch einen Lebensunterhalt gedeckt werden kann, der ihnen entsprechende Einnahmen aus ihrer Lebenswelt ermöglicht, die zugleich einen Mehrwert aus dem Leben von irgendwo auf der Welt beibringt. Die Gebührenzahler übertragen diesen Wert nur, indem sie mit der nationalen Währung bezahlen. Wo sie selbst durch ihre Arbeit keinen reellen Mehrwert erzeugen, der im Verkauf ihrer Mehrarbeit aufgeht, übertragen sie auch durch ihre an und für sich unproduktive Arbeit z. B. durch Dienstleitungen den Wert, der aus einer Lebenssubstanz ihrer politischen Existenz in ihrem

Lebensraum ausgebeutet wird. Aus den gesellschaftlichen Verhältnissen von Menschen, die irgendwo auf der Welt in Armut leben und weder durch eine Mehrwertproduktion noch durch ihren Besitz an eigenem Vermögen im Warenaustausch adäquate Äquivalente in ihrer Währung bieten können, wird durch deren Staatsverschuldungen der Wert für ein Weltgeld ausgepresst, das über das Schuldgeldsystem der großen Privatbanken versichert wird. Doch diese Versicherung ist selbst genau so fiktiv wie der Geldwert, der damit versichert gelten soll. Wenn die Lebensmittel in einem Land billig zu kaufen sind, so entziehen ihre Preise dem Land, aus dem sie kommen, deren existenzielle Werte - oft mit der Folge, dass viele Kinder verhungern müssen, die sozialen Verhältnisse in ganzen Ländern und Regionen zerstört werden oder sich in Glaubenskämpfen aufreiben.

Die Negativverwertung treibt aber auch das Kreditwesen in den reichen Ländern zu dem Punkt, wo es sich selbst negiert, wo es als verselbständigte politische Macht regieren muss, um die aufgeblähten Fiktionen und das Prinzip der Schuldverschreibungen als verselbständigte Negativverwertung gegen die wirklichen Verhältnisse über die Staatsverschuldungen und deren Konkurrenz zu erhalten. Als Sicherheiten hierfür dienen Verwertungsgarantien aus den Existenzgrundlagen der Menschen, besonders aus Grund und Boden und Haus- und Wohnungseigentum. Die Immobilienkrise hat gezeigt, dass auch diese Verwertungssicherheit ein Irrtum ist, weil auch darauf spekuliert werden kann. Es kommt bei allen Verwertungslagen immer auf die Menge an, in der sie genutzt werden und in deren Ausmaß ihr Wert immer weniger durch dem angemessene Preise realisiert werden können. Wenn viele Grundbesitzer oder Wohnungseigentümer die Nutzung ihres Besitzes verwerten wollen, so sinken die Preise hierfür und damit das Einkommen aus Eigentumstitel und dessen weitere Verwertbarkeit. Und wenn hierfür auch noch Kredite vergeben und diese als Sicherheit verwendet werden, so hebt sich das Kreditsystem praktisch auf. Es wird zu einem reinen Schuldgeldsystem, indem nur noch Zahlungspflichtigkeiten verkehren, die als Schuldverschreibungen - so genannte Wechsel - notiert sind. Und die Spekulation auf diese Papiere ist eine Perversion in sich.

Aber genau darauf gründet inzwischen und immer noch ein Großteil des Bankenkapitals - nicht weil die Banker und die sie stützende Politik einfach nur von korrupten und geldgierige Menschen betrieben würden [(35)], sondern weil das von ihnen vorgeschossene Geld keine andere „Anlageperspektive" finden kann, weil der Finanzmarkt mangels realer Kapitaleinsätze „übersättigt" ist. Weil damit schon die Perspektive auf eine Geldvernichtung angelegt ist, muss man sich auch nicht wundern, wenn sie irgendwann auftritt - auf der einen Seite als Finanzierungskrise des zirkulierenden Geldwerts, dem unzählige Menschen, die darauf vertraut haben, zum Opfer fallen, auf der anderen Seite als Bankenkrise, die allerdings durch Intervention der Währungsgaranten, der Nationalstaaten, immer wieder mal aufgelöst werden, wenn das noch möglich ist, um eine Weltwirtschaftskrise, also den Kollaps des ganzen Geldsystems zu verhindern.

Das Überleben der Ausbeuterstaaten hängt nicht von der Kaufkraft ihres Geldes, sondern von der Konkurrenzfähigkeit ihrer Währungen auf dem Finanzmärkten und diese wiederum von ihrem Bankenwesen ab. Und die Banken wissen, dass sie über das Faustpfand verfügen, das den Werterhalt ihrer Währungen und der gesamten politischen Verhältnisse ihres Landes sicherstellen muss. Ihre Welt bleibt so korrupt wie sie ist, weil und solange nicht nur der wirtschaftliche Wohlstand der Nation, sondern auch der soziale Friede der unterschiedlichen Klassen im Land von ihrem Geschäft abhängig ist. Sie betreiben die Verwertung eines fiktionalisierten Geldwertes, indem sie ihre Fikti-

35) Mit der Perversion des Einsatzes von Geldmitteln blüht in diesen Verhältnissen natürlich auch die Perversion der Menschen, die damit handeln. Aber diese sind nicht der Grund pervertierter Verhältnisse, sondern ihre bloße Marionetten.

onen für ihre Finanzmacht einsetzen. Und sie bestimmen damit ein Staatswesen, das ihnen bis zu seinem Untergang Folge leisten muss - solange, wie die Staatsbürger auch immer wieder zur Rettung des Bankenwesens zur Verfügung stehen. Ihre eigene Asche muss ihr Geschäft beleben, das Prinzip der faulen Kredite selbst als negativer Wertspeicher dienen, durch den sie sich aus allen Verhältnissen herausnehmen können. Denn jeder negative Wert erhöht ihre Bedrohlichkeit und bestärkt ihre Sicherheit ihrer politischen Existenz und ihre völlig irrationale Geldverwertung unter Staatsschutz.

Ein Schuldgeldsystem ist eben nur ein System der Versicherung von Krediten, das notwendig irgendwann immer wieder versagt und seine Krisen auch selbst potenziert. Weil darin im Prinzip ein Kredit durch einen anderen gedeckt und gehalten wird, besteht ihr Geldwert auch zunehmend nur aus dem Wert der Buchung von Verschuldungen, die wiederum durch Buchgeld versichert sein müssen, sich also selbst nur durch Kreditversicherungen tragen, das letztlich nur durch einen Derivatenhandel ihren Bestand garantiert. Der immer noch gesellschaftlich produzierte Mehrwert, also die unbezahlte Arbeit der Menschen, geht dann in die Bedienung von Schuldpflichtigkeiten ein, die sich der Realökonomie schon entzogen haben und auf den Finanzmärkten als Verhältnis von Verwertungszwängen eines fiktiven Kapitals gehandelt werden. Wenn das Ganze dieser Verhältnisse durch die Staatsverschuldungen der Nationalstaaten besichert wird, weil ansonsten die Währung im Devisenhandel sich abbauen würde, sind diese zu einer Giralgeldschöpfung gezwungen und nehmen ihre Bevölkerungen in die Pflicht als Bürgen des ganzen Systems zu einer im Grunde für sie völlig sinnlosen Wertschöpfung. Darin werden vor allem Eigentumstitel zur Preisbildung des Lebensunterhalts, der Arbeitslöhne für Lebensmittel und Gebühren (wie z.B. Miete) allgemein bestimmend. Dies verwandelt den bürgerlichen Staat der Realwirtschaft in einen Staat der Schuldpflichtigkeit, dessen wirtschaftliche Verhältnisse am besten als Feudalkapitalismus bezeichnen werden sollten, denn er fungiert hier nur durch eine höhere Glaubensmacht des fiktiven Kapitals, in dem das Kaufmittel Geld in der Staatsverschuldung verschwunden ist.

Das Schuldgeldsystem ist eine Farce, weil es lediglich ein gedoppeltes Zahlungsversprechen ist. Es gründet auf Kreditverhältnissen, die zu ihrer Kredittilgung als ein reines Zahlungsmittel eines erneuerten Zahlungsversprechens zurückkommen und damit ein fiktives Kapital in ein allgemeines Kaufmittel verwandeln, indem sie es über Einnahmen aus Steuern und aktiven Handelsbilanzen zu einer nationalen Kaufkraft reanimieren, so dass sich die Währung selbst wie eine reelle Kapitalakkumulation anwenden lässt - eine Akkumulation von Mehrwert, der nicht aus irgendeiner Produktion erwächst, sondern aus den wundersamen Verhältnissen der Ausgaben für den Staatshaushalt [(36)]. Es ist eine Art von Geldwäsche: Der Staat macht Defizite, seine Währung um einen bestimmten Betrag wertloser, und tilgt diese durch Geld aus fremder Wertbildung, wodurch das nur fiktiv vorhandene Geld im Geldumlauf seiner Währung wie von selbst reell wird. Im Verhältnis der Laufzeiten von Staatsanleihen jenseits und unabhängig von ihrem Gläubiger, kann sich dieses Kapital dann - getrennt von den allgemeinen Tauschverhältnissen des Geldes - als Kaufmittel über die Staatsausgaben wieder produktiv verhalten und einbringen, als wäre es nur für das Zwischenprodukt einer Produktion mal eingenommen und wieder ausgegeben worden. Tatsächlich aber wurde es vom Zahlungsmittel zum Kaufmittel transsubstanzialisiert.

---

36) *„Die öffentliche Schuld wird einer der energischsten Hebel der ... Akkumulation. Wie mit dem Schlag der Wünschelrute begabt sie das unproduktive Geld mit Zeugungskraft und verwandelt es so in Kapital, ohne dass es dazu nötig hätte, sich der von industrieller und selbst wucherischer Anlage unzertrennlichen Mühwaltung und Gefahr auszusetzen." (K. Marx, Kapital I, MEW 23, 782f.)*

Die festgesetzten Laufzeiten der Staatsanleihen basieren nicht auf spekulierten oder real begründeten Gewinnerwartungen, in denen Mehrwert aus der Preisbildung in der Geldzirkulation zwischen dem Zahlungsmittel und dem Kaufmittel bezogen wird, sondern auf der Planung notwendiger Ausgaben, im Grunde also auf der so verteufelten Planwirtschaft. Politisch beruht dieses System also nicht mehr auf einer Realwirtschaft, sondern auf einem bloßen Rechtssystem, das den Gläubiger ermächtigt, Gewalt gegen säumige Schuldner einzusetzen, wenn er sein fiktives Kapital aus irgendwelchen Gründen nicht realisieren, nicht ausgeben kann, - wenn er beispielsweise nicht rechtzeitig auch mal in absurde und möglichst teure Projekte Ausgaben macht. Das beantwortet auch viele Fragen zum Beispiel zu dem, welcher Flughafen oder Bahnhof oder auch Militäreinsatz für Staatsausgaben plausibel gemacht werden kann. Ausgaben in Dienstleistungen und Sozialleistungen fallen hier schließlich gänzlich aus, weil sie unmittelbar in deren Haushalt und Konsum, in einem reellen Verbrauch untergehen und verschwinden würden. Das muss knapp angesetzt werden, damit fiktives Kapital wieder zum Laufen kommt. Es gibt nämlich nicht zu wenig Geld im Staat, sondern viel zu viel Geld, das keinen realen, sondern einen nur negativen Wert darstellt.

Die Negativverwertung stellt nicht nur den Staatshaushalt, sondern das ganze Kreditsystem auf den Kopf, denn nicht mehr die reelle Anwendung von Geld, sondern die bloße Verausgabung für irgendetwas - ganz gleich wofür - gibt in der Geldzirkulationen einen Wert zurück, den er aus den Einnahmen einer realwirtschaftlichen Produktion nicht realisieren konnte. Man muss es nur an die richtige Stelle bringen, wo es zumindest politisch verwertbar ist. So geht die Wünschelrute also auch „außer Haus", vorzüglich in Länder, die so arm und so schlecht im Rang der Gläubiger sind, dass sie für Kredite so gut wie alles tun. Nichts hat für den deutschen Staatshaushalt und seine Kapitalressourcen mehr gebracht, als Staatsanleihen z.B. in die Übernahme der DDR oder in arme Länder wie Griechenland, Lettland, Irland usw. Diese Gelder bewirken zweierlei: Sie bestimmen Ausgaben und die Entwirklichung der bisherigen Einnahmequellen. Sie machen diese Länder vor allem zu erweiterten Einnahmequellen - oft auch verbunden mit Lieferverträgen nach dem Muster des Petrodollars. Nicht mehr neue Märkte sind zur Rettung des Geldwerts nötig, nicht mehr die militärische Besetzung fremder Länder. Es genügen schon Kredite an arme Länder, um die eigenen Märkte auszuweiten und zu besetzen.

Die systematische Verwertung der Armut

Mit der Globalisierung des fiktiven Kapitals hat sich nicht nur die Funktion des Geld als solche verändert, sondern auch die Beziehungen aller Abhängigkeiten von Geld und Tauschhandel überhaupt. Konnte zuvor noch über den Preis zwischen einzelnen Händlern gefeilscht werden, wodurch sie sich immerhin noch in ihren subjektiven Interessen gesellschaftlich gezeigt hatten, so geht dieser Subjektivität jetzt eine totale Existenznotwendigkeit voraus, die ihre Preisvorstellungen auf ein Mindestmaß schon reduziert hat, bevor sie überhaupt zur Verhandlung antreten. Es ist die allem vorausgesetzte unabdingbare Voraussetzung, die Conditio sine qua non einer international vermittelten Existenzangst, die auch das nationale Verhältnis des Arbeitslohns zur Existenz der arbeitenden Bevölkerung verändert hat. Zwar findet nach wie vor die Ausbeutung von Menschen durch das Kapital im Produktionsprozess über die ganzen Zeitverhältnisse ihres Lebens statt, doch nicht mehr unbedingt über ihre bloßen Arbeitszeiten. Zunehmend verteilt sie sich über ihre ganze Existenz, die vor allem durch zusätzliche Kosten immer teurer wird, weil die Löhne nicht mehr nur die Lebensmittel zur Reproduktion der Arbeitskraft bezahlen müssen, sondern darüber hinaus auch die bloßen Umstände und Strukturen ihres Lebens. Die Kosten für ihren Lebensunterhalt sind durch eine wesentliche Strukturveränderung ausgeweitet worden: Die Gebühren für ihre Existenz für Miete, Strom, Kommunikation und Verkehr reflektieren zu ihrem größten Teil nicht mehr die Produktivität der Arbeit in der Gestalt ihrer Produkte, sondern viel mehr den Existenzwert ihrer Nationalität. Konnte Marx noch in seiner Arbeitswerttheorie zum Beispiel den Wert eines Grundstücks in seinem Potenzial für die Produktivität bemessen sehen, so besteht dieser Wert nur noch international vermittelt durch die Handelsbilanzen des Staates und seiner „Geldwäscherei". Alle diesbezüglichen Preise schnellten im Lauf der Globalisierung in unermessliche Höhen, die immer weniger Bürger auf Dauer begleichen können. Und das macht natürlich auch das Lohnverhältnis selbst absurd, das Zeitmaß äußerst relativ zum Preis für die Existenz. Und dennoch: Mehrwert wird nach wie vor aus der Arbeit in ihrer ganzen Existenzform bezogen - intensiver denn je.

Denn die Ausbeutung der Arbeit wird jetzt von zwei Seiten her betrieben: sowohl aus dem Produktionsprozess als auch aus dem Zirkulationsverhältnis des Geldes, also sowohl vor der Produktion im Preis der Arbeitskraft, wie auch nach der Produktion durch dessen Entwertung durch die Nutzungskosten von Eigentumstitel. Die Arbeitskraft wird nicht mehr nur ausgebeutet, weil sie als Ware in den Produktionsprozess eingeht, aus welchem sich Mehrwert aus unbezahlter Arbeit für den Kapitalmarkt beziehen lässt, sondern weil der Kapitalmarkt selbst die Kosten des Lebens der Menschen über ihre schlichte Existenz schon durch den Existenzwert ihrer Währung im Voraus bestimmt. Hierüber werden seine Produzenten zugleich zu Konsumenten der Verwertung eines fiktiven Kapitals, als Bürgen für die Staatsverschuldung der Nationalstaaten in der Konkurrenz ihrer Währungen für deren Anwendung genutzt. Ihr Leben wird von einer vollständig negierten Lebenssubstanz, durch die politische Form einer nur noch vollständig abstrakt menschlichen Gesellschaft beherrscht, die einen Mehrwert aus der Preisbildung der Gebühren für ihren Existenzwert bezieht. Damit werden die Währungen der Welt zum Elixier des internationalen Weltgeldes, das über die Nationalstaaten alle Menschen dazu bestimmt, durch bloße Mehrarbeit zur Existenzerhaltung und Sicherung ihres nationalen Geldwerts unbezahlte Arbeit zu veräußern. Und die nationale Politik vermag dies auch noch im Innern ihres Landes durch Sparsamkeit der Staatsausgaben für die Infrastruktur und mit einer Negativverwertung zu befördern, indem sie den Gesamtumsatz des Geldes erhöht, um z.B. durch Konsumsteigerungen durch Kapitalanlagen aus der Vorsorge und der Rentenversicherung oder auch durch neue Staatsanleihen zu bewirken - ganz gleich, was für ihre Bürger nützlich ist, was sie bedürfen und hierfür aufwenden müssen.

Das hat den Pferdefuß für die Kultur, dass die Bedürfnisse der Menschen, wenn sie keinen wirklichen Gegenstand ihrer Befriedigung erfahren können und objektiv sinnlos werden, nicht zufrieden zu stellen sind, dass sie entwirklicht werden und im Maßstab ihrer Entwertung, ihrer Missachtung, sich selbst in bloßer Erregung als Befriedungssucht gestalten, für sich selbst empfindungslos und damit auch subjektiv sinnlos werden. Es ist aber nicht ihre bloße Selbstwahrnehmung, die sie entwirklicht. In Wirklichkeit hat sich die Form der Ausbeutung der Arbeit der Menschen in ihre gesamte Existenz verlagert. Das Arbeitsprodukt lässt sich im Umfeld der Nationalstaaten nicht mehr als deren Elementarform erkennen, weil die Klassen des produzierenden Kapitals der politischen Klasse des Weltkapitals durch die systematische Entwertung der nationalen Währung untergeordnet wurden, das nationale Kapital dem Weltkapital subsumiert ist und seinem Verwertungsinteresse folgen muss, um auf dem Weltmarkt, also im weltweiten Waren- und Finanzhandel zu bestehen. Alle Verhältnisse sind davon bestimmt und der einfache Ausbruch aus diesem Weltsystem des Kapitals wäre für jeden auf Dauer tödlich. Und ein

Weltsystem der Arbeit wäre in nichts anders, auch wenn die Nationalstaaten hierüber sehr stark werden könnten.

Die Fortschritte der Produktivität, die als Wirtschaftswachstum die Konkurrenzbedingungen einer Volkswirtschaft sind, erscheinen gerne wie ein Wundermittel der Technik gegen die Armut der menschlichen Arbeit. Wie leicht könnte eine hochentwickelte Technologie die Produkte erzeugen, die Menschen in armen Ländern zu höchsten handwerklichen Aufwendungen zwingt, weil die Menschen in einer verarmten Gesellschaft dazu gezwungen sind, um von den reichen Ländern abhängig zu bleiben, um ihre Produkte billig zu exportieren und ihr Leben auf unterstem Niveau zu fristen. Wenn ihnen zur Anschaffung von Technik Kredite gewährt werden, so sind sie natürlich schnell bereit, ihre konkreten Lebensverhältnisse zu vergessen und an die Wunder einer an und für sich schon produktiven Technik zu glauben. Und das ist es, was die reichen Länder immer schon zu bieten hatten - nicht um die Arbeit der Armen zu erleichtern, sondern um hieraus Abhängigkeiten durch Kredite als Potenzial ihrer Weltmacht zu beziehen, um die Bestimmung aller Lebensverhältnisse von Mensch und Natur zu ihrem eigenen Nutzen zu verfügen.

Nicht eine durch technologischen Fortschritt bewirkte Wertminderung der menschlichen Arbeit verursacht die Krisen der Nationalwirtschaften, nicht eine einfache Arbeitserleichterung könnte die Menschen schon vom Joch der toten Arbeit befreien. Es ist der Kredithandel selbst und seine Derivate, der sie unaufhörlich in eine Bringschuld versetzt, die sie ebenso wenig allgemein auflösen können, wie ein einzelner Arbeiter, der nur für seine Existenz arbeiten kann, zum Geldbesitzer werden kann. Man schämt sich vielleicht hierfür und es darf dieses niederträchtige Verhältnis nicht mehr aus dem Übermaß an entwerteter Arbeit, als Mehrwert aus unbezahlter Arbeit durch den Kredit- und Derivatenhandel, der Preisdrückerei durch überbewertetes Geldvermögen und Termingeschäfte erkennbar sein. Bestimmend wird die Angst um den Verlust von Arbeit nicht durch die wundersame Entwicklung einer angeblich menschenfeindlichen Produktivität, welche sich durch sich selbst - also jenseits aller Verwertungsinteressen - zu einer Bedrohung der Menschheit durch die zunehmende Arbeitslosigkeit entwickelt habe und hieraus ihre politische Macht beziehen würde [(37)]. Bestimmend ist nach wie vor das Geld als Kaufmittel der Welt, als das fiktive Kapital des Weltgeldes. Es müssen hierfür die abhängigen Menschen die persönlichen Konsequenzen ebenso tragen, wie die Nationalstaaten den Niederschlag auf ihre Währungen. Man mag die Entwertung der automatisierten Arbeit politisch als Ursprung eines neuzeitlichen Unglücks vorführen, wenn um Lohnforderungen und Arbeitszeiten gekämpft wird. Doch es ist nach wie vor nur das Geld als Kaufmittel, das als Weltkapital alles beherrscht was seinen Lebensunterhalt einkaufen muss. Und deshalb wird der Einkauf von technologischen Hochentwicklungen nur ermöglicht, wo sie praktisch schon durchschnittlich zum Lebensunterhalt notwendig sind, jenseits der herrschenden Konkurrenzverhältnisse angewendet werden. Die Not der Armut ist inzwischen das politische Kalkül aller Geldbesitzer, die ihr Zahlungsmittel optimal verwertet haben wollen. Und das reicht auch bis in die Verhältnisse der Dienstleistungsgesellschaften hinein, in denen zwar weniger Arbeitslosigkeit herrscht, dafür die Menschen aber durch Billiglöhne in ihrer Existenz gehalten werden, auch wenn sie hohe Gebühren bezahlen müssen und zudem relativ wertloses Geld zu Händen haben. Das Schuldgeldsystem macht alle arm, die nicht gerade in einem finanzwirtschaftlichen Überfluss schwelgen können.

---

37) Auch die betroffenen Menschen glauben das, wenn ihnen das Wertprinzip unbekannt ist und ihnen das Wertwachstum überhaupt nur als Wirtschaftswachstum - der politische Trieb des Kapitals nur im Betrieb seiner Bewirtschaftung - begreifbar ist. Die ersten Widerstände kamen daher schon nach den Weberaufständen durch Maschinenstürmerei zustande - ein fataler Irrtum, den das Kapital wunderbar für sich kassieren und durch das bloße Betriebsrecht bekämpfen kann.

Und das sind nicht nur Menschen, sondern vor allem deren politische Lebensräume, die Kommunen, Regionen, Länder und sogar ganze Kontinente, die den *„Anschluss an die Weltwirtschaft verpasst"* haben.

An sich ist Armut schon immer das Resultat der Ausbeutung von menschlichen Lebensäußerungen, ihrer Kraft, ihrer Natur und ihren Lebensverhältnissen. Diese Armut steht dann also auch immer noch und schon wieder am Ende eines gesellschaftlichen Verwertungsprozesses und ist von daher nur soweit zu gebrauchen, wie sie darin zu integrieren ist. Die ausgegrenzte und vertriebene Armut taugt hierfür garnicht, weil sie zynischerweise „frei" von jedweder gesellschaftlichen Macht ist. Mit ihrer Ausgrenzung wird dem Kapital ein Humankapital entzogen, das immerhin dazu taugt, die Preise auf den Arbeits- und Lebensmittelmärkten nieder zu halten oder auch nur als Muster einer existenziellen Bedrohungslage vorgeführt zu werden. Aber wer durch seine Armut randständig oder ausgegrenzt ist, hat nichts mehr zu vergeben und wird lethargisch, uninteressiert, gleichgültig gegen sein eigenes Leben und stellt schon durch seine „Freiheit" eine ganze Gesellschaft infrage, die nur noch unter Zwang ihre Verhältnisse erhalten kann.

Ein guter Glaube hilft immer, wenn Fiktionen herrschen, durch die Menschen sich selbst mangelhaft erscheinen, sich als Subjekte nicht genügen, weil sie in Wahrheit bloße Objekte sind. Fiktionen eröffnen den Glauben an einen Reichtum, der nicht von dieser Welt ist, einen Reichtum, der zwar nicht selbst erzeugt, aber immerhin durch Geldzuschüsse gewährt wird und einen völlig fremden Werteintrag mitbringt, gegen den man selbst zwar minderwertig ist, weil man dem etwas schuldet. Aber Schuld kann auf vielen Ebenen „gesühnt" werden, sobald man sich ihr als Mensch oder Staat dem unterwirft. So lässt sich durch Geldeinzahlungen als Entwicklungshilfe das aneignen, was man sich wertmäßig auf dem Weltmarkt der Arbeitsprodukte per Warentausch längst schon genommen hat. Armut ist die Grundlage für den Derivatenhandel, denn er funktioniert nur dort, wo die Realwirtschaft schon auf dem Grat ihrer Existenz rumschwankt und über keine Vorschüsse in die eigene Produktion verfügt. Die Future-Bunds sind nur eines der Modelle, wodurch Armut durch Geldzufuhr gestreckt und letztendlich vertieft wird. Auch wo die Kassen der Kommunen oder Regionen knapp werden, steht das Kapital mit Privat-Public-Partnership (PPP) gerne zur Seite. Nirgendwo ist der „Erfolg" so sicher, wie über die Bindung an irgendeine Form des Gemeinwesens. Denn dort gibt es keinen Ausweg und keine Alternative für den Druck auf den Geldbeutel. Die Wasserwirtschaft, die Energiewirtschaft, die Verkehrswirtschaft bewirtschaften letztlich die existenziellen Ressourcen der Bevölkerung und stehen nahe am Schalter der Politik. Denn nur durch diese kann es Gewährleistungen geben, die über die einzelnen Konkurrenzsituationen des Marktes hinweg greifen können.

So entsteht ein Reichtum, der als eine ungeheuere Geldmenge zirkuliert, die relativ wenig wert ist, weil sie kaum noch wirklichen Mehrwert transportiert, die aber den Handel beflügelt, soweit er ohne oder wenig reale Produkte auskommt. Jede zusätzliche Verringerung des Geldwerts verstärkt die Macht der Fiktionen, die ihn dadurch bedrängen, dass sie auf die gehandelten Preise wetten, dass sie die Preise für Leben und Geld selbst durch ihre Wetten mehr oder weniger stark beeinflussen können, um aus den fiktiven Werten der Geldzirkulation noch mehr Wert abzuschöpfen. Es geht hierbei um die Substanz der Wertschöpfung und Geldverwertung überhaupt, dem Entzug von wirklichem Geldwert im Austausch gegen fiktives Kapital. Und so hatte es auch nicht lange gedauert, bis daraus die Giralgeldschöpfung der „Finanzindustrie" geschaffen worden war, die der Verwertung des Existenzwerts den stärksten Impuls versetzt hat.

Der Existenzwert wird aus dem Wert bezogen, der den armen, bzw. unproduktiveren Ländern im Devisenhandel entzogen wird, um die reichen damit zu bereichern. Wie überall, wo das Zahlungsmittel vom Kaufmittel Geld aufgebraucht und in dieses verwandelt wird, beruht eben jeder „Gewinn“ der Finanzindustrie aus einem Verlust an Geldwert in den Herkunftsländern des Warenhandelskapitals. So auch besonders in den armen Ländern. So wie Arbeitslöhne immer wertloser werden, wenn das Kapital seine Profitrate erhöht, so werden auch hier die nationalen Währungen der armen Länder immer wertloser. Mit der Giralgeldschöpfung und dem Derivatenhandel werden in den reichen Ländern Wertunterschiede des Geldes qua Vorschuss von Geld erzeugt, das auf den Weltmärkten des Finanzkapitals den Geldwert der armen Länder mindert, um über den Warenhandel mit ihnen einen Mehrwert aus ihren Produkten abzuschöpfen. Das Finanzkapital wirkt hierbei wie ein aufgezwungener Kredit, der als solcher nicht mehr zu erkennen ist.

Armut entsteht und existiert durch Schulden und Schulden machen Druck auf alles. Jede Geldausgabe wird daran bemessen, was sie im Verhältnis zum Schuldendruck ist, was sie ganz allgemein für diese Relation bewirkt und was an ihr bedeutend oder bedeutungslos sein oder werden könnte. Verschuldung ist die abstrakte Totalität einer Gewalt, die das Geld annehmen kann, wenn es in armen Verhältnissen bewegt wird. Und diese Gewalt wird gerne gepflegt und gehegt in den Lebensverhältnissen der Armut. Von daher tut es dem fiktiven Kapital am besten, wenn es in der Lage ist, Armut zu erzeugen. Und wie das geht, kennen wir inzwischen auch schon aus den Gepflogenheiten der EU-Staaten, die sehr eifrig und gerne arme Länder in ihren Wirtschaftskreis aufgenommen hatten, um ihnen die Bedingungen ihres Reichtums aufzuzwingen, die ihnen per Austeritätspolitik einen hohen Absatz ihrer Produkte ins Ausland auferlegten, um sie dann auch gönnerhaft im untersten Niveau der Geldzirkulation zu halten und oft auch noch mit teuren Nahrungsmitteln zu versorgen, deren Wert ihnen per Kredithandel entzogen worden war (38).

Insgesamt geht es eben gerade um dies: um eine Bewirtschaftung der Nationalwirtschaften durch Staatsverschuldung, welche die einen mit der Macht einer Austeritätspolitik ausstattet, die andere in einen ohnmächtigen Schuldendienst treibt, der die Fortbildung ihrer Wirtschaftskraft lähmt und vollständig vom Weltmarkt abhängig macht. Dort können sie dann schließlich auch als ihre Retter auftreten, indem sie ihnen die Produkte verteuert verkaufen, die sie durch ihre Austeritätspolitik billig erworben hatten. Fortschritt erscheint dann immer als Hilfe in Notlagen - nicht um wirkliche Not zu wenden, sondern um sie für sich zu nutzen. Für alle war der Kapitalismus in ein Schuldgeldsystem verwandelt, durch das eine ungeheuerliche politische Gewalt frei gesetzt werden konnte um die Preise auf den Weltmärkten durch eine Negativverwertung zu bestimmen (39).

Die Negativverwertung des Feudalkapitals

Die Ausbeutung der Armut geht letztlich nur durch die politische Macht, die Kapital in der Form des bürgerlichen Staates angenom-

38) Viele Grundnahrungsmittel, wie z.B. Reis, Weizen, Quinoa, Hühnerteile usw. die in Deutschland billig zu erstehen sind, können von den Menschen, die sie produzieren, in ihren Ländern nicht mehr aus ihren Löhnen bezahlt werden.

39) Negativ ist eine Wertbildung, die nicht als Wert gebildet wird, sondern durch Wertentzug aus dem Terminhandel mit Preisen, der eine gesteigerte Wertproduktion zur Deckung des Geldwerts im Nachhinein der Produktion abverlangen. Dieser Wert ist ein Mehrwert, der dem Arbeitslohn im Nachhinein seiner Produktion als Preis für Gebühren usw. entzogen wird und dadurch als unbezahlte Arbeit zu verstehen ist. Die Verwertung durch diesen Wertverlust, verwertet Preise als "Wertnegativ" in einer Negativverwertung, das sich auf allen Ebenen des Finanzhandelskapitals beziehen lässt.

men hat. Für das fiktive Kapital wurde dieser daher auch zum probaten Mittel der nationalen Austeritätspolitik, die mehr oder weniger gut versteckt den eigenen Geldwert in den Nationalstaaten absichern musste um in der Konkurrenz der Währungen auf den Finanzmärkten zu bestehen. Damit wurden Staatsschulden durch Sparzwänge politisch für den ganzen Staatshaushalt zwingend, eine politische Macht nötig, die nach innen wie auch nach außen einen fiktiven Geldwert zu bedienen hatte, indem die Nationalstaaten sich finanztechnisch gegen die Lebensverhältnisse der Menschen verhielten, zunehmend bestrebt waren, ihre Einkommen für das Auskommen des Staatshaushaltes auszuschöpfen. Vom Standpunkt des Staates war dies nötig, um die Wirtschaft in Gang zu halten.

Die Menschen können dem dann kaum etwas entgegensetzen. Sie werden dazu benutzt, durch ihre Abgaben vor allem den Geldwert ihrer Währungen durch ein mit ihrem Arbeitslohn entstandenem "frischen Geld" zu erneuern und zu decken, die Preissumme des umlaufenden Zahlungsmittels und damit das Wertmaß des Kaufmittels zu erhöhen, und also den Maßstab der Preise hieran zu relativieren, seine Konjunktur zu stabilisieren. Indem dieses Geld also zur Kapitaldeckung verwendet wird, verbessert es den umlaufenden Geldwert und macht es selbst unsichtbar - der Preisbildung und damit dem Maß der Werte entzogen. Es kann sich damit also ein Haben an Wert mit einem wachsenden Soll an Tauschwert ausgleichen, bzw. seinen Wert auch wieder aufheben, indem es den Grundpegel der Preisbildung erhöht.

Internationale wirtschaftliche Notlagen oder Vorteilsnahmen hatten ein politisches Machtpotenzial in den reichen Nationalstaaten entstehen lassen, das nicht mehr nur gegen ihre Konkurrenten auf dem Weltmarkt, sondern auch gegen ihre Bürgen, gegen die Bevölkerungen des politischen Lebensraumes eingesetzt wurde. Die Staatsverschuldungen "retten" schließlich über internationale Staatsanleihen nicht nur den Geldwert der Währung und nicht nur die Infrastrukturen der Kommunen, Regionen und Länder vor dem sicheren Niedergang durch das Schuldgeldsystem, sondern auch den Nationalstaat selbst, die politische Administration, die sich gegen andere Staaten und deren Konkurrenz auf den Finanzmärkten durchsetzen können muss.

Es ist schon eine lange und lausige Geschichte, die sich durch das ganze 20. Jahrhundert zog. Die einstige Sowjetunion, die bislang noch durch ihre Goldvorräte werthaltig verhandeln konnte, war wirtschaftlich erledigt, der nahe Osten de facto vom Warenangebot des Westens abhängig und das Geld so billig wie nie zuvor. Um „frisches Geld" für ein fiktives Kapital einzubringen musste allerdings auch alles, was die Menschen betrifft billig sein, die Arbeitskräfte jedweder Arbeit und der Lebensunterhalt selbst, um möglichst viel unbezahlte Arbeit für den Selbsterhalt eines ungedeckten Kreditwesens einzunehmen. Als Weltgeld war das Kreditgeld zum Maß und Mittel einer Optimatenherrschaft des Finanzkapitals, als Optimierungsprinzip einer politischen Macht zum Medium eines Feudalkapitals geworden [(40)]. Dieses bestimmt sich durch eine vertiefte Form der Ausbeutung der Armut über die Geldzirkulation mit Hilfe von Hedgefonds (Hedge = absichern, ein Sicherungsgeschäft abschließen) im Derivatenhandel, der die Preisbildung über die Diskrepanzen in der Wertrealisation

40) Feudalkapital ist meines Erachtens die sachadäquate Bezeichnung dieser Optimatenherrschaft des Finanzwesens, weil es der Begriff eines verstetigten Schuldverhältnisses ist, das sich durch eigenen Grund und Boden über die bereichert, die hiervon abhängig sind. Es ist ein Kapital, das durch die politische Absicherung des Geldwerts durch die Nationalstaaten bestimmt ist. Feudal (feudum = Lehen, Leihen, Verliehenes, Schuldpflichtigkeit, Benefizialwesen) ist eine Finanzaristokratie, die durch ihren Einsatz von materiell ungedeckten Geldmitteln „Frischgeld" aus einem Kreditwesen durch Gewalt gegen den Geldwert einzieht.

bestimmt, Werteinträge aus der Preisspanne von Zahlungsterminen im Terminhandel [(41)] bewirkt.

Es geht im Feudalkapitalismus darum, Armut selbst als Treibmittel der Weltwirtschaft zu nutzen, menschliche Not durch politischen Einfluss auszubeuten, indem ihr die Mittel zur Verfügung gestellt werden, die ihre Existenz erhalten, und zugleich auf ihr Unvermögen gewettet wird, dass die Menschen mit der vorhandenen oder auch zugestellten Produktivität nicht in der Lage sind, die damit bewirkte Verschuldung auszugleichen. Land und Leute, Boden und Politik sind damit der Weltmacht des fiktiven Kapitals unterworfen. Wesentlich für die konkurrierenden Nationalstaaten ist die Unterwerfung der nationalen Märkte unter ein Wertdiktat, das über die Verhältnisse der Währungen vermittelt wird. Die unbezahlte Arbeit der Armen wird

41) Terminhandel beruht auf dem Einkauf eines Wertpapiers, das die Zahlungspflichtigkeit zu einer bestimmten Ware an einem bestimmten Termin darstellt, deren Preis zwischen dem Zeitpunkt der Produktion und der realen Inbesitznahme kalkuliert wird und als Kredit formuliert wird, also als Vorschuss auf ein Zahlungsversprechen, das über den Verkauf einer darin betitelten Ware mit der Bezahlung ihres Verkaufspreises getilgt wird. Er begründet ein Finanzgeschäft, indem er auf einen möglichen Preisgewinn zu dem Zeitpunkt spekuliert, an dem der Verkaufspreis im voraus oder zum Zeitpunkt der Produktion festgelegt und durch einen Vertrag als Wertpapier auf den Preis zum Zeitpunkt seiner Fälligkeit festgeschrieben ist. Im Grunde wird also auf diesen gewettet - ähnlich wie bei einer Versicherung das Eintreten eines Schadensfalls oder dessen Ausbleiben für den einen als Gewinn, für die vielen anderen als Verlust auftritt.

Auf den faktischen Handel durch Lieferung und Bezahlung beziehen sich diese Wetten völlig beliebig, da sie beliebig oft eingegangen werden können, weil sie sich ja auch nur als Wette auf den Endverkaufspreis verhalten. Bis zum gesetzten Termin können sie sich gegensätzlich in die Höhe treiben und schließlich mit einer mehrfachen Preisüberhöhung den Endverkaufspreis bestimmen. So kommen völlig absurde Summen jenseits der realwirtschaftlich relevanten Werte ins Spiel, die nichts anderes als fiktives Kapital darstellen und dieses zu Kapitalblasen aufhäufen, die an irgendeiner Stelle des Warenhandels, z.B. in einer Immobilienkrise oder Ölkrise platzen und das zirkulierende Geld um horrende Beträge entwerten und davon betroffene Banken bedrohen, bzw. vernichten.

realisiert durch Staatsverschuldungen, die in dem Staat der Reichen nur durch Ausweitung des Konsums und der Grundkosten bezahlt werden können. Das macht die Freizeit zwar genüsslich, wird aber zugleich durch den Entzug an Selbstbestimmung erkauft. Unbezahlte Arbeit der Armen führt in den reichen Ländern dahin, dass deren Bürger erhöhte Gebühren und Steuern zu tragen haben. Auf beiden Seiten verwirklicht sich der Existenzwert negativ; auf beiden Seiten werden die Menschen um den Reichtum ihrer Existenz gebracht.

Das Feudalkapital bezieht sein Wertwachstum also nur indirekt aus seinem Verhältnis zur Armut. Es bezieht Wert über die Preisverhältnisse der Nutzung von Eigentumstitel, über das Geld, das alleine für eine Existenz der Menschen in ihrem hierdurch politisierten Lebensraum ihrer Kultur schlechthin ausgegeben werden muss. Unsummen von Giralgeld ohne Wert werden ausgestreut, um hieraus eine verselbständigte Gläubigermacht zu beziehen, die sich gegen die in solchen Schuldverhältnissen Abhängigen, den Schuldnern und Bürgen, den Bürgern der Nationalstaaten und Nutzern der gesellschaftlichen Medien und Dienstleistungen, als politische Gewalt der Zahlungstermine verfestigt. Nicht die Warenmärkte, das Klassenverhältnis von Wert und Preis der Arbeit und ihrer Produktivität wurde ausgeweitet, sondern das Wertverhältnis der armen zu den reichen Nationalstaaten - und damit zugleich das innere Verhältnis ihrer Staatsgewalt zur Bevölkerung. Und es ist zunehmend nicht mehr die Warenproduktion, sondern diese Gewalt, welche die Reichen als Geldbesitzer noch relativ gut leben lässt, während die Armen mit dieser feudalen Logik im Weltdurchschnitt immer tiefer unter das Existenzlimit gedrückt werden, politisch zu einer Negativverwertung gezwungen werden [(42)],

42) Negativverwertung bezeichnet hier eine Verwertung durch einen Wertverlust, durch ein "Wertnegativ", das im Zahlungssoll von Krediten auf der Seite des Gläubigers als Haben dargestellt wird und bis zur Schuldentilgung durch den Schuldner als ein unrealisierter Mehrwert, als fiktives Kapital zu Buche schlägt und de facto

die alleine schon durch die wirtschaftliche Existenz ihrer Nationen formbestimmt ist. Die nationale Gesellschaftsform von Land und Leuten reicht dann schon hin, die Ausbeutung der Menschen und die ihrer Natur zu vertiefen [(43)].

---

eine reale Geldentwertung darstellt. Hiermit lassen sich im Derivatenhandel und der Giralgeldschöpfung Profite innerhalb der Geldzirkulation aus den Preisspannen der Termine von Schuldentilgungen machen, die als unbezahlte Arbeit aus den Löhnen durch Gebühren für Eigentumstitel (Wertpapiere, Mieten, Lizenzen usw.) abverlangt wird. Zur Geldwertdeckung wird dies über die politische Gewalt der Nationalstaaten als Existenzwert kontrolliert und versichert, wodurch deren Bürgerinnen und Bürger zu Bürgen einer allgemeinen Staatsverschuldung werden, durch welche die potenzielle Wertrealisierung eines fiktiven Kapitals für eine Zukunft gedeckt sein soll, die durch die Übereignung von unbezahlter Arbeit an die Geldzirkulation über die Preisbildung bezogen wird.

43) Das Gold der Inkas und dessen Ausbeutung durch die „fortgeschrittenen Länder" hat eine lange Geschichte. Was mit Gewalt, Eroberung und Raub begann, ist heute ein zivilisiertes Geschäft - ein Geschäft, bei dem Menschen, Landschaften und Gewässer zugrunde gehen. Die Zerstörung des natürlichen und menschlichen Lebens hat in Peru seit Beginn der Globalisierung stark zugenommen, weil mit der Freigabe der Wechselkurse auch die Golddeckung freigegeben war und von daher auch Goldgewinnung befreit wurde von politischen Restriktionen der Schatzbildung (Wertsicherheit gibt es nur durch stabile Goldmengen und daher stand der Goldbergbau unter der politischen Kontrolle der Weltbank). Mit unglaublich brutalen Schürftechniken werden in Peru Berge abgetragen und aus ihrem Gestein mit aggressiven Chemikalien Gold ausgewaschen. Das Abwasser sickert zum Teil in die Landschaft und zerstört Flora und Fauna der Flüsse. Blei und Zyanide sind längst „normale" Bestandteile der Flüsse und des Trinkwassers in vielen Regionen Perus. Vor allem kanadische und amerikanische Konzerne machen ihre Gewinne, von denen weniger als 5% im Land bleiben. Und nicht mal die werden zur Entwicklung des Landes verwendet, sondern nur zur Schuldentilgung mit der Weltbank verrechnet. Was für die Reichen Wertwachstum besorgt, betreibt hier die blanke Abwärtsspirale der Armut. Gesundheitsschäden bei der Bevölkerung sind zum großen Teil unmittelbare Folge der Chemieabwässer der Goldminen. 99,1% der Kinder unter 10 Jahren von La Oroya sind beispielsweise „Bleikinder", wie sie dort genannt werden. Das sind Kinder, deren Blutbleiwerte oberhalb der Grenzwerte der Weltgesundheitsorganisation liegen, 20% mit so hohen Werten, dass Krankenhausbehandlung nötig ist oder nötig wäre. Es herrscht allgemein Mangel an brauchbarem Was-

Nicht der Geldwert wächst hierdurch an, sondern die politische Macht des Geldes. Die seltsame Euphorie der neoliberalen Marktmythologien, die wie selbstverständlich von einem allzeit möglichen pünktlichem Schuldenabgleich ausgehen, besticht schon immer durch die Hoffnung auf Sankt Nimmerlein und lässt in schwierigen Zeiten die Liberalen auf dem Vulkan tanzen, in welchem in unaufhaltsamer Regelhaftigkeit das erarbeitete Vermögen verbrennt. Der marktwirtschaftliche Liberalismus verfolgt eben auch nur die Interessen des Geldbesitzes und ist insgesamt ein volkswirtschaftlicher Verhältnisschwachsinn. In diesem Liberalismus wird immer nur der Geldbesitz gefeiert, während der Großteil der Bevölkerung verarmt - bis schließlich immer wieder Populisten sich ihrer annahmen und mit volksnahen Gesinnungen jedes emanzipatorische Bestreben abgewürgt haben. Es sind die Regeln des Geldbesitzes, die ihre Ideologien in jedwede Richtung - je nach „Lage der Dinge" - verzaubern können, indem sie die Untergangsängste der Bevölkerung aus ihrer realen Krise heraus vitalisierten und auf alles projizierten, was ihnen dafür geeignet erschien.

Die Neoliberalen führen sich inzwischen schon wieder als Endzeit-Propheten auf, die sich von den wirklichen Problemen des bürgerlichen Parlamentarismus abgesetzt haben und sich lieber selbst als Weltgeist einer neuen Zeit ausgeben. Das „Ende der Geschichte", der Kämpfe um die Lebensgrundlagen der Menschheit sei erreicht, wollte der Politikwissenschaftler Francis Fukuyama bereits im Jahr 1992 festgestellt wissen. Es sollte so erscheinen, als ob es keine Klassenkämpfe mehr geben würde, der Kapitalismus stattdessen sich selbst in ein bloßes Verteilungssystem einer zunehmend automatisierten Lebensproduktion zu wandeln verstünde, wenn nur die Menschen durch den Glauben an die Technologie der Zukunft den Glauben ihrer Gläubi-

ser für die Bevölkerung. Die einst sehr schönen öffentlichen Gärten von Cajamarca verdorren, weil das Wasser der Stadt nicht mehr zum Gießen ausreicht.

ger in den Casinos der Wetten auf Wertpapiere und Eigentumstitel beflügeln würden. Es ist immer noch die selbe Marktmythologie der Liberalen, durch die auch die Neoliberalen den allzeit versprochenen „Wohlstand für alle“ endlich zur Erfüllung bringen würden. Das Resultat war bisher aber immer - auf die ganze Menschheit bezogen - wie längst bekannt: die Vertiefung ihrer Armut, die Ausweitung der Kriege, die Prekarisierung aller Lebensverhältnisse und Infrastrukturen, und inzwischen auch die zunehmende Ausgrenzung und Abwanderung von Menschen aus ihren verelendeten Herkunftsländern, Veränderung des Weltklimas durch Verschmutzung der Umwelt und der Biosphäre, weltweite Prekarisierung der Randgruppen und Terror und Gewalt von allen Seiten.

Die Ausbeutung von Mensch und Natur bekommt damit einen ganz allgemeinen Charakter und wird ihrem Wesen nach schließlich auch tatsächlich totalitär. Die Geschichte des 20. Jahrhunderts war durch die bis dahin furchtbarsten Kriege bestimmt, die aus den ökonomischen Krisen der bürgerlichen Gesellschaft und dem Zusammenbruch ihrer Geldwerte und den Institutionen der repräsentativen Demokratie erwachsen waren. Sie haben in ihrer letzten Konsequenz die Unfähigkeit bürgerlicher Politik aufgezeigt, die Geldverhältnisse so zu regeln, dass sich der Lebensstandard der Menschen mit dem Fortschritt ihrer Produktivität dauerhaft verbessern könnte. Politik, wie sie sich in der Begründung der Marktwirtschaft noch als Instrument des Wohlstands durch die Minderung ihrer Krisenhaftigkeit zum Schutz der gesellschaftlichen Verhältnisse verstand, zeigte sich mit dem Anwachsen der Produktivkraft und ihrer Verwertung immer wieder ganz schlagartig nicht mehr in der Lage, die Verhältnisse zwischen Produktion und Konsumtion durch ihre Finanzpolitik so zu regeln, wie es ihre Ökonomen versichern, dass nämlich deren Entwicklung auf Dauer gesehen ein Gewinn für alle sei. Und deren Beteuerungen, dass es sich bei ihren Krisen um eine temporär notwendige

„schöpferische Zerstörung“ [(44)] handeln würde, weist schließlich über die Zeit nur deren Zynismus aus. Es hatten sich hiergegen schlussendlich die realwirtschaftlichen Schranken des bürgerlichen Kapitalismus in der Kapitalakkumulation für sein Wertwachstum als Grenzen ihres Wachstums erwiesen, durch die das Wachstum der gesellschaftlichen Produktivkräfte, das Wirtschaftswachstum zunehmend blockiert wurde. Das Kapital konnte zwar immer wieder eine Masse an Produkten aufhäufen, nicht aber ihren werthaltigen Absatz, also eine substanzielle Verbesserung des allgemeinen Lebensstandards der Menschen durch entsprechende Löhne und Arbeitszeiten bewirken.

> *„Die Bourgeoisie reißt durch die rasche Verbesserung aller Produktionsinstrumente, durch die unendlich erleichterten Kommunikationen alle, auch die barbarischsten Nationen in die Zivilisation. Die billigen Preise ihrer Waren sind die schwere Artillerie, mit der sie alle chinesischen Mauern in den Grund schießt, mit der sie den hartnäckigsten Fremdenhass der unterentwickelten Völker zur Kapitulation zwingt. Sie zwingt alle Nationen, die Produktionsweise der Bourgeoisie sich anzueignen, wenn sie nicht zugrunde gehen wollen; sie zwingt sie, die so genannte Zivilisation bei sich selbst einzuführen, d. h. Bourgeois zu werden. Mit einem Wort, sie schafft sich eine Welt nach ihrem eigenen Bilde.“ (Karl Marx/Friedrich Engels, Kommunistisches Manifest, MEW 4, 466).*

---

44) *"Die Theorie einer nietzscheanischen politischen Ökonomie ist in allen ihren aggressiven Potenzen in Schumpeters Begriff des innovativen Unternehmers als Herr eines Prozesses "schöpferischer Zerstörung" verkörpert. ... Sein grundlegendes Werk, die 1911 erschienene "Theorie der wirtschaftlichen Entwicklung" setzt die Akzente der Akkumulationstheorie unmissverständlich auf Zwang und Gewalt. Sie stellt die soziale Aggressivität der Unternehmerfunktion derart radikal ins Zentrum kapitalistischer Akkumulationsdynamik, daß man geradezu von einer politischen Ökonomie unternehmerischer Gewalt und zerstörerischer Aggressivität sprechen kann. Als "Führer" und "Feldherr" im "Kraftüberschuss" seines "Siegeswillens" und im Ausbau seiner "Herrenstellung" setzt der Unternehmer Innovationen gegen den sozialen Widerstand und Gegendruck durch." (zit. nach Detlef Hartmann 1999 "Die Philosophie rüstet auf")*

Diese „Welt nach ihrem eigenen Bilde“ hat sich inzwischen selbständig gemacht und zu einem Kulturimperium entwickelt, das als Feudalkapitalismus über alle nationalen Beschränkungen hinaus weltweite Funktionen übernommen hat. Die Kreditgeber passten sich dem schnell an und bieten inzwischen auch den mittellosen Menschen Leasing, Mietkauf und diverse „Partnerships“ der Finanzierung an, um Kapital in diesem Prozess „in Fluss“ zu halten. Denn Mehrwert konnten sie nicht mehr hinreichend stabil auf einem Kapitalmarkt halten, der durch bloße Investitionen in die Produktion seinen Wert realisiert hätte. Geld wird damit zu einem Zahlungsmittel ohne Gegenwert, fiktives Kapital, und wurde deshalb als eine bloße Kapitalmasse auf dem Finanzmarkt akkumuliert, der solche Dienste benötigt und unterhält und sich innerhalb der „Finanzindustrie“ - wie sie sich selbst versteht - verwertet. Angebot und Nachfrage wird jenseits ihrer Agenturen nur noch durch Geld geboten und bezogen, dessen Wert sich im Kreis bewegt und sich ohne fremden Mehrwert erschöpfen würde.

In den reichen Ländern herrschen Dienstleistungen vor und es reduzieren sich die Wertverhältnisse der Warenkörper, weil sie vor allem als Wertverhältnis des Geldbesitzes und der notwendigen Wertrealisation fungieren. Wer Geld hat gewinnt daher Mehrwert vor allem über den Weltmarkt, über den Devisenhandel und den Derivatenhandel und kann glauben, dass sein Geld für ihn „arbeitet“, wie das die Geldhändler auch gerne glauben machen. Wer genug Geld „gut anlegen“ kann und sich auskennt, kann alleine durch Informiertheit auch wirklich „Geld verdienen“, auch wenn er es nicht wirklich verdient hat. Allgemein steht in diesen Ländern der Konsum an erster Stelle, weil mit seiner Ausweitung die Überproduktion in Zaum gehalten werden kann. Doch der Sinn für die Angebote, die komplexen Beziehungen, die ihre Herstellung enthält, ist nicht mehr nachvollziehbar. Es ist inzwischen ein Weltsystem verflochtener Produktionsstätten, die sich zum Großteil durch Zulieferer, durch Outsourcing und Wanderarbeit erhalten.

So waren auch große Konzerne des Finanzwesens, der sozialen und wirtschaftlichen Agenturen und vor allem der Kommunikationsindustrie entstanden, die eine beispiellose Wertmasse binden konnten - nicht weil sie viele Menschen hierfür ausbeuten mussten, sondern weil sie fast die ganze Menschheit an ihre Produkte zu binden verstanden. Da geht es nicht mehr um eine Spekulation auf Wertmassen im Verhältnis zu ihrer Preisbildung. Die Dienstleistungen sind selbst in eine Verwertungsspirale geraten, in der vor allem die Wertverhältnisse des privatwirtschaftlichen Potenzials aller Arbeit zu ihrer Aufgabe wurden: das Kreditwesen der Banken, die Pflege und Erhaltung einer Agenturwirtschaft der Regeneration, die Kommunikations- und Unterhaltungsindustrie, die Medien und Kulturbetriebe und das Pressewesen. Sie sind damit selbst zu einer Welt unbegrenzter Möglichkeiten eines internationalen Wertwachstums geworden, das alles Wachstum bindet und fixiert, weil es nur noch aus Fiktionen besteht und damit auch die soziale Kommunikation und die hierdurch betriebenen Verhältnisse weltweit beherrscht und Gewalt über ihren Sinn und Zweck hat.

Die internationalen Wertverhältnisse und Märkte beherrschten zunehmend die nationalen - das nationale Kapital unterlag im Verhältnis der Währungen, im Devisenhandel immer mehr den Konkurrenzverhältnissen auf dem Weltmarkt im Maßstab ihrer Produktivität, die zunehmend zum Maßstab der Preise wurde und also den Wert des Kaufmittels Geld international gegen das nationale Zahlungsmittel Geld bestimmte, wie es noch aus der Realwirtschaft entstanden war.

Und auch die Eigentumstitel, die nicht mehr der nationalen Sicherung des Mehrwerts dienen, sondern auf den internationalen Finanzmärkten selbst Mehrwert abschöpfen können, indem sie als Sicherheiten für das Geldhandelskapital verwendet werden, verlieren ihren Wert, wenn sie den Geldmarkt verunsichern, wenn sie also selbst zu einem Risiko werden, weil sie eine Fehlspekulation darstellen. Daher sollte nicht mehr das Geld aus produktiv eingezogenem Mehrwert den Vorschuss in die Geldverwertung bestimmen, sondern ein Geldwert, der keine andere Anwendung mehr findet, als den einer Kapitalversicherung ohne Wert, ein nicht vorhandener Mehrwert, der aus den Verhältnissen der Währungen und Preise, aus dem Geldhandelskapital, bzw. dessen Verwertungsrisiko selbst entnommen wird.

Das fiktive Kapital wurde deshalb zu einer selbständigen globalen Geldmenge ohne wirklichen Sinn, die als Gewalt der Verwertungsnöte in einem bloßen Geldvolumen zirkuliert, das sich nicht mehr körperlich darstellen muss, weil es sich in arbeitsunabhängigen Eigentumsformen durch eine nicht wirklich vorhandene Wertmasse behaupten kann. Für das Weltkapital erbrachte das Schuldgeldsystem eine Auflösung seiner bisherigen Wirtschaftskrisen. Denn wenn Mehrwert nicht mehr aus einer realwirtschaftlichen Mehrproduktion realisiert wird, wenn sich hieraus kein Mehrwert aus der Realwirtschaft und ihren Kapitalmärkten mehr realisieren lässt, kann sich er sich dort auch nicht weiter verwerten. Der Verwertungskreislauf ist unterbrochen. Und deshalb kann aus der Geldzirkulation von fiktivem Kapital nicht mehr Wert geschöpft werden, als das zirkulierende Geld bereits mitführt. Es entsteht ein fiktiver Wertausgleich, der das Wertdefizit des produktiven Geldvermögens aushebelt. Eine überdurchschnittliche Inflation des Geldwerts, wie man sie bislang immer wieder in Währungskrisen erfahren musste wird durch die freie Bestimmung des Geldflusses durch die Banken verhindert. Denn der Preisverfall ist das Schlimmste, was dem Kapitalismus geschehen kann. Er zerstört den Wert seiner Ressourcen - nicht nur den Wert des Geldes und des Grundeigentums, der Bodenschätze und der Kredite. Er treibt alle Verhältnisse in die Stagnation, in die Rezession. Mit der anwachsenden Realisierungsproblematik des Kapitals schwoll sie schon im letzten und vorletzten Jahrhundert zu internationalen Wirtschaftskrisen an. Die traten immer ein, wo Geldwerte in Kreditform nur durch Kredite wieder eingelöst wurden und auf diese Weise Geld zu Finanzblasen verkam, als fiktives Kapital nur fiktionalen Wert darstellen konnte, der dann „zerplatzte", wenn die Kreditgeber ihre Kredite nicht mehr zurückbezahlt bekamen, wenn übermäßig viele „faule Kredite" zur Wertdeckung von Krediten hergenommen wurden. Mit der Giralgeldschöpfung, die das Weltkapital durch seine Quellen aus dem Devisen- und Derivatenhandel möglich gemacht hat, konnte auch dem entgegen gesteuert werden.

Der Wert des fiktiven Kapitals ist aber nicht durch bloßen Geldhandel und Spekulation auf Profite aus dem Warenhandel zu halten. Er muss anderweitig durch einen politischen Druck auf den Geldwert gedeckt werden, indem der Druck auf die Geldwerte selbst produktiv gewendet wird. So wurde inzwischen das ganze Kreditwesen auf den reinen Geldwert reduziert und die Verwertungspotenziale ganzer Nationen und ihrer Währungen zum Verwertungszwang ihrer Lebensbedingungen, ihrer Lebensstrukturen, Anlagen, Ressourcen, Verkehrsverhältnisse usw. unter einen völlig abstrakten Verwertungsdruck gestellt. Es wurde möglich, sich aus bloßen Zahlungsversprechen (Wechsel) durch weitere Zahlungsversprechen in Wert zu halten und Wert aus reinem Giralgeld zu schöpfen, also Wert aus einer Negativverwertung [45], aus der Vertiefung der Schuldverhältnisses durch Spekulation zu produzieren und zu finanzieren (z.B. mit Hedgefonds u.a.), indem der bloße Eigentumstitel zum Wertabzug aus den Löhnen (z.B. durch hohe Mieten und Gebühren) verwendet wird und

45) Negativverwertung ist eine Wertbildung, die durch den Verwertungsdruck aus einer Entwertung des Geldwerts z.B. über eine Giralgeldschöpfung entsteht und aus den Preisdifferenzen der Geldzirkulation zu unterschiedlichen Zahlungsterminen im Derivatenhandel über Zahlungsversprechen auf Eigentumstitel gewonnen wird. Der Druck entsteht aus dem Unvermögen der Wertrealisation des fiktiven Kapitals, wodurch ein Unwert entsteht, den man als negativen Wert verstehen muss.

damit im Nachtrag des Arbeitsprozesses den Anteil der unbezahlten Arbeit vermehrt. Von daher kann man auch sagen, dass dieser Kapitalismus überhaupt keinen Mehrwert mehr darstellen kann, dass er selbst nur noch als eine politische Macht existiert, die keinen Mehrwert der Wirtschaft mehr erzeugt, sondern sich - ganz im Gegensatz zur Mehrwertproduktion für das Wertwachstum - durch eine bloße Negativverwertung geltend macht.

Schon in der bürgerlichen Gesellschaft bildet sich jeder Fortschritt nur über die Geldform, weil diese die Form einer angeeigneten Allgemeinheit ihrer Lebensproduktion, die Formbestimmung aller einzelnen Beziehungen von Produktion und Konsumtion ist. Der „gesellschaftliche Fortschritt" hat sich nun allerdings auf die Ebene der Geldverhältnisse und ihrer Geldzirkulation verlagert und dort den ganzen Verwertungsprozess in sein Gegenteil verkehrt, so dass der Wert des Kaufmittels beliebig - z.B. auch durch Bitcoins [(46)] - darstellbar ist. Nicht mehr „nur" die menschliche Arbeit wird also ausgebeutet, nicht mehr „nur" die Konsumtion für den Absatz eines Mehrprodukts hoch getrieben, sondern das ganze Verwertungsverhältnis einer Gesellschaft

---

(46) Ein Bitcoin soll eine Münze darstellen, die nur virtuell im Internet besteht und ihren Wert alleine aus dem Verhältnis von Angeboten und Nachfrage nach ihr in bestimmten Tauschhandlungen bezieht. Darin enthebt sie sich den durch politische Verhältnisse stetig gehaltene Geldformen durch die Aktualität einer rein situativ hergestellten Preissumme, die ein Wertquantum des aktuell zirkulierenden Zahlungsmittels darstellen soll, indem es zugleich von seinem Wert als Zahlungsmittel absieht. Bitcoins funktionieren wie Börsenbewertungen durch die Preisbemessung an der Gesamtsumme des Handels und können deshalb auch zum Gegenstand der Spekulation auf Preise, also wie Future-Bunds fungieren. Praktisch werden sie durch Computer errechnet, die alle im Handel befindlichen Zahlungsbewegungen an einander verrechnen und hieraus einen Überblick in der Summe der Preise aller Angebote im Hier und Jetzt ermitteln können. Hieran wird dann der Preis von neuen Angeboten relativiert - ohne natürlich einen Wert aus ihrer Herstellung ermessen zu können. Von daher sind Bitcoins zum wirklichen Zahlungsmittel eines fiktiven Kapitals geworden, auf das auch fleißig spekuliert wird.

und ihrer Natur, die Kultur ihres Zusammenwirkens verändert, in der Geld bisher nur die Form ihrer wirtschaftlichen Vermittlung als politisches Subjekt der Marktwirtschaft war.

Aus dieser Vermittlung entwickelte sich über das Kreditwesen und über Wetten auf Zahlungstermine eine eigene Welt, die der organischen Substanz dieser Gesellschaft zuwider läuft: Sie verbraucht durch ihre Preisbildung die gesellschaftliche Kraft der Entwicklung ihrer Produktionsverhältnisse. Es wird darin kaum noch Mehrwert also nur noch wenig Geldwert über die Verzinsung hinaus geschaffen, wohl aber ein hoher Geldwert durch Material und Investition verbraucht. In Ermangelung an reellem Mehrwert treibt die Wertschöpfung zu einer selbständigen Form der Spekulation auf die Zukunft einer intensivierten Wertrealisation in der Preisbildung, die allerdings nicht entstehen kann, weil der Glaube daran schon die Gegenwart aufbraucht: Subjektiv allgemein bleibt das Geld zwar die Allgemeinform des Privateigentums, objektiv aber ist es jetzt vor allem das Subjekt der Preisbildung. Damit wurde das fiktive Kapital vitalisiert, aus der toten Abgeschiedenheit eines Verharrens in der Erwartung irgendeiner Wertrealisation durch Kredite zu einem politischen Druckmittel der Werterpressung, das die Nationalstaaten zur Bewahrung ihres Geldwertes zwingt. Was die Staaten in ein ihnen selbst äußerliches Verhältnis zwingt, ist der Druck der Spekulation auf ihre Währung.

Eigentumstitel waren schon immer Objekte des fiktiven Kapitals, das daraus seine Geldrente bezog. Die Aneignung von Mehrwert aus der Verwertung der Handelsspannen in ihren Preisdifferenzen war das probate Mittel der Preisbildung überhaupt, wenn das Marktrisiko der Produktion sich selbst im Weg steht und sich die Produktivkraft durch die Geldzirkulation effektiver machen musste, indem Wertverluste damit selbst kalkulierbar wurden. Schwache Produktionsmittel können sich durch verbilligten Absatz zu einem späten Termin immer noch rentieren, wenn der Preisverfall der Realökonomie schon fortgeschritten ist. Und Überproduktion lässt sich durch vorzeitige Scheinverkäufe in Wert halten, wenn damit das Produktionsrisiko vorfinanziert und gemindert wird. Zunächst ist die Spekulation auf Preise auch für die Verwertung einer unangemessenen Produktion in krisenhaften Verhältnissen nützlich. Von daher waren ja auch die Versicherungen für den Ausfall von Investitionsvermögen als Ausgleich ihres Risikos entstanden. Wenn eine bestimmte Warenmenge, erst zu einem bestimmten Termin verkauft werden kann, weil z.B. eine Tonne Weizen erst nach der Ernte verkaufbar ist, aber schon im Frühjahr zur Aussaat kalkuliert werden muss, ob dies sich nun rechnet oder nicht, so kann dies auch ein Spekulant versichern, indem er schon zu diesem Zeitpunkt auf einen Erlös durch vorzeitigen Einkauf per Schuldverschreibung „wettet", ohne auch nur einen einzigen realen Cent vorzuschießen.

Dies hat den Markt des Zwischenhandels, der meist ein Markt der Dienstleistungen ist, selbst stark verändert. Mit dem Derivatenhandel wird der Staat selbst zu einer Art Versicherung, die einerseits sich durch Steuereinnahmen als Garant der Geldverwertung erhält, und die sich vor allem durch die Geldhändler „rentieren" muss, die mit ihren eigenen Zahlungsmitteln aus ihrer Kreditwirtschaft einen unsicheren Geldwert einbezahlen, um damit ihr fiktives Geldvermögen als Kaufmittel möglichst werthaltig zurück zu bekommen. Wenn nämlich eine Ware so lange deponiert wird, bis ihr Verkaufspreis optimal ist, so kann die Wette auf diesen Termin selbst am Gewinn von Preisvorteilen teilhaben, weil sie sich am Risiko der Terminsetzung beteiligt [(47)]. Es sind dies Wetten, die aus den Preisen mehr machen,

47) Dies ist ein Grund, warum gigantische Warenmengen auf ebenso formatierten Containerschiffen in See stechen, um sie dort zu halten, bis die Verkaufstermine optimal sind. Eine ganze Schifffahrtsindustrie profitiert hiervon. Lagerung und Transport von Gütern haben ganze Branchen in ihrem Verwertungsinteresse neu bestimmt.

als im „gewöhnlichen Handel" zu erwarten wäre, weil sie im Handel schon vor der Produktion und dem Marktgeschehen beschlossen sind und erst im Nachhinein der Geldzirkulation als Versicherungsgewinn zugreifen - ganz gleich, ob hierbei ein realer Mehrwert entsteht oder nicht, ob ein „Versicherungsfall" eintritt oder nicht.

Das überschüssige Geld, der Handelsgewinn von Versicherungsgeschäften, hat keinen stofflichen Bezug mehr zum Markt, weder als Kredit, noch als Mehrwert. Es wird als reiner Geldbetrag dem Markt entnommen, auf den per Schuldverschreibung, also mit fiktivem Kapital so gewettet wurde, wie zum Beispiel auch auf dieses oder jenes Pferd bei einem Pferderennen. Das Geld hat keinen Wert geschaffen, dem Markt wohl aber Geldwert entnommen. Es ist ein Geld der 2. Generation, das dem Tanzboden der 1. Generation entzogen ist, und dorthin wieder zurückkehren kann, weil es nur so noch sich in dem Maß bereichern kann, wie die Marktrisiken anwachsen. Aber gerade dadurch entsteht ein teuflisches Verhältnis: Je riskanter die wirtschaftlichen Verhältnisse werden, desto mehr Geld wird auf diese Weise der Geldzirkulation entzogen. Es sind eben die Wetten mit fiktivem Kapital - und die bestimmen dann auch die Absatzmärkte durch ihren Terminhandel, weil sich die Waren in jedem Fall für die Gewinnausschüttung auf irgendeine Weise per „long" oder per „short" terminiert verteuern müssen [(48)]. Und was sich hierbei tatsächlich vermehrt ist

48) Weil es sich dabei um einen Ertrag aus Preisdifferenzen handelt, kann im Derivatenhandel sowohl auf das Steigen (Call-Optionen, bzw. Long-Option) als auch auf das Fallen (Put-Optionen, bzw. Short-Option) von Verkaufspreisen für solche Eigentumstitel zu einem bestimmten Verkaufstermin - auch schon vor ihrer Herstellung - durch einen Kaufvertrag sprichwörtlich gewettet werden. Der damit eingegangene Preis muss in jedem Fall bezahlt werden, kann aber sowohl auf einen Leerverkauf als auch einen Terminverkauf bezogen Profit machen - oder eben auch Verlust. Der Leerverkauf entsteht mit der Verleihung des Titels durch einen Gegenspieler, der auf den Verfall des Endverkaufspreises setzt, wodurch er die Wette durch den eingezahlten Preis des Voreinkäufers gewinnt, ansonsten er ihm den angewach-

der Wert des fiktiven Kapitals, das aber erst wertvoll wird, wenn es auf den Boden dieser Welt als schlichtes Geld zurückkommt - ansonsten bliebe es nur ein nutzloser Zettel oder eine Buchung, die an eine Bad-Bank abgestoßen werden muss, also zu einem tatsächlichem Verlust an Geldwert werden würde.

Das ganze Prozedere wäre nur ein bloßer Kapitalabgleich für Risiken, wenn damit nicht auch eine beträchtliche Geldmenge aus der Warenzirkulation abgezogen würde, nämlich der Preis, der garantiert, aber nicht realisiert wurde, bzw. der Preis, der durch die Zahlungssicherheit überhöht werden konnte und als Gewinn einer Wette um den Verkaufspreis zu einem bestimmten Termin abgeführt wird. In beiden Fällen wird das hierfür eingesetzte fiktive Kapital aus dem Prozess einer Preisbildung heraus vermehrt, ohne auch nur den kleinsten Geldwert in die Produktion abgegeben zu haben. Seinen Wert wird es daher erst wirklich einlösen können, wenn der bei diesem Handel reduzierte Geldwert durch die allgemeine Preiserhöhung ausgeglichen wird. Die kann sich allerdings nicht in der Realwirtschaft verwerten, sondern muss aus Eigentumstiteln der Realwirtschaft - im Allgemeinen aus Löhnen - erpresst und durch Mehrarbeit hierfür volkswirtschaftlich eingebracht werden, wodurch schließlich ein beträchtlicher Teil der bezahlten Arbeit (z.B. per Mietsteigerungen) in eine unbezahlte verwandelt wird [(49)] oder auch Mindestlöhne zur Regel werden.

---

senen realisierten Kaufpreis überlassen müsste. Dabei geht es nicht um den „Basiswert" des Titels, sondern nur um einen Wetteinsatz, der sich aus den Chancen der Realisierung seines Verkaufserlöses bestimmt und gewinnt, wo und wie dieser in der vertraglich durch vorzeitigen Einkauf des Produkts gewetteten Form zutrifft. Hierdurch werden allerdings die gesamten Preisverhältnisse gegen jede Wertform durch den eingesetzten Wetteinsatz selbständig erhöht, die damit gehandelten Produkte überteuert.

49) Der Wert der Arbeitskraft, also die Kosten ihrer Lebenserhaltung (realwirtschaftlich begründete Mieten, Gebühren etc.) muss vor dem Produktionsprozess vorhanden sein, da er real erwirtschaftetes vorgeschossenes Kapital darstellt. Wird dem

Die entsprechenden Rechtsverhältnisse wurden von den „linken Fraktionen" der politischen Klasse (SPD und Grüne) mit der Agenda 2010 bruchlos angepasst, Mieten und Gebühren freigelassen und Tariflöhne durch Leiharbeiter unterhöhlt [(50)]. Das nationale Recht wurde insgesamt den Bedürfnissen der globalen Verwertungsinteressen angepasst und auf diese Weise auch die nationalen Bürgerrechte an das Weltkapital abgetreten.

Es ist ein allgemeiner Prozess entstanden, der sich den Mehrwert des Geldes als Buchgeld in der Schwebe hält und der sich im Schuldenkreislauf mit der Giralgeldschöpfung zugleich multipliziert, indem

---

Lohn aber erst nach vollzogener Produktion während der Kapitalzirkulation durch termingeregelte Preise nochmals über diesen hinaus Wert entzogen (Überhöhung der Mieten, Gebühren usw. durch Finanzprodukte der Kreditierung), so werden damit die Substanzen der Realwirtschaft aufgezehrt. Und dies lässt sich auch schon im Terminhandel durch Wetten auf Steigen oder Fallen der Preise ausmachen. De facto ist das eine Vermehrung von unbezahlter Arbeit und Minderung von bezahlter Arbeit - allerdings jenseits der Konkurrenzverhältnisse auf den Warenmärkten, also auch jenseits ihrer Wertrealisation. Es vermehrt sich hierdurch nur fiktives Kapital.

50) Mit der Agenda 2010 hat sich Deutschland aus der Sozialpflichtigkeit des modernen Kapitalismus, dem Versprechen einer „Sozialpartnerschaft" herauskatapultiert und die Interessen der weltweiten Finanzwirtschaft zum Maßstab der „nationalen Sicherheit" gemacht. Arbeitslosigkeit sei damit abgewendet worden. Aber vor allem wurden damit die Lohnkämpfe auf die Selbsterhaltung mit Niedriglohn allgemein beschränkt und die persönliche Sicherheit eines Kündigungsschutzes durch die so genannte „Flexibilisierung der Arbeit", durch die Beliebigkeiten von Einstellung und Kündigung der Arbeitskräfte je nach Lage der Prosperität ihrer Verwertbarkeit, durch das neoliberale Prinzip „Hire and Fire" zersetzt. Aller Wohlstand verschwindet in immer neuen Blasen der Geldwirtschaft, die regelmäßig auf den Finanz- und Immobilienmärkten platzen und ungeheuerliche Summen in der Staatsverschuldung und Zinspolitik systemisch auflösen. Tatsächlich ist die „Rettung" des Systems durch die Bankenrettung und die Absonderung von verlorenem Geldwert in „Bad-Banks" eine „alternativlose" Existenznotwendigkeit des ganzen „Systems", die einem existenziell notwendig gewordenen Schuldgeldsystem auferlegt ist. Aber gerade deshalb kann dies kein Grund sein, dieses System erhalten zu wollen.

der Druck auf die nationalen Verwertungs- bzw. Ausbeutungspotenzen verschärft wird. Jeder Verlust von Geldwert wird wie bei einer Versicherung aus dem Gesamtwert des Geldumlaufs ausgeglichen und nivelliert und zugleich der Verschuldungsdruck durch den Druck auf eine Währung verstärkt. Das sind dann die „Hebel" des Derivatenhandels. Es geht fortan um einen Geldwert, der zu einem großen Anteil nicht mehr aus der Wertschöpfung der Realwirtschaft kommt, der aber über die Preisbildung ein fiktives Kapital als Zahlungsmittel verwertet und auf Kurs hält. Und das auf diese Weise gesicherte Geld ist das Gros der Geldmenge, die das real anwendbare Geld weltweit um ein Zigfaches übertrifft und somit einen schier endlosen Anpassungsdruck für die Erhaltung des realen Geldwerts betreibt. So muss inzwischen nurmehr ein Zehntel des kursierenden Geldes überhaupt noch durch Warenhandelskapital gedeckt werden, um ein Zehnfaches an Fiktionen zu nähren. Realität zählt nur noch wenig. Und das hat die Auflösung immer größerer Bereiche der wirtschaftlichen Wirklichkeit zur Folge.

Die Konkurrenz der Staatsverschuldungen

Die Idee des modernen Nationalstaates ist die politische Begrenzung eines Lebensraums, worin die Kultur und Wirtschaft gesellschaftlich verwaltet, vor äußeren Gefahren geschützt und darin auftretende soziale Konflikte ausgeglichen und befriedet werden müssen. Als ein demokratisch bestimmter Staat sollen seine Bürger der Souverän seiner politischen Verhältnisse und Entscheidungen sein und seine Entwicklung und Geschichte zwischen seinen inneren und äußeren Notwendigkeiten bestimmen. Die inneren Verhältnisse werden hierbei als politisch und kulturell abgrenzbare Verwaltungseinheiten verstanden, die sich allgemein in einem Zusammenhang ihrer wirtschaftlichen

Einheit über die staatliche Verfassung und Gewaltenteilung vereinen und über die Nationalpolitik nach außen verhalten, als eine geschlossene gesellschaftliche Lebensform eines ganzen Lebensverhältnisses sich auf andere Staaten beziehen.

Doch diese Beziehung kann nicht wirklich existieren, solange sie einem kapitalisierten Weltgeld unterworfen ist, das die einzelnen Währungen gegeneinander stellt und einem weltweiten Kapital unterwirft, um dessen Wertanteile sie konkurrieren müssen. Weil sie sich darin voneinander ausschließen und sich also nicht wirklich inhaltlich ergänzen können, weil ihre Verbindung also nur auf monetären Verbindlichkeiten voneinander isolierter Kulturen beruht, können ihre einzelnen politischen Fortschritte nur durch Übergriffe ihre wirtschaftliche Stabilität und Geschlossenheit gewährleisten. Jede Nation muss sich vor Einwirkungen durch andere schützen und zugleich sich darum bemühen, ihre Handelsbeziehungen möglichst substanziell für sich zu nutzen, also wirtschaftliche Verwertungsvorteile aus dem Verhältnis zu anderen Länder zu beziehen. Hieraus hatte sich im 20. Jahrhundert die Globalisierung des fiktiven Kapitals auf dem Weltmarkt der Wertrealisierung des Finanzhandelskapitals entwickelt.

Dessen Verhältnisse haben aber eine ungeheuere Absurdität gebildet: Die Staaten der Welt konkurrieren um einen Geldwert, den es nirgendwo wirklich gibt und an dem sie nur teilhaben, indem sie den Geldwert ihrer Konkurrenten reduzieren. Es ist die Wirklichkeit ihrer Negativverwertung, dass sie ihre Geldwerte durch die Abwertung anderer Währungen erhalten und hierdurch eine politische Macht als Entwertungsmacht erlangen, die ihre Staatsverschuldung in Wert hält, weil und solange die Gläubiger daran auch glauben. Ihre Konkurrenz besteht darin, die Produkte ihrer Negativverwertung, ihre nationale Geldentwertung - der Schwund ihrer Kaufkraft - weiterzureichen, um sich selbst politisch mächtig und ansehnlich und gut bewertet zu halten.

Durch ihre Verschuldung verschaffen sie sich Handelsbilanzen, die ihrem nationalen Kapital auf dem Weltmarkt die besten Verwertungsbedingungen verschaffen, auch wenn deren Wert überhaupt nur fiktiv ist und fiktiv bleibt. Und eines bleibt dabei außen vor: Mit einer Wirtschaft, die der Produktion nützt, die den Wohlstand der Menschen vermehrt und ihren Lebensaufwand hierfür mindert, hat das überhaupt nichts mehr zu tun. Auf den Finanzmärkten wird um ein Geld gefeilscht, das es in Wahrheit überhaupt nicht gibt, einem Weltgeld, das überhaupt nur durch die Konkurrenz um die politische Macht auf den Finanzmärkten existiert, durch das aber die Politik der Reichen die Währungen bestimmen können und die armen Länder dann auch über Kredite, Wirtschaftshilfe, Billigimporte, „immerhin" existieren lässt, damit diese sie durch ihre Lebensleistungen bedienen und ernähren. Das war schließlich die letztliche Konsequenz eines Weltmarkts, der überhaupt nur das Buchgeld in Wert halten kann, der also prinzipiell alle Realwirtschaft entwerten muss, um seine fiktiven Werte durch fortschreitende Verschuldungen zu erhalten, ohne selbst dabei zusammen zu brechen. Es ist lediglich das Glaubensopfer, welches das Weltkapital den Menschen abverlangt, um der darin angelegten Weltwirtschaftskrise noch für eine unbestimmte Zeit zu entkommen.

Und dennoch verkörpern die Nationalstaaten eine ungeheuerliche Gewalt, die aus ihrer Abhängigkeit vom Weltgeld des internationalen Kapitals ergeht. Ihre Währungen transportieren nur zu einem Bruchteil realwirtschaftliche Beziehungen. Zum weitaus größten Teil transportieren sie Fiktionen in der Form von akkumulierten Geldbeständen oder aufgetürmten Zahlungsversprechen. Armut und Reichtum eines Landes hat nicht mehr viel mit realwirtschaftlichen Verhältnissen zu tun. Die Konkurrenz der Nationalstaaten verläuft über ihre Produktion nur insoweit, wie deren Bewertung eine aktive oder passive Handelsbilanz darstellt, wie sich darin die Produktivität ihrer

Wirtschaft, ihrer Technologie und Arbeitsstrukturen auswirkt. Weitaus folgenschwerer für ihre Entwicklung und ihren Lebensstandard ist aber die Masse des fiktiven Kapitals, das sie in irgendeiner Form über ihre Staatsverschuldungen akkumulieren. Alle Staatsausgaben, Leitzinsen, Steuern und Vorsorgen sind davon bestimmt, was das Geld real vermitteln kann und was es für die internationale Wertdarstellung der Devisen bedeutet, was also die Staatsverschuldung reduzieren kann, um die eigene Währung auf den Devisenmärkten für die Staatsbanken und die nationalen Geldkreisläufe möglichst „nachhaltig" absichern zu können. Für die Bevölkerung erscheint es natürlich völlig absurd und irrational, wenn ein reicher Staat an Vorsorge, Infrastruktur, Lebensqualität und Bildung spart und ärmere Staaten sich hierzu weit lebensnäher verhalten. Aber genau dies nur macht einen Staat relativ reich und relativ sicher, weil er ja mit einer größeren Geldmenge, die er bewegt, zugleich immer eine vielfach größere Masse an fiktivem Kapital bewegen muss, die sein Geld entwertet.

Es wird dabei nur sinnfällig, was das fiktive Kapital letztlich ausmacht. Es existiert ja überhaupt nur als ein Vorgriff auf seine Verwertbarkeit, zunächst als Kredit, der als bloßer Schuldtitel, als politische Verpflichtung, zu einem bestimmten Zahlungstermin den Preis einer bestimmten Geldmenge wieder angemessen zurück zu erstatten ist. Und durch den Handel mit solchen Zahlungsversprechen, also mit der Bewertung ihrer Sicherheit, wird das fiktive Kapital selbst politisch mächtig. Obwohl es nur als eine bloße Vorwegnahme existiert, wird es letztlich vom politischen System der Staaten abgesichert, um überhaupt zu funktionieren [51]. Denn an und für sich ist es eine Absur-

51) *„Was die so genannte Vorwegnahme betrifft ... bei Staatsschulden, so bemerkt Ravenstone ... mit Recht: Indem sie vorgeben, die Ausgaben der Gegenwart in die Zukunft zu verschieben; indem sie behaupten, dass man die Nachkommenschaft belasten kann, um die Bedürfnisse der heutigen Generation zu befriedigen, behaupten sie das Absurde, dass man konsumieren kann, was noch nicht besteht, dass man von Lebensmitteln leben*

dität, die überhaupt nur durch Staatsverschuldungen zur Verwertung auf den Märkten des fiktiven Kapitals - z.B. der Spekulation auf den Wertzuwachs der eigenen Ressourcen, der Bodenschätze, Immobilien, Gebühren und Rentenfonds - möglich ist (52).

In der Realökonomie war eine fiktive Geldaufhäufung noch immer ein Problem mit dem Geldwert einer Währung, mit einer Inflation, welche die Kaufkraft des Geldes zersetzen würde, wenn zu viel Geld gegen die gehandelten Warenwerte zirkuliert (53). Wo aber das fiktive

---

kann, ehe deren Samen in die Erde gesät worden sind. Die ganze Weisheit unserer Staatsmänner läuft auf eine große Übertragung von Eigentum von einer Klasse von Personen auf eine andere hinaus, indem sie einen enormen Fonds zur Belohnung von Spekulationen und Unterschlagungen schaffen." (Marx-Engels-Werke Bd.26.3, S. 303 bis 304)

52) Die heutigen Beträge der Staatsschulden, die in Staatsanleihen festgehalten werden, und über die Versicherungssysteme des Welthandels auch noch einen mehrfachen Betrag (4-10faches des gebuchten Geldes) verstecken, ließen sich nirgendwo mehr volkswirtschaftlich rechnen und halten. Verglichen werden sie im Verhältnis zu ihrem Bruttoinlandsprodukt, zu dem es nach den Maßgaben des Maastrichter Vertrags in der EU maximal 60% betragen dürfte. Doch die wirklichen Schuldenquoten übersteigen dies bei weitem. Es zeigt, dass die realen Werte der Staatsverschuldung den Bezug zu ihrer Wirklichkeit verloren haben.

53) Von daher musste der Staat noch alle Verwertungsprobleme des Kapitals auffangen, besonders die Entwertungen, die es erfährt, wo seine Mehrproduktion nicht mehr verkaufbar ist, wenn eine Preisbildung nicht möglich ist, welche den Wert der Produkte übertragen kann. Es entsteht dann eine ökonomische Krise, welche die Geldwerte verschleißt und der Staat sie durch Finanzkapital per Staatsanleihe stabilisieren muss. Es entsteht eine Staatsschuld.

„Da die Staatsschuld ihren Rückhalt in den Staatseinkünften hat, die die jährlichen Zins- usw. Zahlungen decken müssen, so wurde das moderne Steuersystem notwendige Ergänzung des Systems der Nationalanleihen. Die Anleihen befähigen die Regierung, außerordentliche Ausgaben zu bestreiten, ohne dass der Steuerzahler es sofort fühlt, aber sie erfordern doch für die Folge erhöhte Steuern. Andererseits zwingt die durch Anhäufung nacheinander eingegangener Schulden verursachte Steuererhöhung die Regierung, bei neuen außerordentlichen Ausgaben stets neue Anleihen aufzunehmen. Die modernen Staatsfinanzen, deren Drehungsachse die Steuern auf die notwendigsten Lebensmittel (also deren Ver-

Kapital selbst ein weltweites Zahlungsverhältnis als Schuldgeldsystem entwickelt hat, bleibt es als bloßes Zahlungsmittel virulent, das international als ein Kaufmittel gehandelt wird, das sich nur durch seine Masse, durch das zirkulierende Geldquantum funktional erhält. Es ist Geldwert, der die Staaten ohne Deckung, also durch Staatsschulden gegeneinander in Wert hält.

Jeder Staat muss sich hierzu gegen jeden anderen - vermittelt durch seine Bereicherung im Hintergrund durch Weltbank und Ratingagenturen - durch die Bewahrung der Kaufkraft seines Geldes erhalten und mit dem Angriff auf fremde Währungen behaupten. Die Konkurrenz der Staaten um die Kaufkraft ihrer Währungen treibt alle dazu, durch die Entwertung fremder Währungen in der Beziehung auf ihre Produktivkraft ihre Ausgaben zu beschränken, um die nationale Währung gegen die andere auf dem Weltmarkt mächtig zu halten. Je größer die bleibenden Staatsverschuldungen sind, desto abhängiger sind die Staaten von dem fiktiven Kapital des Geldmarktes und müssen hierfür die Geldmengen für reale Ausgaben für ihre Infrastruktur niedrig halten oder Staatsanleihen veräußern [(54)]. Dem entsprechende Prosperitätspolitik verlangt schließlich Kürzungen möglichst aller realen Leistungen.

Insgesamt stellen die Staatsverschuldungen weltweit den Unwert des Weltgeldes dar, den die Staaten in ihrer nationalen Negativverwertung auffangen müssen, um überhaupt noch als Nation bestehen

teuerung) bilden, trägt daher in sich selbst den Keim automatischer Progression. Die Überbesteuerung ist nicht ein Zwischenfall, sondern vielmehr Prinzip. ...“ (K. Marx, Kapital I, MEW 23, 784)

54) Die „schwarze Null“, die der deutsche Finanzminister im Jahreshaushalt der BRD angestrebt hatte, sollte somit die Position Deutschlands auf dem Weltmarkt bestärken und Geld im Freihandel verwertbar halten, das für sich wertlos geblieben wäre. Allerdings verlangt das zugleich eine Beschränkung aller Staatsausgaben für Inneres und zehrt dort die Substanzen der Infrastruktur und ihrer sozialen Kompetenz auf.

zu können [55]. Der Schwund der Realwirtschaft zeigt auf diese Weise die anwachsende Inkompetenz der inneren Wertverhältnisse in den Nationalstaaten, die sich in und mit den äußeren Verhältnissen des Devisen- und Derivatenhandels entwickelt hatte. Nur wer sich in ihrem Handel politisch versichert weiß, kann sich in den Welten der Gläubiger behaupten. Von daher müssen die Staaten auch im Innern aufrüsten, um sich nach außen mächtig verhalten zu können. Sind ihre inneren Verhältnisse in der Lage, äußere Beziehungen zu erfüllen, ihre Preisdiskrepanzen auszugleichen und ihre Staatsschuld zu minimalisieren, so kann auch mit ihrem Kapital wirkungsvoll spekuliert werden, vor allem weil dieses wesentlich fiktiv ist und fiktiv bleibt. Und außenpolitisch treten sie vor allem deshalb auch nicht gerade zärtlich zu ihresgleichen auf. Es geht immer darum, wie sie sich gegen deren Spekulationen durchsetzen können, wie sie ihre Währung vor Verlusten bewahren können und wie sie möglichst viel Substanz und Produktivvermögen sich durch den Handel mit anderen aneignen können.

Die Aggressivität der Nationalkassen gegen alle Kostenursachen, die sie ursprünglich zu bedienen hatten, stellt ihre Bedrohungslage im Verhältnis zu ihrer fiskalischen Macht auf den Weltmärkten dar. Die Staatseinnahmen sind vorwiegend Steuern und Vorsorgeeinlagen in die Sozialkassen. Was für die Begleichung der Kosten für Schuldendienst

---

55) Mit der Geschichte Griechenlands hat sich dieser Prozess überdeutlich dargestellt. Der Trick ist dabei zunächst eine Staatsverschuldung, die durch die Einbeziehung armer Länder in ein Währungssystem der reichen unter einen Verwertungsdruck gestellt wird, der es in einem Ausmaß immer zahlungspflichtiger macht, das es zunehmend überfordert. Am Ende steht das Wertverhältnis als Ganzes auf dem Spiel, weil das System nur durch Schuldentilgung funktioniert. Die „systemrelevanten Banken" müssen ihren Wert zunächst durch die Verschiebungen gigantischer Geldmengen in immer größere Geldsysteme ausgleichen, die allerdings irgendwann ihr Interesse hieran verlieren. Deren Verwertungskrisen bedrängte das lebende Vermögen Griechenlands bis in die Poren ihrer Lebenshaltung.

(Verzinsung und Tilgung) abgeführt werden muss, sind die Leistungen der Bevölkerung für den Erhalt ihres Gemeinwesens, das sich immer weniger als das ihre erweist und bewahrheiten kann. Das Unvermögen des Staates, den Geldwert seiner Währung zu halten, drückt auf seine gesamte Finanzpolitik. Seine politische Macht auf dem Weltmarkt hängt davon ab, wie angemessen seine Verschuldungen gemessen an seiner „Wirtschaftskraft" sind, was also Ratingagenturen über seine monetäre Potenz und Produktivkraft zu vermelden haben. Wie ein kapitalistisches Unternehmen wird er de facto betriebswirtschaftlich behandelt und ganz wie dieses muss er seine Ausgaben daran bemessen. Und so setzt er bei seinen volkswirtschaftlichen Entscheidungen auch eher auf das betriebswirtschaftliche Vermögen der Unternehmen und Institute seines Einflussbereichs, als dass er die sozialen Probleme und Entwicklungen im Sinne der Bevölkerung erstrangig angehen wird. Die Rangordnung ist klar und das Äußere bestimmt das Innere.

Nach wie vor existiert die unmittelbare Ausbeutung der Arbeitskraft, der Aneignung der unbezahlten Arbeit durch den Absatz des Mehrprodukts aus der reellen Warenproduktion. Hinzu kommt nun die Ausbeutung der Existenz der Menschen über die Aneignung ihres Existenzwerts durch den Wertabzug aus der bezahlten Arbeit mittels der Gebühren, die sie hierfür zu bezahlen haben, ohne dass ihre Existenz für sie erleichtert, ihr persönliches Vermögen vergrößert und ihr Lebensreichtum vermehrt wird. Die Verwertung von Wert hat für das nationale Kapital nun eine internationale und eine nationale Quelle, die sich summenmäßig aufheben oder gegeneinander verrechnen können: die reale Quelle, soweit sie die allgemeine Verschuldung auszugleichen vermag oder die fiktive Quelle, sofern sie fiktives Kapital, das auf dem Weltmarkt gehandelt wird, über ihr Geldhandelsvermögen für das Anwachsen des zirkulierenden Geldwerts verwerten kann. Was für die einzelnen Staaten zählt, ist dieses Verhältnis von internationaler und nationaler Mehrwertrate, die beide unbezahlte Arbeit realisieren.

Im nationalen Geldumlauf stellt sich beides ununterscheidbar dar: Einmal als Geld, das durch den Existenzwert aus Gebühren und Eigentumstitel in Wert gehalten oder vermehrt wird, und zum anderen aus dem Geld, das für die Reproduktion der Arbeitskraft und der Produktion von Mehrwert gewonnen wird. Und auch im internationalen Warenhandel wird Mehrwert realisiert, sowohl der aus dem internationalen Geldverkehr wie auch der auf den nationalen Produktivvermögen der gehandelten Produkte bezogene. Weltweit entscheidend für den „Wohlstand der Nationen" wird aber immer mehr der Mehrwert aus der Existenz der Menschen, der die höhere Abstraktionskraft bezieht.

So werden auch die Bevölkerungen der reichen Nationen von unvermittelbaren Beschränkungen bedrängt, das soziale Leben innerhalb der nationalen Lebensverhältnisse unter eine immer unverständlichere politische Gewalt gestellt. Insgesamt muss sich das politische Vermögen des Nationalstaates vor allem über das Finanzhandelskapital in Wert halten, um den Geldwert seiner Währung durch Zinspolitik, Sozialkasse und Gesetzgebung, durch Verknappung der Staatsausgaben als Grundlage seiner politischen Macht zu halten. Es gewinnt hierbei immer die Verwertung des fiktiven Kapitals.

Fiktionen beherrschen heute die Welt und schon alleine die Geldmasse, in der sie sich vermitteln, ist dadurch eine rein politische Macht, die sowohl die Weltbevölkerungen als auch die Bevölkerungen in den Nationalstaaten in Klassen zwischen politischer Macht und existenzieller Ohnmacht aufteilt und spaltet. Denn nur den reichen und potenten Staaten kann es überhaupt gelingen, sich in diesem Kampf der Gegensätze zu behaupten und hieraus ihren Mehrwert als nationales Wertwachstum zu beziehen. Eine fiktiv gewordene Wertmasse beherrscht alles, was die Politik bestimmt. Ihr Vermögen besteht darin, sich dieser Masse anzupassen. Und die verfügt über die Finanzmärkte und ihre Agenturen darüber, wer sich darin bereichern kann. Alle anderen werden immer ärmer - vor allem wenn und weil sie ihr Vermögen zum Erhalt ihrer realen Lebensbedingungen und Infrastrukturen einsetzen müssen. Und während die einen ihre Bevölkerung vielleicht noch knapp bei Laune halten können, weil sie wenig Arbeitslose und wirtschaftliche Isolation und Ausgrenzung in einer Phase der Prosperität nötig haben, verzweifeln die anderen an ihrem schwindenden Produktivvermögen [(56)].

Die Konkurrenten, die politischen Funktionäre der Staatshaushalte, sind sich nur darin einig, dass sie sich voreinander bewahren und hüten müssen, um sich selbst überhaupt erhalten zu können, selbst wenn sie hierbei keinerlei Vorteile erzielen. Solange sich in Wirtschaftsgemeinschaften die Nationalstaaten realwirtschaftlich eingegrenzt verhalten müssen, kann sich ihre „Gemeinschaft“ auch nur im Verhältnis zwischen der politischen Macht und Ohnmacht ihres Nationalvermögens zutragen, sich durch die Vermögen ihrer Bevölkerungen auch mit gemeinsamer Währung in Wert halten, wodurch sie ihre Waren und Finanzprodukte zum Verkauf auf dem Gemeinschaftsmarkt befähigen. Das krasse Gefälle auf diesem Markt kann nicht verwundern, wenn Preisbildung selbst als Resultat einer Schuldenpolitik, also als Phänomen eines Schuldgeldsystems begriffen ist, das seinen Sinn und Zweck nur noch über das Geld als Zahlungsmittel vollstrecken kann.

---

56) Die Spaltung Europas war und ist ihre logische Folge. Sie kann sich nicht als wirkliches Staatsverhältnis der Nationalwirtschaften zutragen, nicht als politischer Beschluss über das Wirtschaftswachstum der beteiligten Staaten, denn sie ist eine Vereinigung einer gespaltenen Verwertungsmacht aus den Zwängen des Weltmarktes, der selbst die innerste politische Macht darstellt. Bevor hier sich die Nationen politisch einig werden könnten, ist schon das entschieden, was für die Union und ihren Erhalt nötig ist. Sie können nur mitmachen oder sich weigern (z.B. an der Beteiligung von Ausgaben für Entwicklungshilfe und Flüchtlingspolitik). Es kam nicht von ungefähr, dass die EU sich nur durch ihre Finanzpolitik verhalten kann.

Die Preisbildung bestimmt jetzt zunehmend den Werterhalt und die Wertbildung. Geld als Zahlungsmittel war der Maßstab der Preise, der sich an der Geldzirkulation bemisst. Indem es durch fiktives Kapital zu einem Kaufmittel, zu einem Maß der Werte wird, kontrolliert es den ganzen Finanzmarkt. Es bestimmt einerseits das Verhältnis des Geldes als Zahlungsmittel zum Geld als Kaufmittel, andererseits richtet es die Märkte durch eine zirkulierende Geldmenge aus, die sich vollkommen von ihrer Entstehung aus der Produktion abgehoben hat. Die Realwirtschaft kann für die Wertschöpfung nicht mehr viel bewirken, weil ihr die Notwendigkeiten der Preisbildung vorauseilen, welche die Notwendigkeiten der Wertbildung enorm beschleunigen. Eine wertadäquate Preisbildung mit der nationalen Währung ist schon durch das Geld als Wertträger einer Zahlungsfrist unmöglich geworden, die den Wert der nationalen Produktivität durch das internationale Zahlungsmittel Geld ausbeutet [(57)]. So erweist der weltweite Wertkonflikt seine Folgen auf allen Ebenen des konkreten Lebens, das von den Verhältnissen des fiktiven Kapitals über das Vermögen einer entwerteten Existenz, einer toten Arbeit durch ihren Existenzwert beherrscht und immer gründlicher abgetötet wird.

Was jede Gesellschaft schon seit dem Bestehen der Menschheit ausmacht, ließ sich durch Geld noch nie wirklich bestimmen und hal-

---

57) Davon zeugen absurde Verhältnisse z.B. auf dem afrikanischen Weizenmarkt. Durch den Terminhandel mit seinem Verkaufspreis (so genannte Future-Bunds) konnte die Deutsche Bank im Jahr 2010 über vier Milliarden Euro Gewinn einnehmen, während viele Millionen Menschen verhungerten, weil sie die Lebensmittelpreise mit ihrer Landeswährung nicht mehr bezahlen konnten. Auch im Handel von Hühnerteilen treiben die Spekulanten die Preise gegen ihre Erzeuger, von denen sie nicht mehr bezahlt werden können, weil sie zu Schleuderpreisen aus Europa eingeführt werden und zugleich die Händler ruiniert. Es ist ein Beispiel, wie sich die Zerstörung der Realwirtschaft weltweit ausbreitet. In Liberia z.B. wird Geflügelfleisch aus Europa für nur 0,48 Euro pro Kilogramm importiert, während auf dem Markt in der Hauptstadt Monrovia ein Kilo einheimische Hähnchenschenkel 2,50 Euro kosten.

ten. Weder als menschliche Arbeit noch aus ihren natürlichen Quellen lässt sich die Geschichte durch Geld als Lebenswert der Politik für die Bevölkerung bemessen. Von daher muss sie selbst ihre Scheinwelt als das kulturelle Machtmittel des Privatvermögens, als kulturelles Potenzial der Bewertung menschlicher Lebensverhältnisse einsetzen.

Der Nationalstaat als Scheinwelt des Feudalkapitals

Das alles beherrschende Schuldgeldsystem macht jede Währung, die einen Mehrwert aus irgendeiner nationalen oder internationalen Herkunft einbringt, zu einem Feudalkapital, auch wenn sie selbst nur durch Staatsverschuldung gedeckt ist. Sie beweist damit ganz simpel und einfach immerhin ihr Vermögen, die Existenz von Menschen zu verwerten, einen Existenzwert einzuziehen, der über die Reproduktionskosten ihrer Existenz hinausgeht, also einen Mehrwert aus der gesellschaftlichen Existenz der Währung einzunehmen. Nicht alleine die Produktion, sondern auch die Reproduktion des Geldwerts sind hier die gemeinen Wertquellen, auch wenn sie sich grundverschieden verhalten. Ganz gleich, ob Geld als Kapitalvorschuss in die Produktion von Waren eingesetzt oder aus den Gebühren aus Eigentumstitel im Nachhinein der Produktion bezogen wird: Es herrscht das Geld als Maß der Werte, das nun seinen Wert selbst als Maßstab der Preise realisiert. Die Wertrealisation scheint nun leicht zu gehen, ohne dass hierfür unbedingt Überprodukte vernichtet werden müssen oder Inflationen des Geldwerts zu verkraften sind. Die einzige Bedrohlichkeit in diesem System besteht aus einer Deflation, der Stockung des Geldumlaufs. Und hiergegen muss letztlich alle Politik unter der Bedingung des Schuldgeldsystems gerichtet sein, denn ihr fiskalisches Versagen könnte unmittelbar den Untergang eines oder sogar auch aller Währungssysteme nach sich ziehen.

Jeder Nationalstaat bezieht sein politisches Handlungsvermögen aus den Einnahmen, die er aus Steuern und Kapitalvermögen über seine Währung bezieht, entweder um die Produktionsbedingungen in dem durch ihn umschriebenen Lebensraum zu verbessern oder seine Staatsschulden abzugleichen oder beides in einem zu betreiben. Inzwischen muss er hierbei seine Politik aus dem Widerspruch seines umlaufenden Geldvermögens zwischen den Einnahmen und Ausgaben für die Beförderung der Mehrwertrate aus dem existenziellen und dem produktiven Vermögen seiner Bevölkerung bestimmen, das seine Macht sowohl aus den internationalen Verhältnissen der Finanzmärkte als auch aus dem nationalen Geldumlauf seiner Währung bezieht. Wesentlich für das Wertwachstum des Geldwerts einer Währung ist die Anwendung von fiktivem Kapital in den existenziellen Verhältnissen der Menschen - z.B. durch Eigentumstitel wie Wertpapiere, Schuldverschreibungen oder Immobilien.

Fiktives Kapital war ursprünglich ein Kapital, das zwar aus einer Kapitalverwertung zu Mehrwert entspringt, unbezahlte Arbeit darstellt, das aber nur fiktiv als Erwartung einer Realisierung von mehr Wert existiert, das also keine unmittelbar wirkliche Beziehung zu seinem Wert realisieren kann, solange es fiktiv bleibt. Es besteht nur daraus, dass es nominell als Geld existiert, weil es aus Geld abgeschöpft wird, das produktiv vernutzt worden war, durch das aber eine weitere produktive Nutzung nicht durch Investitionen in die Realwirtschaft zu erzielen ist, sondern seine Verwertung durch ein Zahlungsversprechen, also durch das politische Recht eines Eigentums erwartet wird, wenn es als Einkommenspotenzial eines Eigentumstitels existiert. Von daher realisierte es sich unter den Bedingungen einer Realwirtschaft aus Lohnabtretungen des variablen Kapitals in der Anwendung einer Verwertung durch Gebühren auf Eigentumstitel wie Wertpapiere und Grundbesitz. Sein Wertmaß war die Realisierbarkeit eines Wertwachstums durch Wertunterschiede der Produktivität und des Warenhandels. Wurde z.B. ein Wohngebiet durch das Anwachsen industrieller Betriebsamkeit in seiner Bewohnbarkeit begehrt, so stiegen dort auch die Mieten; wurde eine Landschaft als Naturform zum Mittel der Erholung aus dieser Betriebsamkeit, so entstand dort auch ein veritabler Tourismus. Doch da hat sich jetzt etwas Grundlegendes geändert. Der Wert der Eigentumstitel ist weniger von der Nachfrage als von der Kapitalsicherung bestimmt. Geld muss angelegt werden, um sie in Wert zu halten. Geld kann aber Geld auch nur in Wert halten, wo es im Umlauf ist, wo also frisches Geld aus der Konsumwelt in die Welt des reinen Privateigentums an Eigentumstiteln einfließt.

Nicht die Mittel selbst sind andere geworden, sondern ihre Bewertung. Natürlich wohnt man nach wie vor in Wohnungen und erholt sich am Meer oder in den Bergen oder in schönen Städten und Landschaften. Und die Preise hierfür ergeben sich auch nach wie vor aus der Nachfrage, welche die Angebote bestimmt. Aber der „Wertpegel" ihrer Existenzform hat sich mit der Einwirkung der Termingeschäfte auf den Geldwert stark verändert. Ganz im Gegensatz zum Kreditwesen, das seinen Mehrwert an der durchschnittlichen Profitrate bemisst, wird er hier durch die Aneignung von Mehrwert aus dem Geldumlauf immer kleiner und die Produkte immer teurer und von daher auch die Preisspanne zwischen den Produktwerten und den Produktpreisen immer größer. Die Geldwertdifferenzen zwingen die Händler der Warenangebote zur Verbilligung, während sich die Angebote des Finanzkapitals durch die Ausschließlichkeit der privaten Entwicklung in der Verfügung über Eigentumstitel verteuern. Hier rentieren sich die Angebote, deren Wert in der Realwirtschaft zunehmend verfällt. Es wird immer mehr Wert aus der potenziellen Vergänglichkeit des Geldwerts, also negativer Mehrwert aus seinem Niedergang bezogen, der sich nur noch in der umlaufenden Geldmenge darstellt und als Buchgeld Furore macht und in den verschiedensten Formen seiner

Eigentumstitel - ganz gleich, ob Aktie oder Bitcoin oder Immobilie - eine Wertmasse in einer absurden Wertform in Schwung hält.

Aber das geht nicht unendlich gut, weil Wert immer nur durch die Gegenwärtigkeit seiner Anwendung in den Verkehrsmitteln des Geldes bestehen kann. Das war schon immer so, seit mit Waren und Geld gehandelt wurde. Immer traten Widersprüche der Verwertbarkeit von Sachen, Gütern, Kräften oder Lebensräumen auf, die gewohnte Verhältnisse auf den Kopf stellten. Wer z.B. ursprünglich mit einem kleinen Café an einem netten Plätzchen schon einfach existieren konnte, weil es noch bezahlbar war, muss durch die Einwirkungen des Feudalkapitals auf die Preise der Existenz nun ständig um seine eigene bangen, weil die Spekulation auf die Verwertung dieses Plätzchens deren Verpreisung hochtreibt und immer mehr kleine Besitzer abstößt - nicht immer um größere Kapitale anzulocken, sondern um immer flexibler für Marktveränderungen, für die Masse der Benutzer zu werden. Wenn der eine Besitzer nicht mehr bezahlen kann, geht sein Betriebswert unter und befördert die Kreditierung eines neuen Besitzers. Es gehört zum Prinzip, dass mit hohem persönlichen und finanziellem Einsatz ein „frischer" Unternehmer auf den Markt tritt, der relativ schnell wieder abtritt, meist durch Konkurs, weil sich die Preisverhältnisse zu seinen Ungunsten verschoben haben. Immer mehr „gescheiterte Existenzen" wandern ab in die Sozialhilfe. Die Verwertung verläuft vornehmlich in Zeit und Raum der Vermarktung, wird immer vornehmer und beflissener, weil immer mehr Verwertungsdruck - sprich: Verwertungsangst - dahinter steht. Und dies ist im Kleinen wie im Großen der neue Trieb des Kapitals: die Variationen zwischen Vernichtung und Gründung, wie sie Politik durch die politische Macht über das Eigentum an Raum und Zeit möglich macht und möglich machen muss.

Durch den Verwertungsdruck aus der Entwertung des Geldwerts über Terminhandel und Giralgeldschöpfung entsteht das Unvermögen der Wertrealisation des fiktiven Kapitals, das im Handel mit realwirtschaftlich begründeten Existenzen deren stetige Vernichtung betreibt, um über den immer wieder erneuten Einsatz von Krediten, von „schlechten" wie auch „guten", durch „Bad-Banks" oder Sparkassen die Preise zugunsten des Kreditwesens hochzutreiben. Horrende Mietpreise und Gebühren entvölkern die realwirtschaftlichen Lebensbedingungen und machen Staaten und Banken für ein Schuldgeldsystem gefügig, das in der Lage ist, ihnen den Totalverlust ihrer Geldwerte - und damit der Geldverwertung überhaupt - anzudrohen.

Dass Wert jetzt objektiv im Umlauf des Kapitals zugrunde geht, ist schon auch in dem ursprünglichen Widerspruch seiner Geldform begründet, weil es sich gegen seinen eigenen Grund verhält, weil es sein Wirtschaftswachstum unentwegt zum Wertwachstum verbraucht, das Anwachsen seiner Produktivität nur durch die Wertminderung der menschlichen Arbeit betreiben kann. Das Resultat für das Kapital muss Mehrwert und damit im Wert positiv sein, weil es durch die Konkurrenz um die Produktivität sich selbst unentwegt überwinden muss. Es wird deshalb aber mit den „Hebeln" des Derivatenhandels hoch gepuscht, wo es an Wert verliert - mit dem „Erfolg", dass es sich auch selbst nur negativ verwerten kann, dass es den realen Markt aufbrauchen muss, um sich selbst in Wert zu halten.

Solange die dort gehandelten Waren durch Eigentumstitel versichert werden können sind die Spekulationen auf Schuldtitel durch den Derivatenhandel im Prinzip grenzenlos, weil sie sich insgesamt nur auf einen Glauben an die Realisierbarkeit von Zahlungsversprechen beziehen und sich ihr Wert im einzelnen nur in den Schwankungen bestimmter Geldanlagen, in den Bewertungen ihrer Realisierungschancen zwischen dem Wert und der verfügbaren Preissumme des Geldes darstellen. Das Verhältnis des Geldes zur Produktion ist darin allerdings umgekehrt, als es als Vorschuss in eine reelle Produktion gewesen war. War es ursprünglich ein Zahlungsmittel für

Investitionen in den Arbeitsprozess und dessen Produktivkraft, das als temporär vermehrtes Kaufmittel des Kapitals zurückkam und Mehrwert aus unbezahlter Arbeit, also Wertwachstum einbrachte, so wird es jetzt schon als Zahlungsmittel per Giralgeld aufgeboten, um die Erwartungen zur Anwendung von Kapital den Schuldnern als Pflicht aufzuerlegen, unbezahlte Arbeit durch Lohnabgaben beizuschaffen, um durch Geld „Frischgeld", also durch ein potenzielles Kaufmittel aus den Erlösen durch Schulden, aus zukünftiger Arbeit Geld als Zahlungsmittel hierfür zu beziehen, um dadurch fiktives Kapital in ein probables Kaufmittel zu verwandeln. Dieses wird weder aus Notwendigkeiten der Produktivität der Arbeit, noch für ihre Fortentwicklung benötigt, sondern nur für die Werterhaltung und die Wertsicherheit des Geldumlaufs, für die Zirkulation eines fiktiven Mehrbetrags (G") zu einem realen Mehrbetrag (G'), in der sich Mehrwert wie eine käufliche Ware (M) verhält (G'-W-M-W'-G"), ohne real produziert zu sein. Darin verhält sich das Finanzkapital nur noch zu sich selbst.

Während die Geldzirkulation damit aufgebläht wird, mindert sich die Wertschöpfung der Realwirtschaft durch die Auszehrung ihrer Werte. Unter klassischen Umständen bestünde in der Konsequenz die Gefahr einer Blasenbildung. Doch das Anwachsen des fiktiven Kapitals vergrößert die Macht einer ungedeckten Geldmenge, von der die Menschen auch ohne wirtschaftlichen Umsatz politisch abhängig wurden. Der Reichtum wächst jenseits aller marktwirtschaftlichen Realitäten und lässt das hiervon unabhängige Kapital, das reine Kapital der Spekulanten, der Geldbesitzer, jenseits des Marktrisikos anwachsen, auch wenn die Löhne unter Wert geraten, Arbeitsplätze schwinden, Staatsverschuldungen weit über das wirtschaftliche Vermögen hinausgreifen. Die Reichen werden alleine hierdurch schon unermesslich viel reicher, ihre Wertträger (z.B. Kommunikationsindustrie, Medien, Dienstleistungen, Agenturgewinne) schier grundlos immer teurer und die Wertschätzung ihre Ressourcen (z.B. Unikate in Kunst, Sport und

Antiquariat) immer imaginärer. Zugleich entsteht parallel hierzu eine ungeheuerliche Armut - nicht mehr in marktwirtschaftlichen Perioden, sondern absolut. Zwischen dem Prozess der Reichtumsbildung und der Verarmung gibt es keine gesellschaftliche Vermittlung mehr, die sich in wirklichen Klassenkämpfen darstellen könnten. Wer raus fällt bleibt draußen. Der Klassenkampf vermittelt sich völlig beziehungslos nurmehr zwischen Arm und Reich, letztlich nur kulturell in einer Art internationaler Kampf um eigene Identität, als Kulturkampf, der sich gegen die Glaubensmacht der Gläubiger richtet.

Wie bereits gezeigt handelt es sich hierbei um eine Negativverwertung, in welcher sich das Verhältnis von Produktion und Zirkulation der Werte und damit auch der Preisbildung umgekehrt haben, sich in einem stetigen Prozess gegen ihre realen Grundlagen verkehren. Dafür gibt es keinerlei realen Wert außer den Bewertungen eines Glaubens an die Zukunft in bestimmten Verwertungslagen und dem Potenzial politischer Gewalt, durch welche Schulden eingetrieben werden können - also durch eine Staatsgewalt, die selbst durch ihre Staatsverschuldungen an diese Spekulationen gebunden ist. Und das macht den Staat zu einem besonders gearteten Schuldenträger, denn er selbst kann Kapital nicht verwerten, zugleich aber die Geldzirkulation politisch und wirtschaftlich kontrollieren. Er steht deshalb an erster Stelle einer Politik, die der Verschuldung zum Vorteil gereicht.

In einer weltweiten Finanzwirtschaft wird an den Börsen die Spekulation zu einer Wertsteigerung durch Eigentumstitel jedweder Art in unterschiedlichsten Währungen fort getrieben, die zwar auch erst nach vollzogenem Kapitalumschlag, also nach der Wertrealisation der Produkte als Wertanteile in der Form von Dividenden und Marktvorteile ausgeschüttet werden, die aber zugleich die Devisenwerte der Löhne, also der Kaufkraft der Schuldnerstaaten transferieren. Es wird dort eben nicht nur auf die Entwicklungschancen einzelner Kapitalformationen gewettet, sondern zugleich auf die Wertverhältnisse der

Devisen, also der unterschiedlichsten Produktivitätspotenziale ganzer Nationen spekuliert. So bestimmt der Aktienmarkt zunehmend das ganze weltweite Wertverhalten des Geldes.

Die Wirkung solcher Kreditformen sind daher auch dem entsprechend gegenläufig. Während die Spekulation auf Devisen die Ausbeutung der Menschen und ihrer Lebensverhältnisse in den Staaten vertieft wo produktive Arbeit am billigsten ist und immer weniger Kapital in die Produktivität investiert wird, kann mit der Spekulation auf Wertpapiere überschüssiges Geld gesichert werden, das ihre supranationalen Besitzer am Wertwachstum auch dort teilhaben lässt, wo immer weniger produktive Arbeit zu verwerten ist, die realökonomische Ausbeutung der Menschen sich immer weniger rentiert, wohl aber die Produktion von Technologie und Dienstleistungen mit relativ geringem Anteil an produktiver Arbeit. Der Weltmarkt spaltet die Welt in Gesellschaften von unproduktiver Arbeit in den reicheren Nationen und produktiver Arbeit in den ärmeren Nationen, deren Wertwachstum sich gegeneinander entwickelt.

Mit der internationalen Ausformung des Kreditwesens zu einem Versicherungswesen hat sich für die Menschen ein Unterschied zwischen dem Wert ihrer Arbeitskraft und dem Wert ihrer Existenz ergeben. Innerhalb der einzelnen Nationalstaaten ist kaum zu unterscheiden zwischen den Lebenshaltungskosten, welche durch die Bezahlung der Reproduktion der Arbeitskraft abgegolten werden, und den Subsistenzkosten eines Menschen, der sich nicht nur über die realen Mittel seines Lebens, seinem körperlichen Erhalt durch Lebensmittel reproduzieren muss, sondern zugleich als Medium eines fiktiven Kapitals existiert und sein Leben mit einem Geld fristet, das als bloße Gebühren ihm aus seinem Lohn eingezogen werden, ganz gleich, wie teuer die Produktion der Güter für die Lebenshaltung ist. Für ihn sind die Kosten für seinen Lebensunterhalt reine Ausgaben für nützliche Dinge des Lebens, die er mit dem Nutzen seiner Arbeit für den

Gelderwerb verdienen muss. Er kann nicht leben, ohne zu bezahlen. Als lebender Mensch bezahlt er seine Lebensmittel mit einem Geld, das aus nützlicher Arbeit entstanden und vom realwirtschaftlichen Kapital angeeignet worden war. Mit seiner Existenz als Bürger seines Staates muss er für Staatsverschuldung bürgen und für ein Recht bezahlen, wodurch er Eigentumstitel benutzen darf - vielleicht auch selbst Eigentum oder Wertpapiere erstehen kann. Das hat Folgen für die Verwertung einer jeden entlohnten Arbeit in einer Nation. Die Lohnarbeit der klassischen Arbeitsgesellschaft wird zum großen Teil von Billiglöhnern, Handlangern oder Sozialhilfeempfängern geleistet. Aber obwohl diese Arbeit vom größeren Teil der arbeitenden Bevölkerung abgeleistet wird, ist sie zu einer randständigen Arbeit geworden, die jener der abgesonderten Arbeitskräfte aus dem alten Rom gleicht, die als Proleten bezeichnet wurden. Sie entgingen der öffentlichen Aufmerksamkeit, weil sie eher als Belastung ihrer Gesellschaft empfunden wurden, weil sie immer wieder in Verschuldung, Obdachlosigkeit oder Kriminalität abstürzten und dem entsprechend für ihre sozialen Beziehungen im Misskredit standen. Sie existieren nicht mehr wie dereinst als Reserve an Arbeitskräften, sondern befinden sich auf einem Arbeitsmarkt, der überhaupt nur noch von unauflösbar prekären Verhältnissen zehrt, oft auch noch kulturell gespalten zwischen den Kulturen und Religionen ihrer Herkunft.

Dieses Proletariat einer prekären Existenz gibt es nun tatsächlich wieder. Es ist mit der Unfähigkeit der kapitalistischen Gesellschaft auferstanden, die ihre Arbeit nicht mehr finanzieren kann, weil sie deren Aufwände bewusst reduzieren, die Arbeitszeit der Menschen stark verringern müsste, um sie in Wert zu halten und sie nicht in Wert halten kann, weil dies das Wirtschaftswachstum in seinen Konkurrenzverhältnissen verstopfen, deflationieren würde. Das spaltet die Arbeit der Menschen in eine prekäre Arbeitswelt der Handlanger und unteren Dienstleister und in eine Mittelschicht der Dienstleister und

Kulturbürger. In dieser Form wirkt der Widerspruch des Kapitalismus fort. Aber er hat eine Klasse von Handlangern erzeugt, die keine Entwicklung, keine Zukunft mehr hat, und eine Mittelschicht, die durch den Welthandel mit fiktivem Kapital sich in absurden Konkurrenzverhältnissen verzahnt, die wesentlich durch den von der Realwirtschaft abgetrennten Finanzmarkt bestimmt und den Auswirkungen des Weltmarkt vollständig ausgeliefert sind. Die Armen haben keine Chancen mehr, ein erträgliches Einkommen mit einer entsprechenden Altersversorgung zu erreichen; die Mittelschicht hat keine Chance mehr eine Wirtschaft aus eigenem Verstand mit eigener Vernunft zu betreiben. Die vollkommen abgelöste Logik der reinen Funktionalität der Menschen unter den Existenzbedingungen der Kapitalfiktionen beherrscht jede Geschichte - und auch die „Erkenntnisse" der Wissenschaften, namentlich der Systemtheorien. Insgesamt ist jede Arbeit in ihrem gesellschaftlichen Zusammenhang nur noch zur Ohnmacht verdammt, weil sie sich nicht mehr subjektiv in die gesellschaftliche Wirklichkeit einbringen - schon garnicht irgendein gesellschaftliches Subjekt darstellen kann.

Fast scheint es so, als ob die Zielvorstellungen aufgegangen sind, aus denen das Kapital sich schon seit langem begründet, dass es die Leistungsfähigen als „Leistungsträger der Gesellschaft" (FDP-Diktion) beflügeln und alle anderen durch ihre Trickle-Down-Effekte (siehe Fußnote auf Seite 96) immerhin erhalten könne. Doch hinter der Fassade eines „alternativlosen Kapitalismus" lauert nicht nur die allgegenwärtige Falle eines Schuldgeldsystems, sondern der systematische Abbau der menschlichen Gesellschaft schlechthin, indem Gesellschaft als solche verwertet, zu einem Existenzwert wird.

Der Mehrwert des Existenzwerts

Die Produktivität der Arbeit ist das geschichtliche Dasein menschlicher Naturmacht. Sie ist immer das, was das Wirtschaftswachstum an Fortschritten der Arbeit von Menschen für Menschen erbringt, was weniger Aufwand benötigt und die Bedürfnisse der Menschen verfeinert. Unter kapitalistischen Bedingungen ist sie das, was durch das Wertverhältnis in seiner Natur zerteilt und organisch bestimmt wird. Solange sich ihr Wert in den Preisen auch darstellen kann, den das umlaufende Geld zu bezahlen hat und solange es die Produkte auch bezahlt, gibt es auch unter der Bedingung des Kapitals ein Wirtschaftswachstum, ohne dass die Menschen hierfür mehr arbeiten müssten und weniger leben dürften. Die Entwicklung der Produktivkraft der Arbeit treibt schon immer die gesellschaftliche Existenz der Menschen als das wirtschaftliche Verhältnis zu ihrer Lebenstätigkeit voran. Von daher ist sie auch unter kapitalistischen Bedingungen ganz wesentlich für den Wert des Geldes, das ihre Existenz bemisst und ihre Arbeit entlohnt. Ihre Naturmächtigkeit wirkt in ihren Werkzeugen als Produktivkraft ihrer Arbeit ist daher nicht nur national, sondern auch international eine Macht im Verhältnis Staaten, das sich wertförmig als Verhältnis ihrer Währungen darstellt. Darin wird die Existenz der Bevölkerungen verglichen, wie viele Produkte also die einen gegen die Produkte der anderen eintauschen können - wie viele Traktoren z.B. indische Bauern für ihre Curryernte erwerben können. Im Unterschied zu einem politisch begrenzten Warenmarkt beziehen sich hier nicht einfach Waren aufeinander, sondern ganze Wirtschaftsexistenzen, die sich als Staaten mit ihren Währungen wesentlich über die Potenziale der Fortbildung ihres gesellschaftlichen Organismus aufeinander beziehen. Doch der Wert, den ihre Währungen darstellt, bezieht sein Maß, seine Wertgröße nur noch indirekt aus der menschlichen Arbeit, sondern aus der politischen Macht der Staaten.

Der Existenzwert ist durch das Verhältnis der Mehrwert bildenden Arbeit im Verhältnis der Produktivität ganzer politischer Systeme, in den Verhältnissen der Konkurrenz der Nationalstaaten als unbezahlte Arbeit einer geringen Arbeitsproduktivität gegen die Arbeitsersparnis der höheren Produktivität bestimmt, der sich in den Preisen der Lebenshaltungskosten darstellt. Es ist der Wert, der sich in der Preisdifferenz des Lebensstandards der verschiedenen Nationen darstellt, der Mehrwert als Wertgröße zwischen den Währungen, des durchschnittlichen Einkommens der Menschen im Verhältnis zum Grundwert ihrer Subsistenz. Nicht aus dem Arbeitstag errechnet sich das Wertquantum eines globalisierten Mehrwerts, das Quantum der darin veräußerten unbezahlten Arbeit, sondern aus den politischen Formbestimmungen der Lebensräume, der Nationalstaaten, in denen sich bestimmte Ressourcen an Arbeitskräften, Bodenschätzen und Infrastrukturen befinden. Der Existenzwert ist der globalisierte Mehrwert aus der Produktverwertung im Devisenhandel. Er ergeht also nicht aus dem Arbeitsprozess, sondern aus dem internationalen Verhältnis der Geldverwertung, aus der Konkurrenz der Nationalstaaten, die sich in ihrem Subsistenzwert unterscheiden und sich im Preis der Lebenshaltungskosten darstellt. Das erklärt, warum es zum einen überhaupt möglich ist, dass die Ärmsten von vielleicht 150 $ existieren, in einem anderen Land mit 1.000 $. Daran zeigt sich, dass sich dieser Wert vor allem in den Grundkosten für leistungs- und produktfreien Eigentumstiteln, Steuern und Gebühren verhält.

Mit der Globalisierung des fiktiven Kapitals und dessen politischer Gewalt in leistungsunabhängigen Eigentumstiteln hat sich deren politische Grundlage mit der zugehörigen Nationalität und ihrer Staatsgewalt verändert und den bis dahin nur ideologischen Nationalismus in einen finalen Nationalismus der nationalen Kulturen in den politische Gegensätzen ihrer Lebenszusammenhänge ihre kulturellen Gegensätze in wirtschaftliche umsetzt und in deren Existenzwert verwandelt.

Soweit nämlich die staatlichen Einflussbereiche durch das Finanzkapital überschritten werden, bestimmt nicht der realwirtschaftliche Produktivitätsvorteil durch die Zeitbeschleunigung in der Nutzung von Eigentumstitel ihr überschüssiges Wertquantum, wie dies bislang mit der Arbeitswerttheorie von Marx noch erklärlich war, sondern der existenzielle Gegensatz politischer Einflussgebiete, in denen die Wertgröße der Arbeit sich aus dem Wertunterschied der Währungen des Zahlungsmittels bestimmt, der sich aus den nationalen Verhältnissen der Produktivkräfte im finanzpolitischen Konkurrenzverhältnis der Nationalstaaten ergibt.

Der Existenzwert ist daher der Mehrwert, den eine Währung aus der Nutzung einer anderen Währung auf der Basis des unterschiedlichen Produktivtätsniveaus von konkurrierenden Nationalstaaten bezieht, die über ihr Mehrprodukt in den Selbsterhalt der Bevölkerung eines reicheren Landes, in deren variables Kapital als Wert des Lebensunterhalts seiner Bevölkerung eingeht, bevor sich der Preis ihrer Arbeitskräfte in deren nationalen Produktionsverhältnissen als Kaufkraft der hier zirkulierenden Währung ergibt (siehe hierzu auch Devisenhandel). Im Existenzwert vermittelt sich also die Währungsmacht einer aktiven Handelsbilanz, die zugleich als Grundlage eines nationalen Geldwerts in die Währung eines reichen Landes durch die Ausbeutung eines ärmeren Landes eingeht und die Verwertung der nationalen Arbeitskraft durch die Entwertung der internationalen Arbeitskräfte bestimmt - von daher eine Verdopplung der Ausbeutung der Arbeit ermöglicht. Er spaltet die nationalen Arbeitskräfte in ihrer politischen Kultur, in eine Klasse der Niedriglöhner, die in der Kultur einer Dienstleistungsgesellschaft deren unterstes Einkommen bestimmt, indem sie deren Arbeitskräfte als Humankapital ernährt, die vom nationalen Gesamtkapital verwertet werden. Durch unterschiedliche Existenzmöglichkeiten entzweit sie die Arbeitskräfte in unterschiedliche Kulturen. So genannte Niedriglöhner existieren daher in einer Subkultur - einer Parallelkultur - der arbeitenden Bevölkerung und bestimmen das unterste Niveau der Lohnkämpfe durch eine Existenzangst, die sich kulturell auch als Lebensangst vermittelt.

Die Geschichte ihrer politischen Macht ist von daher die Geschichte ihrer Kultur, die sich in den einen zu einer Monokultur, in den anderen zu Vielfalt und Reichtum entwickelt hat. Die ganze Weltgeschichte ist eine Geschichte der politischen Machtverhältnisse der unterschiedlichsten Wirtschaftsexistenzen, wobei es immer auch um die Konkurrenz in der Produktivität der Arbeit gegangen war, also auch darum, wie eine Wirtschaftsmacht die Produktivität einer anderen bedrängen kann. Wer sich darin in der Gunst seiner Verhältnisse bestärken konnte bestimmt daher zugleich das Ausmaß der Bestärkung der anderen. Nichts hat die Entwicklung der Produktivkraft weiter gebracht als die menschliche Existenz die in sie eingegangen ist. Und diese hing wesentlich von den Möglichkeiten ab, durch welche die Menschen auf Grund ihrer existenziellen Vorzüge sich auch bilden und in ihrer Allgemeinbildung vergesellschaften konnten. Die Industrieländer haben sich die so genannte Dritte Welt geschaffen, um ihre Lebensgrundlagen durch deren Produkte zu sichern wodurch deren Bildungsgrundlagen, die Vielfältigkeit und Reichhaltigkeit ihres Lebens entzogen wurden. Inzwischen stehen sie allerdings selbst davor, dass ihre Lebensvielfalt relativ einfältig geworden ist[(58)].

58) Die so genannte dritte industrielle Revolution war die der Computerindustrie, der Chipproduktion, die durch die Automation der Produktionsmittel die organischen Verhältnisse der Arbeit und des Vertriebs vervollständigte und die menschliche Arbeit rasant reduzierte und die Produktion selbst rationalisierte. Computertechnologie verschaffte auch der Kommunikation völlig neue Wege und Mittel, die sie über das Internet erschloss und Bildung und Wissenschaft durch Informationsdienste und Vernetzungen unterstützte. Nicht nur die Produktion war automatisiert, sondern auch die Kommunikation, die selbsttätige Vermittlung von Information, Wissen, Spiele und sozialer Kontakte, die Beteiligung aller Menschen, die zugleich ihre gewohnte Arbeitswelt immer sinnloser für sich empfanden, weil deren soziale

Von daher haben die Nationalstaaten nicht nur aus ihren inneren Verwertungsverhältnissen einen Mehrwert in ihrer Währung akkumulieren können, sondern auch aus ihren internationalen Verhältnissen auf dem so genannten „freien Markt des Welthandels“, indem sie hierüber die Existenzen in anderen Ländern durch ihre Wirtschaftsmacht bestimmen. Deren Wert, der über ihre Produkte vermittelt wird, verbilligt als importierter Existenzwert [(59)] die existenziellen Grundlagen der eigenen Verhältnisse, den Wert des allgemeinen Lebensunterhalts, des variablen Kapitals, und beflügelt von daher ihre eigene Mehrwertproduktion, deren Grundkosten umso billiger werden.

Allerdings wurde damit nur der Lebensunterhalt verbilligt und Mehrwert als Finanzkapital angehäuft, der damit aber nicht realer wurde. Im Gegenteil: Es entstand immer mehr fiktives Kapital in den Buchungsbilanzen des Weltmarktes, das immer weniger Nutzen und Sinn für eine reelle Wirtschaft hatte. Das Wertwachstum der Produkte aus realwirtschaftlicher Arbeit blieb für die Produktion pro Einzelstück relativ klein, dafür aber mit der Beschleunigung der Wertzir-

---

Beziehungen zunehmend entschwanden. Zugleich war das ganze Produktions- und Konsumtionsverhältnis auch insgesamt schon weniger durch menschliche Arbeit bestimmt, als durch die Intelligenz ihrer Vermittlung an die Menschen. Und das ganze gesellschaftliche Verhältnis dieser Technologie war in seinem Verwertungszweck ungemein effektiv.

59) Im Unterschied zum Wert von Waren, der innerhalb eines geschlossenen Systems von Verkauf und Einkauf auf einem Markt von Arbeit und Produkt entsteht, ist ein Existenzwert der Wert des „freien“ Verhältnisses von Währungen auf dem Weltmarkt, ein Produkt des so genannten „Freihandels“. Es ist der Wert einer weltweit vermittelten Existenz in einem politisch bestimmten Lebensraum - vorzüglich einem Staat - zu dem Anteil wie sich seine Wertgröße als Mehrwert eines Devisenhandels ergibt. Es ist also ein Wert, der die Grundlagen einer gesellschaftlichen Existenz schon zum Teil aus dem Wert importierter Produkte in einer aktiven Handelsbilanz bezieht, und von daher auch schon einen Grundumsatz an Lebensmitteln verbilligen kann, und hierdurch das variable Kapital - das ist der menschliche Reproduktionswert, der Wert der Löhne - im Verhältnis zum Gesamtkapital reduziert.

kulation und damit des Kapitalumsatzes und der Marktausdehnung im Welthandel gerade durch die Intelligenz der Vervielfältigungstechnik immens. Nicht weil Technik unmittelbar selbst Wert bilden könnte [(60)], sondern weil sie die Wertbildung durch die Beschleunigung des Handels mit Waren und Finanzkapital, also durch Ausweitung und Vervielfältigung der Nachfrage überhaupt noch in Gang halten und steigern konnte. Der Mehrwert aus realer Produktion und der Mehrwert aus dem Existenzwert des Devisenhandels und seiner Derivate standen nun gegeneinander. Der Welthandel wurde indes immer mehr vom Computerhandel der Aktienmärkte angetrieben.

Diese Entwicklung wurde daher als vierte industrielle Revolution der Kommunikationsindustrie bezeichnet, die sich vorwiegend im Bereich der Dienstleistungen niederschlug. Die technische Effizienz verstärkte wie von selbst den wirtschaftlichen Fortschritt [(61)] und entwickelte sich fast explosionsartig in fast alle Arbeitsbereiche hinein. Die Automation beschleunigte nicht nur die Produktion. Sie machte menschliche Arbeit und somit vor allem ihr Produkt relativ wertloser. Immer weniger ausgebildete Fachkräfte waren durch die technologische Entwicklung nötig, weil ihre Funktionen von dieser ersetzt

60) Die Technik der Produktion, also das Produktionsmittel, hat zwar auch einen Produktwert durch den Aufwand ihrer Entwicklung. Dieser wird aber mit ihrem Verschleiß Stück um Stück in das Produkt übertragen und von dessen Käufer bezahlt. Von daher bleibt hier kein anderer Wert übrig als der Wert des Produkts, das als Ware verkauft wird.

61) Zudem war auch die Produktion der Informationstechnologie selbst schon äußerst preiswert durch die Fähigkeit bestimmt, sich mit maschineller Unterstützung der hierfür entwickelten Programme automatisch zu kopieren, also relativ zur Masse der Produkte wenig stoffliches Material zu gebrauchen und zu verbrauchen. Einmal entwickelt und von Menschen erdacht, benötigt die Kopie von Algorithmen keinen großen menschlichen oder materiellen Aufwand. Das Trägermaterial selbst ist höchst effektiv, also auch wirtschaftlich und fast vollautomatisch zu erzeugen. Es bestand im Wesentlichen aus technischer, also funktionaler Intelligenz.

wurden. Und immer geringer qualifizierte Handlanger konnten damit immer wirkungsvoller und billiger eingesetzt werden [(62)].

Das trieb auch in den reichen Staaten immer mehr Existenzen ins Abseits des versprochenen marktwirtschaftlichen Wohlergehens und machte viele mittelständige Betriebe überflüssig und zu Bedürftigen in einer Gesellschaft des Überflusses, zu Arbeitslosen oder Billiglöhner in einer Welt, in der hochentwickelte kulturelle Bedürfnisse für immer weniger Menschen zufrieden zu stellen sind - nicht nur in der Befriedigung ihrer Bedürfnisse sondern auch in ihrer Arbeit. Sie wurden für fast jeden Zweck verfügbar, ganz gleich wofür sie sozialisiert, ausgebildet und befähigt worden waren. Insgesamt wurden viele Lebenspläne und Erwartungen den Erfordernissen einer zunehmenden Flexibilität des Kapitals unterworfen. Ein relativ kleiner Kreis von gesuchten Spezialisten stand einer Masse von Hilfskräften gegenüber, die zum weitaus größten Teil zu Handlangern im Niedriglohnsektor geworden waren oder mit Dienstleistungsberufen im „tertiären Bereich" der Gesellschaft ihren Lebensunterhalt verdienen mussten. Jenseits der realwirtschaftlichen Produktion war die Arbeit zur Pflege und zum Erhalt der gesellschaftlichen Verhältnisse und ihrer Funktionen durch Dienstleistungen zu einem ausgedehnten Tätigkeitsfeld angewach-

62) In der politischen Auseinandersetzung um die Entwicklung von E-Mobilen, welche den anachronistisch gewordenen Benzinmotor de facto unnötig machen, zeigt sich das Problem in seiner gesellschaftlichen Tragweite als Problem der deutschen Realwirtschaft überdeutlich: Wie soll ein Antrieb, der wesentlich einfacher funktioniert und nur noch höchstens ein Zehntel des Arbeitsaufwands erfordert und viele Zulieferbetriebe schlicht aus dem Markt wirft, sozial in dem Verlust eines der größten Anteile an Arbeitsplätzen zu „kompensieren" sein, wenn dabei auch noch Mehrwertproduktion nötig ist? Wie soll die Entwertung der produktiven Arbeit anders ausgeglichen werden können als durch das Anwachsen von Dienstleistungen im Dienst der Zirkulationsbeschleunigung des fiktiven Kapitals?

sen [63]. In den Arbeitsverhältnissen einer somit entstandenen Dienstleistungsgesellschaft wurde die Arbeit der ganzen Bevölkerung immer mehr zwischen reproduktiver Arbeit durch Dienstleistungen und produktiver Arbeit in der Industrie immer tiefer greifend aufgespalten. Bis schließlich in den 1970er Jahren das Bruttoinlandsprodukt (BIP) der reichen Nationen des Westens vorwiegend den Umsatz von Dienstleistungen darstellte und sie zu Dienstleistungsgesellschaften wurden. So erfuhren Dienstleistungen mit der anwachsenden Effizienz der industriellen Produktion und ihrer modernen Technologie einen immer größeren Anteil an der gesellschaftlichen Gesamtarbeit in Deutschland [64].

---

63) Dienstleistungen sind Behilflichkeiten, die oft schon während ihrer Nutzung unmittelbare Arbeit konsumieren. Sie dienen zunächst nur dem Erhalt bestehender Lebensverhältnisse. Wenn ein Mensch dem anderen zu seiner privaten oder gesellschaftlichen Lebenserhaltung behilflich ist (z.B. Taxifahrten, öffentliche Verkehrsmittel, Haare schneiden, Baby hüten, Unterhaltung, Kommunikation usw.), so sind das Dienstleistungen, die an und für sich kein Wertmaß nötig haben. Man könnte ohne weiteres einfach Dienst gegen Dienst in Rechnung stellen. Und wenn sie dennoch mit Geld beglichen werden, dann wohl eher, weil sich diese Leistungen in die Verhältnisse des Gesamtkapitals und dessen Verwertungszwänge fügen müssen. Unmittelbar gesellschaftliche Arbeit sind sie, wenn man sich über die Zusammenhänge ihrer Aufwände einig wäre und auch in dem Sinn, durch den die Menschen in solchen Verhältnissen ihr Leben gegenseitig bereichern, sich also durch die Synergien ihres Reichtums gesellschaftlich ergänzen würden, als Ergänzungswirtschaft bestimmend wären. Zur Ware werden Dienstleistungen erst, wenn sie auf entsprechenden Märkten angeboten werden. Und produktiv für das Kapital sind sie erst, wenn sie zur Mehrwertbildung, also zu Produktion und Umsatz von Mehrwert beitragen und die Waren- und Geldzirkulation beschleunigen.

64) Der Anteil der Dienstleistungen (einschließlich Handel und Verkehr) an der Gesamtproduktion hat in Deutschland bereits 1974 den Anteil der Industriearbeit übertroffen. Er betrug im Jahr 1895 noch 25%, im Jahr 1950 32,8%, im Jahr 1959 auch noch 32,8%, aber dann im Jahr 1997 schon 62,8% und 2006 schließlich 69,2% *(Quelle: Statistisches Bundesamt)*.

Dienstleistungen sind sehr komplex und kulturspezifisch und erzeugen weniger objektiv existente Produkte, obwohl sie subjektiv aufwändig und für den Produktabsatz unentbehrlich sind [(65)] - auch wenn sie meist schon den Menschen in ihren Privathaushalten unmittelbar genügen können [(66)]. Sie sind nach wie vor nicht unmittelbar produktiv, sondern Behilflichkeiten im Umgang mit Gegebenheiten, die im Allgemeinen nicht als Warenkörper existieren, sondern als bloße Leistung schon bei ihrer Produktion oder zur Reproduktion eines Verhältnisses oder dessen Regeneration konsumiert werden oder als Zustandsveränderung eines Menschen oder Gegenstands oder zur Bewältigung ihrer Unterhaltsprobleme nötig sind (z.B. Transport, Taxifahrt, Straßenreinigung, Gesundheitsfürsorge, Haare schneiden, medizinische Betreuung, Kulturveranstaltung, Reinigung, Babysitten, Beauty & Wellness, Unterhaltung, Kommunikation, Wissenschaft, Werbung - und sogar das Banken- und Kreditwesen). Aber ihrem gesellschaftlichen Inhalt nach können Dienstleistungen Anteil an einer insgesamt Mehrwert bildenden Produktion haben und hierdurch produktiv sein, indem sie den Warenumschlag beschleunigen und damit die Produktion anfachen. Sie können aber keine Klassenlage als produktive Arbeit oder unproduktive Arbeit bestimmen.

---

65) Dies gilt besonders für die Transport- und Kommunikationsindustrie:

"Es gibt ... selbständige Industriezweige, wo das Produkt des Produktionsprozesses kein neues gegenständliches Produkt, keine Ware ist. Ökonomisch wichtig davon ist nur die Kommunikationsindustrie, sei sie eigentliche Transportindustrie für Waren und Menschen, sei sie Übertragung bloß von Mitteilungen, Briefen, Telegrammen etc." (K. Marx, MEW 24, S. 60 f)

66) Zum Beispiel zu ihrem Selbsterhalt (z.B. Haushaltsbehilflichkeiten, Kindererziehung), ihrer Kultur (z.B. Unterhaltung und Erbauung) oder ihrer Subsistenz (z.B. Betreuung und Bildung in der Freizeit oder im Alter) zu dienen oder allgemein dem Marktgeschehen durch Vermittlungsarbeiten (z.B. Design, Agenturarbeiten, Werbung) behilflich zu sein, oder die Ausbreitung von Absatz überhaupt erst möglich zu machen (z.B. Transport, Kreditwesen, Kommunikationsindustrie, Pressewesen).

Für das Kapital gelten sie zu ihrem größten Teil als notwendige, aber unproduktive Kosten des Produktionsverhältnisses insgesamt, die der Reproduktion, der „Revenue" des variablen oder auch des konstanten Kapitals oder beidem in einem als „tote Kosten" zuzurechnen sind, weil sie sich Stück um Stück erst im Verkauf der Produkte wertanteilig realisieren, während sie unmittelbar nur durch das Zahlungsmittel Geld in Beziehung stehen [(67)].

Außer der Transportindustrie war auch die Kommunikationsindustrie und Werbung schon immer eine zentral notwendige Dienstleistung der bürgerlichen Gesellschaft. Mit der Fortbildung der Finanzindustrie wurde sie zugleich zum Zentrum der Beschleunigung von Verhandlungen und Entscheidungen im Bankenwesen, im Verhältnis von Wertpapieren, also von Schuldverschreibungen im Derivatenhandel. Information und Wissen über die wirtschaftlichen Kräfte waren eine Notwendigkeit der Mehrwertbildung und -aneignung.

---

67) *„Es gibt ... selbständige Industriezweige, wo das Produkt des Produktionsprozesses kein neues gegenständliches Produkt, keine Ware ist. Ökonomisch wichtig davon ist nur die Kommunikationsindustrie, sei sie eigentliche Transportindustrie für Waren und Menschen, sei sie Übertragung bloß von Mitteilungen, Briefen, Telegrammen etc. ... Was ... die Transportindustrie verkauft, ist die Ortsveränderung selbst. Der hervorgebrachte Nutzeffekt ist untrennbar verbunden mit dem Transportprozeß, d.h. dem Produktionsprozeß der Transportindustrie. Menschen und Ware reisen mit dem Transportmittel, und sein Reisen, seine örtliche Bewegung, ist eben der durch es bewirkte Produktionsprozeß. Der Nutzeffekt ist nur konsumierbar während des Produktionsprozesses; er existiert nicht als ein von diesem Prozeß verschiednes Gebrauchsding, das erst nach seiner Produktion als Handelsartikel fungiert, als Ware zirkuliert. Der Tauschwert dieses Nutzeffekts ist aber bestimmt, wie der jeder andern Ware, durch den Wert der in ihm verbrauchten Produktionselemente (Arbeitskraft und Produktionsmittel) plus dem Mehrwert, den die Mehrarbeit der in der Transportindustrie beschäftigten Arbeiter geschaffen hat. Auch in Beziehung auf seine Konsumtion verhält sich dieser Nutzeffekt ganz wie andre Waren. Wird er individuell konsumiert, so verschwindet sein Wert mit der Konsumtion; wird er produktiv konsumiert, so daß er selbst ein Produktionsstadium der im Transport befindlichen Ware, so wird sein Wert als Zuschußwert auf die Ware selbst übertragen." (Marx-Engels-Werke Bd.24, S. 60 f)*

Die Beschleunigung der Übertragung von wirtschaftlichen Informationen konnte um Sekundenbruchteile schon immense Auswirkungen über die Entscheidungen im Börsenhandel haben. Und die Kult-Entwicklung von Grafik, Design und Haptik der Produkte und ihrer Bewerbung, also die Entwicklung der gesamten Ästhetik ihrer Kultur wurden selbst sinnstiftend für die Hochwertigkeit und die Beschleunigung des Produktabsatzes.

Der Existenzwert der Finanzindustrie

Das Finanzhandelskapital war dadurch entstanden, dass es den im Warenhandel unrealisierbaren Mehrwert als Geldwert akkumulierte, den es als Kaufmittel in einer entkörperlichten Geldzirkulation in seinem Wert halten konnte. Aber verwerten ließ dieses sich nur im Kreditwesen als ein verselbständigtes Zahlungsmittel für den Gebrauchswert des Geldes, mehr Geld zu erzeugen, indem es der vergangenen durchschnittlichen Profitrate den zukünftigen Wert ihrer Kredite durch ihre Verzinsung entnimmt. Aber auch diese Wertrealisation wurde mit zunehmender Produktivität der Arbeit und der damit entwerteten Arbeitskraft und ihrer weltweit anwachsenden Armut immer geringer. Die Krisen des Kapitals wurden immer totaler, der Welthandel stagnierte, zu viel ungedecktes Geld blieb auf dem Markt und inflationierte in kurzer Zeit in horrende Beträge. Um das Anwachsen der Ressourcen- und Absatzprobleme zu meistern, musste das Kapital seine Märkte stetig ausweiten und auch andere Länder kolonialisieren. Doch Inflationen waren damit nicht zu beherrschen, weil auch durch das Anwachsen der unbezahlten Arbeit immer mehr Wert und also auch mehr Geld erzeugt wurden, als damit für Konsum und Investition bezahlt wurde. Das ist eben der Widerspruch im „Trieb des

Kapitals“ (Marx) [68]. Inflation ist letztlich immer nur durch Produktvernichtung zu beherrschen. Je mehr Geld durch den Welthandel zu einem Weltgeld wurde, desto totaler wurde auch das Vernichtungsinteresse, der Krieg des Kapitals gegen seiner Produkte.

Erst mit der Globalisierung des fiktiven Kapitals wurde das Weltgeld wieder richtig läufig, nachdem es sich von der Ressource der Geldwertschöpfung, der Golddeckung, abgelöst und einen unregulierten Freihandel geschaffen hatte. Geld wurde aus seiner nationalen Bindung enthoben und war nur noch das Wert, was eine umlaufende Warenmenge durch ihre zirkuläre Preissumme darstellen konnte. Die Wertgröße bemisst sich immer nur aus der Menge an Arbeitszeit, die in der Herstellung eines Produkts durchschnittlich notwendig verbraucht wird. Dadurch wurde der Handel mit Landeswährungen besonders lukrativ, weil darin das Wertverhältnis der unterschiedlichen Produktivität der Länder als Mehrwert aus den armen Ländern zu Gunsten der reichen eingezogen werden konnte, weil die armen ihre Produkte nur mit viel menschlichem Aufwand und also viel Arbeitszeit im Vergleich zu den reichen bewertet bekamen, deren Produkte mit sehr viel weniger Aufwand durch deren höhere Produktivität erzeugt werden konnten. Zuvor schon war nach dem Kolonialismus ein Imperialismus entstanden, der im 20. Jahrhundert durch Wirtschaftsverträge, also durch einen vertraglich geregelten Freihandel aufgelöst sein sollte.

---

68) *„Das Mittel - unbedingte Entwicklung der gesellschaftlichen Produktivkräfte - gerät in fortwährenden Konflikt mit dem beschränkten Zweck, der Verwertung des vorhandnen Kapitals. Wenn daher die kapitalistische Produktionsweise ein historisches Mittel ist, um die materielle Produktivkraft zu entwickeln und den ihr entsprechenden Weltmarkt zu schaffen, ist sie zugleich der beständige Widerspruch zwischen dieser ihrer historischen Aufgabe und den ihr entsprechenden gesellschaftlichen Produktionsverhältnissen.“ (MEW 25, S. 260)*

Aber mit der Auflösung der Verträge von Bretton-Woods [(69)] erzwang der Weltmarkt eine Konkurrenz der Nationalstaaten, durch welche die Währung der einen geschwächt wurde, indem sie die Währung der anderen bereicherte. Aus dem Devisenhandel entstand eine Finanzindustrie, die daraus Existenzwerte erstand, die sich überhaupt nur durch internationale Handelsbeziehungen schufen und erhielten, durch den so genannten Freihandel stets auf der Suche nach Lücken in den realen Verwertungsprozessen der nationalen Finanzwirtschaften ihre politisch aktive Finanzmacht bezogen und bestärken und über eine Weltbank verwalten konnten.

Diese Finanzindustrie entstand und entsteht immer wieder aus der Masse eines Geldbedarfs, der nichts mehr mit Krediten in ein Wirtschaftswachstum zu tun hat, sondern sich an einem Geldwert zu bereichern sucht, der nicht mehr realwirtschaftlich gedeckt und nicht durch ein reales Wertwachstum verzinst wird oder auch gar nicht mehr verzinst werden kann, weil das „gewöhnliche Wertwachstum" durch Mehrproduktion nicht mehr funktioniert. In der Unsicherheit und Ungewissheit der Wertstabilität, die durch den Weltmarkt des Geldes bedrängt und bedroht ist, entstanden schließlich längst schon Kapitalversicherungen (Swaps), die nun selbst neue Geldanlagen einführten. Die Börsenkurse auf Wertpapiere rückten damit ins Zentrum der Kapitalverwertung, einer Verwertung von vorauseilenden Kapita-

---

69) Heute sind die Verträge von Bretton-Woods nur noch durch ihre Kündigung im Jahr 1971 bedeutsam, denn dies stellt die weltweite Aufhebung der Gelddeckung durch Gold dar und ist hierdurch der Auftakt zum Ende der bürgerlichen Gesellschaft und der Beginn der Globalisierung, der Weltherrschaft des fiktiven Kapitals. Zunächst zu den Verträgen selbst: „Am 22. Juli 1944 wurde auf der Konferenz von Bretton-Woods (New Hampshire, USA) von 44 UN-Staaten noch während des 2. Weltkriegs ein möglichst stabiles Währungssystem beschlossen. Ziel war die reibungslose und von Handelsbarrieren befreite Abwicklung des Welthandels bei festen Wechselkursen, welches bis zu seinem Zusammenbruch 1973 Bestand hatte.

linvestitionen in den Geldhandel, die sich einzig aus einer Risikodeckung begründeten.

Wo die Dividenden nicht mehr das Hauptinteresse des Aktienkäufers wecken, weil sie aus dem Kapitalanteil an Betriebswirtschaften nicht mehr rentieren, weil sie nur den anwachsenden Betriebswert einer Realwirtschaft darstellen, der wie Zinsen mit Risiko vermarktet wird, können die Prognosen auf ein Wertwachstum weitaus mehr „Gewinn“ machen, wenn sie auf Sicherheiten aus dem Existenzwert von Geldanlagen setzen. Das ist die Spekulation auf einen zukünftigen Wert von Wertpapieren oder Wertanlagen, die mit einem Einkaufspreis der Papiere, dem Preis der Nachfrage auf eine nur in einer beschränkten Anzahl ausgegebenen Papiere oder Vermögen dargestellt wird. Es ist der Preis für ein Zugriffsrecht auf deren Erträge. Und das ist das Grundmuster einer Finanzwirtschaft, die über die pure Nachfrage einen Wert unterhält und verteilt, der sich aus der Nachfrage nach einem Geld selbst begründet, das durch sich keinen Wert darstellt, in seiner Allgemeinheit aber eine ungeheure Preissumme des fiktiven Kapitals unterhält und eine neue Wertsicherheit herstellt, - die allerdings nur solange halten kann, wie die Menschen daran glauben. Und der Glaube wurde allgegenwärtig, indem die Börsenwerte zum allgemeinen Symbol eines Wirtschaftswachstums gemacht wurden, mit dem sie allerdings ziemlich wenig zu tun haben. Immerhin wurden sie seit den 80er Jahren zum Bestandteil des Fernsehabendprogramms [(70)].

---

70) Börsenwerte stellen im Wesentlichen nur die Wertschwankungen der Preise von Nachfragen nach Wertpapieren dar, die der Hoffnung auf Erträge aus der Spekulation eines Wertwachstums entspringen. Wer an ein ewiges Wertwachstum glaubt, wird auf die Börsenwerte prosperierender Konzerne setzen und mit dem anteiligen Wachstum des DAX-Index vielleicht auch die eigene Intelligenz bestätigt finden. Der Niedergang der „kapitalgestützten“ Versicherungen und Renten, die damit verbunden war und als staatliche Sicherheit nach Riester beleumundet und auch staatlich gestützt wurden, hat zu spät erst gezeigt, was solche Versicherung in Wahrheit

Es sind vorzugsweise Wetten auf den Erfolg der Unternehmungen in der Finanz-, der Kommunikations- und der Unterhaltungsindustrie und einigen wenigen Technikkonzernen.

Wer sich bei diesem Spekulieren aber zu sehr an der Gegenwart orientiert hatte, stürzte schnell ab. Es ging ja nur um den Glauben an eine hochwertigere Zukunft, die aber im Kapitalismus nur durch Fiktionen Bestand hat. Deren Sicherheiten wechseln rasant und damit ihr Preis und schließlich auch der Wert, der daran gebunden ist. Meist ist es der Preis für die Spekulation als solche, auf den Wert einer wirtschaftlichen oder kulturellen Prominenz und ihrem Image. Und der wechselt rasant, denn er besteht ja gerade aus dem beständigen Wechsel und seiner Beschleunigung. So können die Werte von Facebook oder Google je nach politischer Opportunität schnell mal steigen oder fallen, Medien abstürzen oder auch die Kapitalversicherungen an ihrem Existenzwert scheitern. Es geht hier nicht um Treue und Verbindlichkeit. Es geht hier nur um den Glauben an ein Image in einer Welt, in der dieses einen Eigenwert darstellt: den Wert eines wirtschaftlichen Vorteils, der sich nicht in einer Sache verhält, sondern sich aus der Konkurrenz von Handelsbilanzen ergibt. Nie zuvor konnte ein Image soviel einbringen und nie zuvor konnte es einen so großen Schaden erleiden, wie heute.

Durch seine abgehobene Wertmasse entwickelte sich das Finanzkapital selbst zu einer Massenpsychologie der „westlichen Werte", die sich durch Geldformen bestärkten, die sich selbst nur im Glauben daran verfestigen konnten, indem ihre Realität praktisch abgezogen, das eingesetzte Geld entwirklicht wurde. So ging das dann auch im Terminhandel zu [(71)], der die Preisbildung über die Einschätzung von

---

ist. Nirgendwo ist die Geldentwertung der Geldentwirklichung deutlicher hervorgetreten als im Niedergang der Lebensversicherungen und der Immobilienkrise.

71) Zum Beispiel dann, wenn während einer Tiefpreisphase in Afrika Schiffsladungen mit Weizen eingekauft und dem inländischen Markt entzogen wird, die damit

zukünftigen Preisen durch die Entgegenwärtigung ihrer Objekte selbst bestimmte und dies dann auch in einer entsprechenden Fiktion wertmäßig aufgegangen war. Wo Arbeitsprodukte dem Warenmarkt schon vor ihrem Verkauf entzogen werden, da wird einerseits Überproduktion bewältigt und zugleich das nicht vorhandene Produkt teurer, sein Mehrwert dadurch erhöht, dass es nicht von denen erstanden werden kann, die es hergestellt haben und es von daher ihrer bezahlten Arbeit entzogen ist. Zur Wertgröße der Arbeitsprodukte, die in der Realwirtschaft durch ihre gesellschaftlich notwendige Produktionszeit bemessen war, kommt nun ein Wertmaß in der Arbeitswerttheorie hinzu, das sich aus dem gesellschaftlichen Raumverhältnissen, aus ihren Grenzen und Dichten ergibt.

Das erklärt, warum der Existenzwert mit der Entwirklichung des Geldes zunimmt, dass er im Ausmaß der Geldentwertung größer, Existenz teurer werden kann, ohne dass der produzierte Wert davon beeinflusst ist, wohl aber der Preis zur Reproduktion der Arbeitskraft. Er wächst mit dem Derivatenhandel und der Giralgeldschöpfung in dem Maß, wie er selbst nur als Grundlage einer Preisbildung übrig bleibt, die schon im Ansatz auf Verteuerung setzt, wo dies unter bestimmten Existenzbedingungen möglich ist. Es entwickelte sie zur Fiktion eines endlosen Kapitalismus, der sich als Ende der Geschichte durch die Reduktion aller Arbeit auf bloße Dienstleistung begriffen haben wollte. Denn wenn es wahr wäre, dass mit Geld die Menschen einander nur ihr Leben finanzieren könnten, so hätte es selbst einen quasi menschlichen Wert und würde nicht den Fortschritt der Finanzwirtschaft, sondern den der Menschheit überhaupt vermitteln, wie es in der Grundverfassung des Liberalismus schon seit Adam Smith versprochen ist. Die hat aber seit dem eher den Rückschritt aller fort-

den Weizenmarkt leerfegen, auf hoher See in alten Schiffen gelagert und durch die erhöhte Nachfrage nach einer bestimmten Zeit zu erhöhten Preisen wieder teuer verkauft werden.

schrittlichen Kräfte betrieben, als dass sie diese vermenschlicht hätte. Ganz im Gegenteil: Die Menschen werden weltweit nicht mehr „nur" in ihrer Lebenszeit, sondern auch in ihrem Lebensraum enteignet.

Heute ist der nicht mehr wirklich vorhandene Geldwert besonders durch die Auffassung der Neoliberalen zu einem Glücksversprechen einer Unterwerfung der Menschen unter die Verheißung eines grenzenlosen Wertwachstums geworden, das sich einer reellen Wirtschaft schon vollständig entzogen hat und Mensch und Natur verbraucht, um die Zukunft einer profitablen Finanzindustrie zu verwerten, die über Schuldverschreibungen und Versicherungen vor allem ihre Vergangenheit finanzieren muss. Diese Industrie bezieht ihren Mehrwert aus der Preisdifferenz eines Lebensstandards, also dem Wert der Subsistenz an einem bestimmten Ort zu einer bestimmten Zeit, im Verhältnis zu den Verkaufspreisen und deren Erlöse irgendwo in der Welt. Es wird dabei nur mit Preisen gehandelt und bezahlt und durch die Bewegung von Geld ein Mehrwert dort bezogen, wo ein billiges Zahlungsmittel Geld über seinen Existenzwert zu einem höherwertigen Kaufmittel werden kann. Mit dem Rollentausch des Geldes werden inzwischen die ganz großen Geschäfte auf dem Weltmarkt gemacht. Es handelt sich auch hierbei „nur" um pure „Dienstleistungen" der Vermarktung von einem hochwertigen Kaufmittel. Allein durch Handel, Werbung, Kommunikation und Transport sind die Preise selbst wertvoller geworden und haben in den reicheren Ländern inzwischen sehr viel mehr Wert als die dort wirklich produzierten Produkte. Hier macht der Preis den Wert, weil dieser schon vor jedem Handel fiktiv ist und lediglich durch den Verkauf selbst nur real werden kann. Das ganze Finanzwesen hat sich praktisch zu einer gigantischen Verkaufspsychologie entstellt, die sich über ihre Konsumkultur in menschlich entleerte gesellschaftliche Verhältnisse einschleicht, um die Menschen durch die Ergüsse ihrer Heilsvorstellungen an ihre

Leimstange zu kleben, jede Entwicklung auf ein alles in allem blockiertes Leben reduziert, das genau das ausschließt, was es verspricht.

Der Wert von Dienstleistungen

Jeder Wert verhält sich nur durch die Zeitdauer seiner Existenz. Das Geld, das wir in der Tasche oder auf dem Konto haben, wird in der Zeit weniger wert, in der unsere gesellschaftlichen Beziehungen stocken - z.B. weil wir auf eine Verkehrsverbindung warten, krank sind, nichts von Produkten wissen, die wir kaufen wollten usw. Irgend jemand auf der Welt hat hierfür gearbeitet, aber weil es nicht produktiv angewandt wird, lässt sich kein Wert verwirklichen. Er vergeht wie im Flug, wenn Geld nicht läuft, wenn es nicht gebraucht wird und nicht dorthin gelangt, wo es nötig ist. Mit der Zeit, in der nichts weitergeht, weil die Strecken der Transportwege ungewöhnlich lange sind, Produkte unverkäuflich sind, Betriebskosten durch Fehlbildungen anwachsen, Unfälle und Katastrophen die Wirtschaft lähmen usw. wird nicht nur Geldwert, sondern auch die Arbeit der Menschen wertloser, so dass die Preise steigen müssen, um den Wert der Produkte zu halten. Der Wert von Dienstleistungen besteht darin, dass sie gegen Verluste arbeiten.

Weil Dienstleistungen zwar Zeit verbrauchen, aber meist keine objektive Gestalt in diesen Verhältnissen erhalten, keine körperliche Produktform in der Fortexistenz eines Gebrauchswerts annehmen [(72)]

72) *„Denkt man sich 2 Arbeiter, die austauschen; einen Fischer und einen Jäger; so würde die Zeit, die beide im Austausch verlieren, weder Fische noch Wild schaffen, sondern wäre ein Abzug an der Zeit, worin beide Werte schaffen, der eine fischen, der andere jagen kann, ihre Arbeitszeit vergegenständlichen in einem Gebrauchswert. Wollte der Fischer sich für diesen Verlust an dem Jäger entschädigen; mehr Wild verlangen oder weniger Fische geben, so dieser dasselbe Recht. Der Verlust wäre für sie gemeinsam.“ (MEW 42, S.532)*

und schon mit und während ihrer Arbeit konsumiert werden, stehen sie in keinem objektiven Zusammenhang der Geldverhältnisse und deren Wertschöpfung. Gesellschaft bleibt hier außen vor. Theoretisch besteht innerhalb dieser Verhältnisse Geld nur als eine Zahl, über deren Wert man sich auch persönlich einigen könnte, wenn da nicht immer wieder ein Besitzer leistungsunabhängiger Eigentumstitel darauf kommen würde, dass immer etwas zu bezahlen ist, weil man in diesen Verhältnissen nur sein kann, wenn man sie sich auch „leisten kann". Die Einzahlung in einen Existenzwert ist die Eintrittskarte, die „Erlaubnis", dort zu leben, wo man geboren oder eingewandert ist. Zwar wird auch hier für Geld gearbeitet; aber das Produkt ist nicht mehr jenseits der Personen existent, hat keinen anderen Körper als diese selbst[(73)]. Durch sie geht ein Geld von Hand zu Hand, das nichts anderes als Geld darstellt, das als Teil einer zirkulierenden Geldsumme sich gleich bleibt, obwohl sie absolut gegensätzlichen Quellen entsprungen ist, also von der Stelle geflossen ist, wo das Geld als Kaufmittel billiger Arbeit gezahlt wurde bis hin zu der Stelle, wo es in den „realen" Waren- oder Geldmarkt in den Lohn der Menschen zurückkommt, die es für einen teuren Lebensunterhalt verausgaben müssen. Es bleibt sich in seinem Geldquantum gleich, hat sich aber trotz des gewaltigen Unterschieds seiner Entstehungsbedingungen dennoch in

73) *„Gewisse Dienstleistungen oder die Gebrauchswerte, Resultate gewisser Tätigkeiten oder Arbeiten, verkörpern sich in Waren, andere dagegen lassen kein handgreifliches, von der Person selbst unterschiedenes Resultat zurück; oder ihr Resultat ist keine verkaufbare Ware. Z. B. der Dienst, den mir ein Sänger leistet, befriedigt mein ästhetisches Bedürfnis, aber was ich genieße, existiert nur in einer von dem Sänger selbst untrennbaren Aktion, und sobald seine Arbeit, das Singen, am Ende ist, ist auch mein Genuss am Ende: Ich genieße die Tätigkeit selbst – ihre Tonschwingungen auf mein Ohr. Diese Dienste selbst, wie die Ware, die ich kaufe, können notwendige sein oder nur notwendig scheinen .... Dies ändert an ihrer ökonomischen Bestimmtheit nichts: Wenn ich gesund bin und den Arzt nicht brauche oder das Glück habe, keinen Prozess führen zu müssen, so vermeide ich es wie die Pest, Geld in ärztlichen oder juristischen Dienstleistungen auszulegen." (K. Marx, Theorien über den Mehrwert I, MEW 26.1, 380)*

seinem Wert nicht verändert, weil es lediglich einem fiktiven Kapital zukommt, das sich damit in Wert hält. Es wird eingenommen und ausgegeben und wechselt die Lebensumstände der Menschen, die es vermittelt. Es verdoppelt hierbei aber nur unbezahlte Arbeit im Verhältnis zu den unterschiedlichen Wertquellen. In seinem Wertkörper als Geld wechselt es die Händler, ohne seine Körperform zu verändern.

Und ihm wird dennoch ein frischer Wert hinzugefügt, weil die Währung der Armen deren Abhängigkeit und Ohnmacht verstärkt und die Bedürfnisse der Reichen durch eine Dienstleistung befriedigt werden, die so gut wie keine Existenz außer ihrer Reproduktion nötig hat und deren Wert in einer Nutzungsgebühr für Wohnen und Leben, in einem dem völlig fremden Privateigentum zergeht. Von diesem werden die unterschiedlichsten Lebensverhältnisse der Menschen insgesamt doppelt entwertet, das hierfür bezahlte Geld doppelt verwertet. Ganz getrennt hiervon wurde zwar durch Arbeit etwas erzeugt oder geändert, aber diese selbst existiert nicht als gesellschaftliches Produkt. Es trägt seinen Wert nur durch die Menschen. Dieser würde außer ihnen, also objektiv gleich bleiben, hätte nicht der Geldumlauf sich zwischen Einkauf und Verkauf der Dienstleistung dadurch verändert, dass ein Dienstleister sich durch seine Arbeit nicht nur reproduziert, sondern dass er durch einen höheren Preis - wie jeder Unternehmer - seine Position verbessert und dadurch deren objektiven Handelswert erhöht hat. Weil und solange dieser Schulden zu begleichen, fiktives Kapital aufzulösen hat, wird er jeden Mehrwert schlucken, der sich aus dem Existenzwert des fiktiven Kapitals erpressen lässt.

De facto ist es der Preis für Agenturleistungen, die durch Vermittlung unvermittelter Beziehungen ihren Wert aus einer ungegenständlichen Welt alleine durch Zusammenhänge ersteht, die nicht wirklich produziert worden sind und sich daher selbst auch nicht gegenständlich darstellen können, wohl aber als Eigentumsrecht über die Staatsgewalt geltend gemacht werden, so dass sie vor allem den Gesamtwert des Kapitals ernähren. Jeder Grundeigentümer und jede Werbeagentur lebt davon wie alle ähnlich bestimmten Unternehmen im Internet oder den Arenen des Sports oder der Kulturevents jedweder Art [(74)]. Die eigentliche Wertsubstanz ist hier eine Kultur als Existenz an sich, die den einen entwendet wird und den anderen zu einer Lebenspflicht gereicht wird.

Das Geld als Zahlungsmittel vermittelt sich mit der Bezahlung von Gebühren als Maß der Werte durch einen minimalen Aufwand, der hochwertige Beziehungen ins Verhältnis setzt, in welchem ihr Preis den Verkauf von Agenturleistungen finanziert, die hohe kulturelle oder soziale Werte vermitteln, so dass darin das Geld nicht mehr als Wertbeziehung von Waren fungiert, sondern selbst nur noch einen Wert darstellt, der außerhalb dieser Verhältnisse angelegt ist. Es tritt in dieser Beziehung kein Produktionsverhältnis jenseits des persönlichen dazwischen, kein gesellschaftliches Verhältnis, das sachlich existiert. Dienstleistungen verändern keinen Existenzwert; Geld wird genommen wie gegeben. Das selbe Geld wird sachlich einmal zur Bezahlung einer Dienstleistung als Maßstab der Preise benutzt, das seinen Wert über seine Währung aus einer internationalen Geldmenge bezieht und damit zu einem nationalen Maß der Werte wird, das die Dienstleistung jenseits ihrer Herkunft bezahlt und nun als Maßstab

74) Image ist Geld wert, weil es die Form der Befriedigung von Bedürfnissen bestimmt. Die Geldmengen, die z.B. in Fußballvereinen und ihren Fußballern angelegt werden, haben wenig mit ihrem wirklichen Umsatz zu tun, der aus ihren Eintrittspreisen und Übertragungserlösen zu beziehen ist. Die Anlage geht dabei weit über ihr realisierbares Vermögen hinaus, nur um Geld in „zukunftsträchtigen" Szenarien auszugeben. Hier werden z.B.für Fußballweltmeisterschaften Milliardenbeträge bewegt, die nichts mit realen Aufwänden und „Gewinnen" zu tun haben. Sowohl der Preis für Fußballer als auch die Überweisungen an die FIFA für die Austragung Weltmeisterschaften stellen eher Imagewerte dar, als das sie als Investitionen in reale ökonomische Beziehungen zu verstehen sind.

der Preise weiter fortbesteht. Wertmäßig verliert sie ihre Gestalt und verschwindet somit auch körperlich aus der Welt. Und deshalb kann ihr Produkt auch in keine sachbezogene Produktion eingehen. Sie hat sich als Maßstab der Preise dargestellt und ihren Wert allein durch das Verhältnis für Angebote verändert, die nicht als Arbeitsprodukte entstanden sind, wohl aber einen Mehrwert transportieren, der so fiktiv wie die Geldquelle ist, die ihn überhaupt etwas wert sein lassen. Es ist eine Fiktion von Wert, die sich zu sich selbst fiktiv verhält: absolut fiktives Kapital. Und dieses Verhältnis wird zum ausschließlichen gesellschaftlichen Verhältnis in einer Dienstleistungsgesellschaft, das vor allem durch ihren Existenzwert bestimmt ist.

Der Existenzwert von Eigentumstiteln

Kaum mehr der Besitz einer Sache drückt den Geldwert aus, um den es hier geht, sondern allein die Tatsache der persönlichen Existenz, das Geld, das einen Existenzwert vermittelt und damit eine Leistung bezahlt, die hierzu nötig ist, ohne dass sie einen Gegenstand erzeugt oder wirklich sinnlich verändert. Man arbeitet zwar nach wie vor, um existieren zu können. Aber das Geld ist als bloßes Existenzmittel für die eigene Reproduktion zugleich Träger eines Wertes, der sich jenseits des eigenen Lebensraums begründet und eine Wirklichkeit vermittelt, die vollkommen außerhalb der Sichtweise seiner „Verbraucher“ existiert. Man mag hierüber zwar über die Medien und Flüchtigen informiert sein, aber das eigne Existenzmittel und also die eigene Wirklichkeit verändert sich hierdurch nicht. Es überträgt einen Geldwert, dem nicht mehr anzumerken ist, ob er negative oder positive Konsequenzen hat, ob er tatsächlich auch eigene Wirklichkeit vermittelt oder nur als Spekulationsobjekt des fiktiven Kapitals wirksam ist, das frisches Geld aus frischer Arbeit nur aufsaugt, ob sich sein Wert nur als Preis darstellt, das die eigene Welt entwertet, weil es als Mittel des Daseins erst durch die Preisbildung einen Existenzwert erzeugt oder ob es wirklich dafür steht, dass die Menschen ihre eigene Welt damit wenigstens erhalten können.

Allgemein ist diese Wertdarstellung eine Tautologie, ein Selbstläufer, der nur dadurch existiert, dass er das Wertmaß eines Mehrwerts als Preis vermittelt. Er entwickelt sich als Wertmaß dort, wo der Wert von Dienstleistungen den Mehrwert durch seine Preise transferiert, den sie nicht haben, den sie aber für sich, für ihre bloße Existenz darstellen, um als Wert da zu sein, ohne für sich selbst Wert zu sein. Weder der konkrete Sinn ihrer Arbeit, noch deren Zeitdauer, zählen für diese. Allein, was sie an Beschleunigung der Warenumschläge antreiben können, verschafft ihnen den Wert, den sie selbst nicht haben. Und den beziehen sie aus dem Lebensraum, in dem er verkehrt und den er verkehrt.

Ihre Verwertung hat die Existenz nötig, die auch politisch durch ihr Dasein aus einem gesellschaftlich bestimmten Aufwand in einer bestimmten Dichte entsteht, durch die eine bestimmte Geldmenge bewegt, ein Wert bewegt wird, der unentwegt seine Preise verändert. Die Preisschwankungen selbst, die nicht mehr um einen wirklichen Wert oszillieren, ihre Preisspanne selbst bezieht aus deren realer Existenz den Wert, der nur ihrem fiktiven Kapital zukommt, ohne dass sich in ihren Verhältnissen wirklich etwas verändert, obwohl sie deren Existenz entwerten. Aber nicht mehr der Wert der Sache als Produkt einer Produktion, sondern das Geld als allgemeines Existenzmittel ist die Sache der Bewertung der jeweiligen Existenz seines Besitzers. Geld hat zwar einen Wert, es bezieht ihn aber selbst nur aus den Preisen, die es bezahlt und gibt hierbei einen Wert ab, den es nicht reproduziert. Allgemein bezieht es ihn über den Finanzmarkt, konkret zehrt es seine jeweils einzelne Substanz auf und reduziert seine Wertrealisation schließlich auch für die realen Existenzgrundlagen der Eigentumstitel des Grundeigentums [75].

Ganz gleich, ob Gebühren bezahlt oder Lebensmittel eingekauft werden, es handelt sich immer um beides. Der gesamte Warenverkehr transportiert das Maß der Werte zugleich als den Maßstab der Preise, mal als Tauschwert für den Markt, mal als Gebrauchswert für den Käufer. Es scheint alles beim alten geblieben zu sein, beim Verkauf auf der einen Seite und Einkauf auf der anderen. Das bildet insgesamt den Wert des umlaufenden Gesamtkapitals, das schließlich nach wie vor nur als Geldwert alle gesellschaftlichen Verbindungen und Verbindlichkeiten ausmacht, auch wenn sich hierdurch immer weniger reeller Wert bilden kann.

Der gesellschaftliche Mehrwert hat daher neben seiner Wertform als Geldrendite eine Wertform der Eigentumstitel durch deren Grund und Boden, eine Wertform des Grundeigentums gefunden, der alle Existenzen nicht nur durch ihre Lebenszeit, sondern auch durch ihren Lebensraum bestimmt. Der zwiespältige Charakter der Dienstleistungen reflektiert gegensinnige Welten zwischen der Subsistenz der Arbeitskraft und ihrer Arbeit, ihrem Produkt. Und er erzeugt sie zugleich durch die kapitalnotwendige Ausdehnung der Beschleunigung des Warenhandels und seiner Mittel, der Technologie nicht nur

75) *„Endlich tritt neben das Kapital als selbständige Quelle von Mehrwert das Grundeigentum, als Schranke des Durchschnittsprofits und als einen Teil des Mehrwerts an eine Klasse übertragend, die weder selbst arbeitet, noch Arbeiter direkt exploitiert, noch sich wie das zinstragende Kapital in moralisch erbaulichen Trostgründen, z.B. dem Risiko und dem Opfer im Wegleihen des Kapitals, ergehn kann. Indem hier ein Teil des Mehrwerts direkt nicht an Gesellschaftsverhältnisse, sondern an ein Naturelement, die Erde, gebunden scheint, ist die Form der Entfremdung und Verknöcherung der verschiednen Teile des Mehrwerts gegeneinander vollendet, der innere Zusammenhang endgültig zerrissen und seine Quelle vollständig verschüttet, eben durch die Verselbständigung der an die verschiednen stofflichen Elemente des Produktionsprozesses gebundnen, Produktionsverhältnisse gegeneinander." (K. Marx, Kapital III, MEW 25, 837)*

des unmittelbaren Arbeitsprozesses, sondern des Geld- und Warenverkehrs. Und damit bestimmt er auch den sozialen Charakter der zwischenmenschlichen Beziehungen und ihrer Kulturen. Letztere sind eben nicht die Wirklichkeit eines gesellschaftlichen „Überbaus" wie dies die Widerspiegelungstheorie dereinst besagen wollte [(76)], sondern sind selbst Bestandteil einer Wertbildung und Werterhaltung, Haltungen von Lebenswertungen, die sich in ihrem Sinn von ihrem Nutzen getrennt haben. Beides unterliegt dem Warentausch wie dem Wertgesetz überhaupt, wurden aber durch ihre Existenzform getrennt und gegeneinander bestimmt: Nutzen verschlingt Kultur und Kultur wird nutzlos.

Aber die sachliche Entwicklung hat sich mit den Fortschritten der Technologie als wertmindernd erwiesen, weil sie überschüssige Produkte bei gleichem Arbeitsaufwand befördert, die kulturelle Entwicklung als wert steigernd, weil sie den Produktabsatz, also die Wertrealisierung befördert. Insgesamt kann sich die Gesellschaft nur durch

---

76) Eine der „ewigen Wahrheiten" des so genannten „Marxismus-Leninismus" - die Widerspiegelungstheorie - behauptet ein vom Bewusstsein der Menschen unabhängiges Sein, von welchem das Bewusstsein der Menschen ein bloßes Abbild sei, behauptet also, dass Bewusstsein und Kultur nicht selbst nur so widersprüchlich sind, wie ihre Lebensbedingungen, solange sie sich nicht von ihrer Entfremdung emanzipieren, die Menschen nur so Denken können, wie ihre Lebensbedingungen sind. Die Widerspiegelungstheorie behauptet damit implizit, dass es eine vom Bewusstsein und der Tätigkeit der Menschen, eine von menschlicher Subjektivität unabhängige Objektivität gebe, die sich in ihm und seiner Kultur nur spiegeln könne. In ihrer entfremdeten Form wird sie also nicht als eine historische Verselbständigung menschlicher Lebensäußerung, sondern als eine selbständige, hiervon unabhängige Macht begriffen, gegen welche die Menschen ihre Geschichte in einer übergeschichtlichen Notwendigkeit als Geschichte der Arbeit zu erkämpfen hätten. Hiernach gilt das Proletariat als ein Natursubjekt der Geschichte überhaupt bestimmt, weil diese selbst als Naturkraft des Menschen seine allgemein menschliche Emanzipation aus der Befangenheit seiner Natur vorantreiben müsse und Klassenkämpfe blieben demzufolge eine übergeschichtliche Notwendigkeit der menschlichen Emanzipation schlechthin.

ihre Negativverwertung, durch ihre stetige Entleerung, sich durch ihre soziale Leere halten, ihren Sinn noch repräsentieren, wo sie ihre Kultur für die Verwertung nützlich, zum Einkaufserlebnis macht.

Weil mit den Fortschritten der Technologie die Arbeitsmittel dadurch immer wirtschaftlicher wurden, dass sie die Aufwände der gesellschaftlichen Arbeit erleichterten, wurden sie mit ihrer Fortentwicklung nicht nur wirtschaftlich effektiver, sondern auch für sich immer intelligenter. Was früher einen hohen Zeitbedarf in sachlich bestimmten Stoffmengen umsetzte, benötigt inzwischen besonders durch die Computertechnik nur noch einen Bruchteil der Aufwendungen und Aufmerksamkeit und verbraucht nur den Stoff, der zur Verwertung und Bewertung taugt. Und das ist materiell sehr viel, praktisch eine unbegrenzte Menge an Naturstoff.

Viele Algorithmen übernehmen die Kontrolle über sich selbst und ihre Funktionalität. Und die damit verbundene Automation benötigt zudem immer weniger menschliche Tätigkeit, durch die im Warentausch der Wert der gesellschaftlichen Arbeit vermittelt wird. Raum und Zeit des Arbeitsaufwands traten in den Hintergrund und die Arbeiten, die mit geringerem menschlichen Arbeitsaufwand auskamen, verdrängten viele Menschen aus dem Arbeitsprozess. Auch die Konzentration von Wertmengen des real produzierenden Kapitals, des konstanten Kapitals, verflachte sich durch die Ausdehnung der Produktionsstätten in viele individuelle, nationale und internationale Existenzformen. Der Anteil der Dienstleistungen am gesamten Arbeitsprozess wurde immer größer, sowohl durch die technischen Potenziale der Produktionsbeschleunigung, als auch durch die technischen Potenziale der Dienstleistungen, der Umsatzbeschleunigung, die mit ihren Preisen vom Hin und Her des Geldumlaufs bestimmt sind.

Aber der Wert des Geldes, das dabei zirkuliert, wurde immer mehr vom Warenumschlag, als von der Produktion abhängig. Es war immer unmöglicher einen Bezug der realökonomischen Arbeitsaufwände auf ihre Verwertung herzustellen. Das Maß der Werte, welches das Geld als Kaufmittel darstellte, wurde zunehmend durch den Maßstab der Preise bestimmt, den das Geld als Zahlungsmittel im allgemeinen Verhältnis der Preise beim Warentausch im Nachhinein der Produktion erfahren hat. Das zirkulierende Geld transferierte aber zu einem immer größer werdenden Anteil einen unrealisierten Wert, der auch schon immer mehr durch das Kreditsystem in den Vorschuss zur Produktion eingegangen war. Darin stellt sich zunehmend nichts anderes als die Zirkulation des Geldwerts als fiktives Kapital dar und teilt sich hierdurch auch konkret gesellschaftlich in jedem Tauschakt mit, der immer häufiger zu geschehen hatte, um den fiktiven Geldwert in Umlauf halten zu können - „ermutigt" durch die politische Kultur seiner Selbsterhaltung. Je schneller die Produkte verkauft werden, desto früher kann mit erneuter Produktion von Mehrwert begonnen werden, durch den auch bei geringerem Anteil der Geldwert wieder sukzessive „aufgefrischt" werden kann. Die Umschlagzeit des Geldes wurde zu einem eigenen Wertmaß, das eine Welt voller Mehrprodukte in Wert halten kann, auch wenn sie keinen wirklichen Sinn für die Menschen haben. Immer mehr wurde die Geldzirkulation angetrieben von der Preisgestaltung auf den Waren- und Finanzmärkten, die vor allem die Umschlagzeiten, also das Tempo einer jeglichen Existenz beschleunigten, das Leben seinem Tod näher brachten. Darin entwickelte sich mit dem Ausmaß der Globalisierung die Ausbeutung aller lebenden Existenzen, besonders die von Mensch und Natur und im selben Maßstab die Verkehrung der Zirkulation zur Produktion des Geldes.

Die Verwertungsverhältnisse von heute hatten ihre Grundlagen schon lange in der bürgerlichen Gesellschaft entwickelt. Auch dort schon gab es Realisierungsprobleme, Überproduktion, fiktives Kapital, Geldrente durch Kreditwirtschaft, Grundrente durch Eigentum an

Grund und Boden. Alles ist gebunden an die Entwicklung der kapitalistischen Produktion, an den Maßstäben der Kapitalverwertung durch menschliche Arbeit (77). Aber weil bei hochentwickelter Industrialisierung und dem enormen Wachstum der Produktivkraft des Kapitals es nicht mehr möglich war, die produzierte Wertmasse realwirtschaftlich umzusetzen und ihren Wert über Kurz oder Lang durch eine marktgerechte Preisbildung zu realisieren, konnte es sich immer weniger in produktiven Investitionen und Ausweitung des Lebensstandards der Menschen und des nationalen Bankensystems in Wert und als Mehrwert stabil halten. Die Grundlagen der bürgerlichen Gesellschaft, das Zusammenwirken von Nationalstaat und Wirtschaft war am Ende. Das Weltkapital griff immer mehr in die nationale Finanzpolitik der Staaten ein und unterwies sie in die Regularien eines Bankensystems, das ein Schuldgeldsystem entwickelte, um durch die Wettverhältnisse in den Kasinos des Finanzkapitals das immer fiktiver werdende Kapital weltweit in Wert zu halten und zu bewegen.

Doch die Krisen des Kapitalismus waren damit nicht überwunden. Im Gegenteil. Seit den 80er Jahren wuchs die Verschuldung der Nationalstaaten im weltweiten Durchschnitt gemessen an ihrem Bruttoinlandsprodukt weit über die tolerierbaren Grenzwerte von 120%

---

77) *„Rente, Zins und industrieller Profit sind bloß verschiedne Namen für verschiedne Teile des Mehrwerts der Ware oder der in ihr vergegenständlichten unbezahlten Arbeit und leiten sich in gleicher Weise aus dieser Quelle und nur aus ihr her. Sie leiten sich nicht aus dem Boden als solchem her oder aus dem Kapital als solchem, sondern Boden und Kapital setzen ihre Eigentümer in den Stand, ihre respektiven Anteile an dem von dem industriellen Kapitalisten aus seinem Arbeiter herausgepreßten Mehrwert zu erlangen. Für den Arbeiter selbst ist es eine Angelegenheit von untergeordneter Bedeutung, ob jener Mehrwert, der das Resultat seiner Mehrarbeit oder unbezahlten Arbeit ist, ganz von dem industriellen Kapitalisten eingesteckt wird oder ob letzterer Teile davon unter den Namen Rente und Zins an dritte Personen weiterzuzahlen hat. Unterstellt, daß der industrielle Kapitalist nur sein eignes Kapital anwendet und sein eigner Grundeigentümer ist. In diesem Fall wanderte der ganze Mehrwert in seine Tasche.“* (MEW 16, Seite 137)

bis auf über 160%. Das wesentliche Problem war zu einem Unvermögen der Deckung der zirkulierenden Geldwerte geworden, die mit der Profitrate fallen und nur durch die Preise von Grund und Boden und allem gesichert werden kann, was daraus als Macht seines besonderen Eigentums folgt [(78)]. Was in der Realökonomie die Kapitalmacht durch den Besitz der Arbeitsbedingungen ist, wird mit dem Kreditwesen der Besitz an Grund und Boden, damit aber auch das Ausmaß der politischen Macht der Nationalstaaten durch ihr ursprünglichstes Vermögen in der Verfügung über einen Raum, durch die staatliche Rechtshoheit des Münzrechts zur Maßgabe der Sicherheit der Geldwerte, das aber zur Bedienung einer Mehrwertproduktion für das fiktive Kapital in der Form seiner Währung und Devisen bestimmt ist. Die Schleusen wurden vom obersten „Währungshüter" Draghi geöffnet, wertloses Geld ausgeschüttet, damit es überall auch mit Mehrwert gefüllt werde, wo es benötigt wird.

Unter der Hand war eine weltweite Konkurrenz der Nationalstaaten entstanden, bei der es um den Wert ihrer Währungen und den Existenzwert ihrer Kreditfähigkeit und Bewertung durch die Agenturen der Kreditsicherheiten ging. Mangels Deckung entstanden hierfür zugleich Versicherungen der Schulden und Wertpapiere durch ihre „Derivate" aus Swaps und Termingeschäften, welche indirekt die Währungssicherheiten und Zinssätze der Nationalstaaten durch die Versicherungsmathematik des außerbörslichen Freihandels von fast beliebiger Natur mit bestimmten und ihre Liquidität durch ihre damit erworbenen „Zahlungssicherheiten" hochtreiben oder abstür-

---

78) *„Da wir … gesehen haben, dass die Profitrate im Fortschritt der gesellschaftlichen Entwicklung eine Tendenz zum Fallen hat und daher auch der Zinsfuß, soweit er durch die Profitrate geregelt wird; dass ferner, auch abgesehen von der Profitrate, der Zinsfuß eine Tendenz zum Fallen hat, infolge des Wachstums des verleihbaren Geldkapitals, so folgt, dass der Bodenpreis eine Tendenz zum Steigen hat, auch unabhängig von der Bewegung der Grundrente und des Preises der Bodenprodukte, wovon die Rente einen Teil bildet."* (Karl Marx, MEW 25, 637).

zen lassen konnten [79]. Damit geriet die gesamte Finanzpolitik der Nationalbanken ins Trudeln, denn sie waren selbst zu Konkurrenten auf den Finanzmärkten geworden und unterwarfen die Leitzinsen, also die Grundlage ihrer Währungssicherheit und der Renten- und Spareinlagen, den gehandelten Börsenwerten. Die Nationalstaaten mussten ihre Währungen gegen das immer steilere Anwachsen der Produktivkraft verteidigen. Durch ihre Konkurrenz kam es schließlich auch zum Bankrott ganzer Staaten - eine Neuerung in der Weltgeschichte. Großbanken wurden zum Teil „systemnotwendig", weil sie die gesamte Wertbildung auch international bewegten, also in den ganzen Vernetzungen der Schuldverhältnisse tragend geworden waren, aus weltwirtschaftlichen Gründen nicht mehr zusammenbrechen durften. Sie konnten sowohl die Nationalbanken bestimmen wie auch die Weltbanken erpressen.

Die Festlegung des Leitzinses wurde zu einem Kampfmittel der Nationalstaaten, die ihre nationale Produktivkraft dazu benutzten, die Kaufkraft fremder Währungen zu mindern, indem sie sich durch sich selbst, durch ihre eigene Existenz, durch den Wert ihrer Lebensräume bestärken, um durch die Nutzungspreise ihrer Eigentumstitel des Grundbesitzes möglichst viel fiktives Kapital als Mehrwert zu akkumulieren. Dieser Existenzwert wird zur allgemeinen Wertsubstanz der Weltmärkte, zum Titel ihrer Kämpfe und Kriege. Was inzwischen sich aus dem Besitz an Produktionsmitteln den produktiven Kapitalisten nicht mehr so recht rentieren will, was sich bisher als Macht über die Arbeit von Menschen nicht mehr hinreichend auszahlt, wird nun durch Gebühren zur Nutzung von Grundeigentum den Bürgern der politischen Lebensräume abverlangt. Der Nationalstaat rentiert sich

79) Der Handel mit diesen "Derivaten" hing vor allem von der Geschwindigkeit der Entscheidungen über Annahme oder Abstoßung von Wertpapieren ab, die praktisch nur noch durch Computer zu berechnen und zu entscheiden waren. Schon der Einsatz schnellerer Chips konnten Milliardengewinne bringen.

selbst als Ganzes, indem er als Existenzform ihres Lebens ihnen Abgaben für hohe Gebühren zumutet und selbst anteilig kassiert [(80)].

Das Grundeigentum stellt den Mehrwert als Abzug aus dem industriellen Kapital dar und bezieht seine Preise daher auch nicht aus der produktiven Arbeit, sondern aus den Löhnen der Arbeit und des Kapitals, also auch aus dem Unternehmerlohn, der besonders von Dienstleistern in Wert gehalten wird.

> *"Was der industrielle Kapitalist an den Grundrentner ... abgeben muss, vermindert absolut seinen Reichtum." (K. Marx, Theorien über den Mehrwert I, MEW 26.1, 254)*

Das Grundeigentum als Grundbesitz ist die höchste Formbestimmung, die der Kapitalismus als rein rechtsförmiges Privateigentum entwickelt und auf alle Naturbedingungen (z.B. auch Wasserrechte, Verschmutzungsrechte, Ausbeutungsrechte von Ressourcen) ausdehnt, die selbst keinen Wert haben können, weil sie nicht Produkt menschlicher Arbeit sind. Schließlich bestimmt dies auch die Konkurrenz der Staaten im Kampf um das Überleben ihrer Mehrwerte, der Grundlage ihres Wertwachstums auf dem Weltmarkt.

> *"Wo kein Wert ist, kann eo ipso auch nichts in Geld dargestellt werden. Dieser Preis ist nichts als die kapitalisierte Rente. Das Grundeigentum befähigt den Eigentümer, die Differenz zwischen dem individuellen Profit und dem Durchschnittsprofit abzufangen; der so abgefangne Profit, der sich jährlich erneuert, kann kapitalisiert werden und erscheint dann als Preis der Naturkraft selbst....*
> *Daß nicht dieser selbst Wert hat, sondern sein Preis bloßer Reflex des abgefangnen Surplusprofits ist, kapitalistisch berechnet, zeigt sich gleich*

---

80) *„In der heutigen Gesellschaft sind die Arbeitsmittel Monopol der Grundeigentümer (das Monopol des Grundeigentums ist sogar Basis des Kapitalmonopols) und der Kapitalisten. Das internationale Statut [der 1. Internationalen] nennt im betreffenden Passus weder die eine noch die andere Klasse der Monopolisten. Es spricht vom „Monopol der Arbeitsmittel, d.h. der Lebensquellen"; der Zusatz „Lebensquellen" zeigt hinreichend, daß der Grund und Boden in den Arbeitsmitteln einbegriffen ist." (MEW 19, 17)*

darin, daß [sein Preis] nur das Produkt des Surplusprofits ... darstellt." (K. Marx, Kapital III, MEW 25, 661)

Der „abgefangene Mehrwert" stellt sich also erst im Nachhinein seiner Produktion als Profit aus Gebühren durch Eigentumstitel dar, deren höchster Wertträger und Wertgarant die politische Macht der Nationalstaaten ist. Das Rätsel der Negativverwertung hat sich darin aufgelöst, dass die Realwirtschaft vor allem dem Finanzmarkt der Manager und Verwalter des fiktiven Kapitals, den Spekulanten auf Wertpapiere und Manager des Anlagevermögens unterworfen ist, die dessen Mehrwert aufsaugen. Nicht realwirtschaftliche Werte, sondern die Preise für „leistungsfreie" Eigentumstitel bestimmen daher den Welthandel und den Kampf der Nationalstaaten um ihre politische Position im Gemetzel zwischen Derivatenhandel und Giralgeldschöpfung. Die Sicherheiten der Nationalwirtschaften, die Sicherheiten ihres Geldwerts und ihrer Geldverwertung hängen hiervon ab. Aber nur die reichen Gesellschaften, die Nationalstaaten die im Wettbewerb der Fiktionen obsiegen [(81)], können sich durch ihre Bürgerinnen und Bürger adäquat versichern, indem sie ihre politische Kultur durch Dienstleistungen stabilisieren.

Im Kapitalismus müssen die Menschen ihre Arbeitsleistung vorstrecken, um ihren Selbsterhalt zu „verdienen", indem sie einen Wert schaffen, der sie leben lässt und zugleich durch unbezahlte Arbeit einen Mehrwert an den Kapitalbesitzer abgibt. Von dieser Seite her sind sie die Erzeuger von Wert und alle Wertrealisation wie Einkauf und Investitionen hiervon abhängig. Dies hat sich mit der Globalisierung des fiktiven Kapitals verändert, weil ihre Existenz ganz oder teilweise schon im Vorhinein durch einen Existenzwert gesichert ist, der über

81) *„Kapital ist im Geldhandel in seiner Funktion als Umlaufsmittel sowohl als Zahlungsmittel als auch als Kaufmittel zirkulierend, sowohl als Geldform des Warenhandels als auch als Geldform des zurückgewonnenen Geldwerts." (siehe Kompendium der Kulturkritik zu MEW 25, Kap.28, Abs.1, Thema 28/1)*

den Devisenhandel importiert ist. Dienstleister sind also Menschen, die schon vor ihrer Arbeit durch eine ihnen vorausgesetzte Verwertung bestimmt sind, ihre Arbeit also dadurch auch bewertet wird, wodurch sie in dieser Beziehung nützlich ist, bevor sie in ihrer Wertrealisierung auf den Waren- und Finanzmärkten einen wirklichen Wert darstellen kann. Sie selbst bildet keinen Wert, aber sie transportiert ihn durch den Lohn, der zu ihrer Subsistenz nötig ist und die Menschen zwingt, das Niveau ihrer Existenz zu halten, oder tief in den Randbereich ihrer Gesellschaft abzustürzen.

Die Dienstleistung selbst produziert keine Wertgröße in ihrer Arbeitszeit, aber sie dient der Verwertungszeit der Produkte, wodurch sich deren Umschlagzeit besser verwerten lässt, mehr Warenumsätze auch mehr Mehrwert transportieren. Allein das Tempo der Umsätze bestimmt ihren Wert, der aber keine Wertform aus ihrer Arbeit bekommt, sondern sie durch ihre Arbeit existieren lässt, weil ohne diese kein Wert zu realisieren wäre und der Geldwert sich aufheben würde, verlustig ginge. Praktisch ist es der Wert von zirkulären Preisen aus dem Nichts einer Masse von Nachfragen, die ohne Dienstleistung keine Existenz fänden, weil ihr Wert sich ohne diese durch keinen Preis darstellen lassen würde [82]. Es ist ein Wert, der nicht nur durch Geld transportiert wird, sondern tatsächlich auch durch die Arbeit einer Dienstleistung entsteht und oft auch in den Arbeitskosten der Produktion aufgelistet ist. Es ist ein Wert, der selbst keine objektive Form hat, nicht selbst gegenständlich erscheint und der deshalb auch nur dorthin zurückkommen kann, wo die dienstleistenden Menschen leben, wo sie sich ernähren und erhalten müssen und ihre Freizeit

82) *„Es ist bereits bei Betrachtung der einfachen Geldzirkulation nachgewiesen worden, dass die Masse des wirklich zirkulierenden Geldes, Geschwindigkeit der Zirkulation und Ökonomie der Zahlungen als gegeben vorausgesetzt, bestimmt ist durch die Preise der Waren und die Masse der Transaktionen. Dasselbe Gesetz herrscht bei der Notenzirkulation." (Karl Marx, MEW 25, 538).*

verbringen. Er finanziert nur ihren Lebensunterhalt und ist so zirkulär wie ihre Arbeit selbst: Sie bewegt ja auch nur, was sich schon durch sich bewegen muss, was kommuniziert, unterhalten, gepflegt, transportiert, verrechnet und beworben werden muss, weil es seinen Wert nur dadurch realisieren kann. Mit dem Kreditwesen, das inzwischen weltweit als Schuldgeldsystem auch die Realität der Produktion bestimmt, waren die Dienstleistungen selbst notwendig geworden, um den Wert des Geldes, der in den Krediten als fiktives Kapital existiert und zirkuliert, in Wert zu halten und es zu „ökonomisieren".

> *„Andererseits hängt die Geschwindigkeit des als Zirkulationsmittel umlaufenden Geldes (wodurch es auch ökonomisiert wird) ganz ab von dem Fluss der Käufe und Verkäufe, oder auch von der Verkettung der Zahlungen, soweit sie nacheinander in Geld erfolgen. Aber der Kredit vermittelt und erhöht dadurch die Geschwindigkeit der Zirkulation." (Karl Marx, MEW 25, 537)*

Dienstleistungen sind also absolut nötig, auch wenn sie kein Zwischenprodukt oder dergleichen herstellen. Ihr Wert geht in das Produkt als Lohnkosten ein und wird auch durch deren Verkauf aufgelöst und amortisiert, wie alle Produktionsmittel, die als Stoff darin aufgebraucht oder verschlissen werden. Von daher ist jede Dienstleistung eine „durchlaufende Kapitalanlage" als Teil eines ganzen Produktionsverhältnisses, als Teil der gesamten Technologie - eben so wie jedes konstante Kapital überhaupt, das so gegeben wie genommen wird, durch seine Bewegung aber immer wirksam sein muss. Sie ist ja auch nur durch die besonderen Umstände der Produktion oder Verhältnisse nötig, also dort, wo Agenturen oder Banken oder Designer oder Werbe- oder Kommunikationsindustrie dazwischen treten müssen, um das Gefälle der Möglichkeiten einer Wertrealisation zu reduzieren, die Preisspanne der Produkte zu verändern oder einfach auch nur die Infrastrukturen zu erhalten bzw. zu unterhalten. Der Wert der Dienstleistung besteht also aus der Existenzweise der Verwertungsverhältnisse selbst durch den Maßstab der Preise, der darin variiert und einem Wertmaß dient, das hiervon gänzlich getrennt ist und durch die Globalisierung, durch die Konkurrenz der Nationalstaaten um den Wert ihrer Währungen, nichts anderes als ein Existenzwert sein kann. Hierdurch hatte die Kapitalverwertung den Ausweg gefunden, seine Bodenlosigkeit in luftigen Höhen zu überstehen, ein Netz unter die schwindelnden Höhen des Kapitaltransfers ihrer Fiktionen von einer Verwertung der Zukunft zu spannen, der die Gegenwart entspannen soll, während sie ihr alles nimmt, was sie zu geben hätte. Kein Wunder, dass Dienstleistungen immer weiter und tiefer auch in die Rolle eines Blendwerks getrieben werden.

Die Verwertung von Dienstleistungen

Der Kapitalismus, das Gesellschaftssystem der Verwertung von Kapital, scheitert ganz offensichtlich an den Problemen, die er selbst erzeugt hat - und vor allem auch an den Lösungen, die in seiner Systematik für seine systemischen Krisen und Institutionen überhaupt bereitgestellt werden können [(83)]. Es ist ein System der Teilung, deren Teile sich verselbständigen und sich nur noch durch ihren gesellschaftlichen Wert abstrakt aufeinander beziehen können. Unentwegt verlangen sie nach der Substanz ihrer Beziehungsformationen, nach ihrer Wertsub-

83) *„Die kapitalistische Produktion, wenn wir sie im einzelnen betrachten und von dem Prozeß der Zirkulation und den Überwucherungen der Konkurrenz absehn, geht äußerst sparsam um mit der verwirklichten, in Waren vergegenständlichten Arbeit. Dagegen ist sie, weit mehr als jede andre Produktionsweise, eine Vergeuderin von Menschen, von lebendiger Arbeit, eine Vergeuderin nicht nur von Fleisch und Blut, sondern auch von Nerven und Hirn. Es ist in der Tat nur durch die ungeheuerste Verschwendung von individueller Entwicklung, daß die Entwicklung der Menschheit überhaupt gesichert und durchgeführt wird in der Geschichtsepoche, die der bewußten Rekonstitution der menschlichen Gesellschaft unmittelbar vorausgeht.." (MEW 25, S. 99)*

stanz, in der sie ihre Natur außer sich haben und gewinnen müssen, sich als natürliche Äußerung entäußert wiederfinden, um überhaupt zu funktionieren. Alles entwickelt sich in diesem Teilungsprozess, in der Aufspaltung und dem Verbrauch ihrer Natur, durch die Ablösung von seiner Herkunft, alles verselbständigt sich in der Überwindung seiner Mängel, die in Ermanglung eines sinnlich wirksamen Zusammenhangs sich nur quantitativ in ihrer Geldform erneuern können. Und wo die dies mangels Masse nicht mehr können, existiert schließlich auch das Geld nur als Zahlungsversprechen auf einem verselbständigten Finanzmarkt, als fiktives Kapital.

Das ganze Schuldgeldsystem wird zu einem Wertverhältnis als bloßes Buchgeld, das seinen realen Geldwert durch Derivatenhandel und Giralgeldschöpfung unter Druck setzt, durch seinen Entwertungsdruck die Produzenten der eigenen Währung zu einer Mehrarbeit zwingt, nur um sich in Wert zu halten, und ihr zugleich den Mehrwert entzieht, der hierbei entsteht. Es ist eine Mehrwertbildung im Nachhinein, die durch eine Geldentwertung der Löhne im Vorhinein bewirkt wird. Insgesamt verändert sich hierbei aber nicht unmittelbar der kapitalistische Produktionsprozess. Im Gegenteil, er findet immer mehr Substanz durch das, was sich aus der Notwendigkeit der Konkurrenzen in der Not ihrer Entwertung unterwerfen muss. Wo Kapital sich nicht mehr verwerten lässt, wird die wirtschaftliche Vermittlung seiner Güter im Jenseits seiner eigenen Existenzinteressen zu einer eigenständigen Wertbestimmung der Verwertung, zu einer Negativverwertung, die von der sozialen Substanz zehrt, die darin vermarktet wird, von einer Politik, die für wenig Geld haben kann, was eine hohe Wertausbeute einbringt, auch wenn es für eine Unmasse entwerteter Lebensverhältnisse und für den Niedergang der Menschen in prekäre Lebensverhältnisse verantwortlich ist. Im Grunde sind die Nationalstaaten unter den Bedingungen eines Feudalkapitals nicht mehr in der Lage, wirkliche Lösungen für die Bevölkerungen zu entscheiden, durch die dem Vernehmen nach ihre Politik bestimmt sein sollte. Denn das Verhältnis von Wertrealisierung und Wertbildung hat sich mit der Wertbildung aus fiktivem Kapital umgekehrt.

Das wirtschaftliche Realvermögen, besonders das konstante Kapital, wird durch die Notwendigkeiten einer feudalen Negativverwertung als Substanz der Verwertung von fiktivem Kapital hergenommen, also von Fiktionen eines Schuldgeldsystems aufgebraucht. Weltweit wird die Realwirtschaft durch die Spekulation mit fiktivem Kapital abgebaut, die Verwertung seiner wirtschaftlichen Substanzen zugunsten der Bestimmung seiner Geldverwertung sinnlos vernutzt - nur um das zirkulierende Buchgeld einer Parallelwelt der Finanzwirtschaft in Wert zu halten. Investitionen auf Erträge durch soziale Einrichtungen werden zunehmend reduziert und ganze Volkswirtschaften den Spekulationen des Weltkapitals der Finanzmärkte überantwortet. Es werden dort in einem ungeheueren Ausmaß Leben und Naturschätze des Planeten sprichwörtlich verspielt, nur um den Absturz eines sinnlos gewordenen Kapitals auf den Finanzmärkten zu verhindern, um der Wirklichkeit zu entfliehen, dass ein Großteil der Schuldverschreibungen, die wie ein echtes Geld zirkulieren, in Wahrheit längst geplatzt sind.

Immer wieder mal wird hierüber mit viel Wut und ohne Wissen und Bewusstsein fleißig personifiziert, nach „dem Schuldigen" gesucht, der an den Pranger gestellt und gezüchtigt werden soll. Und man wird genügend hierfür passende finden [(84)]. Doch durch die Bestrafung einer Persönlichkeit des öffentlichen oder privaten Rechts

84) *„Die Gestalten von Kapitalist und Grundeigentümer zeichne ich keineswegs in rosigem Licht. Aber es handelt sich hier um die Personen nur, soweit sie die Personifikation ökonomischer Kategorien sind, Träger von bestimmten Klassenverhältnissen und Interessen. Weniger als jeder andere kann mein Standpunkt, der die Entwicklung der ökonomischen Gesellschaftsformation als einen naturgeschichtlichen Prozeß auffaßt, den einzelnen verantwortlich machen für Verhältnisse, deren Geschöpf er sozial bleibt, sosehr er sich auch subjektiv über sie erheben mag." (Marx, Kapital I MEW 23, S. 16)*

kann zwar ein Rechtsfriede hergestellt werden, wo diese gegen das bürgerliche Recht verstoßen haben. Aber darüber hinaus entsprechen diese Gesetze durchaus diesen Verhältnissen, denen sie ja auch entsprungen sind. Niemand wird damit eine kapitalistische Krise auflösen; er wird sie eher nur einer Bewusstwerdung entziehen. Selbst die Banken, in denen ganz offen mit Irreführung und Ergaunerungen gearbeitet wird, beziehen nur ihre Extraprofite oder Bonitäten wie auch das Wucherkapital selbst.

Es ist aber nicht die Geldgier, die da ein Übermaß eingenommen hätte; es ist eine objektive Sucht mit allen Konsequenzen, vor allem mit ihrer inneren Notwendigkeit, dass ganze Verhältnisse tatsächlich zusammenbrechen würden, wenn die süchtigen Spieler nicht weiter auf ihre Selbstentleibung setzen würden [(85)]. Und es werden damit nicht nur die Grundlagen jeder demokratischen Entscheidung durch die Gewalt der Verwertungszwänge der Finanzwirtschaft aufgelöst, es wird die Beteiligung der Bevölkerung desolat, ein allgemeiner Konservatismus der Verheißungen aus einer kulturpolitischen Vergangenheit wiederbelebt, der ihre Verzweiflung durch religiöse oder politische Fiktionen ersetzt [(86)].

---

85) Wo eine Sucht an sich selbst, an ihrer Selbstvernichtung scheitert, kann eine Suchttherapie immer nur dann gelingen, wenn die entzogenen Substanzen sukzessiver wieder als eigene Wirklichkeit eingearbeitet werden können. Doch die Spieler selbst müssen hier nicht an ihrer Sucht scheitern. Ihre Verluste entwickeln sich zu einer kulturellen Scheidemarke zwischen reichen und armen Nationalstaaten. Es flüchten immer mehr Menschen aus den zerstörten Gebieten, deren Armut die Konkurrenzverhältnisse und die Infrastrukturen aller Gesellschaften belastet, sie durch radikale Monokultivierung und Überbevölkerung auszehrt. Ihre Zukunftsfähigkeit, die Lebensperspektiven der Jugend löst sich im Dunst schwelender Abfälle auf. Ihre Hoffnungen verlagern sich in das Jenseits irgendwelcher Religionen, durch die sie schließlich ihren Fanatismus begründen können, der nichts anderes darstellt als ihre tödliche Bedrohungslage, ihre Hoffnungslosigkeit, die ihnen entwendete Zukunft.

86) Nicht nur die kulturelle und wirtschaftliche Verarmung in den ungefestigten Ländern, auch in den monetär reichen Ländern dreht sich die Welt im Kreis - im

In seiner Verwirklichung und Wirklichkeit versagt der Kapitalismus offensichtlich und ganz allgemein und weltweit am Widerspruch des Wirtschaftswachstums im Verhältnis des ihm nötigen Wertwachstums, dem Verhältnis von seinen organischen Grundlagen, der Produktivkraft seiner Industrieanlagen, der Automation und der daraus erfolgenden relativen Entwertung der Arbeit, zu den Verwertungszwängen des Kapitals. Sein Wirtschaftswachstums mindert schon immer wieder sein Wertwachstum bis an seine Verwertungsschranke. Doch die ist inzwischen an einer absoluten Grenze der Verwertbarkeit angelangt und dadurch absolut geworden: Soviel Arbeit wie zur Werterhaltung des Weltgelds zur Wertbildung nötig wäre, kann es auf dieser Welt nicht mehr geben und die Ausbeutung von Mensch und Natur hat sich weitgehend schon ihrer absoluten Grenze genähert. Das ist der Kern des Scheiterns aller kapitalistischen Verhältnisse, die sich bisher immer noch durch „schöpferische Zerstörungsorgien" - und dazu zählen auch die „modernen Kriege" - wieder erholen konnten. Insgesamt gibt es immer wieder nicht zu wenig Geld, um die Produktion „anzukurbeln", sondern zu viel, wo das nur Spekulation bleibt. Zu viel Geld verliert seinen Wert auf den Märkten. Und deshalb will man es gerne los werden, verleihen, so dass dem Schuldner das Prob-

---

Teufelskreis einer Kapitalverwertung, die ihre eigenen Existenzbedingungen in einer schlechten Unendlichkeit verspielt. Es werden ihre realen Entwicklungschancen verwettet, die Möglichkeit einer Umkehr zu realen gesellschaftlichen Verhältnissen, zur Finanzierung von wirklichen Lebensbedingungen, die das ganze Kapitalverhältnis nicht mehr nötig haben. Sie sind greifbar nahe, werden aber im Reiz der Spekulation auf ein fiktives Wachstum aufgelöst, der die unüberschaubar gewordenen Verluste und Zerstörungen überblenden kann. Mit dem Schuldgeldsystem ist der Kapitalismus selbst zu einer Glaubensmacht, zur Herrschaft der Gläubiger geworden, die sich als ein feudales Benefizwesen der Privatbanken gibt. Kapitalismus herrscht jetzt als Feudalkapital, das der Arbeit nicht nur Lebenskraft, sondern vor allem auch Lebenssinn entzieht.

lem der Verwertung abgetreten, um ihn sogar gewetteifert wird, weil Geldbesitz zunehmend durch Negativzinsen bedroht ist.

Das Feudalkapital frisst förmlich alles auf, was sich ihm sachlich bietet und möglichst schnell als Sache vernutzt sein muss, um seinen Wert zu halten. Produktion und Konsumtion müssen immer enger zusammenfallen, der Geldumlauf immer mehr beschleunigt und die Konsumtion selbst produziert und angetrieben werden, damit ein kleiner Teil der Welt satt wird und einen großen Teil hungern lässt - nicht nur an Lebensmittel, sondern vor allem an gesellschaftlichem Vermögen.

Realwirtschaftliche Arbeit taugt zu einem derartigen Systemerhalt nicht mehr so gut wie Dienstleistungen, die bei ihrer Produktion schon verzehrt werden können. Und sie schaffen sich sehr schnell eine eigene Welt, in der das Produkt selbst schon zum bloßen Verzehr wird, dessen einzige Bedingung die Vermehrung des Geldwerts ist. Dienstleistungen, soweit sie von Menschen erbracht werden, werden zum Körper des Feudalkapitals, denn sie bewegen dessen umlaufendes Geld nicht nur von der Hand in den Mund, sondern von der Lebensquelle in Raum und Zeit zu einer Lust an einer schnellen Vergänglichkeit. Dienstleistungen bilden einen Mehrwert, indem sie schnell unnötig werden und ein Wertwachstum des Geldes durch die bloße Geldzirkulation hinterlassen, in die sie wie ein Treibrad eintreten, als menschlicher Wertträger auftreten und eine Kultur hinterlassen, die jeden Sinn für ihr Leben verloren hat. Der Mehrwert der Dienstleistungen besteht schlicht und wirklich nur aus der Beschleunigung der Geldverzehrung, der Verwertung von fiktivem Kapital zum Erhalt von fiktivem Kapital einer toten Arbeit, das unentwegt wie ein Vampir lichtscheu nach Leben sucht, aus dem es sich in seiner toten Welt erhalten kann.

Der Kapitalismus hat eine neue Stufe seiner Wertverwertung erreicht. Er hat damit aber den Sinn seiner realen Entwicklung verloren, seine Realwirtschaft im Grund genommen aufgegeben, die er nun im Großen und Ganzen nur noch verwertet, um seine wabernden Geldwerte, den Wert eines weltweit verselbständigten fiktiven Kapitals damit zu befruchten. Dies ist eine neue Stufe seiner Geschichte. Es ist der gesellschaftliche Unsinn einer gesellschaftlichen Produktion, die ihre Produzenten ausbeutet, indem sie immer wieder die Organe ihrer Lebenssubstanzen ausraubt, nur um sich als bloßes Wertwachstum zu ereifern.

Auch wenn durch seine politische Macht nicht mehr überzählige Produkte zerstört werden müssen, um die Produktion zu erneuern, so wird dieser Teufelskreis weitaus folgenschwerer einer sich beschleunigenden Sinnlosigkeit überlassen, die immer mehr angeheizt wird durch die Kapitalverwertung des Finanzmarkts, durch die Verschuldungen über das Schuldgeldsystem der Nationalstaaten und Banken [(87)]. Der Existenzwert vermittelt sich über den Geldhandel, über

---

87) Schon im Jahr 1996 hatte Harald Schumann die verheerenden Konsequenzen der globalen Finanzmarktentwicklungen überdeutlich aufgezeigt (Heute dürften die Zahlenverhältnisse um den Faktor acht vervielfacht sein):

> *„Seit 1985 haben sich die Umsätze im Devisen- und internationalen Wertpapierhandel mehr als verzehnfacht. Während eines durchschnittlichen Handelstages wechseln heute Währungsbestände im Wert von rund 1,5 Billionen Dollar den Besitzer, ermittelte die Bank für Internationalen Zahlungsausgleich (BIZ). Diese Summe, eine Zahl mit zwölf Nullen, entspricht annähernd dem Gegenwert der gesamten Jahresleistung der deutschen Wirtschaft oder dem Vierfachen der jährlichen Welt-Ausgaben für Rohöl. In der gleichen Größenordnung bewegen sich die Umsätze mit Aktien, Konzernanleihen, staatlichen Schuldtiteln und unzähligen verschiedenen Spezial-Kontrakten, den sogenannten Derivaten, … Darum ist es möglich, daß fallende Zinsen in den USA am anderen Ende der Welt, in Malaysia etwa, die Aktienkurse hochtreiben. Wenn sich das Engagement in US-Schuldtiteln weniger lohnt, schichten die Anleger ausländische Aktien um. Darum kann der Wert von Bundesanleihen steigen, wenn die Zentralbank von Japan billiges Geld an Tokios Geldhäuser verleiht. Umgetauscht in Mark und angelegt in höher verzinsten deutschen Papieren, verwandeln sich die billigen Yen-Kredite in garantierte Erträge ohne Risiko. Und eben darum tritt jeder,*

die Akkumulation von Preisdifferenzen des Geldwerts, der Währungen im Devisenhandel. Das nationale Kapital der starken Länder verwertet sich über das Schuldgeldsystem der Nationalstaaten und Banken durch Konkurrenzvorteile in der Staatsverschuldung, im eigenen Schuldendienst gegen den der schwächeren. Indem es durch die Stärke seiner Produktivität sich weniger verschuldet bezieht es aus den Währungen der anderen mit jedem Geldhandel zugleich Mehrwert, weil deren Löhne somit gegen die eigenen minderwertiger werden. Die Entwertung des Geldes wird damit aufgespreizt in die Entwertung der Arbeit und der Staatsverschuldung, kann sich hierdurch sogar im reichen Land aufheben, während sie sich im armen verdoppelt. Dort wird das Leben immer teurer, während es hier immer billiger wird. Auf beiden Seiten aber werden die Preise der lebensnotwendigen Mittel, also der Lebensmittel auf unterstem Niveau gehalten, damit die Preise der Nutzung von Eigentumstitel hoch gehalten werden können. Die an und für sich wertlosen Dienste, durch die sich Menschen in Dienstleistungsgesellschaften am Leben erhalten, ihre bloße Existenz sichern, nützen einer Gesellschaft, die ihnen den Wert ihrer Arbeit zum Verhängnis macht. Durch sie wird ihre Existenz zur Realisierung von fiktivem Kapital verwertet und die Menschen hiervon abhängig. Während sie hierfür ihre Arme und Beine und Köpfe bewegen und ihr ganzes Leben beschleunigen, verhalten sie sich in der Zeit und in dem Raum, in dem sie durch ihre Lebensgeschichte hierfür wirksam sein müssen und sich selbst entwerten. Das Schuldgeldsystem hat sie in sich selbst zwischen den Notwendigkeiten ihrer Existenz und ihrer Reproduktion als Mensch gespalten, ihre Länder in unterschiedliche Klassen gegen einander getrieben. Die Wirklichkeit der Verwertungs-

der Geld leihen oder Kapital aufnehmen will, gleich ob Regierungen, Konzerne oder Hausbauer, sofort in weltweite Konkurrenz mit allen anderen potentiellen Schuldnern." (Harald Schumann in „Die Globalisierungsfalle" 1996, Rowohlt-Verlag Hamburg, S. 74 f)

logik hat sich räumlich getrennt von den Notwendigkeiten ihrer Zeit und sich jeweils dort verbindlich gemacht, wo sie räumlich notwendig existieren müssen, um ihre Arbeitskraft und Lebenszeit zur Verwertung für ein fiktives Weltkapital zu veräußern, nur um überhaupt leben zu können. Von da her betreibt der Existenzwert die totale Entfremdung des Lebens von sich selbst, die Verwertung von „Land und Leute", von Verkehr und Struktur, insgesamt von der Natur einer ganzen Kultur.

Der globale Mehrwert der Dienstleistungen

Jede Herrschaft unterstellt außer ihrer materiellen Gewalt immer auch höhere Lebenswerte, die sie legitimieren sollen. Denn sie gründet auf Verhältnissen, die nicht wirklich durch das verbunden sind, was die Menschen auch wirklich machen. Sie existiert durch eine Macht, die über allem steht, was sich nicht verbindlich erweisen kann, durch einen Wert, der alles verbindet, was ohne ihn nicht sein kann, durch ein Nichts, das alles sein können muss, indem es in Wahrheit auch gegen alles gleichgültig ist. Aber die gesellschaftlichen Zusammenhänge gibt es immer schon auch wirklich, wenn auch nicht in ihrer wirklichen Form. Sie enthalten das Lebensnotwendige aufgeteilt in zersplitterten Notwendigkeiten.

Auch die industrielle Produktion hatte selbst schon eine eigene Abteilung nötig, die nur teilweise produktiv, nur teilweise privat und nur teilweise an der Mehrwertproduktion beteiligt war: die Reparatur- und Dienstleistung, die sich sowohl auf die Technologie und Verwaltung, also auf konstantes Kapital und dessen Absatzprobleme und Selbsterneuerung, auf die Wertrealisierung bezog. Sie war unabdingbar für den ganzen Produktions- und Reproduktionsprozess der kapitalistischen Gesellschaft, aber man konnte bei den vielen Selbständigen, die sich hierfür anboten, natürlich kaum nachweisen, wie hoch der Anteil unbezahlter Arbeit pro realem Arbeitstag wäre. Aber es war auch übersehen worden, dass dies mit der produktiven Arbeit auch immer schon so war. Es gab keine empirische Stechuhr, die Angaben enthielt, wann der Tag zur eigenen Reproduktion und ab wann er für den Mehrwert für die Kapitalisten sich auszahlen sollte. Erst im gesamten Geldumlauf mit seinen unterschiedlichsten Beziehungen konnte man feststellen, wie „gut es dem arbeitenden Menschen" ging und was den „Wohlstand der Nationen" (Adam Smith) weiterbringen sollte. Der Mehrwert ist eben nicht eine Summe von Profiten und die Profite konnten zugleich auch überaus wertlos sein - ja nach dem, was den Geldwert bestimmt.

Und darin haben auch die Dienstleistungen ihren kapitalistischen Sinn und Zweck, auch wenn die Geldsummen hierfür irrsinnige Mengen und Formen angenommen hatten, wo sie z.B. in der Werbung und Unterhaltung und der Politik sich rentieren konnten. Aber das gab es schon immer sowohl für den Systemerhalt im Ganzen, als auch für die Intensivierung und Verbesserung des Systems als Ganzes:

> *„In der bürgerlichen Gesellschaft selbst gehört in diese Rubrik aller Austausch persönlicher Dienstleistungen - auch Arbeit für persönlichen Konsum, Kochen, Nähen etc. Gartenarbeit etc. bis herauf zu den sämtlichen unproduktiven Klassen, Staatsdiener, Ärzte, Advokaten, Gelehrte etc. - gegen Revenue in diese Kategorie. Alle mental servants etc. Alle diese Arbeiter, vom geringsten bis zum höchsten, vermitteln sich durch ihre Dienstleistungen - oft aufgezwungene - einen Anteil am Surplusprodukt, an der Revenue des Kapitalisten. Es fällt aber niemand ein zu denken, dass durch Austausch seiner Revenue gegen solche Dienstleistungen, d.h. durch seinen Privatkonsum, der Kapitalist sich als Kapital setzt. Er verausgabt vielmehr dadurch die Früchte seines Kapitals." (K. Marx, Grundrisse, MEW 42, S. 380)*

Würden die Menschen nur gegenseitig ihre Kinder hüten, Haare schneiden, Fingernägel küren, Müll abräumen oder Krankheiten und Alter betreuen, so könnten sie die Unterschiede ihrer Aufwände in allen möglichen Maßstäben einander verrechnen. Was sie privat aushandeln können ist keine Dienstleistung, sondern ein wechselseitiges Lebensverhältnis zum wechselseitigen Nutzen. Erst wo sie ein wirtschaftliches oder öffentliches Interesse bedienen, als Angebot einer Leistung auf den Markt treten und diese durch Geld begleichen, vermitteln sie einen Wert so, wie er im Geld dargestellt ist. Und weil dieses Geld schon verdient sein muss, bevor es für Dienstleitungen ausgegeben wird, kann es keinen Mehrwert bilden, sondern eigentlich nur verbrauchen. Doch wo große Summen bewegt werden, wird auch viel Wert bewegt, und die Arbeit, die hierbei eingebracht wird, hat dabei ganz verschiedenen Anteil. Der hängt ganz von der Funktion des Geldes ab, das hierbei „ins Spiel" kommt, also von den Zwecken, für die es eingesetzt wird und wie es sich zur menschlichen Existenz verhält. Wo es nur die private Subsistenz oder die des Kapitals bedient, dient es auch nur der Erhaltung der bestehenden Verhältnisse. Dienstleister putzen, pflegen, reparieren, vermitteln, verwalten, unterhalten usw., damit die Verhältnisse funktionieren, wie sie sind. Und wo die Dienstleistung so belohnt wird, dass sie davon leben kann, bleibt sie auch Teil der bestehenden Werte, der „Revenue des Kapitals". Sie gehört aber zu einer produktiven Arbeit schon, wenn sie mehr an Aufwand abgibt, als sie zurück vermittelt bekommt.

> *"Ein Schauspieler … ist ein produktiver Arbeiter, wenn er im Dienst eines Kapitalisten arbeitet …, dem er mehr Arbeit zurückgibt, als er in der Form des Salairs von ihm erhält, während ein Flickschneider, der zu dem Kapitalisten ins Haus kommt und ihm seine Hosen flickt, ihm einen bloßen Gebrauchswert schafft, ein unproduktiver Arbeiter ist. Die Arbeit des erstren tauscht sich gegen Kapital aus, die des zweiten gegen Revenue. Die erstre schafft einen Mehrwert; in der zweiten verzehrt sich eine Revenue." (Marx-Engels-Werke Bd.13, S. 625)*

Marx spricht damit aus, dass wertbildende Arbeit auch in ihrer privaten Verausgabung sich nicht auf reine Sachwerte beschränkt und dennoch gesellschaftliche Arbeit ist, weil sie auch Kapital verzehrt.

Jede Dienstleistung setzt ihre gesellschaftliche Notwendigkeit voraus und dient einem ganzen Lebensverhältnis, wenn auch nicht immer unmittelbar dem Kapital. Außer ihrer wirtschaftlichen Funktion steht sie ganz im Sinne ihrer Kulturerhaltung, ihrem ganzen Lebenshintergrund und konzentriert sich auch immer mehr auf diesen, wenn und wo Gesellschaft selbst nieder geht, „geflickt" werden muss, wie ein Strumpf, der viele Löcher hat. Von da her nimmt ihr Anteil als Kulturarbeit auch in dem Maße zu, wie ein bestimmter Lebensraum in seinen kulturellen und zwischenmenschlichen Verhältnissen löchrig wird und Prothesen für seine Existenzverwertung und deren Selbstverständnis und Selbstbewusstsein nötig hat. Doch ihr Erfolg wird immer bescheidener sein, je existenzieller die Probleme der Menschen sind [(88)]. Während die Zeitverhältnisse sich über die Unterschiede der Produktivität inzwischen vor allem international bestimmen, bestimmt die politische Kultur der unterschiedlichen Lebensräume eher eine nationale Notwendigkeit. Von daher sind Wirtschaft und Kultur in einen Widerstreit geraten, der inzwischen die Konflikte der Welt nicht mehr wirklich beantwortet, sondern zum Streit von Parallelwelten um ihren Mehrwert geworden ist, der sich in einem gegensinnigen Verwertungsbedürfnis zwischen Selbstverwertung und Kapitalverwertung darstellt.

Den spezifischen Mehrwert der Dienstleistungen zu erschließen beinhaltet eine theoretische Schwierigkeit im Zusammenhang von Arbeit und Kultur, der Einheit und Widersprüchlichkeit ihrer Beziehung und Daseinsweise - einmal im Zweck der Produktion und Produktverwertung und einmal im Zweck der Kompensation gesellschaftlicher Mangelerscheinungen. Was von den „klassischen Marxisten" schon in ihrem theoretischen Ansatz, der ja auch schon dialektisch sein wollte, einfach ignoriert wurde, war die inhaltslose, aber subs-

88) *„Ein geflickter Strumpf ist besser als ein zerissener, nicht so das Selbstbewusstsein" (Hegels Werke 2, „Jenaer Schriften" 1801-1807, S. 558)*

tanziell formelle Bezogenheit der Wertbildung, die Abstraktionskraft der Formbestimmung, die abstrakt allgemeine Form der gesellschaftlichen Verhältnisse, der Zweck einer abstrakt menschlichen Arbeit und eines abstrakt menschlichen Sinnes und der Äußerlichkeit ihrer Vermittlung.

Die logische Argumentation einer Analyse verläuft nicht über das inhaltliche Material des Lebens. Es geht darin nicht um den Verzehr und auch nicht um die sachliche Funktion der Arbeit, sondern alleine um die gesellschaftliche Form der Beziehungen von einer Arbeit in Raum und Zeit ihres Lebensverhältnisses, - ob sie zum Beispiel als private Reproduktion verbleibt oder ob sie darüber hinaus in die Gesellschaft sachlich oder kulturell eingeht, ob ihr Aufwand nicht privat verschlissen wird, oder ob er eine gesellschaftliche Bereicherung hinterlässt. Wer die Arbeitswerttheorie nur an der Arbeit für Sachmittel des freien Nutzens festmacht, der ein sachliches Produkt aufbraucht, unterschlägt den wesentlichen Charakter der Arbeit als Bildnerin von gesellschaftlichem Reichtum, der auch in irgendeiner Wertform existiert. Indem jede Arbeit durch Geld entlohnt wird, ist der Schauspieler ebenso wie der Industriearbeiter und der Dienstleister, der Müllabführer oder auch der Arzt ein Wertbildner, weil die Menschen hierdurch bereichert werden, soweit diese Arbeit nicht innerhalb der Privatsphäre auf die Produzenten selbst bezogen bleibt. Man kann sich daher auch eine kapitalistische Gesellschaft durchaus als eine Gesellschaft vorstellen, in der alle sachliche Arbeit automatisch bewältigt werden und dennoch kapitalisiert werden könnte, wenn der Kapitalvorschuss durch einen Mehrbetrag an Geld fortbesteht - und sei dies nur durch die Existenz der Menschen zu gewährleisten, deren Geldbesitz nur das Zahlungsmittel eines Existenzwerts darstellt.

Es dreht sich bei der Arbeitswerttheorie also nur um die Wertmasse, die durch Arbeit in Bewegung gesetzt und als gesellschaftliche Bereicherung materiell oder kulturell fort existiert. Materiell ist alleine schon die Wertform des Geldes, ganz gleich, ob es einen sachlichen oder ideellen Mehrwert transportiert, ob es für Literatur, Musik, Butterbrote oder Erbauung ausgegeben wird. Und schon die Masse der Dienstleistungen kann darüber entscheiden, ob der Dienstleister nur reproduziert, oder ob er mehr Wert erbringt als er verbraucht oder sogar selbst einen Mehrwert einnimmt, der im Geld schon zirkuliert, er also selbst zum Teil des Kapitals wird. So kann ein Unternehmer alleine schon durch seine kulturelle Prominenz - z.B. der kulturellen Unterhaltung mit Sport, Muse, Event, Kommunikation, Tourismus oder Werbung und der Medien überhaupt - selbst zu einem hochwertigen Kapitalisten werden, wenn er eine Masse von Menschen unterhält, die für ihre Unterhaltung Anteile ihres Lohnes abgeben.

Die Existenz des Veranstalters besteht allein durch Gebühren, die aus den Löhnen von Konsumenten jedweder Art bezahlt werden, die sich über deren Konsumtionsvermögen hinweg als Kaufmittel akkumulieren, indem sie Leistungen bezahlen, die zwar eine Dienstleistung am Leben hält, die sie aber nicht wirklich verzehren, nicht wirklich aufbrauchen und kein Kaufmittel außer dem bezahlten Geld in der Hand des Unternehmers hinterlässt. Seine Dienstleistung entsteht in den wirtschaftlich besser gestellten Verhältnissen durch kulturelle Bedürfnisse, aus einem kulturellen Nutzen, der zwar voraussetzt, dass Menschen über ihren Lohn existieren und dass dieser Lohn auch hierfür ausreicht, weil er eben vor allem einen Existenzwert enthält, der in armen Verhältnissen nicht besteht, sondern der gegenständlichen und unbezahlten Arbeit aus der Existenz von Menschen anderer Länder entnommen ist. Die Befriedigung rein kultureller Bedürfnisse verlangt eine über das Lebensnotwendige hinausreichende Wertbeziehung durch kulturelle Angebote einer Ereignisproduktion im Jenseits des gesellschaftlichen Stoffwechsels zu verschaffen, die zwischenmenschlichen Bedürfnissen entspringt und auf diese nur zurückkommt durch den Geldwert, der ihre Existenz vermittelt [89]. Und darin schließt sich der Kreis der nationalen Verhältnisse des Mehrwerts und des internationalen Geldhandels, der alleine von der Verwertung seines fiktiven Kapitals zehrt. Die Menschen erscheinen sich darin so subjektiv, wie sie sich einer objektiv bestimmten Kultur erleben, und sind zugleich so objektiv, wie ihnen ihr Geld das auch wert ist.

Durch solche Bewertung entsteht eine objektive Subjektivität, durch die jede Person beides in einem ist: Sowohl Objekt wie Subjekt eines Warenbesitzers, gleich gültiger Warenbesitzer eines gleich bleibenden Wertes, der sich nur durch die subjektiven Variationen der Preisbildung gesellschaftlich verhält und nur als subjektiver Mehrwert aus dem Verhalten zur Preisbildung variiert. Nur das verschiedene Verhalten, das die Menschen zu ihrer Arbeit und ihrem Dasein einnehmen, macht den Unterschied ihres Mehrwerts aus: Je weniger sie sich wert sind, desto wertvoller wird ihr Verhalten zu sich selbst

---

89) Es verhält sich eben etwas anders, wenn das bezahlte Geld selbst sich schon durch die Geldzirkulation über die Grenzen des Währungsbereichs hinaus verwertet, z.B. eine polnische Mutter das Baby einer deutschen Mutter während ihrer Arbeitszeit betreut. Dann wird mit deren Dienstleistung der Devisenwert deutscher Kaufkraft durch den Einkauf einer ausländischen Dienstleistung übertragen, der sich mit dem Lohn der deutschen Mutter bezahlt macht, weil das Geld sich in anderen Lebensverhältnissen auch anders auspreist. Das wird manchmal tatsächlich auch noch dadurch fortgesetzt, dass die polnische Mutter ihr Baby während ihrer Abwesenheit von einer Koreanerin betreuen lässt, um ihren Devisenvorteil einzulöhnen. Mit Dienstleistungen lässt sich also auch Mehrwert einnehmen, der nichts mit dem Arbeitsaufwand zu tun hat, weil er aus dem Lohn einer arbeitenden Bevölkerung als Zahlungsmittel entzogen wird, durch eine ganz andere Industrie der Unterhaltung, Kommunikation oder Werbung aufgesammelt wird.
Ein ähnliches Beispiel ist die Transportindustrie, die Verwertungslagen zwischen verschiedenen Orten ausgleicht, indem die billigen Preise einer Überproduktion (z.B. von Verkehrsmittel oder Lebensmittel) andernorts höhere Preise erzielen und außerdem den Kapitalumschlag beschleunigen können, indem sie aus vielen Regionen Teilprodukte zusammenführt und die Betriebsstätten damit insgesamt ausweitet und produktiver macht.

für die Gesellschaft. Ihre Selbstlosigkeit wird zu ihrem Wert, der den Existenzwert in ihren Lebensverhältnissen ausmacht, um in deren Gesellschaft, in ihren zwischenmenschlichen Verhältnissen einen Selbstwert zu erwerben, der zwangsläufig ihre Selbstachtung auflöst.

Die Wertsubstanz der Selbstverwertung

Mit der Dienstleistung für sich existiert eine zirkuläre Gesellschaftlichkeit der Arbeit, die keinen Anfang und kein Ende durch wirkliche Lebenszusammenhänge oder -beziehungen hat, sondern selbst über eine abstrakt gewordene Gesellschaftlichkeit der zirkulierenden Geldwerte und Halbprodukte bestimmt ist. Der Wert, der ihnen zugeführt wird ist die reine Existenzform einer Arbeit, die einen unverwirklichten Geldwert bedient und Verbindungen pflegt, die als solche nicht wirklich existieren und nur darin - also jenseits einer wirklichen Wertschöpfung - ihren Wert als Preis gegen Preis einhandeln. Ihr Wert begründet sich letztlich aus der Funktion des Staats, der sich um die Stabilität des Geldes kümmern muss, der den politischen Lebensraum ausmacht, an den die Bewertung des Warenabsatzes gebunden ist [(90)].

Objektiv kann der Wert von Dienstleistungen nur aus den Preisunterschieden der Produkte bezogen werden, also daraus, was zu einem bestimmten Zeitpunkt an einem bestimmten Ort den Preis des Produktes an einem anderen Ort zu einem anderen Zeitpunkt verändert hat. Das macht nicht die Arbeit, die dabei eingesetzt wurde,

90) Aus den „Briefen zum Kapital“ von Marx ist ersichtlich, dass in seinem Arbeitsplan ein vierter Band zum Staat vorgesehen war, der wahrscheinlich Aufschluss über diese Staatsfunktion erbringen sollte. Es war für Marx offensichtlich klar, dass die politische Ökonomie letztlich in einer Systematik aufgeht, die als eine verselbständigte Staatsgewalt über die trinitarische Formel der bürgerlichen Klassen hinausgreifen muss.

sondern der Markt, auf dem die Produkte in Zeit und Raum geboten sind und oft auch schon vor ihrer Fertigstellung bezahlt werden und im Terminhandel sogar Profite abwerfen können, die allein der Veränderung von Preisen im Zeitverlauf zwischen Vorschuss und Realisation des Produktwerts entspringen. Bei einem bloßen Kredit ist das relativ einfach zu bemessen, weil darin der Unterschied des Geldwerts als Preis des Geldvorschusses, als Zins analog zum Verhalten der durchschnittlichen Profitrate berechnet wird. Bei den Derivaten des Kredithandels, bei Termingeschäften, ist aber nicht die Profitrate, sondern der Zustand des Produkts zu unterschiedlichen Terminen selbst entscheidend. Hierzu werden Kredite gemacht, die nicht auf einen Mehrwert spekulieren, sondern die optimale Marktsituation im Brennpunkt ihrer Interessen anpeilen. Und diese kann auch selbst durch den Terminhandel beeinflusst werden und das gesamte Kreditwesen bestimmen[(91)].

Das hat besonders durch den globalen Kredithandel eine bittere Konsequenz: Das globale Schuldgeldsystem bestimmt letztlich über seine Derivate, wie viel Fremdbestimmung in die Existenz der Menschen eingreift, nur um einen Wert des Geldes einzulösen, der für sich genommen vollkommen fiktiv ist, weil er keinen anderen Grund hat als den des Verwertungsdrucks in der Preisbildung. So war über den bürgerlichen Staat ein ganzes System der Staatsmächtigkeit über alle Existenzen hinweg entstanden, das alle Menschen dazu bestimmt, mit den Preisen ihrer Arbeit als ihr letztliches Existenzmittel in einen Prozess der Verarmung zu stürzen, weil diese Preise schon durch ihre Lebenslage bestimmt sind. Ihr Lebensraum wird selbst zu einem entscheidenden Faktor der Preisbildung ihrer Arbeit. Wie überall müssen

91) *„Die Masse des zirkulierenden Geldes bestimmt sich auch im Geldhandel aus den Funktionen der Kauf- und Zahlungsmittel, welche den Grad der Zirkulationsgeschwindigkeit bestimmen." (siehe Kompendium der Kulturkritik.net MEW 25, Kap.28, Abs.1, Thema 28/3)*

sie umso billiger sein, je mehr Anbieter derselben Arbeit es gibt. Und je weniger realwirtschaftliche Arbeit existiert, desto mehr Dienstleister konkurrieren gegeneinander. Sie dienen keinem Subjekt, das ihre Arbeit absetzen kann, sondern einem Dasein, das nur durch ihre Existenz einen Wert hat, der also nicht nur ihren Existenzwert darstellt, sondern ihre Existenz selbst unmittelbar verwertet. In der Konsequenz ist das ein Leben in Armut, eine Arbeit, deren Preis selbst schon zu einer Armut treibt, aus der es kein Entkommen gibt, weil deren Unwert schon durch den Derivatenhandel vorbestimmt ist. Der Zahlungstermin drückt auf den Preis und der Preis auf den Lebensstandard der Dienstleister. Die Arbeit wird nur verrichtet, weil sie Termine einlöst, die für das Leben sinnlos sind. Dieses „working poor" betreibt ihre eigene Lebensweise durch Abtötung ihrer Sinne.

Der Wert einer Sache und der einer Existenz kann durchaus identisch sein, wo z.B. der Wert einer Dienstleistung die Sache wertvoll macht oder die Befähigung erzeugt, die Sachen wertvoller machen können (z.B. Wissenschaft, Ausbildung, Kunst, Kommunikation, Werbung). Entscheidend dabei ist jedoch, wodurch das Produkt privatisiert wird: Verschwindet es in einer stofflichen Konsumtion oder in den Fähigkeiten und Eigenschaften von Menschen. Das Geld bezahlt zwar einen Aufwand für eine Leistung, stellt aber nur ein Quantum dar, das sich an der Subsistenz der Menschen bemisst, die wiederum ihre ganze Existenz betrifft - weil eben auch Dienstleister leben müssen - was aber insgesamt von dem Mehrwert bestimmt ist, der durch Geld nicht mehr konkret, sondern nur noch allgemein vermittelt wird. Es wird für ein bestimmtes Wertquantum unbestimmt lange unbezahlt gearbeitet, um die vorhandenen Preise im gegenwärtigen Lebensraum zu bezahlen, um darin überhaupt existieren zu können. Nicht der Wert eines angewandten Kapitals im Verhältnis zu einem preislich realisierbaren Mehrprodukt, sondern die politische Existenz eines Gemeinwesens entscheidet darüber, was die Länge des

Arbeitstags bestimmt. Und da muss gearbeitet werden, was das Zeug hält - was die Dichte der Existenz von Menschen, ihr Existenzwert hergibt [92]. Aus ihr entsteht dann auch tatsächlich ein Mehrwert, der sich nur durch die Dichte des Lebensraumes bestimmt und rentiert. Je mehr Menschen darin beisammen sind und arbeiten, desto höher wird ihr Existenzwert für das Weltkapital, und desto ärmer und armseliger wird ihre Existenz.

Qualitativ hat das mächtige Folgen auf die ganze Wertbewegung, denn mit erhöhter Lebensdichte einer Bevölkerung kommt es auch zur Beschleunigung des Geldumlaufs eines Geldwerts (z.B. durch Werbung, Abfertigung, Design, Transport, Zahlungsverkehr oder Kommunikation usw.), der als Grundbedingung zum Unterhalt einer Existenz nötig ist und damit über die Sachmittel ihres Lebens schon wie ein selbstverständliches Grundeinkommen bestimmt. Von daher hat der Mehrwert in einer Dienstleistungsgesellschaft eine doppelte, aber auch zwiespältige Substanz: Die eine ist der Grundbesitz, die andere die Geldzirkulation. Soweit Dienstleistungen in der Beziehung auf diese überhaupt die ganze Existenzform einer Gesellschaft oder Nation ausmachen können, soweit die Menschen überhaupt in dieser reinen Form des Wertwachstums und der Beschleunigung ihrer Verhältnisse und Beziehungen existieren können, können sie ihren Geld-

---

92) Ein Existenzwert ist der Wert einer Existenz in einem politisch bestimmten Lebensraum - vorzüglich einem Staat - zu dem Anteil wie sich seine Wertgröße als Mehrwert eines Devisenhandels ergibt. Es ist also ein Wert, der die Grundlagen einer gesellschaftlichen Existenz schon zum Teil aus dem Wert importierter Produkte in einer aktiven Handelsbilanz bezieht, und von daher auch schon einen Grundumsatz an Lebensmitteln verbilligen kann, und hierdurch das variable Kapital - das ist der menschliche Reproduktionswert, der Wert der Löhne - im Verhältnis zum Gesamtkapital reduziert. Was das Geldhandelskapital durch diesen Wert in seinem Geldwert wiederum anreichert und realisiert, stellt sich im Wert der Grundrendite, und damit in den Preisen der Eigentumstitel dar, wo sie sich nicht mehr aus dem Mehrwert einer nationalen Realwirtschaft erklären lassen.

wert nur halten, indem sie den Warenumschlag, die Verweildauer der Waren auf dem Markt zwischen Einkauf und Verkauf verkürzen und den Händewechsel beschleunigen und damit für ein Produktionsverhältnis Mehrwert realisieren, dessen Wertrealisation sonst scheitern müsste. Aus diesen Preisspannen beziehen die Spekulanten durch ihren Einfluss auf den Kredithandel ihre Gewinne oder auch Verluste. Von daher ist der Existenzwert der einzelnen Länder zur objektiven Substanz ihrer Wetten geworden, der letztlich der Werthintergrund ihrer Einschätzungen und Einsätze in die Preisbildung der armen Länder ist und als international angeeigneter Mehrwert in die Währung der eichen einfließt. Dieser ist damit auch zur Basis der Geldumläufe im Dienstleistungsgewerbe in den reichen Ländern geworden, die deren Warenumsatz und Konsum beschleunigen und sichern und den Verfall ihres Geldwerts durch die darin festgehaltenen Geldmengen im Lebensverhältnis der Dienstleister zumindest auch aufhalten, zum Teil auch selbst noch weiter verwerten können.

Ganz gleich, wo die Produktion des Geldes in der Realwirtschaft stattfindet: Je krisenhafter ihre Überproduktion wird, desto entscheidender werden die Dienstleistungen für das Überleben des Kapitalismus, teils als Mittel menschlicher Subsistenz, teils als Mittel der Werterhaltung durch die Unterhaltung der Menschen, die für sie keinen Sinn, sondern nur noch einen reinen Nutzen eigener Sicherheit hat. Mit wachsender Sicherheit ihrer Selbstverwertung als Dienstleister wird ihr Leben für sie sinnloser, ihre Kultur selbst zu einer politischen Macht über ihre Lebensäußerungen. Die Wertsubstanz ihrer Selbstverwertung ist der abstrakt menschliche Sinn, der als Abstraktionskraft in den Lebensäußerungen ihrer zwischenmenschlichen Verhältnisse deren Beziehungen bestimmt. Und diese sind seine Elementarform, denn sie verwirklichen die politische Kultur der Dienstleistungsgesellschaften indem sie darin bestimmen, was Subjekt sein kann und was Objekt bleiben muss.

Die politische Kultur einer Dienstleistungsgesellschaft

Das Kaufmittel Geld existiert als Zahlungsmittel für die Bedürfnisse der Menschen, durch deren Befriedigung ihre Arbeit lebendig bleibt. Je mehr unbezahlte Arbeit hierbei aber als Mehrwert von Profiten in den Geldmarkt abgegeben, dem unmittelbaren Leben der Menschen entzogen, enteignet wird, desto schwerer ist es, seinen Wert zu realisieren. Seine Nichtigkeit in einem lebendigen gesellschaftlichen Verhältnis wird offenkundig. Das Kreditwesen verselbständigt daher das Geld zu einem fiktiven Kapital, das mangels Realisierbarkeit seines Werts als totes Kaufmittel, als tote Arbeit festgehalten wird, um es auf einer höheren Ebene durch den Kauf von Geld zu verwerten, um durch den Kauf des Gebrauchswerts von Geld, aus Geld mehr Geld machen zu können, einen Mehrwert zu beziehen, durch den es weitergehend über die Finanzmärkte verwertet werden kann. Das macht letztlich die Kapitalverwertung einer höheren Geldakkumulation aus, die aber mit wachsender Produktivität der Arbeit, mit der Minderung des Anteils der menschlichen Arbeit am Produkt, immer weniger Leben findet, weil es sich immer weniger durch produktive Arbeit verwerten lässt.

Solange Produktionsmittel, Automaten und die Natur von Grund und Boden nicht als gesellschaftliches Eigentum verwendet werden können, müssen die Menschen nach den Gesetzmäßigkeiten des Privateigentums für immer absurdere Welten des Geldbesitzes als fiktives Kapital arbeiten, für bloße Titel auf Privatrechte der Verwendung, für Eigentumstitel und Wertpapiere als Recht auf Abschöpfung ihrer Privateinnahmen. Je automatischer die Arbeit funktionierte, desto lebloser wurde ihr Wert und auch der Gebrauchswert des Geldes in einer Realwirtschaft immer sinnloser. Von immer mehr Krediten blieben nur noch Wertpapiere als Zahlungsversprechen übrig, die das Bankenwesen zu einem Versicherungssystem des Geldes fortentwickelt hat, wodurch das Geld als bloße Option, als fiktives Kapital einer Versicherung des Geldwertes in der weiten Welt der Preisbildung und ihrer Zahlungstermine im Derivatenhandel zum Einsatz gebracht wurde und sich durch den Devisenhandel auf einen bloßen Existenzwert reduziert hat. Die Versicherungssysteme dieser Welt handeln mit diesem und hebeln damit ihre Wertpapiere ins Unendliche.

Wenn aber ein Großteil des Geldes, das in einem reichen Land zirkuliert, nur fiktives Kapital darstellt, das fiktives Kapital zu sichern hat, so vermittelt dies keine wirklich reichen Verhältnisse, keine Wirklichkeit einer vielfältigen Lebensproduktion, sondern ein bloßes Dasein, das beliebige Beziehungen zwischen Sinn und Zweck der Bedürfnisse aufweist, allem einen gleichen Wert zuweist, ohne das Wertverhältnis aufzulösen. Was im Geldbesitz noch als allgemeines Vermögen angelegt war, wird unter dieser Bedingung jetzt zu einem gesellschaftlichen Unvermögen. Der einzige Gebrauchswert des Geldes ist, aus Geld mehr Geld zu machen, wie immer das gelingen mag, wenn Geld die politische Macht des gesellschaftlichen Eigentums als Privatmacht vermittelt. Und dieser Gebrauchswert ist zur einzig wahren gesellschaftlichen Nützlichkeit geworden, die überhaupt nur noch das Bedürfnis nach Geld befriedigen kann. Denn nichts hat mehr wirklich Sinn, weil alles nützlich ist und alles ist nützlich, weil es jedem anderen gleichkommt, an und für sich gleichgültig ist, weil es nur als Geld eine gesellschaftliche Beziehung eingehen kann.

Es gibt eben keine wirkliche Beziehung, wo die gesellschaftliche Mitte, das gesellschaftliche Mittel wesentlichen fiktiv ist. Die Menschen sind praktisch auf ihr vereinzeltes Dasein zurückgeworfen, weil ihre Beziehungen gesellschaftlich von einer oder vielen Fiktionen bestimmt sind, das gesellschaftliche Zentrum unsinnig ist - weil sie sich darin nur gleich geltend und einander angleichend entwickeln können. Sie beziehen sich darin aber auch nur beliebig und gleichgültig zu einander, solange das Wertwachstum noch funktioniert. Von daher ist ihre Lebensgrundlage sehr eng und macht Angst, eine stetige

Existenzangst, denn alles funktioniert immer nur in Abhängigkeit von seinem Wirtschaftswachstum, von der Entwicklung seiner Produktivkraft, der Produktionsmittel der gesellschaftlichen Arbeitsverhältnisse, deren Mehrwert sich nicht mehr vorwiegend im Warenangebot darstellt, sondern in der Verwertung von Eigentumstiteln, dem Existenzwert eines Schuldgeldsystems.

Gesellschaftlich wurde mit der Entwertung der Menschen im Produktionsverhältnis und der durch ihre Mangelexistenz entstehenden Sinnfragen die Kultur dieser Verhältnisse selbst von ihrem wirtschaftlichen Nutzen abgetrennt und zum Sinnstifter einer bloßen Konsumtion verselbständigt, die sich völlig getrennt vom Produktionsprozess der gewöhnlichen Lebenshaltung und unter dem Druck eines schwindenden Geldwerts bestimmt sah [(93)]. Unabhängig von den

93) Die bisherigen Dienstleistungen hatten nur in der Kommunikations-, Transport-, Werbe- und Unterhaltungsindustrie noch hinreichendes Potenzial zur Marktausweitung. Darin wurden nun auch neue „Lösungen" gefunden, die dem technischen Potenzial einer Zeit entsprachen, in der Arbeitsprodukte durch relativ wertlose Medien und Datenträger auch sich mit wenig Aufwand ausbreiten ließen. Indem die Computertechnik selbst eine Synergie der Verwertung beibringt, indem sie die Vervielfältigung von Einzelteilen je nach Vermögen der Produzenten beschleunigt und zusammenträgt, deren Preise reduziert und ihre Absatzmärkte durch billige Produktionsstellen vor Ort ausdehnt, werden die Arbeitsstätten und Arbeitskräfte immer isolierter und ihre Zahlungsmittel selbst auch immer billiger. Die Welt als Netzwerk einer Produktion aus vielen Teilen begriffen, kann die Teilprodukte der gesamten gesellschaftlichen Produktion an Ort und Stelle zusammenfügen und mit optimalem Gewinn zu einem optimalen Termin absetzen. So wie die Transportindustrie der gesellschaftlichen Arbeit zum Selbsterhalt des ganzen Systems bislang nützlich war und teilweise selbst dem produktiven Kapital zugehörte, können nun auch durch die Verkaufsbeschleuniger der Produktinformation und -Werbung und die durch Computer betriebenen Virtualisierungen der Medien einer Kommunikationsindustrie Verkaufsoptionen zuträglich werden, durch die sich zugleich auch schon der größte Teil der Löhne per Internet wieder einnehmen lässt. Mit einem selbsttätigen Zusammenspiel von Einkauf und Verkauf konnte schließlich eine Wertmasse jenseits der Realökonomie in Wert gehalten werden, deren materielle

Notwendigkeiten der Produktion sollten die Angebote zunehmend eine ebenso unabhängige Nachfrage schaffen. Die Erlebensweise, die Erlebniskultur des Kaufens und Genießens wurden zu tragenden Pfeilern der Systemabsicherung, weil sich die Menschen selbst als Kulturereignisse aufführen mussten, ihr Lächeln, ihre Gestik, ihre Mode - alles war nicht mehr aus ihrer persönlichen Beziehung begründet, sondern aus der Objektivität ihres zwischenmenschlichen Verkehrs. Dieser war nämlich als Tugend der Zwischenmenschlichkeit selbst wertvoll in dem Sinne geworden, dass er subjektive Einstellungen, Bedürfnisse oder Erfordernisse frei machte, ihre „gesellschaftliche Last" zugunsten einer reibungsfreien Kommunikation aufhob, durch die auch der Geldumlauf zu optimieren war. Damit war allerdings auch ihr Ausgrenzungsmechanismus optimiert, Subjektivität nur so vermittelbar, wie sie objektive Vorteile erbrachte. Unter dieser Bestimmung wurde Zwischenmenschliches genau so objektiv, also zu einer Objekt-Objekt-Beziehung, wie die sachlichen Verhältnisse des Geldes subjektiv zur Subjekt-Subjekt-Beziehung der dienstleistenden Geldbesitzer wurden. Es war eine seltsame Eintracht der Menschen in ihrer Dienstleistungskultur entstanden, eine Verständigkeit darüber, dass alles zu jedem und jeder zu allem gehörte. Bei dieser wechselseitigen Aufhebung des Subjektiven im Objektiven und umgekehrt setzt sich im Allgemeinen durch, was die Substanz des Verhältnisses bewahrt. Die Gemeinschaft der Bürger ist in einer Gemeinschaft der Geldbesitzer vereint, die nicht mehr als Geldbesitz, sondern als objektives Subjekt, als Persönlichkeit der Dienstleistung sich in einer allgemeinen Zwischenmenschlichkeit verhalten kann. Es sind Menschen mit Haut und Haaren, die sich durch ihr Geld als Zahlungsmittel beziehen. Damit wurde dann auch der Geruch der Klassengegensätze vom Design ihrer zwischenmenschlichen Verhältnisse überdeckt, Arbeit

Produktform vernachlässigt werden kann und die in ihrem Gesamtzusammenhang dennoch der Kapitalakkumulation dient.

selbst zu einer zwischenmenschlichen Tugend, weil ihr sachlicher Wert de facto bedeutungslos geworden war.

Es ist das Verhältnis der Gleichen unter Gleichen, die sich im Geldverhältnis auch wirklich gleich, weil absolut ungegenständlich für einander da sind. Sie unterscheiden sich nur noch durch sich selbst als Person, die sich in ihrem Menschsein zwischen Menschen, zu verschiedenen Menschen gleich und als bestimmte Persönlichkeit doch auch sehr verschieden verhält. In ihrer besonderen Beziehung auf andere herrscht zugleich eine allgemeine Gleichgültigkeit, weil sie als ein ihnen äußerliches, also fremdes Subjekt ihrer Beziehungen heraussetzen, das sie von Grund auf minderwertig macht, nach einem Selbstwert in und durch die Bildung von Selbstgefühlen verlangt, den es nur in einer Kultur der allgemeinen Selbstbeziehung durch Ereignisse für ihre Selbstveredelung geben kann, dem Geltungsstreben im Edelmut ihrer narzisstischen Bezogenheiten. Und das erscheint zunächst auch als ein Vorteil für alle. Aus der Sucht nach dem Selbsterleben in den Ereignissen solcher Kultur wurden von der Veranstaltungsindustrie und dem Potenzial intelligenter Vermarktung durch die Datensammlung eines kulturellen Massenbedarfs auch zügig Eventkulturen entwickelt, die sich über jedes Bedürfnis aufstellen lassen - und sei es auch nur der Einkauf von Lebensmitteln oder der Kommunikation und Unterhaltung. Sie brachte schnell über alle Kanäle der Kommunikation ihre eigenen Profite aus Unterhaltung und Sport ein, indem sie Geschichte aufscheinen lassen konnte, gerade wo sie nicht mehr möglich war, wo sie aber als Scheinwelt von eigener Art ausgezeichnet in einen an und für sich leblosen Alltag als Welt voller Ereignisse sich einpassen konnte - und sich selbst aus der Form ihrer Kultur zu einer Hochkultur entwickelte. Im Theater, im Kino oder in den Sportarenen repräsentiert sich die Sinnlichkeit, die es in ihrer praktischen Lebenswelt nicht mehr wirklich geben kann. Und es ist zugleich das Paradies der Dienstleistung, die darin ihre Lebenswelt immerhin interpretieren kann.

Der Wert der Arbeitsprodukte von Dienstleistungen, die selten als reale stoffliche Produkte so selbständig erscheinen, wie sie erzeugt werden, lässt sich allerdings nur noch sehr beschränkt an der durchschnittlich aufgewendeten gesellschaftlichen Arbeitszeit bemessen; seine Wertgröße bestimmt sich erst mit dem Anteil an der Preisbildung überhaupt, soweit darin der Wertabzug der Preisdifferenzen aus dem Privatvermögen, also vorwiegend aus den Löhnen zu ermessen ist. Der Mehrwert hat somit eine zweifache Ausbeutung der Arbeit zur Grundlage der Mehrwertproduktion: Zum einen stellt er unbezahlte Arbeit aus der Ausbeutung der Arbeitszeit der Menschen für ihre Lebensproduktion dar, zum anderen einen Mehrwert durch unbezahlte Arbeit zur Sicherung des Geldwertes in der Geldzirkulation.

In einer Dienstleistungsgesellschaft schließt sich beides zusammen, und beides schließt den Menschen um so mächtiger von seinem Lebenszusammenhang aus, wie er weder in seiner Produktion noch in seiner Konsumtion einen anderen Sinn für sich finden kann, wie den seiner Existenz als leeres Material einer ihm gänzlich äußerlich bestimmten Kapitalverwertung, der fiktiven wie der realen. Was die industrielle Produktion auf den Markt bringt, hat einen Produktwert, der ohne den Wert der darin auch vermittelten Dienstleistungen nicht erklärt werden kann. Die Menschen müssen arbeiten und konsumieren, um den ganzen Kapitalkreislauf in Gang zu halten, und die Dienstleistungen zu ihrer Reproduktion, ihrer Lebenshaltung und für den Lebensunterhalt ihrer ganzen Existenz, der Ausbesserung und Vorsorge ihres Daseins, der Prothesen zur Erfüllung ihrer fiktionalisierten Hoffnungen und Wünsche, der Bildung ihrer lebensnotwendig gewordenen Ausflüchte und Fluchten usw. Und diese wiederum bieten einen Unterhaltswert, der nicht mehr als Kostenanteil des Produktwertes auftritt.

Und gerade diese machen heute den Hauptanteil an den Profiten in den reichen Ländern aus, die über ihre aktiven Handelsbilanzen den größeren Teil fremder Mehrwertproduktion kassieren [(94)]. In diesen Ländern kann der Wert der auf ihren nationalen Märkten kursierenden Waren erst ermittelt werden, wenn ihr Gesamtumschlag zu Buche geht. Er steht daher weder mit Arbeitszeiten noch Materialverbrauch in einer unmittelbaren oder vermittelbaren Beziehung und es kann von daher dessen Preisverhältnis auch nicht mehr durch Menschen politisch verhandelt werden. In der wabernden Masse der zirkulierenden Geldmenge entstehen Preise, die alleine durch die Authentizität menschlicher Kreationen zu bestehen scheinen, wie sie bisher hie und da z.B. in den Kellern der Banken durch die Prominenz herausragender Kunstwerke ausgepreist worden waren [(95)]. Und das waren die ers-

94) Dies war eine der Ursachen der Globalisierung des Kapitals und hat besonders seit den 80er Jahren den Handel mit Krediten enorm beschleunigt und völlig neue Spekulationen im internationalen Derivatenhandel aufgebracht. Über die Wette auf Zahlungstermine konnte Kapital auf eine Produktion zurückgreifen, wo sie ihren Wert zu verlieren hätte, wenn sie sich nicht realisieren kann.
Wo sie nicht anteilig zur Warenproduktion im Produktionsprozess selbst tätig sind können Dienstleistungen zwar unmittelbar keinen Mehrwert erzeugen. Und wenn sie in den bloßen Selbsterhalt eingehen, ist auch keine Aufteilung ihrer Arbeitszeit pro Produkt erkennbar, weil regenerative Arbeit - auch wenn sie der Reproduktion nützlich ist - in der Zeit unbestimmbar bleibt, so lange nur funktioniert, wie sie zur Arbeit nötig ist. Darüber hinaus gibt es keine körperliche Existenz einer unbezahlten Arbeit. Aber wenn die Menschen einer Nation insgesamt „über die Maßen" gearbeitet haben, wenn sie ohne Maß und Ziel arbeiten, weil sie es müssen, weil sonst ihre nationale Existenz zugrunde ginge, dann entsteht ein Mehrwert, der die nationale Position im internationalen Konkurrenzverhältnis der Nationalstaaten weltpolitisch bestärkt.

95) Der Kunstmarkt wurde in den letzten Jahrzehnten durch eine rasante Erhöhung der Preise für prominente Kunstwerke „überrascht", die auf ein 50 bis 100faches anstiegen. Es lag im Interesse der Banken und Superreichen, ihren Geldwert durch herausragende, also dem gewöhnlichen Markt entnommene Kunstwerke als ausschließliche Wertobjekte zu sichern, indem sie hierfür hoch dimensionierte Preise

ten Preise, deren Wert von einbehaltenen Geldmengen im Nachhinein ihrer Schöpfung durch die Bewertung herausragender Erzeugnisse und Unikate bestimmt werden konnte. Nicht deren realer Absatz ist Ziel ihrer Preisbildung, sondern ganz im Gegenteil hierzu der in seiner Fiktion durch politische Verfügung festgehaltene Geldwert vermittelst einer prominenten Kulturbewertung. Sowohl der Unterhaltungswert großer Menschenmassen als auch der Wert der Prominenz von Kreationen des Erlebens wie der Bildung von emotionaler Intelligenz wurde schnell als Humankapital bezeichnet und in den Verwertungsprozess des Geldes als sein letztendliches Unterpfand integriert. Das brachte jenseits der bisherigen Lebensproduktion enorme Vorteile auch für die Verwertung der Produkte, für die Gewohnheiten der Sinnbildung des Konsums, also für die Konsumkultur überhaupt. Darin wird Kultur zu einem Objekt von Dienstleistungen und also auch von einem Existenzwert des Weltkapitals.

Die wesentlichen Eigenschaften von Dienstleistungen sind ungegenständlich, sehr vergänglich und daher auch ohne einen geschichtlichen Rückhalt in ihrem Dasein. Aber ohne sie hat vieles seinen Sinn verloren [(96)]. Rein wirtschaftlich ist die hierfür aufgebrachte Arbeit mit

---

bezahlten, und deren Verkaufswert damit für sich zu sichern - ähnlich, wie dies mit Immobilien auch geschah, die allerdings durch den „normalen Markt" als Sicherung auch scheitern konnten. Wo ein „Event" (z.B. Fußballmeisterschaft, Kult-Konzert) als Unikat zu verstehen ist, fließen auch hier immense Geldsummen ein, die dann in die Körper der Fußballer oder die Körperschaft der Veranstalter ausgepreist werden. Die besondere Kreation wird hierdurch als ein ausgenommener Wert, einem Ausnahmewert, zum Träger eines Kapitals, das aus der realen Preisbildung auch tatsächlich herausgenommen ist.

96) Für die Menschen wird einiges wesentlich verändert sein, wenn sie aus dem Krankenhaus entlassen werden, aus einem Taxi steigen, nach einem Konzert in einem Lokal den Abend beschließen, mit einem aufpolierten Äußeren schneller und gezielter Kontakt finden, ihre Meinung geäußert haben, ihre Eltern und Kinder gut aufgehoben wissen, sich gesund pflegen lassen und ihre Wege zur Arbeit und Muse gefunden haben und dergleichen mehr.

ihrer Bezahlung erledigt, ihr Nutzen erfüllt. Doch ohne sie wären ihre gesellschaftlichen Verhältnisse doch sehr viel unbrauchbarer. Während der Nutzen von den Gegenständen des Lebens wirtschaftlich erst in den fristgerechten Zeiten ihres Verbrauchs untergeht, die Welt durch ihren ganz praktischen Verzehr so nach und nach oder überhaupt nicht verlässt, sind Dienstleistungen schon mit ihrer Tätigkeit vergangen und existieren dem Sinn nach nurmehr kulturell und körperlich in den Lebensverhältnissen der Menschen fort. Und diese Verhältnisse bestehen nur durch ein Verhalten fort, das nicht unmittelbar sachlicher Natur, nicht gegenständlich da ist.

Allerdings sieht man auch dem Dasein einer Sache nicht unmittelbar an, wie viel Aufwand an Technologie, Verwaltung, und Arbeit in sie eingegangen ist, bevor sie gebraucht, verbraucht und konsumiert wird, was alles durch ihre Herstellung verschlissen wurde und in ihrer Vernutzung sich auflöst. Aber die Gegenstände des Lebens gehen als seine natürlichen Stoffe in dieses ein und bewähren insofern auch ihre gegenständliche Existenz in ihrem sinnlichen Dasein - zunächst als Material der Arbeit und der Reproduktion der Arbeitsmittel und der Arbeitskräfte und schließlich auch als Lebensmittel ihres Lebensstandards, der damit unterhalten wird. Sie sind nicht nur nützlich, sondern immer auch Sinn und Stoff ihrer Kultur, der hierzu entwickelt, für ihre Vergegenständlichung als Sinn gebildet worden war und für ihre sozialen Beziehungen nötig ist. Die Güter des Lebens existieren bis zu ihrem Verbrauch sinnlich fort, verkörpern also einen gegenständlichen Sinn, der auch noch in ihren gesellschaftlichen Verhältnissen kulturell bedient wird.

Und darin sind sich Dienstleistungen mit der gegenständlichen Arbeit, der Herstellung von Gegenständen, für die Dinge des „realen Lebens" gleich: Sie gehen in deren Produkte ebenso ein wie die Technologie und die Automation der Produktionsmittel, die das konstante Kapital darstellen, mit dem sie erzeugt wurden. Beides existiert gesellschaftlich fort und verliert so nach und nach seinen Sinn - je nachdem, was es jeweils an Aufwand nötig - und somit an Wert - hatte und inwieweit dieser durchschnittlich nötig, also „in Mode" ist. Während der sachliche Wert der Dinge aber vom Warentausch abhängig ist, besteht der kulturelle Wert nur aus seiner sozialen Bewertung, aus dem, was die Zwischenmenschen einander selbst Wert sind. Von daher haben auch Dienstleistungen einen dem entsprechenden Verschleiß in ihrer Selbstverwertung, in dem, was sie füreinander Gelten und durch ihre Existenz auch persönlich sind. Ihr Selbstwert wird notwendig zur Lebensform ihres Daseins als Humankapital, dem Eindruck, den sie durch ihren Existenzwert in ihren zwischenmenschlichen Verhältnissen auf einander machen können. Sie sind also wie ein konstant in sie eingehendes Humankapital, wie ein konstantes Kapital [97] der zwischenmenschlichen Verhältnisse zu bewerten, das durch den bloßen Handel zwischen den Menschen bewegt wird [98] - mit dem einen Unterschied, dass sie sich nicht erst mit ihrer gegenständlichen Existenz verbrauchen, sondern schon mit ihrer Tätigkeit dort verbraucht sind, wo sie geleistet wird. Derweil sich ihr Sinn in ihrer Bedeutung kulturell fortträgt, geht ihr gesellschaftlicher Nutzen schon mit der Arbeit unter.

97) Konstant ist ein Kapital, das vor jeder Produktion als Produktionsmittel vorhanden sein muss, das selbst keinen Wert bildet, sondern lediglich als Mittel einer Wertbildung eingesetzt werden muss, durch das die Wertbildung organisch zu vollziehen ist. Es geht durch seine Vernutzung Stück um Stück in das Produkt und dessen Preis über und muss von daher eine immer wieder zu erneuernde konstante Produktionsbedingung bleiben und immer wieder neu investiert werden.

98) *„Der kommerzielle Arbeiter produziert keinen Mehrwert und rentiert sich nur, indem er die Kosten der Realisierung des Mehrwerts vermindern hilft. Seine Kosten rentieren sich wie Maschinenkosten durch die Synergie seiner Arbeit in dem Maß, wie die Vermittlung großer Handelsbeziehungen die Realisierung von Mehrwert effektiviert." (siehe hierzu im Kompendium der Kulturkritik.net MEW25, Thema 17/11)*

Doch diesbezüglich hat sich mit der globalen Vergesellschaftung des fiktiven Kapitals etwas Entscheidendes verändert: Der nationale Nutzen wird international zwischen den Handelsbilanzen verbraucht und daher gegen seinen Sinn selbständig. Als sinnloser Nutzen muss er sich national für die Menschen verselbständigen: Er verbleibt hier als bloße Kultur jenseits der gesellschaftlichen Wirklichkeit in einer rein persönlichen Sinnbildung als Sinn persönlicher Selbstvergegenwärtigungen in zwischenmenschlichen Verhältnissen, in denen sich die Menschen als Masken ihrer Gesellschaft ihres Lebens versichern und mitteilen und das persönliche Unglück ihrer Liebe für sich und bei sich behalten. Die Selbstachtung der Menschenliebe geht im Streben nach einer Selbstverwertung, im Geltungsstreben ihres Selbstwerts unter und akkumuliert sich in der Selbstveredelung eines nationalen Narzissmus.

Das fiktive Kapital des herrschenden Schuldgeldsystems hat mit der Zeit also die reichen Gesellschaften dahin getrieben, dass sie sich aus den gegenständlichen Notwendigkeiten ihrer wirklichen Lebensverhältnisse - dem Reichtum ihrer sinnlichen Lebenswelt - durch die Verwertung von reinem Buchgeld abgehoben haben, so dass sich dieser selbst als das Geld ozeanischer Verhältnisse und Beziehungen verhält. Die Nationalstaaten sind darin Geisterschiffe, die Träger eines irrealen Geldwerts, und die Menschen die Schwimmer, die Konsumenten eines ebenso irrealen Mehrwerts, die nach Grund und Boden suchen - nicht als Konsumenten eines Mehrprodukts, sondern als bloße „Verbraucher" in einer Welt ungeheuerlicher Geldmengen, in der sie genauso gut aufgehen wie untergehen können. Leben erscheint nurmehr zufällig, wird beliebig, zur reinen Glückssache, denn nichts bleibt darin wirklich so, wie es entsteht oder entstanden war, und es verändert sich ohne Grund, weil dieser abwesend, also wesenlos erscheint. In ihrer Konsumkultur stellt sich eine Lebenskultur her, die hierfür nützlich, für die Menschen aber sinnlos ist, keinen Sinn von ihnen und keinen Sinn für sie vergegenständlicht. Sie leben in einer Befriedungssucht, einer Scheinwelt unendlicher Bezogenheiten, und dienen ihr durch ihre Dienstleistungen, die ihre öffentliche Kultur als Design des Lebens schlechthin erscheinen lässt. Es ist das Leben einer Existenz, die alleine aus den ganz privaten Bedürfnissen ihrer zwischenmenschlichen Lebensverhältnisse schöpft, denen sie als Mittel ihrer Selbstbestätigung nachjagen, sich darin für sich und durch sich selbst behaupten, um sich auch selbst als Leben durch andere und für andere zu vermitteln, um dadurch alles zu erleben, was sich wie eine Geschichte ihrer Subjektivität ereignet, auch wenn dieses Leben nur objektiv gegeben ist wie eine Gegebenheit in einem allgemeinen Dasein, das sich für ihren ganz persönlichen Existenzwert, ihrem Selbstwert als objektives Selbstgefühl hernehmen lässt.

Die Menschen erfüllen hierbei die Notwendigkeiten ihrer politischen Existenz als Wertträger und Konsumenten, als Bürger und Bürgen der Nationalstaaten, die ihre politische Existenzform, ihren Existenzwert als Moment einer internationalen Kapitalverwertung produktiv vermitteln. In ihren Dienstleistungsgesellschaften existieren sie daher selbst vorwiegend als Lebensform einer toten Arbeit, als Humankapital in einer durch und durch inhuman gewordenen Welt. Von daher erscheinen sie sich selbst nicht als Wertträger, sondern als Menschen schlechthin, als voraussetzungslose, als unbedingte Menschen, die sich schon in ihrer Existenz durch sich hervorragend (existentia = herausragend) über alle Welt verständigen und verstehen können. Sie erscheinen sich selbst als objektive Subjekte ihrer Lebenswelt, in der ihnen allerdings jede wirkliche Subjektivität abgeht, weil sie ihnen in ihren Lebensverhältnissen schon objektiv vorgegeben ist. So schlicht ihnen ihr Dasein vorkommen mag: Es ist nicht das, als was es erscheint. In Wahrheit verhalten sie sich widersprüchlich zu sich und zu ihrer Lebenswelt - auf doppelte Weise gegenwärtig. Sie erscheinen sich objektiv als Subjekte ihrer objektiven Bestimmtheit und bewerten sich selbst danach, was sie in ihrer Lebenswelt an Selbstwert gewinnen können.

Der „mündige Bürger" ist in Wahrheit der Kleinbürger, der unentwegt mit sich selbst hadert und eine Wertschätzung durch andere Menschen ersucht, um sich als Mensch unter Menschen, in seinen zwischenmenschlichen Verhältnissen für sein Selbstgefühl bestätigt zu sehen - aber wo dieses zutrifft empfindet er im Grunde zugleich eine unsägliche Langeweile, weil dies die bloße Ästhetik seiner Selbstwahrnehmung bestärkt. Schließlich ist ein solches Gefühl ja auch schon vor aller Wahrnehmung bekannt und kann keine neuen Erkenntnisse erbringen. Er kann in dieser Vermittlung zwischen sich und anderen Menschen keine eigene Geschichte finden, nichts empfinden, was seine Gefühle weiterbildet, indem es neugierig machen könnte. Kaum ist ein Mensch in einer Dienstleistungsgesellschaft erwachsen und hat darin irgend eine Arbeit gefunden, so geht gerade diese Neugier mit jeder Dienstleistung unter, weil sie nur den Sinn für sich und durch sich wahrmachen, den Dienstleister immer wieder nur auf sich, auf die Kultur seiner Lebenswelt als Modus und Mode auf ihn zurückwerfen kann. Er lebt im Widerspruch mit sich und seiner Lebenswelt, weil er sich darin nicht wirklich erkennen und seine Erkenntnisse nicht wirklich verstehen, den eigenen Verstand immer wieder nur durch viel Verständnis auf sich selbst als Verständnishaftigkeit für andere zurückführen, selbst nur zu einem verständnisvollen Zwischenmenschen werden kann. Weil seine Wirklichkeit sich selbst widersprüchlich ist lebt er in Wahrheit ausschließlich zwischen sich und anderen Menschen in zwischenmenschlichen Beziehungen, in denen die Erlebnisse die Ereignisse des Lebens vermitteln, die der Selbstwahrnehmung äußerlich bleiben und sie dennoch bestärken und durch die jede Selbstbeziehung bei allen Wahrnehmungen zum ausschließlichen Kriterium der eigenen Wahrheit, zum Reiz und Anreiz einer persönlichen Identität wird indem sie Eindruck auf andere macht.

Als Wertträger des Kapitals nehmen sich diese Zwischenmenschen selbst als Wert für sich wahr und pflegen ihren Selbstwert wie eine kosmopolitische Lebenssubstanz. Und weil sie diese überhaupt nur durch ihren Geldbesitz beleben und erleben können, identifizieren sie sich mit dem Staat, der ihnen die Wertsicherheit ihrer Existenz als ihren Existenzwert garantieren soll, indem er sich um die Stabilität der eigenen Währung und Kultur kümmert. Nichts wäre für die gewöhnliche, die „normale" Bevölkerung einer Dienstleistungsgesellschaft bedrohlicher, als der Verlust dieser Wertgarantie, denn das zwischenmenschliche Verhältnis ihrer Selbstverwertung ist die einzige ihnen verbliebene Lebenswirklichkeit. Und die erscheint ihnen auch tatsächlich als die Wirklichkeit ihres Lebens schlechthin, als das objektive Naturwesen ihres Wirkens, ihrer persönlichen Eigenschaften und Fähigkeiten, durch die sie die Ereignisse ihres Lebens erzeugen, die sie in ihrem einzelnen körperlichen Erleben wahrhaben, sich darin ihre gesellschaftlichen Beziehungen auch wirklich einverleiben. Darin finden sie sich so subjektiv, wie ihnen ihr Leben objektiv als gegeben erscheint, ihre Empfindung wie eine Gegebenheit des Lebens, die ihre Gefühle bestimmt. Ihre subjektive Objektivität ereignet sich daher in den Erlebnissen, die sie objektiv wahrhaben. Und von da her erscheint ihnen auch ihre Subjektivität als eine objektive Begebenheit. Tatsächlich sind es im Allgemeinen die Wahrnehmungen ihrer Kultur, die ihr ganzes Leben durchziehen.

Eine Dienstleistungsgesellschaft erfordert eine Arbeit in der Lebenswelt ihrer zwischenmenschlichen Verhältnisse und kann sich deshalb politisch nur innerhalb eines vermögenden Nationalstaates „artgerecht" verfassen, eben weil sie sich selbst als ein unvermitteltes, also unmittelbares Kultursubjekt ihrer Verhältnisse wahrnimmt und bestimmt. Und der Nationalstaat war ja auch schon mit der Entstehung der bürgerlichen Gesellschaft das Gebilde einer Fiktion, das ein Gattungswesen vorzustellen hatte, das es nicht wirklich gab. Nur weil sich die Menschen darin und über ihn als gesellschaftlich verbunden sehen müssen, nur weil der Staat einen wirtschaftlichen und kulturellen Zusammenhang darstellt und mit der Macht einer allgemeinen Notwendigkeit betreibt [(99)], erscheint er schon als die Existenzform einer menschlichen Gesellschaft, als eine unwirkliche Allgemeinheit, die nichts anderes ist als der Wertzusammenhang einer abstrakt menschlichen Gesellschaft, so wie er sich als Existenzwert aus den internationalen Verhältnissen der Nationalstaaten für einen Lebensraum ergibt und bestärkt.

Das „Humankapital" der Dienstleistung

Die Quellen des Kapitals der bürgerlichen Gesellschaft, worin sich seine Verwertung verhält und vollzieht, sind die Arbeit und ihr Lohn, das Geld und sein Profit und der Boden, die Naturalform des Grundeigentums als Ressource der Eigentumstitel. All diese Ressourcen kehren im Gesamtverhältnis des Kapitalismus kapitalisiert wieder in der Form des variablen Kapitals, dem Reproduktionswert des durchschnittlichen Lebensstandards, der Geldrente, dem Mehrwert aus unbezahlter Arbeit, und der Grundrente, dem Verwertungshintergrund aller Eigentumstitel. Keine dieser Grundlagen könnte in einer Waren produzierenden Gesellschaft ohne die andere von Wert sein, weil es darin keinen Wert ohne Arbeit geben kann, weil das Geld ohne Profit nicht Geld bleiben könnte, und weil das Grundeigentum ohne

99) Der Staat (lat. von status als Form, Stand, Zustand, Stellung) beschreibt die Verfassungsform einer Zentralmacht, welche den Einfluss der herrschenden Instanzen und Institutionen regelt und sich durch eine rechtliche, kulturelle, politische und wirtschaftliche Einheit aller Staatsbürger legitimiert wissen will. Letztlich muss er sich als Bürokratie der nationalen Existenzformen von Wirtschaft und Kultur politisch durchsetzen, also politische Ökonomie und politische Kultur durch seine national bestimmte Verwaltung vereinen.

Arbeit und Geld, keinen Wert zu akkumulieren hätte. Es ist die höchste Form der Kapitalisierung des Mehrwerts, der auf die den Menschen entfremdete Natur ihrer Gesellschaft zurückkommt und nur noch durch das Tempo ihrer Handelsbeziehungen gehalten wird [(100)]. Aber wo das Kaufmittel Geld sich überhaupt nur als Kaufmittel verhalten kann, wo die Produktformen als Maß der Werte mit dem Maßstab der Preise identisch zu sein scheinen, da erscheint auch die Wirtschaft selbst dann, wenn sie für die Menschen immer wertloser wird, für das nationale Wohlergehen äußerst wertvoll, soweit sich die Bürger in das nötige Tempo ihrer existenziellen Veränderungen einfügen lassen. Es geht allein um die Flexibilität der Verhältnisse. Jeder Positionswechsel muss einen anderen ablösen, der besonders auch durch die sich rasant ändernde Technologie bedingt ist. Der Prozess kommt nirgendwo mehr zur Ruhe, denn er sichert nur durch seine Übermäßigkeit, durch den massenhaft sich vollziehenden Händewechsel des Geldes die nationale Existenz an sich, eine nationale Geldzirkulation, die zwar für die Existenzen im Staat äußerst ungerecht ist, weil sie das Zahlungsmittel als Kaufmittel von Eigentum extrem unterschiedlich verwertet, aber dafür alle Existenzen sichert.

Existenz beschreibt in der politischen Ökonomie der Volkswirtschaftslehren das geschlossene System einer Selbsterhaltung, worin die wirtschaftlichen Substanzen jeweils für sich auf die Quellen ihrer politischen Haushaltung zurückkommen sollen, um sich darin je einzeln zu erneuern und die Kraft ihrer Fortbildung zu schöpfen [(101)].

100) *„Die Masse des zirkulierenden Geldes bestimmt sich ... im Geldhandel aus den Funktionen der Kauf- und Zahlungsmittel, welche den Grad der Zirkulationsgeschwindigkeit bestimmen." (Siehe Kompendium der Kulturkritik.net zu MEW 25, Kap.28, Abs.1, Thema 28/3)*

101) Existenz ist pures Dasein, die mit diesem Begriff allerdings als ein hervorragendes Dasein behauptet ist (ex istare=Herausragen), das außer sich nichts wahrhat, sich als voraussetzungslos findet und empfindet, und sich dennoch in Raum und Zeit verhält. Einen Wert kann eine Existenz als solche aber nur haben, wenn sie an

Karl Marx hat dem dadurch widersprochen, dass er die Rückführung, die „Revenue" des gesamten Kapitalkreislaufs in einem gesellschaftlichen Verhältnis von Klassen der Reproduktion der kapitalistischen Lebensverhältnisse, und damit schließlich als bloße Formationen des Gesamtkapitals der Mehrwertproduktion begriffen hat. Von daher befand er die Trinitarische Formel der politischen Ökonomen seiner Zeit als eine Verschleierung dieses Zusammenhangs in den existenziellen Verhältnissen von Arbeit, Geld und Grund und Boden im Verhältnis des Gesamtkapitals, das sich aus dem Zusammenwirken des variablen Kapitals, des Finanzkapitals und der Grundrente ergibt. Insgesamt erscheint das ganze Verhältnis als personifizierter Zusammenhang der einzelnen wirtschaftlichen Existenzen, die als gesamte Existenz vom bürgerlichen Staat politisch zusammengefasst und in ihrem Existenzwert politisch vereint werden. Soweit der Nationalstaat in diesem Zweck selbst gegen andere Staaten konkurriert und somit auch betriebswirtschaftlich bestimmt auftritt, konkurrieren auf internationaler Ebene die Existenzwerte als solche gegeneinander und verselbständigen ihre Existenzwerte zu nationalen Formationen ihres politischen Lebensraums. Das globalisierte Kapital spekuliert daher genau darauf, weil dies die menschlichen Existenzen selbst zu einem weltweit fungierenden Humankapital bestimmt, einem Kapital, das

---

etwas bemessen wird, was außer ihr sie bestimmt und wofür sie bewertet wird. Der Begriff von Existenz ist an sich widersprüchlich, weil es alles Sein voraussetzungslos sieht, umgekehrt aber alles aus Existenz geworden annimmt, für sich seiende Tätigkeit erschließen will, die als Gewordenes so da ist, wie sie durch die Tätigkeit auch geworden ist. Diese Voraussetzungslosigkeit des Tätigseins abstrahiert von der Geschichte seiner Mittel und impliziert die Identität von Tat und Vermittlung, ist also für sich schon hervorragend, Individualität von gesellschaftlichem Sein, einzeln und allgemein zugleich, selbst schon eine Daseinsform von Geldbesitz als Reproduktionsmittel (im Sinne von: aus den Bestimmungen des gesellschaftlichen Lebens herausragen). Qualitativ unterstellt der Begriff einen Sinn, der nicht menschlich verwirklicht, nicht wirklich sinnlich ist, aber als abstrakt menschlicher Sinn da ist, und deshalb auch sinnliche Wirkung hat.

als rein politische Macht der Nationalstaaten - durch das kulturelle Leben der Menschen hindurch - ihre Verhältnisse bestimmt.

Ursprünglich war der Wert von Waren durch ihre Produktion und ihrem Preis durch ihre Zirkulation entstanden, durch ihr Verhalten zwischen Angebot und Nachfrage beim Warentausch. Er erscheint daher zunächst zufällig auf einem Preisschild, je nach Markt- und Selbsteinschätzung eines Anbieters - als ihr relativer Tauschwert, als Vorstellung eines verallgemeinerten Wertverhältnisses, in welchem das Geld als Zahlungsmittel den Geldvorschuss eines Kaufmittels einlöst, das auf einen Mehrwert als Handelsgewinn spekuliert, wodurch sein Tauschwert durch dessen Profit auch vermehrt erscheint. Die Preise der Waren waren immer an diese realwirtschaftlichen Grundlagen gebunden, auch wenn ihr Gebrauchswert selbst in immer abstraktere Ebenen vordrang, alle möglichen Bedürfnisse, auch die nach Kulturprodukten, Ereignissen und Dienstleistungen und auch als Gebrauchswert des Kapitals im Kreditwesen einen Wert aus der bezahlten wie der unbezahlten Arbeit mitbrachten. So schien es, als ob der Einsatz von Geld selbst mehr Geld erzeugen könnte, als ob Geld arbeiten würde, um sich zu vermehren. Doch sein Wert zerging schnell wieder entweder mit der Konsumtion der Produkte oder akkumulierte sich in der Geldzirkulation. Selbst wenn für die Menschen dabei manchmal auch ein Fortschritt ihres Lebensstandards absprang, so nur in dem Maß, in dem er auch dem Kapital mit dem Fortschritt seiner Produktivkraft abgegolten werden konnte. Immer folgte der Preis letztendlich dem Wert der Produktion, der sich über den Warentausch in der Warenzirkulation bis zu seiner vollständigen Aufzehrung verwirklichte [102].

102) *„Die Geschwindigkeit des Reproduktionsprozesses des ganzen Kapitalverhältnisses hängt einerseits ab von der Masse der zu verausgabenden Einkommen (Revenue) im Umfang der Konsumtion und andrerseits von der Größe der in Produktion und Handel zirkulierenden Kapitalmassen. Während in Prosperitätsphasen sich deren zirkulierende Geldmasse bis an die Grenze der größtmöglichen Umlaufgeschwindigkeit entwickelt aus-*

Doch die Logik dieser Wertbestimmtheit, die Logik des Kapitalismus erbrachte immer größere Widersprüche bei ihrer Verwertung, so dass die Wertrealisation immer schwieriger wurde. Die Finanzwirtschaft hatte zunehmend das Problem, ihre fiktive Kapitalform, also ihre Kredite und Spekulationen wieder in den Verwertungszusammenhang zurückzuführen. Immer mehr fiktives Kapital blieb in der Schwebe des Geldhandels auf dem Finanzmarkt und musste sich durch eine Negativverwertung über Schuldverschreibungen in Wert halten, worin sich schließlich ein Schuldgeldsystem entwickelte, das sich durch die politische Macht und Gewalt in den hiervon bestimmten Lebensräumen über deren Lebenszusammenhänge erhob und per Austeritätspolitik deren Existenz selbst ausbeutete. Es war ein Existenzwert entstanden, der sich alleine in der Preisbildung darstellt und fortbildete, und der in der Bewertung des möglichen Warenabsatzes in einem entsprechend festen Umkreis nur kalkulatorisch zu ermitteln, bzw. zu spekulieren war. Er war deshalb auch an diesen politisch bestimmten Kreis gebunden, der sich durch die Abhängigkeit der Menschen von ihrer politischen Zugehörigkeit substantivierte. Darin entstand die Preisbildung einer Verwertungsschuld, die sich in der Realwirtschaft und ihrer Profitrate und damit auch dem Zins nicht mehr verwirklichen kann, weil über die Spekulation auf die Preisdifferenzen eines Schuldgeldsystems dem Geld nicht Wert zugefügt sondern durch den Geldumlauf, durch das darin treibende Maß des fiktiven Kapitals entzogen wird. Die Mehrwert bildende Mehrarbeit muss keines der schwer verkäuflichen Mehrprodukte auf den Markt werfen. Der Arbeitskraft wird nach ihrer Mehrarbeit mit der Lohnauszahlung auch noch Wert aus der Lohntüte entzogen, für die mehr Arbeit erbracht werden muss und die räumliche Beziehung der Preise und Abhängigkeiten immer bestimmender werden. Der Lebensraum

dehnt, wird die Kapitalübertragung in Investitionen relativ geringer." (Kompendium der Kulturkritik.net zu MEW 25, Kap.28, Abs.1, Thema 28/4)

selbst wird zum zentralen Spekulationsobjekt und die Verfügung hierüber, das Grundeigentum selbst über die Lohntüte zum Wertbildner.

Es ist ein Wert auf der Grundlage des Lebensraums, der politische Wert einer im politischen Raum verselbständigten Existenz, die sich als Forderung nach Wertdeckung durch das Schuldgeld überall herumtreibt, wo Geld zum Lebenserhalt nötig und nicht vorhanden ist, wo es also um jeden Preis erdient werden muss, auch wenn damit die Lebensgrundlagen selbst veräußert werden. Wie Aasgeier ziehen die Besitzer eines immer wertloser werdenden Geldes, die großen und kleinen Banker durch die Lande und Länder, wo sie Armut antreffen, um den Segen ihrer Kredite und Abverkäufe zum Billigpreis anzubieten um den Segen der leiblichen Abhängigkeiten einzuhandeln [(103)]. Dem Glauben ist jeder Segen willkommen weil er auf Erden Verpflichtungen und Abhängigkeiten schafft, die voller Leben sind und auf einfachste Weise die tote Arbeit des fiktiven Kapitals zum Leben erwecken können.

Und wer arm ist muss dran glauben. Er muss aus seinem Leben Geldwert für andere schöpfen, durch seine Preisbildung selbst unbezahlte Arbeit auspressen und seine Zahlungspflichtigkeiten durch Schuldtitel mit Zahlungstermin verstetigen. Denn den Wert kann Armut nicht aus eigener Kraft aufbringen, wenn die Menschen in Abhängigkeit leben müssen und zudem Schuld zu bezahlen haben. Es ist ein Wert, der überhaupt nur durch eine Negativverwertung erzeugt werden kann. Und darin begründete sich das erweiterte Kapitalverhältnis jenseits der realen Waren- und Finanzmärkte aus einer

103) Mit einiger Verwunderung berichteten in einer Reportage von Harald Schumann die Finanzpolitiker der ärmeren EU-Staaten, wie sie durch hohe Kredite ohne jegliche Sicherheiten zum Beitritt in die EU gelockt wurden und sich dem auch praktisch ergeben mussten, um ihre niedergegangene Wirtschaft wieder in Gang zu bringen - allerdings vor allem in den Gang, der ihnen vorgezeichnet wurde und ihr Land zu einem Gelände für Touristen und Grundbesitzer verwandelte.

vierten Quelle, die erst mit der Ausweitung der Dienstleistungen entstanden war, in denen die Preise unabhängig von ihrer Produktion oder selbst mit ihrer Produktion im Gefälle ihrer Absatzmärkte zu bestimmen sind. In einer Dienstleistungsgesellschaft entsteht Wert so schnell wie er auch vergeht, im Schuldendienst abgeführt oder zum Einkauf lebensnotwendiger Güter ausgegeben wird. Hier herrscht ein eigenständiges Wertmaß der bloßen Existenz im Hier und Jetzt von Hand und Mund, dessen Zyklus außer Landes bestimmt wird. Nur die Masse und das Tempo des Güterumschlags stellt das umlaufende Wertverhältnis dar, das es zu befriedigen gilt, das aber wie etwa auch eine Maschine mit ihrer Bewegung verschleißt und immer wieder erneuert werden muss, um im Produktabsatz sich aufzuheben.

Der Existenzwert einer Gesellschaft im Zwang einer Negativverwertung betrifft nach wie vor alle Einkommensquellen, den Arbeitslohn, den Profit und das Grundeigentum. Er vermittelt sich aber nicht durch Waren als Produkte, die den Wert ihrer Herstellung darstellen, sondern als Preis, der alleine die Bewertung ihrer Nachfrage darstellt. Unmittelbar ist die Preisbildung ja auch nur die Bewertung der Verkäuflichkeit einer Ware, mittelbar eine Annäherung an ihren Wert, der aufgesaugten menschlichen Lebenstätigkeit pro Zeit und Raum, um den sie „oszilliert" (Marx), weil sie ihr Vermögen erst im Nachhinein des Warentauschs erfährt. Der Existenzwert stellt das in Wert, was davon anteilig in den umlaufenden Geldwert einer nur fiktiv vorhandenen Geldsumme eingeht, der die Existenz der Menschen als Bürgen und Schuldner bestimmt. Je mehr Menschen sich in diesem Lebensraum ernähren müssen, desto dichter müssen sie existieren und desto größeren Existenzwert haben sie für ihren Staat, der in ihrer existenziellen Abhängigkeit einen neuen Boden seiner Verwertbarkeit fand und inzwischen hieraus „frisches Geld" für seine Schuldpflichtigkeiten bezieht. Die überzähligen Menschen wurden zum Absatz der kapitalnotwendigen Überproduktion durch ihren Konsum hergenommen und durch die Entwertung ihrer Arbeit zu einem Schmiermittel des Arbeitsmarktes.

Es ist der Preis der Subsistenz selbst, des bloßen Daseins als Mensch, der aus der Existenz einer billigen und sich verbilligenden Lebenswelt gewonnen wird, der Preis der Verarmung, der aus der Geldzirkulation erpresst wird, wenn immer mehr Menschen mit einer Geldmenge leben müssen, die immer weniger Menschen zu einem immer größeren Vorteil gereicht. Die Einnahmen aus der Armut entstehen aus einem beschleunigten Geldumlauf mit zunehmender Flexibilität der Existenzen, dem „Allzeit-bereit-sein" ihrer Lebenslage und deren Unterordnung unter die Bedürfnisse des Kapitalmarkts, seiner Kredite und Leasings und den Reparaturleistungen an der wirtschaftlichen und sozialen Existenz, den sozialen Dienstleistungen von Menschen am Ganzem eines ungeheuer vielseitigen und ebenso beliebig gewordenen Systems. Und entsprechend vielseitig und beliebig sind auch die Ausgaben hierfür, besonders für Lebensmittel, Steuern und Gebühren zum Lebensunterhalt und der Unterhaltung des Lebens, der Lebenshaltungen, der Verwertung von Lebenswerten einer veräußerten Kultur. Was sich durch die Verhältnisse auf den Lebensmittel-, Arbeits- und Finanzmärkten auf einer Seite verbilligt, wird umgehend auf einer anderen durch die Preisbildung wieder ausgefüllt, die einer Kultur genügt, in der die Menschen sich selbst verwerten.

Zwar können die Menschen auch weiterhin nur soviel bezahlen, wie sie verdienen. Doch ihr Verdienst entsteht durch den Entzug ihres gesellschaftlichen Zusammenhangs, der ihre Delokalisation, Zerstörung und Entsinnlichung einbringt, sie abhängig und süchtig macht und mit den Fiktionen entwirklicht und bezwingt, die mehr oder weniger ausdrücklich einem verselbständigten fiktiven Kapital entsprechen, das die Entwertungen des Geldes, des Lebens und der Welt mit sich bringt. Verbilligung durch Verdichtung, Mehrwert durch Zerstörung, Bedürfnisse durch die Entwirklichung des Lebens sind als

Stützen des Geldumlaufs zur Verwertungsbasis des fiktiven Kapitals geworden, dessen einziger Gewinn daraus besteht, den Wert des Geldes zu halten, zu erhalten und anzueignen.

Die Basis einer jeden Gesellschaft sind die konkreten Lebensverhältnisse der Menschen, ihr Lebensraum und ihre Lebenszeit, die Bevölkerungsdichte eines Lebensraums, eines Landes oder einer Nation [(104)], worin ihre Lebensäußerungen sich verhalten, ihre Bedürfnisse, ihre Kultur und ihre Arbeit, worin also der wirkliche Reichtum ihres Lebens im Großen und Ganzen gegenständlich existiert, aber nur in der Form genutzt werden kann, die ihre Formbestimmung politisch vermittelt. Auch wenn dieser Reichtum der Form nach durch die Geldform bestimmt wird, so stellt sich in den Gebrauchswerten, die in der Dienstleistungsgesellschaft eines Schuldgeldsystems erzeugt und erstanden werden, dennoch vor allem die Lebensform als Produkt ihrer Finanzwirtschaft dar, die Produkte, die der Gebrauchswert des Geldes beinhaltet: Reichtum an Geld. Es wird daher gerne der Eindruck vermittelt, dass eine Gesellschaft beziehungsweise eine Nation, die viel Geld in ihrem Umlauf vorzuweisen hat, auch für die Menschen eine reiche Gesellschaft ist.

Doch das Gegenteil ist der Fall, denn Reichtum im Sinne vielfältiger menschlicher Beziehungen und Bedürfnisse geht in der Einfalt des Geldes und den gleichgültigen Beziehungen im Geldbesitz eines letztlich nur fiktiven Kapitals unter, wird zu einem Sinn, der

104) Lebensraum wird in einer reaktionären Gedankenwelt als natürliche Existenzgrundlage, also als natürlicher Raum des Lebens begriffen. Doch davon kann hier nicht die Rede sein. Es ist ein politisch bestimmter Raum, der wie alles im Kapitalismus die Substanzen liefert, die dieser nötig hat um zu funktionieren, der aber niemals eine Politik begründen oder rechtfertigen kann, die diesen Raum besser nutzbar, ausdehnen oder verwalten will. Dass von linker Seite her diese Sinnfälligkeiten oft schon zur kulturkritischen Grenzziehung verwendet werden, belegt eher die Nähe solcher „politischen Kämpfer" zu dieser Gedankenwelt, als dass damit eine soziale Emanzipation begründet werden könnte.

arm bleibt und immer ärmer wird, weil er sich nur gleichbleiben, sich nicht mehr verändern kann, eben weil das Kapital sich in einem Schuldgeldsystem politisch nur noch als Verpflichtung der Menschen gegen ihre Lebensverhältnisse verhält. Nicht um sich ernähren zu können, sind die Menschen hier zu einer ihnen fremd bestimmten Arbeit gezwungen, sondern weil sie ihre Gesellschaft als Existenzgrundlage ihres Lebens erhalten müssen. Das ist zur selbstverständlichen Lebensgrundlage des Existenzwerts in reichen Ländern geworden. Und der Nationalstaat kann immer weniger vorgeben, die freie Entfaltung der Persönlichkeit zu schützen. Er tritt daher jetzt auch immer mehr und immer offener als Verwalter der Behauptung auf, dass der Staat vor seinem Untergang bewahrt werden müsse. Die politischen Grundlagen haben sich gewandelt, weil der Niedergang der gesellschaftlichen Wirklichkeit zunächst immer als Niedergang der Staatsgewalt angesehen wird. Und damit kann natürlich vor allem der Nationalismus an Macht und schließlich auch diese Gewalt gewinnen.

Was zum biologischen Leben und einer dem entsprechenden Verkehrsform nötig ist, wäre bei einer fast vollständig automatisierten Produktion mit relativ geringem Aufwand herzustellen und zu verteilen. Es geht aber darum, ein Geld in Wert zu halten, das nicht nur nationale Beziehungen ins Verhältnis setzt, sondern sich auch international als Weltgeld, als Kampfmittel in der Konkurrenz der Nationalstaaten erhält. Hierfür werden die Staatsbürger aller Nationen schuldpflichtig gehalten. Um ihren Geldwert zu sichern und herzustellen, der international als mächtiges oder ohnmächtiges Kaufmittel, als Maß der Werte funktioniert, das auf dem Finanzmarkt einen Geldwert im Handel mit den Währungen, den nationalen Zahlungsmitteln, dem nationalen Maßstab der Preise einnimmt und ausgibt, können die nationalen Märkte auch nur funktionieren, wenn sie unentwegt für ihren Geldwert produzieren, die Lebenssubstanzen von Land und Leuten hierfür verwerten, und die armen Länder nur noch ihr Leben durchhalten, indem sie ihre Mehrprodukte abliefern, und die reichen davon zehren, dass sie zu ihrem Leben einen mächtigen Staat zu ihrer Existenzsicherung nutzen können. Ihre Negativverwertung löst ihre wirkliche Gesellschaft auf und reduziert das Leben der Menschen auf ihre einfachsten Lebenswelten, auf das, was von ihrem Menschsein übrig bleibt, wenn ihre Gesellschaft zerfällt: ihre zwischenmenschlichen Beziehungen.

Aber ihre Gesellschaft ist damit nicht lebendiger. Die Menschen können sich in ihren zwischenmenschlichen Beziehungen nur zu sich selbst als Menschen verhalten und durch Dienstleistungen das Geld verdienen, das sie zu ihrem Lebensunterhalt brauchen. Mit ihrer Arbeit fungieren sie als Humankapital, und als zwischenmenschliche Persönlichkeiten stellen sie einander vor, was sie hierbei an Wert veräußern, was eben durch ihre Selbstwahrnehmung auch außer ihnen Gültigkeit bewahrt. Humankapital sind sie auf eine doppelte Art und Weise: wirtschaftlich als Träger und Produzent ihrer Selbstverwertung zu einem Existenzwert in ihrem Land, - kulturell als Zwischenmensch in einer Welt, in der die Menschen nurmehr auf sich selbst zurückfallen können, sich in ihrer Selbstwahrnehmung wahrhaben und als das wahrnehmen, was sie durch sich für andere und andere für sie sind, was also durch ihre Wahrnehmung selbst nur wahr sein kann. Darin verwirklichen sie ihre gesellschaftlichen Sinne als abstrakt menschliche Sinne, worin sich die einzige sinnliche Substanz ihrer Gesellschaft des Geldes darstellt, in der sie sich über ihre Selbstwahrnehmungen beziehen, von sich absehen, um sich zwischenmenschlich zu verwirklichen und auf sich durch andere zurückkommen, durch die sie ihre Wertschätzung als ihre verbliebene Lebenswirklichkeit erfahren. Für sich und durch sich existieren sie selbst als eine abstrakte Allgemeinheit der Selbstbeziehung. Darin wird ein autonom scheinender Lebensraum selbst zur Natur einer Wertbeziehung, einer Beziehung von Geldverdienen und Geldeinnehmen, die sich in einem dichten

Kreislauf verbraucht und sich als persönliches Glück oder Unglück verwirklicht, als Individualgeschichte eines Verwertungsverhältnisses, als Verhältnis der Selbstverwertung, das Minderwertigkeiten erzeugt, wo Selbstwert sich in seinem Geltungsstreben behauptet und in seiner Selbstbehauptung sich auch selbst zu veredeln sucht.

Für den nationalen Geldwert bieten solche Beziehungen die größtmögliche Sicherheit. Je dichter die Menschen existieren, desto schneller tauschen sie sich und ihre unterschiedlichen Nutzwerte aus und desto wertvoller erscheint ihnen ihr ganz persönliches Existenzmittel: das Kaufmittel Geld, das sie meist allerdings nur als Zahlungsmittel verwenden können. Immerhin können sie damit viel kaufen, was auch schnell verbraucht ist, viel konsumieren, was auch übervolle Mägen noch füllt, wenn es der Verdauung der überwältigenden Eindrücke ihrer Kultur mit ihren beständig wechselnden Ereignissen im Erleben ihrer zwischenmenschlichen Beziehungen nützt. Das ist der Fortschritt, den die Wertmasse des Kapitals erbracht hat [(105)]. Wer damit glücklich wird, mag es kaum für möglich halten, wie schnell solches Glück zerbricht. Denn es kann natürlich auch nur der Fortschritt einer Wertakkumulation sein, die ziemlich schnell alle existenziellen Verhältnisse verändern muss, denen sie ihren freien Lauf zu lassen scheint. Und das kann eigentlich kein Fortschritt der Lebensverhältnisse für die Menschen sein.

Ihre Gesellschaft zerfällt in die Existenzweisen einer partikularisierten Lebenswelt, in das Auskommen der vereinzelten Einzelnen

105) *„Die Reproduktion des Kapitals einschließlich seiner Verwertung wird über den Kapitalhandel von seinem Zahlungsverkehr befreit und zwischen Krise und Prosperität verdurchschnittlicht. Der Schein rascher und sicherer Rückflüsse versichert den Zahlungsverkehr und beschleunigt den Geldumlauf gegenüber dem Verhältnis der Warenpreise. Mit vorherrschendem Kreditvolumen wächst die Geschwindigkeit des Geldumlaufs schneller als die Preise, mit dessen Abnahme fallen die Preise langsamer als die Geschwindigkeit der Zirkulation. In der Krise verhält sich beides umgekehrt." (Kompendium der Kulturkritik.net zu MEW 25, Kap.28, Abs.1, Thema 28/5)*

(Marx), das überhaupt nur noch durch den Zusammenhang seiner nationalen und internationalen Macht, also über die Kapitalisierung ihrer isolierten Lebensmomente der Menschen und ihren Gesellschaften seinen Wert durch deren Bewertung, also durch die Preisbildung haben kann. Und in dem Ausmaß in welchem die realen Güter erzeugt werden, wird das Kapital durch Dienstleistungen in den Lebensverhältnissen der Menschen bestimmend. Von daher wird der Wert ihres Geldes immer irrealer und nur noch von der Macht der Existenz in einer bestimmten Gesellschaft abhängig. Das hat viele Folgen für die Menschen selbst, denn sie sind ja selbst das sinnliche Objekt ihrer Verhältnisse. Durch sie trägt das Kapital seinen Wert. Und das ist ihre Lebensgrundlage, der ökonomische Zweck und der subjektive Sinn ihrer Verhältnisse, die sich in ihnen selbst so zusammenfassen, wie sie darin gestimmt sind, wie sie sich bilden und bewerten, um sich dienen zu können, denn sie selbst sind der gesellschaftliche Körper ihrer Verhältnisse, der menschliche Körper der Kultur: die politische Kultur des Kapitals, für die sie sich äußern und produzieren, für die sie sich als das haben, was sie sind, wodurch sie deshalb nötig haben, das zu bleiben, was sie waren. Ihre Kultur wird in sich selbst fixiert und formell zu einer Lebensbestimmung, zu einer Formbestimmung ihres zwischenmenschlichen Lebens, das sie so produzieren, wie sie es aushalten müssen.

Die doppelte Gestalt des Humankapitals existiert sowohl in ihrer gesellschaftlichen Tätigkeit, wie auch in ihren zwischenmenschlichen Verhältnissen und lässt beides in den Lebensgewohnheiten der Zwischenmenschlichkeit verschmelzen. Deren gegensinnige Bedingtheit tritt nurmehr als Sinn für sich auf, der aber nur so entwickelt und gebildet werden kann, wie es der Macht der Geldmittel nützt, die zu einem großen Teil durch den Existenzwert eines Landes im Verhältnis zu seiner Verschuldung bestimmt sind. Deshalb ist zunächst auch dessen wirtschaftliche Macht die Produktivkraft ihrer Sinnbildung, ihrer Kultur. Aber die verselbständigt sich auch zu einer Kultur der Selbstwahrnehmung und Selbstveredelung, die ihren Selbstwert nur noch durch Bilder von sich, vom eigenen Image veräußert und sich dem auch unterwirft. Doch wesentlich bestimmend ist erst mal ihre wirtschaftliche Seite.

Das konstante Kapital einer Dienstleistungsgesellschaft

Nicht die reelle Staatsverschuldung macht die Bürger der Nationalstaaten zu Bürgen ihrer Staatsdefizite. Es sind ihre Währungen, der Geldwert ihres Geldes auf den internationalen Finanzmärkten, der durch den Weltmarkt des fiktiven Kapitals bestimmt ist. Und so stellt der Nationalstaat daher auch gerne seine Realwirtschaft als hiervon bedroht dar, während er fleißig an der Kapitalisierung des Warenhandels beteiligt ist und aktive Handelsbilanzen ausweisen kann. Was sich alles im Gegensatz vom Kreditwesen zu den entsprechenden Zahlungsversprechen im nationalen Verhältnis von Gläubigern und Schuldnern bewegt, hat das Leben der Staatsbürger zu persönlichen Trägern von Geld als Kapital gemacht, ohne dass sie jemals als Kapitalisten handeln, nicht wirkliche Geldbesitzer werden könnten - ganz im Gegenteil: Aus der bürgerlichen Gesellschaft hat sich eine Gesellschaft entwickelt, in der die Beziehungen der Menschen zu ihren gesellschaftlichen Verhältnissen nicht mehr durch Geldwerte ihrer Realwirtschaft, sondern fast nur noch durch die Geldverhältnisse der internationalen Finanzmärkte bestimmt werden.

Während die Kredite auf Investitionen in die realen wirtschaftlichen Verhältnisse in ihrer Verzinsung gegen Null laufen, die Durchschnittsprofitrate also praktisch keinen Wert mehr einbringt, wächst der Wert von Wertpapieren und Eigentumstiteln in den Himmel der „Anleger“. Und diese wirken vor allem durch bloße Preisbildungen in die Geschäfte der Nationalbanken und damit in die Politik der einzelnen Nationen hinein, die mehr Wert und mehr Arbeit erzwingen müssen, um ihren Geldwert zu retten und ihren Haushalt positiv zu bilanzieren. Das Geld auf den Finanzmärkten vermittelt vorwiegend die Preisbildungen der nationalen Währungen, die ganz wesentlich die Wirtschaftsmacht der Nationalstaaten auf dem Weltmarkt ausmachen. Die lebt davon, dass über den Devisenhandel, über das Verhältnis der Währungen, der internationale Geldwert durch die Nationalstaaten versichert wird, damit sie nicht dem allgemeinen Herrscher des Schuldgeldsystems, dem fiktiven Kapital des internationalen Finanzmarkts zum Opfer fallen. Die hierdurch erzeugten Weltwirtschaftskrisen sind zur Genüge bekannt, fast schon vertraut.

Die internationalen Währungsverhältnisse werden durch die Preisbildung in der Konkurrenz der Nationalstaaten angetrieben und somit bestimmend für das zirkulierende Wertquantum der Wertentnahme aus den Devisen und Derivaten der Nationalbanken. Die internationale Geldform selbst eignet sich im Wirtschaftsbereich einer Währung den Mehrwert aus dem Geldumlauf in den entsprechenden Relationen der Preise der unterschiedlichen konkurrierenden Währungen an. Hierfür bekommt alles eine neue Bedeutung, was sich als Existenzmittel eines Geldumlaufs, praktisch als Wertspeicher zirkulärer Werte eignet. Hier entsteht die neue Welt: Die Welt der nurmehr umlaufenden Werte. Als Produktivkraft dieser Welt stehen die Dienstleistungen an vorderster Front. Sie sind insgesamt die Beschleuniger des Geldumlaufs, der nur durch den beständigen Wechsel der Wertgestalten seinen Wert behalten kann. Mehrwert existiert eben letztlich nur im Meer des Geldes, das durch seinen Wertverlust in der Realwirtschaft seine Verwertung auf dem Finanzmarkt betreibt und antreibt. Die Währungen müssen immer mehr Wert ausschwitzen, damit ihr Existenzwert in den Nationalstaaten erhalten bleibt. Dieser bestimmt alles, was die Existenz der Menschen als Bürgen der einzelnen Staaten ausmacht: Den Wert ihres Geldes, ihrer Grundstücke und Eigentumstitel, ihrer Lebensmittel und Kommunikationsindustrie - und natürlich der Finanzmittel der Staaten selbst bzw. ihrer Staatsverschuldung.

Der wirtschaftliche Fortschritt vollzieht sich daher nur noch als Medium eines Wertwachstums, das alleine durch die Umlaufgeschwindigkeit des Geldes aus den Preisdifferenzen der konkurrierenden Staaten Existenzwert bezieht und diesen durch die politische Gewalt ihrer Existenzmacht verwertet, durch die Macht, die Preise für Geld, Natur und Nutzungsgebühren durch die Entscheidungen einer politischen Klasse zu erwirken, die nichts anderes will, als die staatlichen Verhältnisse zu erhalten wie sie sind, weil jede Veränderung eine unmittelbar wesentliche Gesellschaftsveränderung wäre und diese Klasse der Staatsmacht des fiktiven Kapitals aufheben würde. Das Produktionsmittel, das diesem Verhältnis am nächsten steht, ist dann eben auch naturgemäß das Machtmittel des Staates, die politische Kultur durch die ihr entsprechenden Dienstleistungen: Polizei und Militär, Verkehr und Kommunikation, Unterhaltung und Werbung, Finanzwesen und Transport, Gesundheitsfürsorge und Bildung usw. Nur Dienstleistungen können die Befriedung einer um sich selbst wirbelnden Gesellschaft so schnell und einfach wie möglich herstellen.

Und Dienstleistungen haben relativ wenig Anteile an „harten Produkten“, an Hardware, weil sie diese aus der realwirtschaftlichen Produktion beziehen und wie ein konstantes Kapital amortisieren [(106)]. Meist verbrauchen sich ihre Produkte schon während der Produktion. Von daher sind sie hervorragend geeignet, ein Kapital zu transportie-

106) Das konstante Kapital stellt den Wert des organischen Vermögens der Produktionsverhältnisse, der Technologie und Verwaltung des Kapitals dar und geht nicht in den Mehrwert, sondern Stück um Stück seiner Anwendung als Verschleiß in die Produkte ein, zählt also zum stofflichen Grundumsatz jedweder Produktion, der seinen Wert gemäßen Verbleib nur solange in der Produktivkraft des Kapitals hat, wie der Wert seiner Ausstattung, der Technologie und Dienstleistung noch nicht mit den Preisen der Produkte amortisiert ist.

ren und zu bewegen, das fiktiv, also wesentlich immateriell ist. Sie sind um so wertvoller, wie sie sich schnell vernutzen und auflösen. Soweit Dienstleistung als Arbeit keinen Warenkörper auf den Markt bringt ist ihr reeller Wert daher meist auch gleichbleibend im durchschnittlichen Zeitaufwand der Arbeit für die bloß private Reproduktion der Menschen und ihrer Lebensverhältnisse überhaupt.

Dem Niedergang der Realökonomie stünde daher jetzt immerhin und rein praktisch die Ausdehnung von Dienstleistungsverhältnissen gegenüber - sowohl als Arbeitsmarkt für den Selbsterhalt, als auch im Wertverhältnis der Preise und Profite. Für das praktische Leben bietet dies ja auch wirklich einiges an Bequemlichkeiten durch die Anwendungen der technischen Intelligenz in den einzelnen Haushalten und Betrieben. Doch das macht nicht unbedingt ein wirkliches Wirtschaftswachstum zu einen Mehrwert im Lebensstandard der Menschen. Im Gegenteil: Es macht Wertbildung eigentlich überflüssig und hätte längst das „Reich der Freiheit“ erweitert und den Menschen einen großen Teil der Aufwände für das stoffliche Leben abgenommen, die bezahlte Arbeit selbst reduziert und die unbezahlte Arbeit unnötig gemacht, hätte das nicht den mächtigen Pferdefuß der Wertverwertung zu bedienen. Es bleibt alles bei dem Diktat des Werterhaltes, ohne den jedes Geld seine gesellschaftliche Funktion verlieren, das System der Marktwirtschaft im Ganzen zerstören würde, ohne eine andere gesellschaftliche Vermittlungsform eben auch lebensbedrohlich für alle Menschen wäre.

Weil es hier um den ganzen Zusammenhang einer bestimmten Gesellschaft geht, sind ihre Verhältnisse auch im Ganzen zusammenzufügen, wo ihre abstrakten Vermittlungen sie auseinanderreißen und in einzelne Klassen zu eigenständigen Lebenswelten zwingen, die sich nur über die unterschiedlichen Existenzformen des Geldbesitzes einer politischen Ökonomie ins Verhältnis setzen können. Es ist ein Verhältnis, das sich nur quantitativ verwirklicht und alle Herkunft aus den verschiedenen Klassen der Gesellschaft abgestreift hat. Der Klassenkampf ist die Existenzform ihrer Widersprüche. Er findet nicht nur an Ort und Stelle der Klassengegensätze, sondern auf allen Ebenen der Gesellschaft statt bis hin zum Kampf der Nationalstaaten gegen die Lebensinteressen von Menschen selbst. Aber überall erscheinen diese Widersprüche nur noch in quantitativen Gegensätzen des verfügbaren Geldvermögens, als Verteilungsunterschiede zwischen armen und reichen Geldbesitzer, als Verteilungsungerechtigkeit, die nicht in den Lebenswelten der Menschen, sondern aus der politischen Macht über die Verfügung der Staaten entstanden zu sein scheint. Von daher richtet sich der Kampf der Gegensätze zunächst nur als ein politischer Kampf aus.

Im bloß politischen Kampf sucht man die Machtfrage, den politischen Sieg über ein System, das man durch ein vermeintlich besseres ersetzen will. Das suchen die Politiker dieser Welt schon seit langem für sich und über alle Grenzen hinweg. Aber der politische Wille wird bei solchen „Auseinandersetzungen" auch nur der reine Machtwille bleiben, wenn er sich nicht an den wirklichen Tätigkeiten der Menschen ausrichtet, die über das verfügen wollen, was sie in ihrem Lebensalltag auch wirklich machen, herstellen und auf einander beziehen können. Und in diesem Zusammenhang haben sie auch ihre wahre Macht und Geschichte als wirklich gesellschaftliche Menschen, die von den Formationen ihrer Gesellschaft bestimmt werden. Hinter und vor aller Politik besteht immer schon ein wirklicher Zusammenhang, der die Verhältnisse bildet, ganz gleich, in welcher Form sie sich verwirklichen. Politik kann daher nur auf die Formbestimmungen gerichtet sein und ist in ihren Entscheidungen nur wahr, wenn sie ihren Gegenstand inhaltlich betrifft und von daher die Bestimmungen der ihm fremden Form zumindest in Frage stellt und sie somit als ihren wirklichen Gegner herausstellt. Politik, die lediglich eine Machtfrage stellt, wird sie nie beantworten können, weil gerade die

Existenzformen schon von selbst mächtig sind. Wo Politik im Nachgang einer Formbestimmung als Gewaltfrage auftritt, hintergeht sie ihre eigenen Bedingungen. Sie läuft sich leer, weil sie zu beherrschen sucht, was sie beherrscht. Denn fundamental ist hier das, was Dienstleistungen selbst an Kraft für ihre gesellschaftliche Arbeit einbringen.

Die Produktivkraft von Dienstleistungen

Das Gesamtkapital verhält sich als ein Verwertungsverhältnis der menschlichen Arbeit zwischen dem Reproduktionswert der Lohnarbeit als variables Kapital, dem festgehaltenen Wert seiner Produktionsmittel, der Infrastrukturen, Maschinen, Gebäuden und Verkehrsmittel (Verkehrswege und Transport) als konstantes Kapital und dem Wert einer angeeigneten Mehrarbeit, dem Mehrwert als Geldrente, als Finanzkapital. Was hiervon nicht realisiert und großenteils in einer Realwirtschaft auch überhaupt nicht realisierbar ist, existiert als fiktives Kapital, als Buchgeld einer Zahlungsversicherung (z.B. als Zahlungsversprechen im Kreditwesen, im Bankenwesen oder den Derivaten der Finanzindustrie oder in Kapitalversicherungen).

Eine Dienstleistung ist in ihrer Produktivität keiner dieser Kapitalformationen eindeutig zuzurechnen. Aber immer befördert sie die Anpassung des Warenumschlags an das Wachstum der Produktivität, an das eigentliche Wirtschaftswachstum. Tatsächlich aber werden die Produkte selbst hierbei nicht wertvoller. Im Gegenteil: Die Dienstleistung verbilligt nur ihren Vertrieb und ersetzt somit anteilsweise den Wertverlust, den die anwachsende Produktivität, die Automation der Arbeit von Menschen ihrer Arbeitskraft zufügt, indem sie sich ihrer sozialen Bindung und Verbindlichkeit, ihrem sozialen Lebensverhältnis aufzwingt, weil es ohne sie scheitern würde. Organisch ist jede Dienstleistung keine Bereicherung im Leben der Menschen. Sie muss sein, wo sie um ihren Zusammenhalt und ihr Zusammenwirken besorgt sind, wo ihr Existenzwert, ihre gesellschaftliche Vermittlung und Wirklichkeit bedroht ist. Diese Arbeit hat keinen Sinn, der sich kulturell bestätigen oder fortbilden lässt, und keinen Nutzen, der über den reinen Geldwert eines Landes hinausgeht. Insgesamt bezieht sie sich auf eine internationale Warenzirkulation, auf Handelsbilanzen und Wertsicherungen jenseits der nationalen Wirklichkeit.

Dienstleistungen können Mehrwert aber immer schon dadurch „gewinnen", dass sie die Kosten unproduktiver Arbeit mindern, die dabei verramscht werden muss, indem sie entweder die Preise der Lebenshaltung senken oder deren Zeitaufwand verringern, indem sie also die Reproduktion des gesamten Kapitalverhältnisses verbilligen oder dessen Zirkulation beschleunigen. Mehrwert kann also auch jenseits der Produktion dann bezogen werden, wenn die Umlaufzeit des gesamten Kapitalumschlags bis zum Warenabsatz verringert und damit die ganze Kapitalakkumulation beschleunigt wird. Von daher dienen viele Dienstleistungen (z.B. Werbung, Internet) als Produktionsbeschleuniger, als Reaktionsbeschleuniger der kapitalistischen Produktivität und ihrer Verwertung. Von daher besteht ihre Produktivkraft aus ihrer Fähigkeit, eine Negativverwertung zu entlasten, Wert daraus zu beziehen, dass der Wertverzehr des fiktiven Kapitals gemindert werden kann [(107)]. Aber für die Menschen selbst handelt es sich

107) Sind die Abstände der Wertrealisation gemindert so ist der Umfang der Produktivität ausgeweitet und der Anteil der unbezahlten Arbeit im Verhältnis zur bezahlten vergrößert. Das ermöglicht es, aus Dienstleistungen Beiträge zu ihrer Wachstumsbeschleunigung zu beziehen und auch deren Arbeit insgesamt in produktive Arbeit so zu wandeln, wie sie durch Produktivitätswachstum angelegt ist. Und obwohl sie oft keinen anderen Warenkörper als den der dienstleistenden Menschen selbst haben und schon während ihrer Produktion konsumiert werden, verhält sich ihr Wert - über ihren Preis vermittelt - zu sich selbst schon als Bildner von Mehrwert durch die Fähigkeit, die Reproduktionszeit von Mensch und Kapital zu mindern, und die Wertrealisation, den Warenhandel zu beschleunigen und damit

innerhalb ihrer Lebensproduktion nur noch um eine sinnlose Produktion, die entsprechend viel Unsinn produzieren muss, um im Zweck des Ganzen zu funktionieren.

Im gesamten Kapitalverhältnis verändert sich dadurch allerdings sehr viel. Denn mit der Automation der Arbeit und der rapiden Amortisation der Produktionsmittel durch immer intelligentere Technologie hätte der Kapitalismus das existenzielle Medium seiner Ausbeutung, die gigantische Ansammlung von Produktionsmittel und Produktionsstätten, also sein konstantes Kapitalvermögen reduziert bekommen und damit die Machtbasis für seinen Mehrwert verloren, denn in Ermangelung eines hinreichenden Mehrwerts aus menschlicher Arbeit wird die Produktmasse relativ schnell ziemlich wertlos. Man hätte sie kostengünstiger verschenken müssen, als dass sich ihr Betrieb noch gelohnt hätte. Die alte Geschichte des Krisenzyklus des Kapitals durch den tendenziellen Fall der Profitrate lässt sich nicht mehr in herkömmlicher Weise auflösen.

> *„Ein stets geringrer aliquoter Teil des ausgelegten Gesamtkapitals setzt sich in lebendige Arbeit um, und dies Gesamtkapital saugt daher, im Verhältnis zu seiner Größe, immer weniger Mehrarbeit auf, obgleich das Verhältnis des unbezahlten Teils der angewandten Arbeit zum bezahlten Teil derselben gleichzeitig wachsen mag. Die verhältnismäßige Abnahme des variablen und Zunahme des konstanten Kapitals, obgleich beide Teile absolut wachsen, ist, wie gesagt, nur ein andrer Ausdruck für die vermehrte Produktivität der Arbeit." (MEW, Bd. 25, S. 225f)*

Der tendenzielle Fall der Profitrate, der bisher darin bestand, dass die Produktionsmittel eine große sachlich gebundene Wertmasse akkumuliert hatten, die sukzessive in den realen Produktwert zur Bildung von Mehrwert aus menschlicher Arbeit einging [(108)], konnte nicht

den Abverkauf der Produkte und also ihren Produktionszyklus zu intensivieren und den Umfang ihrer Märkte auszudehnen.

108) *„Die progressive Tendenz der allgemeinen Profitrate zum Sinken ist also nur ein der kapitalistischen Produktionsweise eigentümlicher Ausdruck für die fortschreitende*

mehr durch eine Verschärfung der Ausbeutung menschlicher Arbeitskraft aufgefangen werden. Das konstante Kapital, die Wertmasse der eingesetzten Produktionsmittel, konnte seine stoffliche Existenz selbst immer intelligenter ersetzen und sank in der allgemeinen Konkurrenz der Einzelkapitale im Verhältnis zur Kaufkraft der Löhne, also der Wertmasse der bezahlten Arbeit, sodass über die Realwirtschaft auch immer weniger unbezahlte Arbeit, also Mehrwert, entstehen konnte. Der Kapitalismus hätte sich quasi selbst beendet, wären da nicht die Verwertungsprobleme des Finanzkapitals übermächtig geworden und das Kreditsystem in eine chronische Weltwirtschaftskrise zerfallen. Die Weltkriege haben es zunächst mal mit der Vernichtung von Menschen, Städten und ganzer Länder gerettet, denn deren Zerstörungskraft bindet Unmengen von „Sachbedarf" und „beflügelt" die Wertrealisierung durch Militärkosten, Waffen, „Entwicklungshilfe" Wiederaufbau usw.

Aber auch dies kann natürlich nicht endlos funktionieren. Eine gänzlich andere Verwertungsbasis, die bislang noch an die Produktivität der Arbeit gebunden war, löste sich zunehmend aus dem reellen Produktionsprozess und wurde durch seine Bindung an das weltweite Kreditsystem zu einer humanen Reserve durch Dienstleistungen, die durch Kredite, Staatsverschuldungen, Werbung usw. menschliche

Entwicklung der gesellschaftlichen Produktivkraft der Arbeit. Es ist damit nicht gesagt, daß die Profitrate nicht auch aus andren Gründen vorübergehend fallen kann, aber es ist damit aus dem Wesen der kapitalistischen Produktionsweise als eine selbstverständliche Notwendigkeit bewiesen, daß in ihrem Fortschritt die allgemeine Durchschnittsrate des Mehrwerts sich in einer fallenden allgemeinen Profitrate ausdrücken muß. Da die Masse der angewandten lebendigen Arbeit stets abnimmt im Verhältnis zu der Masse der von ihr in Bewegung gesetzten vergegenständlichten Arbeit, der produktiv konsumierten Produktionsmittel, so muß auch der Teil dieser lebendigen Arbeit, der unbezahlt ist und sich in Mehrwert vergegenständlicht, in einem stets abnehmenden Verhältnis stehn zum Wertumfang des angewandten Gesamtkapitals. Dies Verhältnis der Mehrwertsmasse zum Wert des angewandten Gesamtkapitals bildet aber die Profitrate, die daher beständig fallen muß." (MEW 25,223)

Arbeitskraft binden konnte, die nicht mehr in Arbeitszeiten und Kosteneffizienzen zu bemessen waren und dennoch mehr Wert einbrachten, indem ihre blanke Existenz an das Kapital gebunden wurde. Sie verschleißen ihre Lebenskraft in der stetigen Existenzangst, die über die Preise durch Eigentumstitel als Gebühren, Mieten, Kredite, Staatsschulden usw. abverlangt werden. Die Menschen selbst verbrauchen sich für irgendeine Art von Dienstleitung und sind zum Bestandteil eines konstanten Kapitals geworden, zu einem Humankapital, das keine reellen Produkte mehr erzeugt, aber gesellschaftlich unabdingbar geworden ist.

Diese Denaturierung der kapitalistischen Gesellschaft in der Form der Kapitalverwertung verlangt zwingend nach einer Vermittlung, die durch Dienstleistung erbracht werden muss - nicht im Reich der Moneten, sondern der körperlichen Beschaffenheit der Gesellschaft und der Menschen, die in und durch ihre Kultur leben. Nicht mehr nur ihre Arbeit, sondern ihr Leben selbst ist zum Objekt der Ausbeutung geworden: Fauna und Flora, Mensch und Natur werden als Stoff des Kapitalumlaufs und der darauf setzenden Wetten bis zu ihrer physikalisch begrenzten Substanz verbraucht [(109)]. Der Mehrwert der Dienstleistung besteht aus der notwendigen Mehrarbeit für den Systemerhalt des Existenzwerts einer überflüssigen Wertverwertung. Von daher sind die Dienstleister zum organischen Wertträger des Überflusses geworden, der nötig ist, um das Kapital in seinen internationalen Verhältnissen in Wert zu halten. Im Grunde sind Dienstleister Weltbürger mit national gebundenen Existenzinteressen ihrer Kultur in den internationalen Beziehungen des Finanzkapitals. Sie sind teils produktive Arbeiter einer Weltwirtschaft, zum immer größer werden-

109) Nur noch in wenigen der reicheren Ländern wie z.B. Deutschland, USA, China, Indien und Japan kann ein realwirtschaftlicher Kapitalismus mit einigen Schlüsselindustrien (Automobilbau, chemische und pharmazeutische Industrie, Militärindustrie) seine Verwertungssucht überhaupt noch produktiv fortsetzen.

den Anteil aber Kulturarbeiter für nationalpolitische Interessen. Ihre Quellen (z.B. Information, Verkehrswege) sind kulturell national und verwertungsspezifisch international: Die Kommunikationsindustrie, die sie bedienen, verschafft ihnen Einblicke in das Gesamtgeschehen auf der Welt und auf dem kulturellen Austausch beruhende Beziehungen.

Dadurch, dass Dienstleistungen auch selbst einen Existenzwert transportieren, hat sich ihr Charakter allerdings in ihrer kulturellen Gegenwärtigkeit wesentlich geändert. Im Unterschied zu einer realwirtschaftlichen Produktivität, die sich im Preis der Produkte geltend macht, durch den sie konkurrieren, stellt eine Dienstleistung sich im Preis einer Nutzungsgebühr dar, deren Größe sich durch die Häufigkeit und Zeitdauer ihrer Nutzung berechnet. Nicht die Arbeitszeit zur Herstellung eines Produkts, sondern die Nutzungszeit seiner Anwendung ist hierbei maßgebend. Im einfachen Fall scheint das oft dasselbe zu sein, weil und wo die Dienstleistung schon in ihrer Arbeitszeit vernutzt wird. Was z.B. als Transportzeit, oder Kranken- oder Alterspflege oder Zeit für Babysitting oder Kinderbetreuung u.a. berechnet wird, kann hierzu gerechnet werden. Doch wo sie für die Anwendung einer Produktform bezahlt wird (z.B. Werbegrafik, Kinofilm, Computerprogramm, Musikproduktion, Veranstaltung, Bankgeschäft u.a.), wird die Nachfrage schon unmittelbar zum Preisbildner, der durch ihre Nutzungszeit mehr oder weniger ausdrücklich beschränkt wird.

Hier ist der Preis eine Art von Lizenz zur Anwendung und Teilhabe an einem Produkt, das als Unikat selbst wie ein Monopol auftritt. Man kann oder muss es haben - oder auch nicht. Die Produktivkraft ist hier nicht die Verringerung eines Aufwands in der Masse seiner Produkte, sondern die Prominenz, die das Produkt ausschließlich für sich durch andere da sein lässt. Es ist das Image seiner Bedeutung für einen Existenzwert, der sich preislich darstellt, weil es das Geld betrifft, das die Menschen über ihre Reproduktion hinaus verausgaben können oder müssen.

Es geht bei dieser Preisbildung also nicht einfach um die Nutzbarkeit einer Sache, sondern immer stärker um den Glauben an das Image in einer Welt, in der dieses einen Eigenwert darstellt: den Existenzwert eines wirtschaftlichen Vorteils, der sich nicht in einer Sache verhält, sondern sich aus der Konkurrenz von Handelsbilanzen in der Selbstwahrnehmung ergibt. Im Image verhält sie sich als Formbestimmung der Produktivkraft der Selbstwahrnehmung, wodurch die Vorstellung einer objektiven Wirksamkeit der Beziehung auf sich selbst durch diesen Eindruck auch als Kraft einer Selbstbeziehung in zwischenmenschlichen Verhältnissen betrieben wird.

Die Menschen werden durch Dienstleistungen unterhalten und können sich ihre Meinung aus international kursierenden Informationen bilden oder sich durch die Angebote aus Information und Unterhaltung differenzieren oder auch dort einkaufen, wo fremde Kulturen für sie reizvoll oder sinnvoll sind und über die Transportindustrie beigeschafft werden. Aber sie müssen sich zugleich auf die kulturellen Grundlagen von politischen Entscheidung beziehen, die in den Institutionen der öffentlichen Kultur, in den Ländern und Kommunen, den Parlamenten und Wahlkabinen, in den politischen Formationen der Kulturen ihres Landes überhaupt einbezogen werden müssen [(110)].

110) Ihre Arbeit hätte von daher einen Sinn und würde in ihrem kommunalen Leben und dessen Verhältnis zu allen Kommunen der Welt auch Sinn machen. Als Moment der Geldzirkulation geben sie diesen Sinn aber schon vor aller Wirklichkeit ihrer Lebensverhältnisse auf. Sie selbst sind die sinnlichen Produzenten wie Konsumenten eines reinen Geldumlaufs, der durch sie den internationalen Hintergrund des Mehrwerts realisiert, der sich sowohl in den Preisen ihrer Arbeit wie ihrer Lebensmittel vermittelt und als Festung ihres Nationalstaates wirksam ist. Ihr nationaler Lebensraum, dessen Verwertungsverhältnisse ihnen soviel abverlangen, dass ihr wahres Vermögen nicht wachsen kann, stellt ihnen vor allem die Sicherheit und Gewalt gegen ihr eigenes Leben zur Verfügung. Sie erscheinen sich wenigstens durch

Die hoch potenten Resultate komplexer Arbeit einer technischen Intelligenz, die nicht mehr in Arbeitszeit sondern nur noch in „Mannjahren" einer relativ kleinen Gruppe von Spezialisten zu messen ist, hat keinerlei materielle Darstellung in einer gesellschaftlichen Wertbestimmung, obwohl ihre Arbeit durch die Multiplikationseffizienz ihrer Beiträge in ihren gesellschaftlichen Fortschritten hoch rentabel ist. Sie entstehen nicht mehr auf den Waren- und Arbeitsmärkten, sondern mehr oder weniger zufällig in einzelnen hierfür ausgebildeten und begabten Individuen durch hoch konzentriertes Wissen und kreative Intelligenz. Es gibt kein wirkliches Zeitmaß ihres Arbeitsaufwands. Wesentlich entscheidend ist der Erfolg der Anwendung und das Image, das diesen schließlich auch kulturell darstellt und bestimmt.

Subjektiv tragen diese „Geistesarbeiter" ebenso wie alle Dienstleister mit ihrer Produktivität nicht zur Reduktion ihrer gesellschaftlich notwendigen Arbeitszeit bei, weil sie durch die Wirkungsweise ihrer Arbeit und deren Automation und finanzwirtschaftlichen Verwert-

---

das gesichert, wodurch sie ihre Kraft und Zukunft verlieren. Sie fühlen sich relativ reich durch das Geld, das sie zu Händen haben, und verarmen zugleich im Sinn ihrer Beziehungen, die sie dafür entäußern. Ihre Selbstversicherung, ihr Bedürfnis nach absoluter Sicherheit, ist das Laufrad ihrer Selbstentfremdung.

Was also ihre Entfremdung von ihrer wirklichen Gesellschaft ausmacht ist der Wert, über den sie vermittelst ihres Einkommens als international bestimmten Geldwert verfügen, der aber nicht durch ihre Arbeit entsteht. Der Preis, den sie hierfür kassieren, wird durch ein Weltgeld, dem internationalen Zirkulationsmittel ihrer Lebensbedingungen bewertet und verwertet und existiert weltweit als Kaufmittel, während es als Zahlungsmittel in ihrem Land wenige Ursprünge hat, sich in ihrem Lebensraum kaum durch ihre Subsistenz bewerten lässt, weil darin von ihnen nur genutzt wird, was ihnen zum Leben nötig ist, ganz gleich wie und wodurch es entsteht. Wie selbstverständlich bezahlen sie Lebensmittel aus fremder Arbeit, um Geld zu haben für die Kosten, die ihre Selbstentfremdung finanzieren sollen, die ihnen ihre Staatszugehörigkeit als Kosten für ihren Lebensraum aufbürdet. Sie sind dessen Objekt wie alle anderen Menschen, deren Arbeit mit einem Geld entlohnt wird, das keinen Wert durch sie hat. Und sie sind als Staatsbürger zugleich die Bürgen für die Verwertbarkeit der nationalen Währung und der Staatsverschuldung.

barkeit objektiv vor allem die Konkurrenzverhältnisse des Kapitals und ihrer Währungen begünstigen. Sie verwerten ihre Arbeit, indem sie jedwede menschliche Arbeit entwerten und jeden Preis für ihre Nutzung ermöglichen, soweit er noch auf eine Nachfrage stößt. Mit ihrer Dienstleistung lösen sie das Maß des Arbeitsaufwands im Geld als Zahlungsmittel, als Maßstab der Preise auf und verbessern damit ihren Existenzwert. Beides ist gegenläufig geworden und vollzieht sich international in der Weltwirtschaft wie auch national in den Löhnen, bzw. Gebühren der Dienstleistungen. Objektiv werden diese angetrieben durch die Zeit und Räumlichkeit ihrer Verwertbarkeit, subjektiv lösen sie gesellschaftliche Verbindlichkeiten ein, die ansonsten nicht mehr existieren können und durch deren Ausbleiben sich ihre sozialen Verhältnisse auflösen müssten [(111)].

Das Ziel der Dienstleistungsindustrie ist nicht einfach nur die Anstachelung des Konsums für ein Wachstum der eigenen Geld- und Lebensverhältnisse und den Absatz der Produkte. Denn nur dadurch läuft Geld um, nur dadurch wird Mehrwert reell und nur dadurch kann sich fiktives Kapital mit seiner Realisierung auch in Wert halten, seiner Vernichtung entgehen. Das erfordert eine Politik, die dem Nutzen einen besonderen Sinn verleiht, der nicht dadurch beschränkt ist, wieweit eine Produktion gesellschaftlich nützlich wie auch sinnvoll ist.

111) Die Menschen leben in der Zeit, mit der Zeit in den dem entsprechenden Lebensräumen, leben auf dem Land oder in der Stadt, in Wohnsilos oder Schlafstädten, im Reihenhaus am Stadtrand oder in der City usw.. Und sie suchen in ihrer Kultur vor allem ihr zwischenmenschliches Auskommen mir sich, ihren Selbstwahrnehmungen und ihren Erregungen. Auch ohne wirkliches Subjekt in ihrer Kultur sind sie subjektiv, umso mehr aber auch darin unter dem Verwertungsdruck in der Beschleunigung der Verkehre und Ausweitung der Arbeitszeiten gänzlich durch gerade diese Kultur bestimmt. Die gesellschaftlichen Verwertungsprobleme bleiben insgesamt ungemindert, ihre Verlagerungen durch Kapitalvereinigungen immer abstrakter und die Bedrohlichkeiten ihrer Krisen und existenziellen Gewalten immer größer. Aber es werden die Menschen auch durch die Unterhaltung und die Ästhetik und Reize einer Konsumgesellschaft immer besser überwältigt.

Dienstleistungsindustrie greift ohne Weiteres über diese Verhältnisse hinaus und findet die Lücken und Löcher, in denen andere Bedürfnisse zur Wirkung kommen können, andere Welten jenseits der realen Wirtschaft zur Bildung neuer Sinne, einer anderen Sinnlichkeit jenseits der gegenständlichen Verhältnisse herhalten können. Dabei ist es ganz gleich, ob sie aus Not, oder aus Habsucht oder aus Verschleiß von Leben, Freude und Neugier, oder ob sie durch politisch inszenierte Ereignisse oder aus zwischenmenschlichen Verhältnissen heraus als politische Kultur zu beziehen ist.

Es sollen damit die Menschen als wirklich stofflicher Wertträger animiert werden, durch ihre Kultur einen Geldumlauf jenseits der Warenmärkte Geld in Wert zu halten, wo deren Nutzen nicht mehr hinreicht. Kultur selbst sollte einen politischen Nutzen einbringen. Nicht irgendeinen Sinn sollte sie unbefragt befördern, sondern einen politischen Zweck. Sie sollte zugleich als Kultur genutzt werden, um die Menschen von ihren wirklichen Lebensverhältnissen abzulenken, sie süchtig zu machen nach dem Stoff einer völlig verselbständigten Konsumwelt, süchtig nach mehr Geld als bloßes Zahlungsmittel, damit es als Kaufmittel für Schuldverschreibungen abgeführt werden kann, als „frisches Geld“ aus den Löhnen aus dem Jenseits ihrer Produktivität [(112)]. Geld war zu einer Bewegungsmasse geworden, die ihre Herkunft international verdient, um das nationale Finanzkapital zu decken, um also dessen Risiken in seiner Spekulation gesellschaftlich abzusichern, um die Risiken der Spekulation zu sozialisieren, um deren Gewinne dann schließlich in private Kassen abzuführen.

112) Was in einer Dienstleistungsgesellschaft als Wert bestehen bleibt, ist das bloße Eigentum als Rechtstitel, durch den Mehrwert, der per Gebühren im Maßstab ihres statistischen Lebensunterhalts (Mieten, Lizenzen usw.) eingezogen wird. Der Dienstleister wird selbst zu einem lebenden Wertträger, indem er den Lohn für eine Arbeit erhält, deren Produkte nicht wirklich existieren, und mit dem Gebühren bezahlt werden, die als „Frischgeld“ zunehmend an das fiktive Kapital der Eigentumstitel weiter gereicht werden.

Damit war zweierlei in einem erreicht: Relativ wertlose Produkte können die Menschen am Leben halten und eine relativ große Wertmasse kann jenseits hiervon in dem so genannten „Tertiären Bereich", dem Dienstleistungsbereich durch den Konsum seiner Hilfreichungen in Wert gehalten werden, ohne dabei real vernutzt zu werden. Die Realökonomie wurde weitgehend von einer zirkulären Ökonomie verdrängt, indem die Sache der Menschen auf ihre bloße Werterhaltung durch Unterhaltung der Menschen reduziert wurde, durch die sich Menschen auch kulturell zur Sache machen mussten. Anstatt ihre Bedürfnisse durch den Reichtum und die Vielfalt ihrer Produkte zu befriedigen und zu entwickeln, sollten sie als Sache des Wertwachstums befriedet werden, durch die sie sich jenseits ihrer materiellen Existenz gegenseitig unterhalten konnten - gerade so, als ob es ihnen genügen könnte, sich gegenseitig zu frisieren, zu bekochen, zu informieren oder zu belustigen, ohne dabei materiell abhängig zu wirken. Die Kultur wurde zu einer Art Wertträger über das darin zirkulierende Geld, während die materielle Produktion nurmehr eine weltweite Obligation der blanken Selbsterhaltung werden sollte, die nach wie vor nur durch Geld verdient werden kann [(113)]. Doch es hat sie hierbei eine politische Kultur entwickelt, die jede Selbsterhaltung nicht

113) Das macht eben immer den Doppelcharakter des Geldes aus: Es muss den Lohn jedweder Arbeit für seine Zwecke auf minimalster Teilhabe halten - ganz gleich, ob im eigenen Betrieb oder über den Wächter der Geldwerte, dem bürgerlichen Staat. Und deshalb soll die Existenz der für Lohn arbeitenden Menschen durch die Lebensmittel bestimmt bleiben, die sie hierfür absolut nötig haben und mit ihrem Lohn bezahlen können. Der Lohn wird ihnen mehr oder weniger großzügig gegönnt, denn durch die bezahlte Arbeit kann alles sowieso nur bleiben, was es schon war, während die unbezahlte Arbeit Wertwachstum durch Abgaben aus eben diesem Lohn bewirkt und die Nationalwirtschaft festigt und weltpolitisch stark sein lässt. Das Niveau der bezahlten Arbeit besorgt dabei lediglich eine erhöhte Kaufkraft des Geldes, und immerhin den Status der eigenen Währung im Außenhandel, der Konkurrenz der Nationalstaaten um ihre Devisenwerte. Die Verwertung der menschlichen Arbeit ist und bleibt ein geschlossenes System der nationalen und

nur versachlicht, sondern die Menschen selbst zu ihren Bediensteten bestimmt.

Der subjektive Objektivismus der Dienstleistungsgesellschaft

Eine Gesellschaft galt früher mal dadurch reich, dass die Menschen durch ihren Lebensstandard daran teilhaben konnten, dass das Wertwachstum nur ihren Geldbeutel, nicht aber ihre Kultur und ihre persönlichen Verhältnisse bestimmte, dass sie ihre Arbeitskraft angemessen entlohnt fanden oder wenigstens darum streiten konnten, und dass sie sich um ihre Zukunft, um das Anwachsen ihrer Bevölkerung keine Sorgen machen mussten. Doch indem die Existenzen einer Dienstleistungsgesellschaft über ihren Existenzwert negativ verwertet wurden, hat sich das umgekehrt. Der Existenzwert ist ein Wert, der die Grundlagen einer gesellschaftlichen Existenz schon zum Teil aus dem Wert importierter Produkte in einer aktiven Handelsbilanz bezieht, und von daher auch schon einen Grundumsatz an Lebensmitteln verbilligen kann, und hierdurch das variable Kapital - das ist der menschliche Reproduktionswert, der Wert der Löhne - im Verhältnis zum Gesamtkapital reduziert.

Was das Geldhandelskapital durch diesen Wert in seinem Geldwert wiederum anreichert und realisiert, stellt sich im Wert der Grundrendite, und damit in den Preisen der Eigentumstitel dar, wo sie sich nicht mehr aus dem Mehrwert einer nationalen Realwirtschaft erklären lassen. Von daher bezieht sich die Preisbildung des Existenzwerts selbst nur auf fiktives Kapital, d.h. er füllt durch Gebühren auf leistungsfreie Titel fiktives Kapital mit "frischem Geld" auf und erzeugt hierdurch reelles Geld in eigener Währung. Fiktives Weltgeld

internationalen Kapitalverwertung - auch wenn die im Freihandel alle Zölle auflösen müsste.

übt damit Druck auf die Geldwertstabilität aus. Es zwingt überhaupt zur Konkurrenz des Finanzhandelskapital um die Gunst der Geldanlage in Grundeigentum, die durch den Derivatenhandel betrieben wird. Der Existenzwert ist also das Maß der Existenz von Menschen, der Wert, den sie schon mit ihrer Geburt in einer politisch begrenzten Räumlichkeit als Humankapital haben, das im Verhältnis der Lebensräume durch die Umsätze von Kapital - vor allem mit fiktivem Kapital - entsteht und erhalten wird.

Nicht der Wert von reellen Gütern stellt sich in den Preisen dar, die in diesen Räumen gemacht werden, sondern der Anteil an einem Gesamtumsatz von Geld, an der Geldzirkulation, die alle Produkte praktisch als Beispiel ihrer Wertmasse hernimmt, ihre Produktion nur aufnimmt, um ihr Geld auch in Umlauf zu halten. Und das hängt nicht von ihrer individuellen „Nachfrage“, sondern von der Masse der Bevölkerung und deren Lebensnotwendigkeiten zu ihrem Lebensunterhalt im Ganzen ab. Jeder Existenzwert berechnet sich quantitativ aus der Bevölkerungsdichte - und damit aus der Fläche des Grundeigentums pro Einwohner, also der politischen Grenzziehung eines Landes oder einer Region im Verhältnis zu einer bestimmten Bewohnerzahl bezogen auf die zirkulierende Geldmenge, die nicht nur den nationalen, sondern auch international angeeigneten Mehrwert bewegt.

Je dichter demzufolge die Bevölkerung existieren muss, desto höher ist ihr Existenzwert, den sie im Verhältnis zum Weltkapital verkörpert und der sie umso ärmer macht, wie sie für diesen Wert die Preise für die Nutzung von Eigentumstitel, besonders für Mieten und Gebühren bezahlen müssen. Und da deren Wertmaß nicht mehr durch eine realwirtschaftliche Produktion sondern durch die Position einer Nation auf dem Weltmarkt bestimmt ist, erscheint dieser Wert auch wie eine undurchdringbare Gewalt aus einem nicht so heiteren Himmel, der sich nicht wirklich im praktischen Leben der Bevölkerung eines Staates realisieren lässt, weil er sich nur zu einem kleinen Teil auf die reale Existenz bezieht.

Reich werden nicht mehr so einfach die produktiven Unternehmer, sondern die Besitzer von Eigentumstitel jeder Art, von Wertpapieren oder Banken oder Agenturen, die praktisch nur noch den Geldfluss regeln. Aus dessen Umlauf beziehen sie einen eigenständigen Wert, einen Mehrwert der zweiten Art, der über das Kreditwesen durch fiktives Kapital, besonders durch Staatsverschuldungen reanimiert wird. Hierfür wird alles billig, was reell existiert, und es wird alles teuer, was nur noch durch Spekulation und Vermittlung zu verwirklichen ist. Es bluten deshalb die Nationalstaaten mit anwachsender Wirksamkeit der Spekulationen des fiktiven Kapitals auf ihre Wirtschaft schon an den inneren Verhältnissen ihrer sozialen Natur aus, an der wirtschaftlichen Konkurrenz, an der Verwahrlosung der unproduktiven Arbeit, an den Kosten der Selbsterhaltung überhaupt, wenn das eingenommene Geld für Schuldendienste und Sicherheiten ausgegeben werden muss. Sie müssen eine möglichst hohe Dichte ihrer Bevölkerung erreichen, um eine möglichst hohe Sicherheit durch deren Existenz, um einen hohen Existenzwert zu bekommen. Aber damit vermindern sie zugleich deren subjektive Lebenschancen.

Das bemerken natürlich die Menschen, sind aber politisch an den Staat gebunden, in dem sie existieren. Er allein kann die Einwirkung der Weltmacht des Finanzhandelskapitals kontrollieren, ihr entgegen wirken oder sich ihr beugen. In den Lebensverhältnissen der Menschen scheidet sich daher auch das individualgeschichtliche Potenzial ihrer „Lebensbewältigung" einer ihnen vorausgesetzten Existenzverwertung. Obwohl ihnen als Bürger eines demokratischen Staates eine „freie Entfaltung der Persönlichkeit" zugesichert wird, müssen sie sich den objektiven Optionen der vorhandenen Geldverwertung beugen, wie sie ihnen in ihrem Geldbesitz vermittelt wird. Nicht weil sie damit Bedürfnisse befriedigen wollen, sondern weil sie nur hierüber sich in undurchschaubaren Konkurrenzverhältnissen auf praktisch allen Märkten der Welt sicher fühlen können, horten sie Geld, das bestenfalls ihre Existenz besichern könnte, wenn es denn seinen Wert auch wirklich halten kann. Darin sind sich die Bürger mit dem Staat einig und national setzt sich daher ein subjektiver Objektivismus im Selbstverständnis der Bevölkerung durch, der sich auf den Staat verlässt. Aber dieser Verstand ist nur der Tribut an die Vernunft einer „Weltordnung", in der alles objektiv vernutzt wird, was das subjektive Leben der Menschen ausmacht, ihre Sinne durch den bloßen Nutzen im Allgemeinen ersetzt. Sie werden zu Funktionären einer Weltwirtschaft, wie sie durch das Gewaltmonopol ihres Staates und dessen Bankensystem gefördert wird.

Zugleich werden sie durch die Kosten der Infrastrukturen für die Nutzung von Eigentum ausgebeutet, die nicht nur ihre Arbeit, sondern die unmittelbare Substanz ihrer Existenz, ihrer Kultur und Natur betrifft. Als politische Formation bieten die Nationalstaaten hohe Gewinne, wo sie dicht besiedelt sind, wo sie weniger verschuldet sind und positive Handelsbilanzen aufweisen können, so dass ihre Zentralbanken sich gegen andere gut verwerten lassen. Der Wert ihrer politischen Existenz auf dem Weltmarkt macht ihre Potenz auch als Nationalwirtschaft aus und bestimmt aus deren Vermögen letztlich ihre Weltmacht durch ihren Anteil an der Preisbildung des Weltgeldes aus dem Verhältnis der Nationalbanken. Je stärker sie darin wirken können, desto mehr Risiko können sie tragen und bewältigen, desto sicherer ist ihre Währung und also ihre Position im internationalen „Freihandel". Es ist kein Wunder, dass sie darum konkurrieren. Es ist aber auch kein Wunder, dass die finanzwirtschaftlich ärmeren Länder hiergegen auftreten und ihren Nationalismus vorkehren, der sich durch die inneren Verheerungen ihres Geldwertes, durch Inflation, sozialer Verelendung und politischer Ohnmacht bestärkt. Die Belastungen der eigenen Wirtschaft können um so schwerer ausgeglichen werden, wie die Staaten sich im Allgemeinen verschulden müssen, wie sie jeden Mehrwert abtreten müssen, um den Verpflichtungen für die Schuldendienste des Kredithandels nachzukommen, das internationale Bankenwesen, das Weltgeld als solches in Wert zu halten.

Die Konkurrenz der Nationalstaaten verwirklicht sich vor allem im Devisenhandel, in der internationalen Preisbildung durch die Bewertung der Währungen im beständigen Preiswechsel zwischen den Staaten und in den Konkurrenzen ihrer privatwirtschaftlichen Existenzen, die nationalpolitisch nicht beschränkt werden können ohne dass ihre Kaufkraft geschwächt werden würde. Sie alle müssen sich dem Diktat der Kreditwirtschaft des Schuldgeldsystems, der Übermacht des fiktiven Kapitals beugen, nur um im Anteil seiner Realisierung am Weltmarkt auch teilhaben zu können. Die Abwärtsspirale der immer flüchtigeren Geldzirkulation, die von den Interessen des fiktiven Kapitals und seinen Termingeschäften getrieben ist, lässt sich nationalwirtschaftlich nicht beeinflussen, weil sie international auf den Finanzmärkten angetrieben wird. Die Nationalstaaten müssen um ihre Selbsterhaltung bangen, werden von Ratingagenturen beobachtet, die über die Rechtfertigung ihrer Staatsverschuldungen entscheiden und auch das Aus für ganze Volkswirtschaften bestimmen können, wenn keine Durchhalteverträge (wie z.B. mit Griechenland) mehr sinnvoll erscheinen.

Die Kette der lebendigen Verbindungen ist international und verlangt weiterhin und immer gründlicher nach den Schwächsten, den Ärmsten, die ihre Produkte unter Wert verkaufen müssen, um leben zu können, die ihre Produkte für andere veräußern müssen, ihnen billige Lebensmittel liefern müssen und oft selbst hungern, weil sie zur Monokultivierung gezwungen werden, weil ihre Produktion und Produktivität unter dem Diktat der Fiktionen eines Weltmarkts steht, auf dem sie keine Chance haben und zum Überleben sich auch noch weiter bei der Weltbank verschulden müssen. Die Kapitalverwertung hat sich zu einem unmittelbaren Ausbeutungsverhältnis von Gläubigern und Schuldnern entwickelt, das bis in die Gestaltung der Arbeitswelt eingeht. Die letzte Sicherheit für das Kapital, das schon alle natürlichen und sozialen Substanzen aufgezehrt hat, sind die Menschen selbst, ihr Lebensverhältnis, worin sie sich ihre Kultur auch schon selbst einverleiben. Solange sie sich hierbei noch bezahlen können, was sie benötigen, sich mit der Geldzirkulation durch ihre Dienstleistungen bewegen, für ihren Lohn arbeiten und durch ihren Lohn auch die Waren konsumieren, die ihnen damit verfügbar sind, sind sie zwar nicht mehr unbedingt „Leistungsträger" des Fortschritts, wohl aber selbst Wertgestalten des umlaufenden Geldes: Humankapital, das sich aus der Verwertung der politischen Existenz der Menschen als ihr wechselseitiges Konsumverhalten herausbildet.

Es ist aber immer noch der Warenhandel und Abverkauf der Produkte ein wesentlicher Faktor, denn je schneller verkauft wird, desto früher kann ein erneuerter Kapitalumschlag und also auch erneute Verwertung der realwirtschaftlichen Arbeit beginnen. Schließlich kann niemand anders als Menschen die Produkte kaufen und verbrauchen. Das war ja auch der ursprüngliche Grund der Entwicklung von Dienstleistungen. Die Garanten des Produktabsatzes, die potenziellen Käufer sollten nicht nur informiert, sondern auch berührt und am Konsum interessiert werden. Und das hat auch schon eine längere Geschichte, die bisher aber auch immer schon über den Wert des Privatvermögens - also als unproduktive Arbeit im Sinne des Wertwachstums - bestimmt war.

Es ist das Hauptgeschäft der Dienstleistungen, in der Zeitspanne des zur Geldverwertung nötigen Kapitalumschlags die Menschen selbst zu optimieren, sie zu erhöhter Konsumbereitschaft zu animieren, eine kapitalnotwendige Leistung und Beweglichkeit, Flexibilität abzuverlangen und sie mit Kommunikationsbeiträgen zu versorgen, zu informieren, bestimmte Lebensweisen und Lebenswege anzuraten, um ihnen die dem entsprechende Funktion der Betreuung, Erziehung, Beratung und Pflege zukommen zu lassen. Der Wert fiktiver gesellschaftlicher Beziehungen bewegt sich somit in den Institutionen und kulturellen Eigenschaften der Menschen selbst. Nicht so sehr ihre Arbeit, sondern ihre Selbsterhaltung als körperlicher wie geistiger Mensch wird hier gegenständlich, zum Gegenstand einer eigenständigen Arbeit, die nichts Wirkliches produziert, die aber eine Wirklichkeit unterhält und verwaltet, in der die Fiktionen des Kapitals sich frei entfalten können, sich frei anfühlen und die Beziehung von Mensch zu Mensch als ihre ausschließlich gesellschaftliche Beziehung in zwischenmenschlichen Verhältnissen, als das Leben schlechthin in den Verhältnissen einer bloßen Zwischenmenschlichkeit erscheinen lassen.

Das bestimmt ihre Lebensverhältnisse jenseits aller wirklich gesellschaftlichen Vermittlung vor allem in den Lebensräumen ihrer unmittelbar zwischenmenschlichen Verhältnisse. Der gesellschaftliche Mehrwert existiert als rein politische Macht über ihre Geldverhältnisse, ihr Einkommen und Auskommen unter der Macht der Eigentumstitel, die sie zu bedienen haben, nachdem sie von ihrer Erzeugung ausgeschlossen, aus dem Produktionsverhältnis ihrer Lebensbedingung herausgesetzt worden waren - von Grund auf aus ihrer eigenen Lebensproduktion entfernt wurden.

Für die Menschen mag sich die Wahrnehmung der Welt hierdurch verändert haben, denn man ist darin sehr füreinander bestimmt und aufeinander angewiesen. Durch Dienstleistungen, die ihren Wert nur als Arbeit an der Systemerhaltung ermessen können, beziehen sie ihren Lebensunterhalt für ihren bloßen Lebensalltag. Sie leben von realen Produkten, die durch einen weltweiten Handel bezogen werden, und arbeiten für den bloßen Erhalt einer Kultur, die durch diesen Handel noch möglich und bedingt ist. Sie arbeiten vorwiegend für einen ästhetischen Selbsterhalt, durch den viele nationale und internationale Produkte abgesetzt werden können, auch wenn sie nicht sonderlich notwendig sind. Maßgabe ihrer Arbeit ist, dass damit das Leben unter diesen Bedingungen erträglich bleibt, weil es ertragen werden muss, um die Weltzirkulation des Geldes in Fluss zu halten. Auch das fiktiv gewordene Kapital kann nur durch ihre Arbeit und ihr Leben seinen Wert erhalten. Die Welt der Fiktionen besteht ja auch aus nichts anderem. Sie geht in alle Menschen ein und wird durch sie bewegt - bei den einen durch die Preise ihrer Lebensressourcen und Arbeitsmittel, bei den anderen durch die Kosten für Miete, Steuern und Gebühren, bei den einen als Hunger nach Lebensmittel, bei den anderen als Konsumenten einer Überflussproduktion, die verlustig werdenden Geldwert durch ihre Wertrealisation kompensieren müssen. Sie alle dienen der Mehrwertbildung durch einen Lebensaufwand, der ihnen abverlangt wird, indem ihnen ihr Leben entzogen bleibt. Es ist die modernere Form der unbezahlten Arbeit, die nicht durch sie selbst als Wert realisiert wird, sondern durch die Gewalt des Privateigentums das ihnen über die Preise des Lebenserhalts den Wert eines Lebensaufwands abverlangt, der sie arm bleiben lässt oder arm macht. Geblieben ist die Aneignung von fremdem Leben durch das Kapital, das sich durch die Abgaben Wert zuführt, den die Menschen durch unterwertig bezahlte Arbeit verausgaben müssen. Das Kapital befindet sich in einer Epoche der Negativverwertung, in welcher die allgemeine Verarmung der Menschen das herrschende Prinzip ist [(114)].

114) Wo Armut zu einem Wertreservoir wird, besteht ihr Wert nur aus der Spekulation auf eine Zukunft, die ihre negative Existenz wertbildend nutzen kann. Eine Negativverwertung ist eine Wertbildung durch Verschuldung, eine Verwertung von Kreditgeld durch Tilgungspflichten, Bürgschaften, mit denen Menschen verpflichtet sind, ihre Arbeit und Einkünfte an Gläubiger abzugeben und also einen Mehrwert ihrer Arbeit nur zum Ausgleich für den Vorschuss eines Schuldgeldsystems zu leisten. Ganze Nationalstaaten haben sich mit der Globalisierung des Kapitals dahin entwickelt, ihr Wertwachstum nur noch oder vorwiegend für die Tilgung ihrer Staatsverschuldung auszugeben und damit in ihrem Wirtschaftswachstum blockiert zu sein, bzw. ihre gesellschaftliche Substanz zu vermarkten (siehe auch

Der Massenkonsum beförderte eine Massenproduktion und damit im Allgemeinen auch eine Wertmasse, die im einzelnen Produktwert relativ gering war. Aus diesem Grund war ja auch die Intelligenz des Wissens über den Waren- und Finanzhandel zu einer wesentlichen Bedingung der Mehrwertproduktion geworden, da sie diese Masse zu vergrößern half und somit auch die geringen Werte der einzelnen Produkte zu einer für ihre Kapitalisierung notwendigen Wertsumme auf den Weltmärkten ausgeweitet werden konnte. Und so wurde schon aus diesem Grund die technische Bildung für die intensiv produzierenden Länder zur Basis ihres Humankapitals, das nur gut geschult und unterhalten werden musste, um effektiv im Welthandel zu sein. Seine Unterhaltung und Zufriedenstellung wurde zu einem neuen Massenphänomen, zu einer Kultur und einem Produktivitätswachstum in ein und demselben Zweck, der mit der Ideologie von der „freien und sozialen Marktwirtschaft" noch vermittelt werden konnte. Denn ist der Selbsterhalt der arbeitenden Menschen sichergestellt, ihre Konkurrenz durch Arbeitslose, Aufstocker und Mindestlöhner ausgezirkelt, so wird ihre Arbeit darüber hinaus, also ihre unbezahlte Arbeit jetzt selbst in die Kulturarbeit und ihre Kulturgüter einbezogen und damit zugleich Wertträger. Doch der Wert, den sie tragen ergeht inzwischen vorwiegend aus den Profiten der Eigentumstitel und Lizenzen, die sich über den Finanzmarkt vor allem durch die Negativverwertung rentierten.

Diese hat das Wertwachstum umgekehrt und alles verändert, denn darin löst der Geldkreislauf zunehmend den Widerspruch von

Gentrifizierung) oder aufzubrauchen. Ganz allgemein geschieht dies durch den Verwertungsdruck aus einer Entwertung des Geldwerts, die über eine Giralgeldschöpfung entsteht und aus den Preisdifferenzen der Geldzirkulation zu unterschiedlichen Zahlungsterminen im Derivatenhandel über Zahlungsversprechen auf Eigentumstitel gewonnen wird. Der Druck entsteht aus dem Unvermögen der Wertrealisation des fiktiven Kapitals, wodurch ein Unwert entsteht, den man bezogen auf die Realwirtschaft als negativen Wert verstehen muss, weil er ihre Preisbildung unterläuft, die Waren verbilligt und die Gebühren verteuert.

Warenhandelskapital und Geldkapital nicht mehr in realem, sondern in fiktivem Kapital auf, das sich hierdurch erhält und als totes Kapital vermehrt - und damit vor allem das Leben von Mensch und Natur verwertet und aufsaugt. Was sich im Gegensatz von Warenmarkt und Finanzmarkt, von Wirtschaftswachstum und Wertwachstum, von Realwirtschaft und Finanzindustrie entwickelt hatte, hat die Wirtschaft von der Politik abgetrennt und sich politisch über das bloße Eigentumsrecht schon weitgehend selbständig gemacht. Auch wenn die Produktion von Sachgütern noch hohe Umsätze beschert, so wird daraus dennoch weit weniger Mehrwert geschaffen als über den Finanzmarkt und seine „Finanzindustrie". Auch diese beruht auf dem Erhalt und der Pflege des Eigentums, durch welches die Löhne ganz nach politisch bestimmten Preisen unbezahlte Arbeit abgeben müssen. Der Anteil dieser Abgaben vom Nettolohn ist durchschnittlich enorm angewachsen[(115)].

Dies hat für die Verteilung des Mehrwerts über Dienstleistungen natürlich fundamentale Konsequenzen in seiner Beziehung zu den je einzelnen Arbeitsleistungen und ihrem Gehalt. Nicht mehr der Zusammenhang von Arbeit und Bedürfnis macht nun die Entwicklung des Lebensstandards aus, sondern die Absatzmärkte für den Transfer fremder Werte in einer Kultur, die darin nur den Sinn finden und empfinden kann, der sich nicht danach richtet, was dabei gesellschaftlich anwesend und wirklich ist. Anwesend sind die Produkte einer fremden Wertschöpfung, nicht aber der Aufwand ihrer Herstellung. Und abwesend ist der Sinn, den die Menschen in ihren Produkten und Dienstleistungen hier vergegenwärtigen und bilden können oder auch wirklich bilden. Die Mehrzahl der Produkte, die

115) Die Mieten alleine liegen in den Metropolen schon meist über einem Drittel „vom Nettolohn". Und die Gewinne aus Internet und Werbung und Kommunikationsindustrie, z.B. von Google, Facebook oder andere übertreffen schon lange die der großen realwirtschaftlichen Industrien, selbst der Automobil- und Pharmaindustrie.

hier angeboten werden, entstammen einem fremden Lebensverhältnis, und die Kultur der Bedürfnisse, die sie konsumieren, entstehen in zwischenmenschlichen Verhältnissen, die ihren Sinn nur noch durch sich selbst haben, aus ihren Selbstwahrnehmungen, die darin getrennt von der gesellschaftlichen Aneignungsform der Produkte existiert und worin sich auch der Existenzwert der eigenen Kultur geltend macht.

Und das schafft ein spezifisches Verhältnis in allen Arbeitsbeziehungen einer Dienstleistungsgesellschaft: Wo die Produktion durch ein Schuldgeldsystem in Gang gehalten wird, sind Dienstleister durch ihre Löhne und ihre Lebenshaltungskosten sowohl Objekte wie Subjekte ihres nationalen Lebensraums. Sie gewinnen sich durch den Wert, den ihre Existenz in internationalen Verhältnissen gegen andere Länder hat. Und sie sind zugleich Objekte einer Verwertungsindustrie, die nicht nur durch reale Produktion, sondern auch durch Dienstleistungen in einem industriellen Format der Werbe-, Unterhaltungs-, Transport-, Veranstaltungs-, Kommunikations- und Finanzindustrie Preise machen können, die ihre bloße Existenz zur Rückbildung des fiktiven Kapitals verwerten müssen, um ihr Geld in Wert zu halten. Über die ganze Welt werden die Ressourcen einer Geldverwertung abgegrast und von der Spekulation auf die Reduktion von fiktivem Kapital aufgesaugt. Aber es ist dies nur die Verdopplung der gesellschaftlichen Ausbeutung von Mensch und Natur, also des Lebens überhaupt, durch die Internalisierung des Gesamtkapitals, durch dessen Globalisierung, - sei dies nur fiktiv oder wirklich real wirksam. In ihnen und durch sie vermittelt sich ein Mehrwert, der sich aus der existenziellen Gesellschaft aller Menschen heraus setzt und doch nur durch sie vermittelt wird. Dienstleister verdienen im Durchschnitt nicht besser als die arbeitende Bevölkerung überhaupt. Aber während diese nur noch zusehen kann - im wahrsten Sinne des Wortes zusehen muss - dass nicht nur ihre Arbeitsstelle sondern ihr Arbeitsplatz in der Konkurrenz auf dem Weltmarkt überhaupt erhalten bleibt, bleiben

Dienstleistungen in den nationalen Verhältnissen des Kapitals organisch gebunden an deren gesamte Infrastruktur und sind von daher an deren Erhaltung interessiert.

Neben der Warenproduktion ist der festgehaltene Zeitverlauf der Wertrealisation - der Wert des fiktiven Kapitals - ins Zentrum der Verwertung gerückt. Dieser wurde aber nicht mehr in wirklich aufgewendeter Arbeitszeit für Produkte berechnet, sondern durch die Masse der Nutzung von Verfügungen, von Gebühren für den Zugang gesellschaftlicher Veranstaltungen und Existenzmittel. Der Existenzwert begründet sich aus fremdem Leben und hat dieses als leblose Bedingung seiner eigenen Existenz. Und die wird dadurch eng, weil sie sich nicht mehr durch ihre Lebensäußerungen verweltlicht, sondern die Welt zu ihrem Leben in der Fremde benutzt, um für sich und durch andere am Leben zu sein, sich lebendig wahrzunehmen, sich als das zu empfinden, was es für sich an Sinn finden kann.

Dieses Leben ist schon vor aller Existenz bestimmt, weil es nichts außer sich wahrhaben kann, als sich selbst. Es verbraucht sich nicht zur Lebenserzeugung, zur Bereicherung des Lebens, nicht zur Bildung einer eigenen Geschichte. Es reduziert sich auf sich selbst, um in einer Welt zu existieren, in die es geboren wie gegeben ist, wie es für sich zu sein scheint, weil es nur außer sich wahr sein kann, wie es sich eben in dieser Welt wahrnimmt und wahr hat, wie es seine Welt sich einzuverleiben versteht, wie es sie konsumiert. In der Wahrnehmung ist es zwischen sich und andere Menschen geraten, gewinnt sich durch sie und verliert zugleich an Sinn für sich, weil es keinen Sinn für andere erzeugen kann, ohne durch sie Sinn für sich zu finden, ohne sich ihr Leben einzuverleiben. Seine Existenz ist das, was für die Menschen unter diesen Bedingungen Wert hat, und sie verwerten ihre Existenz für sich, um durch sie zu leben, um sie zu konsumieren wie ein bloßes Lebensmittel.

Der enteignete Sinn der Existenzverwertung

Wo Gesellschaft keine wirklichen Gegenstände produziert, weil die Menschen darin schon durch ihre Existenzwerte in Gesellschaft sind, konsumieren sie, was ihre Existenz füreinander wert ist, und sie haben sich selbst gegenständlich so wahr, wie sie einander auch wahrnehmen. In dem Maß, in dem eine Dienstleistungsgesellschaft in sich selbst geschlossen ist, ihre Lebensverhältnisse das Verhältnis von Diensten ist, sind sich die Menschen unmittelbar selbst Gegenstand ihrer Beziehungen und verleiblichen das, was sie durch einander von ihrem Leben wahrhaben, einverleiben sie in ihren zwischenmenschlichen Beziehungen die Sinne, die sie für einander haben und bilden.

Diese Beziehungen haben sich selbst im Sinn und sind objektiv reine Selbstbeziehungen dadurch, dass sich die Menschen in diesem Sinn in ihren zwischenmenschlichen Verhältnissen auch wechselseitig beleben und erleben. Das Leben ereignet sich darin, ohne eine eigene Gestalt zu bekommen. Es besteht durch eine Folge von Ereignissen, die Leben enthalten, ohne dass durch sie diese Leben auch existiert. Ereignisse fallen zu, sind zufällig für die Selbstwahrnehmung, jedweder wirklichen Geschichte enthoben. Sie entstehen durch etwas, was nichts Eigenes ist und sich deshalb in den Möglichkeiten einer unendlichen Vielfalt schlicht ereignet, vieles in einem ist, was vielem auch einfach nur zufällt, weil es unendlich möglich ist, weil es alles Unvollendete in sich vereint, was nicht zu seinem Ende kommen kann und gerade durch das Ereignis zu Ende gebracht wird. Was sich ereignet hat nur den Sinn, dass sich darin alles gleich wird, was sich nicht wirklich finden, nicht wirklich empfinden, nicht wirklich fühlen lässt, was aber darin belebt, herangezogen wird und im bloßen Erleben selbst schon als Moment einer Ewigkeit erscheinen darf. Die Hervorragung einer Unendlichkeit durch Angleichung war schon immer der Himmel der

Geistesbeschwörer und Weltbürger, der Ontologen und Sophisten, die aus ihrem unerfüllten Denken ausbrechen wollen [116].

Es ereignen sich Begegnungen, Veranstaltungen, Verbindungen, deren Herkunft sich nicht fortbildet, nicht reicher werden kann. Es sind die Verhältnisse einer bloßen Wahrnehmung, welche die Menschen zwischenmenschlich verbindet. Sie haben sich so wahr, wie sie ihre Wahrheit im anderen Menschen finden, sich selbst im anderen so empfinden, wie sie sich in ihm auch wahrhaben. Sie leben daher in Verhältnissen von einer eigenen Wahrheit, die als zwischenmenschliches Verhältnis zur Lebensbedingung dieser Selbstbeziehungen geworden ist. Hierin entwickeln sie sich als Objekte ihrer Beziehung und bewahrheiten ihre Empfindungen nurmehr als Gefühl für einander, fühlen sich so, wie sie durch einander sich auch finden. Es ist hierdurch eine aparte Wahrnehmungsidentität entstanden, in der die Menschen auch schon fühlen, was sie füreinander empfinden, bevor sie sich finden können. Ihre Selbstgefühle sind die Elemente ihrer Verhältnisse, die keine Gegenstände außer sich selbst kennen und erkennen können - und die vor allem auch fast immer mit entsprechenden Ereignissen hergestellt werden können: durch Anreizungen, Überhöhungen, Ablenkung, Aussonderung oder auch Verletzung und Vernichtung belastender Wahrnehmungen.

Die Erzeugung von Ereignissen, die bestimmte Empfindungen bewirken ist das soziale Medium einer Dienstleistungskultur, die von der gegenständlichen Produktion abgehoben ist, einen Sinn verspüren will, den sie nicht wirklich hat, und der in der Folge der Ereignisse Wahrnehmungswelten in ästhetischen Zusammenhängen von Selbstgefühlen produziert, die in einer gesellschaftlich sinnlos gewordenen Welt zwischenmenschliche Befriedigungen vermittelt, durch welche

116) *„Alles Vergängliche ist nur ein Gleichnis; Das Unzulängliche, hier wird's Ereignis; Das Unbeschreibliche, hier ist's getan; Das Ewig-Weibliche zieht uns hinan." (J.W. von Goethe, Faust 2, Chorus Mysticus)*

die Menschen sich als unmittelbaren Menschen ganz voraussetzungslos empfinden können, als Sinn für sich durch den Sinn von anderen, den sie einander einverleiben, sich darin jenseits aller gesellschaftlichen Verhältnisse als einzelner Mensch ganz allgemein, sich wie ein völlig selbständiges menschliches Wesen jenseits aller anderen Menschen fühlen können. Ihre Gewohnheiten würden schnell ihr unvollständiges Leben bloß legen, zu einer schleppenden Langeweile gelangen, würden sie nicht durch Ereignisse gefüttert werden, die neue Selbstwahrnehmung beibringen. Auf ihre Ansage finden sich die Menschen zusammen, die ohne dies nur noch Leere verspüren könnten, die in ihrem wirklichen Leben nichts miteinander verbindet und die eine Verbindung im Lebensraum der Selbstgefühle durch Ereignisse oder Kulte oder Moden suchen, die in ihrer unmittelbaren Existenz das als Gefühl vermitteln, was die Menschen in einer sinnlosen Gesellschaft vermissen lässt. Letztlich ist es die Abwesenheit von wirklich gesellschaftlichen Menschen, die in allen Arten von Ursprungssehnsüchten aufscheint und die menschliche Beziehungen privatim in ihrem Gefühl aufrecht erhalt, weil sie sich nicht mehr wirklich gesellschaftlich verhalten können.

Objektiv bildet eine solche Gesellschaft eine ganze Welt voller Selbstgefühle, die sich in dieser auch selbst bestimmen und von daher politische Wirkung haben und zu ihrer politischen Kultur werden. Die bürgerliche Kultur ist dadurch zu einer politischen Kultur der Selbstwahrnehmung geworden, die sich auch selbst gesellschaftlich als Wahrheit für sich nötig hat. Was Menschen durch einander für sich einverleiben, bieten sie auch objektiv für einander an. Ihre Kulturveranstaltungen bedienen diese Angebote als einen objektiven Zusammenhang von kulturellen Ereignissen. Diese bieten sich selbst als Industrie einer Kultur an, die sich auch selbst konstruiert und in Lebensbereiche ausdehnt, die sich nicht auf Arbeiten und Gestalten der Existenz begründen. Hier ist es alleine der Konsum von Kultur, von Repräsentationen in Veranstaltungen (z.B. Kino, Sport, Medien, Kunst, Kulturszene, Design, Mode), die durch die Herstellung unmittelbarer Ereignisse einer gelangweilten Selbstwahrnehmung Erlebnisse zutragen, die ihr Selbstbestätigung, Selbstwert und Selbstgefühl vermitteln und ihr als Grundlage ihrer Selbstbehauptung gereichen.

Allerdings wird hierbei vor allem eine Vorstellungswelt der Wahrnehmung in der Wahrnehmung so produziert, das man sich darin auch selbst wahthat und die von daher einen ästhetischen Wert hat und dessen ästhetischen Willen im Selbsterleben veräußert, über das die Menschen sich finden. Was sie darin empfinden wird zum Maß und Mittel, zum Reiz ihrer Selbsterfahrung. Durch eine Ereignisproduktion entstehen die entsprechenden Idole und Moden einer Sinnbildung, die sich auch als Kult in unsinnigen Verhältnissen darstellen und einrichten lässt und vor allem Selbstwahrnehmungen vergesellschaftet, Massengefühle beschafft und Vereine und Familien zusammenhält. Und von daher bewegen sich darin auch gigantische Summen Geld, das vor allem in die Taschen der kulturellen Prominenz fließt [(117)].

Ereignisproduktion ist die Erzeugung von Ereignissen, die Wahrnehmung - vor allem Selbstwahrnehmung - beleben soll. Es ist die organisierte Aufhebung einer Langeweile aus zirkulären Selbstwahrnehmungen, indem Erlebnisse zugeführt werden, durch die sie ange-

117) Alleine der Haushalt der FIFA ist durch die Bestechungs- und Betrugsgeschichten seiner Präsidenten, durch ihre autoritäre Verfügung und persönliche Vorteilnahmen bekannt geworden. Der Haushalt der Sportverbände geht in der Summe weit über den Bundeshaushalt hinaus und ist von daher auch volkswirtschaftlich äußerst relevant für die Kapitalakkumulation, besonders auch der reichen Öl-Förderländer wie z.B. Saudi-Arabien. Das ist wohl auch Grund genug, dass der Staat sie schont und pflegt, wo es geht. Mit einer Kultursteuer von vielleicht 5% ihrer Erlöse wären vielleicht schon die Grundlagen für eine Wirtschaft in Afrika oder Südamerika zu schaffen, dass sie sich im Welthandel auf Augenhöhe verhalten könnten. Es wäre lediglich eine Steuerabgabe für den Existenzwert, den wir durch sie beziehen.

regt oder zumindest abgelenkt werden. Die Menschen haben aus ihrer unmittelbaren Isolation heraus das Ziel, sich durch kulturelle Beziehungen zu vergemeinschaften, um darin ihre zwischenmenschlichen Beziehungen zu verweltlichen, eine Kultur zu schaffen, die zunächst nur ein Kult ist und Mode werden kann, worin sich dieser schließlich ästhetisch fortsetzt.

Ereignisse können beliebig arrangiert werden, weil sie selbst keinen Zusammenhang darstellen. Ein Ereignis tritt ohne eine gegenständliche Ursache auf, zeigt keinen objektiven Grund und erscheint wie durch einen Zufall oder ein Datum bestimmt. Für sich ist es eine Gegenwart ohne Sein, pure Anwesenheit von Eigenheiten und Eigenschaften, die sich einverleiben lassen, ohne dass hierdurch eine wirkliche Beziehung zu dem besteht, was da ist. Es tritt ohne Zusammenhang auf und also selbst eine vermittelnde Form eines irgendwie substanziell bestimmten Daseins, das in einem verselbständigten Sein selbstverständliche Wirkungen hat, wenn es stumpf gewordene Gewohnheiten befruchten kann. Oft besteht es nur als Erinnerung an vergangenes Erleben oder als Ereignis, das Erleben produzieren soll, also organisierte Ereignisproduktion ist. Wo nicht, da ist es durch seine zufällige Erscheinung etwas herausgesetzt Eigenes aus einer grundlos gewordenen Geschichte, ist einfach nur ganz isoliert durch sich da und bestimmt sich in seinem Dasein ausschließlich durch sich selbst.

Die bestimmte Auswahl der Ereignisse ergeht aus der Form einer mächtig gewordenen Kulturinszenierung, den Szenen voller prominenter Gestalten und Erlebnissen und der ebenso wirksamen Kulte, wodurch isolierte Regungen angereizt werden, deren Erregung durch die so erzeugten Erlebnisse aufgelöst werden. Im Grunde sind die hierdurch bewirkten Ereignisse das äußere Mittel, sich aus sich selbst herauszunehmen, indem Empfindungen entstehen, die ein angefordertes Selbstgefühl so erbauen, wie es ersucht ist. Die Erbauung hebt jede Empörung auf und wird schließlich zur Empore einer Kultur der Selbstlosigkeit, die jederzeit politisch zu nutzen ist. Von daher ist Ereignisproduktion das Verhältnis einer Sucht zu sich als ihr lebendes Objekt, die Produktion von Ereignissen durch Veranstaltungen für zwischenmenschliche Erlebnisse, worin Selbstwahrnehmungen zur Prothese einer gesellschaftlichen Beziehung werden und über einen entsprechenden Kulturkonsum Erregungen befriedet werden.

Der Kult der Selbstbildung war durch die Prominenz der Selbstwahrnehmung zu einer Selbstbezüglichkeit des Lebens im Erlebnis der Stimmung einer Menschenmasse geworden, die wie eine Scheingesellschaft die Animation von Selbstgefühlen direkt oder indirekt verwerten konnte. Die Leere und Langeweile des bloßen Konsumierens wurde durch einen Kulturkonsum eingetauscht, durch den sich jeder körperlich existente Mensch als Verkörperung des gesellschaftlichen Menschen, als gesellschaftliche Individualisierung des abstrakten Menschseins wahrmachen konnte. Die Wahrnehmung selbst wurde damit zu einem Medium der zwischenmenschlichen Verhältnisse, die sich auf wunderbare Weise wie von selbst als Konsumkultur durch Kulturkonsum verdoppeln konnte. Zu einem beträchtlichen Anteil wurde daher auch in der Unterhaltungsindustrie die Selbstdarstellung eines Zwischenmenschen zum Maß für den Lebenszusammenhang der Menschen gemacht. Aus dem Verlust der persönlichen Selbstachtung entstand der Geltungstrieb einer Selbstbildung, der durch die Anteilnahme an einer prominenten Persönlichkeitsentfaltung, durch die Moden und Gewohnheiten einer zwischenmenschlichen Scheinwelt nach Befriedigung sucht, die ihren Gegenstand auf eine rein körperliche Selbstwahrnehmung reduziert. Jeder Mensch existierte hierfür als Verkörperung einer bloßen Zwischenmenschlichkeit, als Körper für andere, der durch andere für sich ist.

In der Selbstwahrnehmung erschien diese Verkörperung dann auch selbst existenziell so, wie sie beschaffen war. Sie kann sich ja schließlich selbst auch nur durch ihren Gegenstand bewerten, ihren

Selbstwert durch ihren Körper finden. Darin erscheint die Körperwelt der Zwischenmenschen als die Gesellschaft einer Welt, worin sich ihr Selbstwert auch dem entsprechend verwerten kann. Ein Körperfetischismus macht sich breit, worin die Selbstgefühle ihren ästhetischen Willen bestärkt finden und empfinden. Die ästhetischen Verhältnisse einer solchen Kultur werden durch Selbstgefühle getragen und so bestimmt, wie sie hierfür wahrgenommen werden. So wie sich die Menschen in ihren Gefühlen zwischenmenschlich äußern und gestalten, so sind sie durch ihren ästhetischen Willen für sich auch als gesellschaftliche Wesen in ihrem Geltungsstreben tätig. Sie beschaffen sich ihre Geltung unter Zwischenmenschen aus dem Geltungsbedürfnis ihrer Selbstwertigkeit, indem sie sich durcheinander über ihre Körper sinnlich-übersinnlich beziehen, um durch den Eindruck, den sie damit machen, indem sie ihre Gefühle versinnlichen und aufreizen, ihnen in ihren zwischenmenschlichen Verhältnissen Ausdruck zu verleihen. Ihr Körper wird zu einem Subjekt der Begeisterung in geistloser Gesellschaftlichkeit, zu einer bloßen Form einer zwischenmenschlichen Begeisterungen figuralisiert, zum Kult für zwischenmenschliche Beziehungen - zum Fetisch ihrer Selbstbeziehung.

Die Sinnesform der politischen Kultur, der Ästhetik im Allgemeinen, ist von daher nicht die Warenform mit ihrer Warenästhetik, sondern die Körperform des Selbsterlebens, durch das sich die Menschen selbst als allgemeine Objekte ihrer Wahrnehmung wahrhaben, subjektives Objekt für sich selbst in der Allgemeinheit ihres körperlichen Daseins sind: Die allen gemeine körperliche Gegenständlichkeit ihrer selbst, Diese verwirklicht sich daher auch nur noch in der Körperform ihrer zwischenmenschlichen Verhältnisse. In den Lebensverhältnissen des Geldbesitzes erklärt nicht mehr der Warenfetischismus die Fixation an ihre abstrakte gesellschaftliche Substanz der abstrakt menschlichen Arbeit, sondern die körperliche Form, worin sich ihr Lebensausdruck durch sich selbst verwirklicht, sich ihre Emotionen vergegenständlichen, sich Ausdruck verleihen, um Eindruck für sich gesellschaftlich wirksam zu machen, um ihr Selbstgefühl allgemein als Erlebnis zu vermitteln, sich darin Aufmerksamkeit zu verschaffen, sich gesellschaftlich als Wahrnehmungsform eines abstrakt menschlicher Sinnes wahrzumachen, dessen Anerkennung überhaupt nur noch in der Gesellschaftlichkeit ihres Körpers, in den Moden seiner Reize möglich ist. Von daher treibt der Körperfetischismus letztlich wie von selbst in eine Selbstveredelung, worin sich die Selbstgefühle in der Eitelkeit ihrer gesellschaftlichen Gegenwärtigkeit vorzüglich akkumulieren, indem sie darin ihren Narzissmus verweltlichen.

Dienstleister beziehen aber auch einerseits eine politische Macht aus ihrer Funktion im ganzen nationalen und auch internationalen Verhältnis des Kapitals. Aber mit ihrer vollständigen Abhängigkeit von ihrem Standort beschleunigt sich durch ihre Arbeit auch ihr ganzes Leben und der Verschleiß an dessen Ressourcen und Lebenskraft, besonders der Lebensgrundlagen, also der Natur und ihrer Lebensräume. Ihnen steht der ganze kulturelle Lebenszusammenhang ihrer Arbeit vor Augen und zugleich eine gewaltige Verantwortung für ihre Tätigkeit hierzu im Sinn, einem Sinn allerdings, der nicht mehr unmittelbar der ihre ist. Sie erleben die Hast und den Stress einer stetigen Beschleunigung des Umschlags von Arbeit und Produkten, welche die Mehrwertproduktion abverlangt, und sie erfahren darin sich selbst nur als Bedienstete eines ihnen gänzlich entrissenen gesellschaftlichen Lebenszusammenhangs, durch den ihre Lebensgrundlagen, Natur, Wohnung, Infrastruktur, Rohstoffquellen letztlich zerstört werden.

Jede Kultur ist das Produkt einer Sinnbildung, die den Reichtum der gesellschaftlichen Beziehungen der Individuen in ihrer wirklichen Lebenswelt substanziell ausmacht. Der Sinn ihrer menschlichen Beziehungen ist in ihnen wie in ihren Produkten gegenwärtig und überhaupt ihre sinnliche Gegenwärtigkeit, die Art und Weise, in der sie ihr Leben erzeugen, haben und finden und es in ihren Empfindungen auch wahrnehmen und wahrhaben, sich in ihrer Lebensäußerung erkennen und so leiden, wie sie sich leiden können. In einer Konsumkultur ist das umgekehrt. Hier verleiblichen sie sich durch ihren Gegenstand, leiben sie sich ein, was er ihnen bedeutet und deuten sich selbst durch ihr Erleben in den Ereignissen, die solche Kultur zu bieten hat. Und die bietet, was sie politisch am Leben hält: die permanente Steigerung des Existenzwerts durch die Aufblähung existenzieller Not und knappen Löhnen und Sozialleistungen. Es besteht für solche „systemische Notwendigkeiten" ein weitgehender „Handlungsbedarf" der Politik und ein dem entsprechendes Bewusstsein.

Zum Kulturkonsum wird deshalb auch von den Managern der Banken und der politischen Lobby bewusst angetrieben und immer weiter getrieben, um jenseits der sachlich gegenständlichen Produktformen einen Markt für Kommunikation, Unterhaltung, regenerativen Dienstleistungen und Information und Werbung zu intensivieren, der durch unterhaltsame Ereignisse, durch kulturelle Events und Vermittlungen aller möglichen Bedürfnisse die Menschen bei Laune halten und zugleich zu mehr Konsum animieren soll, um deren Wert in Umlauf zu halten. Es war die Vorstellung von einer totalen Dienstleistungsgesellschaft, welche aus der Krise der sterbenden bürgerlichen Gesellschaft aus den Problemen, die mit der Globalisierung aufkamen, als Erlösung erschien. Es ist die Vorstellung einer Gesellschaft, die auf allen Ebenen bedient wird, wenn sie hierfür ihre ganze Subjektivität bestimmen lässt, wenn sie die Mittel benutzt, die ihr wie einem Säugling zugeführt werden - Tittytainment wurde das daher auch so zynisch wie folgerichtig genannt [(118)].

118) Auf einem Kongress der Wirtschaftsmanager wurde in Fairmont schon im Jahr 1994 die Entwicklung der Verwertungsprobleme des globalen Kapitals auf ein Zahlenpaar und einen Begriff reduziert: "20 zu 80" und "tittytainment".

Die Menschen als Humankapital dieser Konsumkultur sind durch ihre bloße Existenz schon gefordert, ihr Leben kraft ihrer Person als „ihres Glückes Schmied" zu meistern, sich in ihren persönlichen Verhältnissen und Möglichkeiten offen und flexibel zu halten, um viel zu erleben und sich für die wechselseitige Einverleibung ihrer Sinnbildung auch entsprechend darzustellen und zu äußern, damit sie auch für gut befunden werden. Doch diese Güte bestimmt sich aus ihrer persönlichen Isolation vor allem dadurch, dass sie sich selbst erfinden müssen, um für andere zu gelten, was sie für sich nicht sein können. Gesellschaftlich ist ihr Leben durch ihre Existenzverwertung sinnlich, also substanziell entleert und kann nur durch ihre Selbstwahrnehmung Sinn machen und haben. Darin hat sich ihr gesellschaftlicher Zusammenhang aufgespalten in die untersten Einkommen der „Billiglöhner", die weitgehend Handlanger und Bediener technischer und pflegerischer Einrichtungen sind, und kulturelle Dienstleister in einer Befriedungskultur, in der die sozialen Bruchstellen des Feudalkapitalismus mit zwischenmenschlichen Verbindlichkeiten aufgefüllt

"20 Prozent der arbeitsfähigen Bevölkerung würden im kommenden Jahrhundert ausreichen, um die Weltwirtschaft in Schwung zu halten. Ein Fünftel aller Arbeitssuchenden werde genügen, um alle Waren zu produzieren und die hochwertigen Dienstleistungen zu erbringen, die sich die Weltgesellschaft leisten könne. Diese 20 Prozent werden damit aktiv am Leben, Verdienen und Konsumieren teilnehmen - egal, in welchem Land. ... Im Fairmont wird eine neue Gesellschaftsordnung skizziert: reiche Länder ohne nennenswerten Mittelstand und niemand widerspricht. Vielmehr macht der Ausdruck "tittytainment" Karriere, den der alte Haudegen Zbigniew Briezmski ins Spiel bringt. Der gebürtige Pole war vier Jahre lang Nationaler Sicherheitsberater von US-Präsident Jimmy Carter, seither beschäftigt er sich mit geostrategischen Fragen. "Tittytainment", so Brzezinski, sei eine Kombination von "entertainment" und "tits", dem amerikanischen Slangwort für Busen. Brzezinski denkt dabei weniger an Sex als an die Milch, die aus der Brust einer stillenden Mutter strömt. Mit einer Mischung aus betäubender Unterhaltung und ausreichender Ernährung könne die frustrierte Bevölkerung der Welt schon bei Laune gehalten werden." (Schumann und Martin: „Die Globalisierungsfalle: Der Angriff auf Demokratie und Wohlstand", erschienen 1996 im Rowohlt Verlag bei Hamburg S. 12f)

und fortgebildet werden. Ganz gleich, was sie im einzelnen tun: Sie finden im wirtschaftlichen Fortschritt keinen Anschluss aus ihrer persönlichen Geschichte, aus ihrer Kraft und Zukunftserwartung, keine Selbstachtung durch ihr eigenes Leben, weil sie darin weitgehend den lebensfremden Bedingungen ihrer Existenz folgen müssen und sich hierfür äußerst flexibel, also beugend und verbeugend auf ihre Lebenswelt beziehen müssen. Sie selbst sind Bedienstete und Bediener ihrer Lebensnotwendigkeiten, die weitgehend vom Verlust ihres gesellschaftlichen Zusammenhangs bestimmt sind, der unentwegte Verbesserungen und Aufwertungen verlangt, um darin zumindest für sich Sinn zu finden und diesen im Einzelnen, in der vereinzelten Existenz auch zwischen den Menschen haben und bewahren zu können. Doch dieser Sinn scheint nur aus ihnen selbst zu kommen. Aber er existiert doch auch nur in ihnen und ihren zwischenmenschlichen Beziehungen, zwischen Tür und Angel ihrer gesellschaftlichen Wirklichkeit. Und hier kommt er nicht zur Ruhe, wechselt beständig seinen Gehalt und seinen Ausdruck. Es ist ein Sinn ohne Boden, der sich zwischen Wahrnehmung und Selbstwahrnehmung bezieht und Leben dadurch sich einverleibt, dass er sich auch selbst darin bewertet und verwertet.

Die Selbstverwertung als Einverleibung des Lebens

Beziehungen zwischen Wahrnehmung und Selbstwahrnehmung können nur selbst Wahrnehmung produzieren, eine Wahrheit für sich, wie sie sein soll und worin sich jeder auch wirklich wahrhaben soll. Aber eine Wirklichkeit der Wahrnehmung kann nicht wirklich sein. Sie besteht aus einer unentwegten Selbstverwertung in Beziehungen, in denen Leben durch Erleben einverleibt wird und alles Eigene zugleich fremd ist, weil es keinen Leib gibt, der durch sich schon wahr sein kann und deshalb auch nur von Fremdem einverleibt wird. Die

Einverleibung des Lebens betreibt eine Selbstentfremdung, die sich als Selbstverwertung entwickelt. Dies entspricht auf eine eigene Art und Weise auch der Dienstleistungsarbeit, durch die sich die Menschen ernähren, durch die sie Geld verdienen und wertgeschätzt werden. Von daher fallen hier die objektiven Lebensbedingungen mit der Selbstverwertung des Lebens zusammen..

Jede Dienstleistung ist Arbeit, hat von daher einen Wert und wird mit Geld bezahlt, um den arbeitenden Menschen zu ernähren, seinen Lebensunterhalt zu finanzieren. Ihre Produkte existieren aber meist nicht gegenständlich als Ware. Deren Wert hat kaum noch einen Warenkörper, erscheint nicht in einem körperlichen Produkt, das einen Gebrauchswert in fertiger Form gesellschaftlich ausmacht und als dieser austauschbar wäre. Die dienstleistenden Menschen stellen sich selbst als Produzenten ihres Daseins durch den Gebrauchswert ihrer Tätigkeit als Wertbildner und zugleich als Wert dar, der durch menschliche Arbeit existiert wie jeder andere Gebrauchswert auch, der aber bei seiner Erzeugung schon verbraucht wird. Ihre Körperform stellt zwar den existenziellen Wert ihrer Arbeit dar, nicht aber deren Stoff. Sie existiert weniger durch ihren unmittelbar wirtschaftlichen Nutzen sondern vielmehr als Sinn für sich, für ihr einzelnes Dasein durch Menschen. Was sie insgesamt an wirtschaftlichem Nutzen einbringt stellt sich als politische Kultur ihrer persönlichen Verhältnisse heraus, in der das gesellschaftliche Produkt der Arbeit letztlich persönlich ist, weil sie sich mit ihrer Arbeit verbraucht, sich selbst konsumiert[(119)].

119) Der Fordismus, der von der Erkenntnis getragen war, dass „Autos keine Autos kaufen" (Henry Ford), dass die kapitalistische Produktion für ihre Produkte immer den Menschen als Käufer nötig hat, ist damit tatsächlich überwunden. Weil die Menschen immer und unter allen Umständen sich zumindest reproduzieren können müssen, hat das Kapital mit der zunehmenden Automation ihres Arbeitsprozesses sich dahin verselbständigt, dass sie ihre Arbeit in eine ihnen völlig fremde Form des von ihnen erzeugten Mehrwerts überlassen müssen, der sich nurmehr in den Sphä-

Durch Dienstleistungen wird mit der Arbeit zum Lebensunterhalt zugleich Mehrwert transportiert. Der ist ihr schon vorausgesetzt und existiert durch das Geld, mit dem sie bezahlt wird und wodurch sich die Menschen auch persönlich erhalten. Er geht sozusagen durch die arbeitenden Menschen hindurch, die dabei nur bleiben können, was sie sind, durch eine Arbeit, die Mehrwert transportiert und aus dem Arbeitslohn in die Selbsterhaltung eingeht und zugleich durch die Gebühren für den Lebensunterhalt an die Besitzer von Eigentumstitel abgeführt wird. Wo der Mehrwert einer Arbeit nicht als Produkt erscheint, realisiert er sich in den Gebühren der Lebensbedingungen. Daher hat das fiktive Kapital in den dienstleistenden Menschen seinen absoluten Wertträger gefunden, der zugleich Produktivitätsbeschleuniger seiner Umsätze wie auch Konsument seiner Überproduktion - tendenziell also eine leibhaftige Krisenprophylaxe - ist.

Somit sind Dienstleistungen auch existenziell für das gesamte Kapitalverhältnis geworden, werden von Menschen erbracht, die der Mittelschicht zuzurechnen sind. Sie selbst erzeugen keine Lebensmittel, dienen nicht mal wirklich der gesellschaftlichen Reproduktion, wohl aber und vor allem dem Warenmarkt im Ganzen zur Realisation und Erhaltung von Wert aus produktiver Arbeit, der irgendwo auf der Welt erzwungen wird. Sie verbrauchen Lebenskraft und Lebenszeit, wie jede andere Arbeit. Der Mehrwert, den sie transportieren, ist das Produkt einer abwesenden Arbeit. Und sie verlangen die Tätigkeit von anwesenden Menschen, auch wenn sie nicht für einen Markt des Warentauschs, sondern für die Bedingungen seines Vermögens, für andere Bedürfnisse, für die Bedürfnisse einer zwischenmenschlichen Kultur da sein müssen, um für sich Geld zu ihrem Lebensunterhalt auf den Märkten der Welt zu erwerben - überhaupt nur um leibhaftig existieren zu können.

---

ren des Finanzkapitals rentiert und ihnen als Einkommen aus ihrem Existenzwert zukommt.

Einerseits sind Dienstleister Verwertungssubjekte ohne Eigentum, Vermittler fremden Lebens, das zur Eigenheit ihrer Existenz geworden ist, sich in ihren zwischenmenschlichen Verhältnissen verwirklicht. Andererseits herrscht darin auch der Großmut der wohlständigen Mittelschicht, die sich über diese Existenz erheben kann, die durch sich zwar auch nichts anderes verwirklicht, als das Dasein eines Humankapitals, die aber das Schöne und Gute ihrer Existenz noch zu nutzen versteht, indem sie sich hierdurch als private Persönlichkeit selbst verwirklicht, sich durch ihre Kultur veredelt und das Kulturbürgertum stellt. Ihre Selbstveredelung ist der Rückstand an Selbstgefühlen, der durch eine Gemeinschaft narzisstischer Persönlichkeiten gebildet und gepflegt und mit den Einverleibungen ihrer Beziehungen im Großen und Ganzen eines oder vieler Lebensverhältnisse bestärkt wird. Weil sich die Menschen in solchen Verhältnissen der Selbstverwertung nur dann selbst fühlen, wenn sie in der Beziehung auf andere und durch diese Selbstwert erwerben, also durch ihren Narzissmus auch ihre ausschließliche, ihre totale Selbstbeziehung gewinnen, wird ihnen diese Beziehung selbst zur Quelle ihres Selbsterlebens. Sie füllt und erfüllt die Sinne mit dem, was sie an Selbstwert verwirklichen und damit wirklich wahr machen, was sie in dieser Beziehung also als Selbstwert erst schaffen, indem sie sich darin bespiegeln und also einander nötig haben, weil sie sich ihre Gegenwärtigkeit durch einander auch wirklich als Sinn ihres Lebens einverleiben können.

Menschen in dieser Notwendigkeit haben also nicht nur die Anwesenheit anderer Menschen nötig, die sie für ihr Leben benutzen, um sich durch deren Einverleibung sinnlich zu bilden, zu entwickeln und sich zu veredeln; sie müssen sich auch gegen sie behaupten, sie müssen ihre Beziehung auf andere so arrangieren, dass sie durch diese ihren Selbstwert in ihrem Sinn gestalten, sich über sie erheben und ihr allgemeines Geltungsbedürfnis entfalten können. Ihre Existenz wird zur Basis ihres Selbstgewinns dadurch, dass ihre Selbstbezogenheit den zwischenmenschlichen Selbstwert verschafft und ihre Selbstbewertung sich darin erübrigt, dass sie zu einem blanken Selbstgefühl wird, worin sich alle Empfindungen wie von selbst bestimmen und fortbilden. Ihre Selbstbeziehung hat daher keine Wirklichkeit mehr außer sich selbst; sie ist Wirkung durch sich, veranlasst alle Verhältnisse so zu sein, dass sie den entsprechenden Selbstwert wie von selbst empfinden. Die seelische Absicht wird zur Grundlage einer selbstwerten Wirklichkeit und die durch diese begründete wirkliche Absicht besteht aus dem seelischen Arrangement der Selbstbewertungen in solchem Verhältnis, worin sich das Selbst im Maßstab und zum Maßstab aller Beziehungen akkumuliert.

Ihr Körper wird selbst zum Fetisch ihrer Lebenslust, der Körperfetischismus zu einem Kult. Die Menschen verhalten sich in diesem Verhältnis selbst wie ein Produktionsmittel als Körper für einen Wert, den sie zugleich auch kulturell verkörperlichen, sich für die Pflege und den Erhalt ihrer Kultur, für ihre Lebensverhältnisse veräußern, um darin als Äußeres für sich selbst, als Maske für sich persönlich (lat. persona=Maske) existieren zu können. Bei Dienstleistungen wird ihre Tätigkeit selbst, ihre Kraftäußerung unmittelbar genutzt und mit Geld bezahlt, also im Wertverhältnis aller Waren ausgeglichen. Der Dienstleistende wird aber nicht als Mensch, wohl aber durch seine Arbeitskraft unmittelbar versachlicht, ohne dass hierdurch unbedingt Produkte, also andere Warenkörper entstehen müssen [(120)]. Er oder sie wird zum Körper einer Tätigkeit, zu einem Produktionsmittel, das wirtschaftlich wie bei der Herstellung einer Sache kalkuliert und im

120) Auch in den Verhältnissen der intimsten Arbeit der Prostitution werden nur Dienste verkauft, rein körperliche Dienste durch menschliche Körper - ganz gleich, wie sich dies auf ihre Kultur, auf die Lebenswelt ihrer Sinne bezieht. Sofern hier keine Gewalt bestimmend ist, fungiert auch Geld - wie bei allen Dienstleistungen - als Vermittlungsform von Konsum und Tätigkeit, als Mittel zu ihrer Bezahlung. Doch hierdurch wird die Tätigkeit selbst zur Körperform einer Ware, die nicht als Ware, sondern nur in der Gestalt der Dienstleistung existiert.

Verschleiß von Lebenszeit und Lebenskraft berechnet wird, um darin schadlos ihren Umgang, ihren Verkehr, ihren Einkauf, ihre Familien, ihre Vorsorgungen, ihre Unterhaltung und Lebenssicherung - ihre kulturelle Regeneration - zu gewährleisten.

In der Dienstleistung hochentwickelter Industriegesellschaften kann der Mensch bei immer wertloser werdenden Industriearbeit immer mehr Wert tragen. Ein Dienstleister veräußert sich kulturell, um am Leben seiner Kultur teilzunehmen. Nur darin unterscheidet sich seine Wertgestalt von der einer Maschine. Ein großer Teil dieser Aufwendungen werden aber durch den Staat betrieben und mit Steuern und Gebühren durch seine Bevölkerung als Produkt einer Kultur finanziert, die ihre Kulturarbeiter versachlicht, um als Sache ihrer Kultur zu existieren. Kultur selbst wird dadurch zum Medium ihrer Verwertung, die wie ein konstantes Kapital Stück um Stück in die Reproduktion ihrer Verhältnisse eingeht, um sich durch deren Verwertung zu regenerieren wie das konstante Kapital überhaupt.

Die kulturelle Regeneration der Bevölkerung dient daher zugleich der Reproduktion des Kapitals, das dieselben Existenzgrundlagen zu seiner Produktion, seine Produktivität, kurz: zur Bewahrung seiner Konkurrenzfähigkeit benötigt. Die Verbesserung seiner Existenzgrundlagen verläuft immer schon über gute Verkehrsverhältnisse, gesunde Arbeitskräfte, eine gut geschulte und ausgebildete Jugend und gesunde Lebensmittel. Die lokalen Verhältnisse seiner Betriebe sind die lokalen Organismen der Kultur in den Nationalstaaten. Darin zirkuliert der Wert der Waren als organische Zusammensetzung ihrer Produktionsgrundlagen und als Mehrwert des Geldes, auch wenn es selbst nur als ein Kapital existiert, das nicht auf konkreten Märkten getauscht wird.

Eine Dienstleistung kann immer dazu beitragen, dass etwas erhalten bleibt oder realisiert wird, was ohne sie wertlos werden würde oder noch seiner gesellschaftlichen Verwirklichung bedarf, weil es Teilprodukt ist, oder schon entstanden war, nicht aber als Produkt gesellschaftlich verwirklicht, also verkauft ist. Jedes Produkt enthält durch seine Produktion immer schon einen Wert, der aber noch ganz in seinem einzelnen Dasein steckt, weil er aus einer hierfür gesellschaftlich notwendigen Arbeit entstanden ist. Aber solang es nicht als Ware oder in einer Ware existieren kann, solange es keine mittelbare oder unmittelbare Arbeit für den Warenmarkt darstellt, solange es keinen Nutzen hierfür erbringt, kann es auch keinen Wert realisieren, schon gar nicht einen Mehrwert.

Aber in ihrer regenerativen Stellung zum gesamten Produktionsprozess können Dienstleister dennoch auch produktiv sein, wenn sie zur Mehrwertbildung durch Mehrarbeit über die weltweit durchschnittlich nötige Arbeitszeit hinaus beitragen. Dienstleistungen haben zwei gänzlich verschiedene Beziehungen zur Mehrwertproduktion. Sie sind im Sinne des Kapitals unproduktiv, wenn sie lediglich zur Regeneration der Privathaushalte, der Institutionen des Staats, der Länder und Kommunen behilflich sind. Sofern sie aber dazu beitragen, dass Mehrwert erzeugt oder realisiert wird, sind sie produktiv im Sinne des Kapitals tätig, auch wenn sie nur dessen Reproduktion zur Bereitstellung einer Neuverwertung oder deren Ausbreitung sicher stellen. Die menschliche Arbeit wird mit der Dienstleistung in zweifacher Weise durch die Warenproduktion und durch die Regeneration der Kultur verwertet. Soweit sie nur der Regeneration von Menschen oder Produktionsanlagen oder Vermögen nützt, ist sie unproduktiv im Sinne des Kapitals. Immer aber veräußert sie eine „Ware" durch ihre körperliche Gegenwart von Menschen oder Sachen, die auch eine von ihnen unterschiedene Wirkung und Wirklichkeit hat, die aber körperlich nur durch sie selbst gemacht und oft auch nur durch ihre Anwesenheit geschaffen wird.

Produktive und unproduktive Arbeiten sind daher in ihrer Körperform nicht mehr zu unterscheiden. Und sehr komplex wird das

Verhältnis in einer Gesellschaft, die selbst schon als Dienstleistungsgesellschaft existiert, wenn darin über die Geldzirkulation selbst schon Mehrwert transportiert wird, der sowohl reproduktiv im allgemeinen, als auch produktiv in seiner besonderen Anwendung sein kann, weil er zur eigenen Regeneration zugleich der gesellschaftlichen Reproduktion dient, also sowohl variables als auch konstantes Kapital darstellt und erzeugt. In den Privathaushalten werden dann ja nicht nur Lebensmittel aus dem nationalen variablen Kapital verkostet, sondern auch international ausgebeutete Arbeit aus anderen Nationen. So wird die durchschnittliche Arbeitsbelastung über Dienstleistungen weitergereicht, deren Produkte oft beide Wertformen darstellen, auch wenn sie unmittelbar nicht produktiv zu sein scheinen [(121)], aber durch ihre Wertvermittlung selbst Mehrwert erzeugen oder realisieren können. Wie eine Sache werden hierbei die dienstleistenden Menschen selbst zu einer Form des Mehrwerts, durch ihre Arbeit, durch deren Wertbewegung, die durch ihren Lohn vermittelt und durch ihre Abgaben betrieben wird, werden sie selbst zu einem Moment der Kapitalzirkulation. Auch wenn sie keinen Sachwert produzieren sind sie selbst Wertträger. Und sie können durch ihre Dienstleistungen den Produkten nach ihrer Produktion selbst auch noch einen zusätzlichen Wert

---

121) Unproduktive Arbeit ist eine Arbeit, die unmittelbar keinen Mehrwert bildet, die also höchstens die Reproduktion des Kapitalverhältnisses und seiner Produktivkräfte einlöst. Aber auch das in einer charakteristischen Disposition:

> *"Es ist das Charakteristische aller unproduktiven Arbeiten, daß sie nur in demselben Verhältnis zu Gebot stehen – wie der Kauf aller andern Waren zur Konsumtion –, in dem ich produktive Arbeiter exploitiere. Von allen Personen hat der produktive Arbeiter daher das geringste Kommando über die Dienstleistungen unproduktiver Arbeiter, obgleich am meisten zu zahlen für die unfreiwilligen Dienste (Staat, Steuern). Umgekehrt aber wächst meine Macht, produktive Arbeiter anzuwenden, durchaus nicht in dem Verhältnis, wie ich unproduktive Arbeiter anwende, sondern nimmt umgekehrt in demselben Verhältnis ab." (MEW 26.1, Seite 380*f)*

beigeben, wenn ihre Arbeit industriell betrieben wird oder die kulturelle Regeneration erweitert oder verbilligt. Bei jeder Dienstleistung geht es um den optimal verwertbaren Selbsterhalt des ganzen kapitalistischen Systems, wo immer sein Wert realisiert oder realisierbar gemacht wird. Und weil hierbei viel Geld fließt, springt auch viel Geld ab, ein Geld allerdings, das den Menschen nur soviel bringt, wie es ihnen an Aufwand ihres Lebens, ihrer Zeit und Kraft kostet.

Der Mehrwert einer Dienstleistungsgesellschaft verwirklicht sich objektiv zwar nur aus und durch Eigentumstitel, der den Existenzwert der Menschen bestimmt. Doch das hat subjektiv, also kulturell, sehr umfangreiche Konsequenzen, die sich nicht durch Waren als Produkte einer produktiven Arbeit vermitteln, sondern durch die persönlichen Verhältnisse der Menschen, in denen sie sich selbst zum Gegenstand ihrer zwischenmenschlichen Beziehungen werden, nehmen und haben. Sie dienen einander, um sich selbst zu dienen und leben durch ihre Produktion auch als Produzenten ihrer selbst. Doch darin können sie sich nicht einfach gleich bleiben, denn sie produzieren sich für eine Befriedungskultur, die jenseits ihrer gegenständlichen Wirklichkeit eine Lebensglück herzustellen hat, das nur durch das Glück der anderen überhaupt zu verwirklichen ist, um glücklich zu machen. Und das ist ein paradoxes Verhältnis zu sich und zu den anderen, das sich am besten auch schon in dem Begriff „Zwischenmenschlichkeit" ausdrückt als ein Menschsein zwischen Menschen, also als ein permanentes Menschwerden im Verlust des eigenen Seins als Mensch, ein Kreisen um sich in der Erwartung eines sinnvollen Lebens, das in seinem Widersinn außer sich bleibt als Vorstellung und Darstellung des Lebens, das unter der Hand zerrinnt, wo es über der Hand beglückt. Nur im unaufhörlichen Wechsel der Glücksvorstellungen und Moden lässt sich das kleine Glück in einer unendlich groß scheinenden Welt erreichen. Und dieses schon beweist die Zwiespältigkeit der zwischenmenschlichen Lebensgeschichte, die keinerlei zweifelsfreie Existenz finden kann, weil in ihr kein wirklich gesellschaftliches Produkt, kein gesellschaftlicher Gegenstand, keine gesellschaftliche Wirklichkeit mehr die Beziehungen der Menschen vermittelt.

Eben so, wie die Verhältnisse ihrer Arbeit und Kultur sind, in denen sie sich nicht mehr über ihre gesellschaftlichen Gegenstände, sondern sich selbst leiblich aufeinander beziehen, ihr Leib und Leben nicht nur Wert erzeugt, sondern selbst unmittelbaren Mehrwert per Lohnabgaben beischafft, verwirklichen sie sich auch selbst nur als Objekt ihrer Verhältnisse. Nicht mehr die Länge ihres Arbeitstages drückt sich in der Verwertung ihrer Lebenszeit und Kraft aus, sondern ihre Teilhabe am Gesamtprozess der Kapitalverwertung, das Ausmaß ihrer Selbstveräußerung, die Dichte und die Geschwindigkeit ihrer Selbstaufopferung. Ein Mehrwert nämlich, der sich in Eigentumstiteln herumtreibt und hierfür mehr und schneller gearbeitet werden muss, um deren Verwertung zu festigen, hinterlässt vor allem eine Erschöpfung ihrer Lebensqualität, ihrer substanziellen Anteilnahme durch ihr Leben selbst, durch die politische Abhängigkeit ihrer Bedürfnisse, die durch ihre politische Kultur verwertet wird und befriedet werden muss. Jede Befriedigung, wie sie subjektiv zufriedenstellen mag, ist zugleich Befriedung einer Existenz, die nur durch ihre objektive Subjektivität Sinn macht, nur darin einen gesellschaftlichen Sinn hat. Sie hat kein Anfang und kein Ende, keinen Raum als ihren Ort und keine Zeit als ihre Geschichte. Sie hebt den Lebenszusammenhang einer Gesellschaft durch die politische Macht eines fiktiven Kapitals auf, das schließlich nur noch nach „frischem Geld", nach Lohnanteilen jedweder Art verlangt.

In einer Arbeit, worin die Menschen nur als Humankapital fungieren können, mag diese voller Ereignisse und Beziehung sein, die in jeder einzelnen Befriedigung darüber hinwegtäuschen, dass sie nicht aus dem Verlangen der Menschen entstanden sind, die darin ihr Leben auch wirklich äußern, sondern lediglich als Notlinderung in ihrer gesellschaftlichen Not Befriedigung im Sinne einer Befriedung sind. Im Großen und Ganzen ist das für die Menschen sinnlos, doch ohne sie könnten sie nicht mehr in Gesellschaft leben. Alles hat dadurch einen Doppelcharakter zwischen Wollen und Sollen, ein unentwegtes Einverleiben äußerer Gegenstände, Menschen und Kulturen, und zugleich eine Arbeit zur Verwirklichung höchst differenzierter Techniken für Bedürfnisse, die keinen anderen Sinn haben, als den der Selbstrettung in einer Welt, die aus ihrer Überschuldung entweder Kapital macht und Elend erzeugt oder kulturelles Elend nach sich zieht, um die erzeugten Werte als Lebenswerte einer rein technisch funktionalen Lebenswelt zu verfügen und zu vermitteln.

Der Wert der Dienstleistungen entsteht in einer Tätigkeit, die Dienstleister nicht mehr als ihre Lebensäußerung wahrhaben können, sondern ihnen lediglich Einkünfte eines an und für sich wertlosen Geldes einbringt. Sie besteht aus ihrer Dienstbarkeit, aus ihrem bloßen Dasein für andere, durch ihre Fähigkeiten und Funktionalitäten im Selbsterhalt, ganz gleich, wo sich eine Arbeit in sachlicher Form realisiert. Natürlich können Menschen selbst niemals Waren sein. Sie können wohl aber körperlich wie eine Ware, wie der Warenkörper eines Produktionsmittels gebraucht und als dieses bewertet und vernutzt werden. Abgehoben vom industriellen Produktionsprozess geht ihr Wert wie ein konstantes Kapital in den Lebenszusammenhang einer Gesellschaft ein, ohne dass ein Mensch dabei anders genutzt wird, als ein Arbeiter, wie er bislang die lebendige Tätigkeit seiner Arbeitskraft in einer industriellen Arbeit dem Kapital für seine Mehrwertproduktion übereignen musste. Doch jetzt ist es eine Arbeit von und für Menschen, die sich als Objekte eines Geldverhältnisses verhalten und die zugleich nützlich für den Selbsterhalt der zwischenmenschlichen Kultur einer Gesellschaft sind, die sich politisch einem Schuldgeldsystem unterworfen hat.

Der Eigenwert von Dienstleistungen als Selbstwert

Weil in den zwischenmenschlichen Verhältnissen Selbstwahrnehmung und Existenz in einer Dienstleistungsgesellschaft zusammenfallen, ist darin das Verhältnis der Selbstverwertung so subjektiv wie auch objektiv in einem. Sie haben ihren unmittelbaren Wert dadurch, dass sie sich in der Selbstwahrnehmung vereinigen, obwohl diese im Grunde genommen doch vor allem dem Existenzwert einer fremden Lebensgestaltung entnommen ist, einem Mehrwert aus den Wirtschaftsverhältnissen zwischen armen und reichen Nationen. Von daher ist jeder Dienstleister in seiner Selbstwahrnehmung bestimmt durch einen Mehrwert aus nationaler Produktivkraft, der die Menschen durch eine Arbeit leben lässt, die keinen Mehrwert schaffen muss..

Obwohl Dienstleistungen sich nicht unmittelbar als Mehrwert des Kapitals verwirklichen, verlangen sie aber die körperliche Tätigkeit von Menschen, deren Kraft vernutzt wird, ohne sich unbedingt auch sachlich zu vergegenständlichen. Sie gehen aber in alles ein, was ihre Lebensverhältnisse erhält [(122)]. In ihrer Arbeit erzeugen sie unmit-

---

122) Das Geld, mit dem sie ihren Unterhalt bestreiten, mit dem die Dienstleister ihre Lebensmittel erstehen und ihre Mieten und Gebühren bezahlen, stellt keinen wirklich gesellschaftlich vermittelbaren Sinn für sie dar, keine für wirkliche Notwendigkeiten verausgabte Arbeit und keine wirklich bewältigte Aufgabe, sondern den bloßen Nutzen für ihre Existenz als Mensch schlechthin. Ganz gleich, welchen Sinn diese für sie hat, wird damit die Zirkulation eines Geldwerts betrieben und beglichen, der nicht nur selbst keinen Sinn für die Menschen macht, sondern deren Ohnmacht und Selbstentfremdung vor allem verstärkt. Durch dieses Geld als Wertform sinnlos veräußerter Lebensbeziehungen bezahlen sie ihre Existenz, wodurch dieser Wertabzug sich ihnen wiederum als Abzug einer jedweden sinnvoll aufgewendeten Lebenszeit verwirklicht. Sie müssen unentwegt liefern, sich effektiv einsetzen, befähigen und für jede Druckverstärkung einsetzen. Fast alles, was sie tun, stellt einen Abzug von Sinn dar und bringt sich als Abzug aus ihrem Lohn zur Geltung, womit die durch Eigentumstitel abverlangten Gebühren, Lizenzen, Zinsen und Mieten im nationalen Lebensraum der Menschen für ihre nackte Existenz bezahlt

telbar erst mal keinen Mehrwert. Sie gehen wie ein konstantes Kapital durch die Räumlichkeiten einer Produktionsstätte oder durch den Zeitgewinn durch eine Maschine in dessen Verwertungsverhältnisse ein. Sie tragen zu einer Mehrwertproduktion bei, und ihre Arbeit geht in deren Produkte wie der Verschleiß einer produzierten Maschine ein, ohne der Mehrwertproduktion unmittelbar sachlichen Mehrwert beizubringen. Aber ihre Arbeit ist dennoch unbezahlte Mehrarbeit, soweit deren Entlohnung sich nur zur Reproduktion des Dienstleisters eignet und also auch nicht am gesellschaftlichen Mehrprodukt - wo immer in der Welt es erscheint - teilhaben kann. Sie ist damit eine geeignete Anwendungsform des absoluten Geldes, das Mehrwert durch seine Lebensform, durch seine politische Kultur höchstselbst darstellt.

Die kulturellen Beziehungen der Menschen waren schon immer in den Gegenständen ihres Lebens als Sinn von und für Menschen so gegenwärtig wie er auch im Gebrauch für sie wirtschaftlich nützlich war und im Warentausch als Wert gehandelt wurde. Für sich genommen, also ohne irgendeine sachliche Form, stellen sie in Dienstleitungen einen Wert dar, den sie weder tauschen noch erzeugen - er geht durch die Menschen hindurch, prägt die Verhältnisformen ihrer Lebensbedingungen, die Geschwindigkeiten ihrer Verkehrsmittel, ihrer Kommunikation, ihres Umsatzes an Kraft, Zeit und Energie. Er geht insgesamt durch ihre unmittelbaren menschlichen und zwischenmenschlichen Beziehungen hindurch, ohne sich darin fest zu machen, ohne als sachliche Wertgestalt zu existieren [(123)].

---

werden müssen. Als Warenkörper ihrer Arbeit stellt sich ihnen dieser Sinnentzug als Macht über ihre Arbeit dar, als Produktion, Entfaltung und Verewigung einer gesellschaftlichen Sinnlosigkeit, welche die Beziehungen der Menschen selbst zunehmend bestimmt, der Alten und Jungen, der Familien und Gemeinden.

123) Der Wert hingegen, über den z.B. die Kommunikationsindustrie verfügt, ist gigantisch, obwohl er nur über die Preise von Gebühren bezogen wird: Die größten

Und doch hat er in den Lebensbedingungen der Menschen selbst seine höchste Wertgestalt bekommen. Die Entwertung von Mensch und Natur, die sich mit der Entwicklung des Kapitalismus schon immer gesellschaftlich durchgesetzt hat, die Ausbeutung der gesellschaftlichen Lebensverhältnisse, die mit anwachsender Produktivität der Arbeitsmittel für die arbeitenden Menschen zunehmende Entfremdung und für das Kapital eine ungeheuerliche Bereicherung durch den Mehrwert aus unbezahlter Arbeit eingebracht hat, ließ sich schon seit der Industrialisierung der Arbeit, spätestens seit den Weberaufständen als den wesentlichen Widerspruch dieses Systems erkennen, weil dies auch schon innerhalb der nationalen Arbeits- und Lebensverhältnisse erfahren wurde. Im 19. Jahrhundert war aus dieser Erfahrungswelt mit der Arbeiterbewegung eine Emanzipationsbewegung entstanden, die ein gesamtgesellschaftliches Interesse an einer Wesensänderung dieser Gesellschaft formulierte und von Marx auch theoretisch dargestellt worden war.

> *„Mit der Verwertung der Sachenwelt nimmt die Entwertung der Menschenwelt in direktem Verhältnis zu." (Marx in MEW 40, S. 511)*

Mit der Kapitalisierung der Nationalstaaten, der Globalisierung des fiktiven Kapitals, spaltete sich dieses Verhältnis weltweit auf in arme und reiche Staaten, die einander den Wert ihrer Währungen streitig machten und ihre Bevölkerungen zu Bürgen ihrer Staatsverschuldung machten. Sie wurden damit praktisch schon durch ihre Geburt verschuldet und zugleich als politische Teilhaber ihrer Nationalverfas-

---

Internetfirmen wie Facebook, Apple, Amazon und Google stellen einen Handelswert von 2,4 Billionen US-Dollar dar. Die 8 reichsten Männer der Welt beziehen ihr Vermögen weitgehend aus Dienstleistungen und verfügen privat schon über 426 Milliarden US-Dollar, mehr als der ärmeren Hälfte der Weltbevölkerung zur Verfügung steht *(Quelle: Oxfam Jahresbericht 2016/17, S. 10)*. Die reichsten von ihnen (z.B. Bill Gates, Warren Buffet und Amancio Ortega) beziehen ihr Vermögen aus dem Dienstleistungsbereich der Selbsterhaltung (Vertrieb, Kommunikation und Bankenwesen).

sungen aufgewertet, durch die sie hohe Verpflichtungen eingehen, über deren Grund sie nichts wissen können. In den reichen Nationen konnten sie ihre wirtschaftliche Minderwertigkeit durch ihren politischen Mehrwert, dem Existenzwert, den sie als Bürger reicher Nationen hatten, als ihren kulturellen Selbstwert in der Lebenswelt ihrer zwischenmenschlichen Verhältnisse verstehen. Das veränderte die Kultur in diesen Ländern ganz wesentlich, da wirtschaftliche Entwertung damit zu einem beträchtlichen Anteil dem unterordnet wurde, schon dadurch „aus der Welt" war, dass sie als persönliches, familiäres oder soziales Lebensschicksal abgetan werden konnte. Die Menschen waren einander unmittelbar dadurch wertvoll, dass und wie sie sich in ihren zwischenmenschlichen Beziehungen erlebten, was sie durch einander als Erlebnis teilen konnten. Die Geschichten ihres Lebens wurden nur noch als Ereignisse dieser Lebenswelt, als persönliche Lebensschicksale begriffen, weil eben nicht jeder „seines Glückes Schmied" sein kann und gelegentlich durch individuelles Unglück in seiner Lebensgeschichte daran gehindert wird. Die Lebenswelt solcher Dienstleistungsgesellschaft war zur Gänze - in Arbeit und Freizeit - zu einem allgemeinen zwischenmenschlichen Verhältnis geworden. Und in dieser Allgemeinheit setzt sie sich dann auch als soziale Normalität der Gewohnheiten ihrer Selbstwahrnehmung gegen ihre Abweichungen durch.

Dienstleister bedienen Menschen in dem Sinn, den sie unmittelbar durch ihre Kultur, durch ihre Subjektivität als Mensch aufeinander beziehen. Sie beziehen sich auf andere Menschen so, wie sie sich auch durch deren Beziehung auf sich wahrnehmen, wie sie sich wechselseitig wertschätzen, sich kulturell bewerten. Und sie bestärken somit vor allem Lebensweisen, die sich durch ihre gegenseitige Selbstbeziehung vom wirtschaftlichen Nutzen absetzen können, den sie nur noch als selbstverständliche Lebensgrundlage durch ihren Geldbesitz wahrhaben. Durch die allgemeine Wertschätzung ihrer zwischenmenschlichen Bewertungen bilden und entwickeln sie selbst einen kulturellen Wert, der ihnen Selbstwert in ihrer Selbstwahrnehmung verschafft, auch wenn sie hierfür ihre Selbstachtung veräußern müssen, ihre Achtung auf sich durch ihren Wert für andere ersetzen. Zumindest werden hierdurch sinnliche Bedürfnisse des Erlebens und der Unterhaltung befriedigt, wodurch sie auch jenseits der Wirtschaft befriedet leben können. Selbstwahrnehmung wird hierdurch zu einer Wahrnehmung in und durch Selbstgefühle, ästhetische Wahrnehmung der Lebensereignisse in den Lebensräumen der zwischenmenschlichen Verhältnisse, in denen sich die Menschen durch ihre Gefühle für sich finden, ihre Empfindungen aus den Befindungen und Befindlichkeiten ihrer Selbstgefühle beziehen. In einer solchen Kultur zerteilt sich das Leben in Ereignisse, die von den Menschen als verschiedentliche Erlebnisse erfahren werden, die ihnen wie durch einen bloßen Zufall zuteil werden, auch wenn sie diese nicht selbst mit den Tauschmitteln ihrer Kultur durch einen lukrativen Geldbesitz herbeischaffen können[(124)].

Doch in ihrer Lebenswirklichkeit besteht ihre Kultur nicht jenseits der gegenständlichen Welt sondern in den tatsächlichen Lebensverhältnissen der Geldzirkulation. Ihr Staat ist die Welt der Geldbesitzer, in der sie tätig sind, auch wenn sie unmittelbar nur mit Menschen zu tun haben. Es ist eine Lebensform, worin die Bürger als Schuldner existieren müssen, weil sich ihr Staat zugleich als Rückhalt der Gläubiger, als Existenzform internationaler Verwertungsinteressen verhält. Diese Welt besteht nicht nur aus den wirklichen Besitzern von Geld

124) Dass die Menschen ihre Gesellschaftlichkeit fast nur noch in zwischenmenschlichen Verhältnissen erleben, liegt kaum an ihrem angewachsenen Privatvermögen in der Teilhabe am Geldwert in der Form von Geldbesitz oder Wertpapieren. Es liegt vor allem an der durch ihre industriellen Revolutionen veränderten Produktionsweise, die diesen Geldwert durch ihre veränderte Produktivität beigebracht hat. Und die müssen sie intensivieren, um konkurrenzfähig zu bleiben, immer wieder verdichten, weil durch ihre Reproduktion auch ihre Regeneration verwaltet wird.

als unmittelbares Zahlungsmittel, sondern auch aus den Menschen, die vermittelt durch die Position ihres Nationalstaates auf dem Weltmarkt über Mehrwert durch Wertimport aus ärmeren Ländern verfügen. Es ist keine Welt, in der die gegenständliche Produktion im Lebensverhältnis der Menschen vorherrscht und darin zu begreifen ist. Darauf bezogen und dennoch hiergegen gleichgültig ist sie das, was die Menschen in der Kultur zwischen ihrem Menschsein sind, was sie durch ihre Kultur der Zwischenmenschlichkeit selbst für die Produktivkraft des Kapitals und den Potenzialen seiner Wertrealisierung darstellen. Während sie sich um ihr bloßes Dasein kümmern, ihre persönlichen Verhältnisse durch ihre Liebe und Selbstgewissheiten, durch ihre Selbstwahrnehmung als Menschen verwirklichen, ist diese Welt objektiv die Selbstverwirklichung des Kapitals, das die darin entstehenden Bedürfnisse und Lebenspflichtigkeiten sowohl national wie auch international vermarktet.

Doch nach wie vor bleibt die notwendige Arbeit zur stofflichen Reproduktion dieselbe, ganz gleich, wo und wie sie stattfindet, im Inland oder Ausland, in Kleinbetrieben oder Industrie, durch Wanderarbeiter oder Hilfskräfte oder Industriearbeiter. Dienstleister sind keine unmittelbar produktiven Arbeiter, sondern für das Kapital unmittelbar notwendiges Werkzeug, vor allem als Produktivitätsbeschleuniger durch ihre Existenz im Kapitalumschlag, in der Zirkulation eines Kapitals der Fiktionen. Was als reale Ware für das Leben selbst produziert wird, was sich also überhaupt lebendig wahrnehmen lässt, rentiert sich immer weniger, weil es gesellschaftlich nur noch geldwertig auftritt. Man findet die Rudimente einer für die Menschen realen Arbeit höchstens noch in der großen Industrie. Schon die mittlere Betriebsgröße verliert ihren Absatz und rettet sich - wo sie kann - in einen Zulieferbereich, der allerdings selbst immer mehr durch Automation ersetzt wird.

Nur in und durch ihre Dienstleistungen bleiben sie scheinbar selbständig und erfahren hier noch eine Art von gesellschaftlicher Beachtung. Was sich hierin dann schließlich auch beachtlich bildet ist ein Selbstwert, der sich mit der Dichte der Erfahrungen in der Einverleibung zwischenmenschlicher Beziehungen durch sein Geltungsstreben bestimmt und entwickelt. Jedes Ereignis wird darin als Selbsterfahrung empfunden und die Selbstwahrnehmung zum Antrieb einer Selbstverwirklichung, die sich in der Erlebniswelt jenseits der gesellschaftlichen Arbeit der Dienstleister ausbildet. Denn für die Selbstwahrnehmung gibt es kein Ende der Erfahrbarkeit. Sie saugt alles auf, was ihr begegnet und was sie für wahr nimmt, als eigene Wahrheit im Sinne ihrer Selbstverwertung für sich nimmt und auch von sich gibt, sich in der Selbstwahrnehmung als Selbstgefühl äußert, veräußert und vermittelt. Das Bedürfnis nach Selbstwert entsteht eben gerade aus dem Verlust der Selbstachtung, aus dem, was hierfür abwesend, nicht wirklich da ist. Es verwirklicht sich in einem Geltungsstreben, wodurch die Negativverwertung der gesellschaftlichen Lebenszusammenhänge auch zu einer leiblichen Existenz in den zwischenmenschlichen Einverleibungen findet, die zu ihrer Lebensgrundlage werden und ihre Selbstgefühle über alle Empfindungen stellt. Es sind Gefühle [(125)], die sich von ihren Empfindungen absetzen und verselbständigen, um als Wahrnehmung für sich empfunden zu werden. Die Ästhetik ihrer Selbstwahrnehmung macht die Menschen empfindungslos gegen sich selbst und so müssen sie sich durch ihre Dienst-

---

125) Jedes Gefühl ist ein Gespür für Zusammenhänge, die ungewiss sind, das Empfindungen aufspürt, wie sie in der Erinnerung von Empfindungen verbunden werden können. Von daher resultieren Gefühle aus vergangenen Empfindungen, die erst durch ihre Vergegenwärtigung wahr werden, die also entgegenwärtigt - nicht unbedingt „verdrängt" - worden waren. Und so können auch Empfindungen in Gefühle übergehen, wenn sie ihre unmittelbare Gewissheit verlieren oder sie auch nicht mehr nötig haben oder sich gegen ihre Empfindungen als Selbstgefühle reproduzieren, um sich einen Selbstwert zu verleihen.

leistungen und deren Kultur ästhetisch um so mehr aufwerten, als dass sie sich mit dem Verlust ihrer Selbstachtung als Mensch durch einen hiervon abgelösten Selbstwert und dessen Geltungsstreben in ihren zwischenmenschlichen Verhältnissen auf andere auch wirklich beziehen können. Worin sie sich tatsächlich voneinander unterscheiden, worin sie sich mit Tat und Kraft - sei es in Frieden oder im Streit - als Mensch ergänzen könnten, das überfordert die Beziehungen in ihren wirklichen Verhältnissen, wie sie schon vor aller Erfahrung objektiv bestimmt sind. Ihre Verhältnisse werden in ihrer Selbstbezogenheit selbständig, zum bloßen Material ihrer Selbstwahrnehmung.In dieser Selbständigkeit wird die Selbstverwirklichung ihres Geltungsstrebens zu einer Sphäre, worin die Menschen einander an gleichen, denn sie sind objektiv durch ihren Existenzwert als unmittelbare Subjekte ihrer zwischenmenschlichen Beziehungen bestimmt, und haben sich daher auch nur als Objekte ihrer Selbstwahrnehmung wahr.

In der Subjektivität ihrer Objekt-Objekt-Beziehungen werden sie selbst nicht nur zu gesellschaftlichen Funktionären, sondern selbst zur Sache ihrer nationalen Selbsterhaltung jenseits der Gegenstände ihrer Natur. Die sind ihnen zwar nach wie vor nötig, zunehmend aber bedeutungslos für ihre kapitalisierte Sinnlichkeit, ihre Selbstbezogenheit. Darin wird vor allem ihre persönliche Leere, ihr körperliches Dasein selbst zur Seinsgrundlage einer nichtigen Wirklichkeit, die Kapital vom Lebensunterhalt zum Unterhalter schlechthin verwandelt. Die Kultur selbst geht damit in den Systemerhalt ein wie ein konstantes Kapital, das seine Strukturen erhält und sich mit seinem Geldumsatz immer wieder verbraucht und erneuern muss. Doch es ist kaum mehr die Kultur, wie sie durch den Sinn und Zweck der Gegenstände des Lebens erzeugt und wahrgenommen wird. Es ist die Kultur der Art und Weise, in der Fremdes als Eigenes vermittelt werden kann, durch Kulturereignisse Selbstentfremdung zu überwinden ist. Der Zusammenhang der Ereignisse des Lebens besteht in solcher

Kultur nurmehr in der Wirkung ihrer Befriedung: Eventkultur als Befriedungskultur.

Als lebendiges Humankapital müssen die Menschen sich eben auch in ihren zwischenmenschlichen Verhältnissen wie ein Kapital verhalten, durch das sie Sinn für sich finden, ohne ihn wirklich selbst zu bilden. Er oder sie muss einen Selbstwert für sich durch andere schaffen, der ihm oder ihr durch die Einverleibung einer abstrakten Sinnlichkeit Selbstgewinn verschafft, einen abstrakt menschlichen Sinn aus den Verhältnissen einer Eventkultur bezieht. Darin ist dann auch ein jeder ganz objektiv in einer Welt, worin die Entwertung des Menschen durch die Verwertung seiner Sachen total geworden ist. Und von daher sind seine Gefühle auch wesentlich immer Selbstgefühle, die einen Selbstwert beabsichtigen, den sie nur in ihrer wechselseitigen Selbstwahrnehmung auch finden können, und der ihr Geltungsstreben in ihren zwischenmenschlichen Verhältnissen bestimmt. Und das lässt sich auf Dauer nicht so einfach in den unmittelbaren zwischenmenschlichen Verhältnissen verwirklichen, weil in diesen die Empfindungen leer laufen, die Menschen ihre Gefühle füreinander verlieren müssen, wenn sie diese nicht auch objektiv, als objektives Selbstgefühl ihrer Kultur erkennen und sich einverleiben können. Selbstgefühle müssen daher unentwegt durch Ereignisse produziert werden, die durch entsprechende Medien und Veranstaltungen vorgestellt und bewirkt - und oft auch zum Massengefühl einer Ereignisproduktion wird, die sich selbst als Gefühlsmasse einer herrschenden Kultur verhält, wenn sie sich hierfür in ihrer Flexibilität zurichtet.

Die Szenekultur der Ereignisproduktion

Der Eigenwert der Dienstleistungen durchtreibt jeden Dienstleister in seinem ganzen Leben. Aber er ist darin nicht wirklich existent, denn er verwirklicht fremde Existenz als Eigenwert in einer Welt, wo sich Eigenes nicht durch seine Gesellschaft in einer Geschichte bewegt, sondern als etwas Äußeres erscheint, als Ereignis hergestellt wird, das verbinden und Erlebnisse ermöglichen soll. Es ist das angesagte Leben, das hier in der Szene oder in irgendeinem Kulturbunker je nach Mode und Typ veranstaltet und als Anstalt einer eigenen Wahrnehmung vergemeinschaftet wird. Es führt die Menschen zusammen, die ihr Leben nicht verwirklichen können, weil es ihnen bestimmt ist, weil und so lange sie es nur so vollziehen können, wie es ihnen gegeben ist. Ganz gleich, ob sie sich selbst dazu verabreden oder ob durch Institutionen oder Industrie betrieben: Es entsteht so die Ereignisproduktion einer Kultur der Selbstwahrnehmung, die Lebensverhältnisse mit zwischenmenschlichen Beziehungen so verfüllt, die sie nur noch in dieser Vergemeinschaftung leben können, die sie als Kult einer Gemeinde auch so veräußern, wie sie sich darin wahrhaben wollen oder müssen. Der Sinn und Zweck ihres Zusammentretens ist ihre Selbstwahrnehmung in ihrer allgemeinsten ästhetischen Form, in der Gemeinform einer augenscheinlichen und zugleich echten Lebensäußerung, die sich von allen anderen darin unterscheidet, dass sie ihre Äußerungen ganz gleichgültig gegen ihren gemeinen Sinn wahrmachen muss und auch im Kampf um die Prominenz der eigenen Persönlichkeit durchsetzt. Es beliebt, was „in“ ist und es wird ausgeschlossen, was „out“ sein soll. Die Mode muss ständig wechseln, weil sie selbst sortiert, was sich ereignen soll.

Die Unwirklichkeit einer Dienstleistungsgesellschaft verlangt eben schon vor aller Erfahrung vor allem nach einer öffentlichen Wirkung, durch welche ihre Privatheit entlastet wird. Die wird durch Ereignisse ihrer politischen Kultur veranstaltet, durch die den Menschen eine Wirklichkeit für einen gesellschaftlichen Sinn ihrer zwischenmenschlichen Verhältnisse möglich ist. Darin können sie sich öffentlich verhalten und dennoch außer sich bleiben, sogar außer sich geraten, wenn diese Öffentlichkeit eine bestimmte Dichte erreicht. Indem die Ereignisse so bestimmt werden, dass die Menschen darin mit sich zufrieden sein können, kommt ihr gesellschaftliches Leben zur Ruhe, ohne dass es Sinn für sich haben muss. Die damit bewirkten Ereignisse müssen diesen Sinn aber darstellen und versammeln und Gefühle ansprechen, die daran hängen und die sich in ihren Selbstgefühlen auch einfinden können - oft auch nur als Massengefühle.

Die Institutionen der Kultur werden für die Interessen eines Gemeinwesens errichtet, in denen sich die verallgemeinerten Meinungen und Dafürhaltungen einer Bevölkerung repräsentieren, die für sich friedlos ist, solange sie ihre wirklichen Bedürfnisse nicht befriedigen kann, die also durch die Einrichtungen der Kultur befriedet wird. Von daher ist es nicht verwunderlich, dass die politische Klasse einer repräsentativen Demokratie daran interessiert ist, den gesellschaftlichen Ort politisch zu verwerten, an dem sich die Menschen aus den Notwendigkeiten ihrer zwischenmenschlichen Verhältnisse heraus treffen, versammeln und ereifern. In den Kultstätten der Bildung und Selbstveredelung finden sie sich ebenso ein, wie in den großen Arenen des Sports, der Unterhaltung und Belustigung. Darin schließt sich die politische Repräsentation mit der Vorstellung einer Kultur der Selbstverwertung zusammen und erzeugt mit ihrer Ereignisproduktion eine mediale Prominenz des Kulturbürgertums, in dem Politik kulturell versöhnt und Kultur politisch verwertet wird. Kultur wird zum reinen Erlebnis und Politik beschafft die Ereignisse, die eine Erlebenskultur bewegen und eine Eventkultur entfalten.

Und hierdurch bewegt sich das Rad der politischen Selbstwahrnehmung auf einem politischen Podest, auf dem sie auch kontrolliert und als Selbstgefühl der Masse zu einem Massenmensch popularisiert wird. Weil in einer Dienstleistungsgesellschaft der gesellschaftliche Zusammenhang nicht durch die darin erstandenen oder verkauften Gegenstände selbst besteht, sondern durch das Vermögen, das sie der

Selbstwahrnehmung in ihren zwischenmenschlichen Beziehungen verschaffen, verwandeln sich deren gesellschaftliche Bedürfnisse in eine Eventkultur, die ihre gesellschaftliche Wirklichkeit für überwunden glauben kann, indem sie diese durch das Bedürfnis nach Selbstwahrnehmung ersetzt. Was die Menschen durch sie erleben und erfahren können und was dies für ihre Selbstverwertung einbringt, muss durch kulturelle Vermittlungen und Mitteilungen erst erzeugt werden. Kultur wird selbst zu einem politischen Mittel der Selbstverwertung, indem sie deren Leerlauf und Ohnmacht mit Eigensinnigkeiten verfüllt, die keine andere Beziehung zu anderen Menschen haben als die der Selbstwahrnehmung und ihrer Veredelung und Entzückungen durch Ereignisse, die auf sie Eindruck machen. Gesellschaftlich sind eben kaum mehr die Güter als solche erkennbar, die Menschen durch ihre Entstehung und ihren Gebrauch ins Verhältnis setzen, sondern die Ereignisse der Selbstwahrnehmung, die durch sie möglich sind: durch Geld, Kommunikation, Unterhaltung, Reisen, Konsum, Konzerte, Medien, Party usw. - durch Kulturkonsum schlechthin. Aber nicht nur die Wahrnehmung, sondern auch die Tätigkeiten sind davon begründet - allerdings nicht mit deren Herstellung, sondern durch die Sinngebilde der Selbstwahrnehmung selbst, dem Sinn ihrer Selbstisolation der „auf Teufel komm raus" eine Gesellschaft für sich finden muss, weil er überhaupt nur durch die Einverleibung fremder Sinne für sich zufrieden zu stellen ist.

Und das trifft die Notlage, in der die einzelnen Dienstleister überhaupt nur in Gesellschaft sein können, in der sie sich selbst zum Ereignis ihrer Beziehungen machen müssen. Ihre Leistungen werden ja mit ihrer Erzeugung auch schon verbraucht und mit einem Zahlungsmittel bezahlt, das nur durch seinen Preis existiert, dessen Wert in und mit der Existenz der Dienstleister aufgezehrt wird. Soweit sie nicht der Güterproduktion dienlich sind, fallen hier Wert und Preis zusammen, entstehen und vergehen als Existenzwert in ein und demselben Akt ihrer Egozentrik und bleiben vollständig privat bestimmt. Lediglich ihre Abfälle, die Asche ihrer Lust und Belustigung hat einen gesellschaftlichen Charakter, weil er die Kultur, die Natur und die Infrastruktur ihrer Gesellschaft belastet.

Weil in einer Dienstleistungsgesellschaft der wirkliche Lebenszusammenhang aus Diensten besteht, die sich nicht mehr gegenständlich in den Lebensverhältnissen finden lassen, weil ihre menschlichen Beziehungen nur privat in der Körperwelt der Privatpersonen entstehen und vergehen, weder subjektiv noch objektiv existieren, sondern nur noch aus der Unterwerfung unter die abstrakt allgemeine Erfüllung von Notwendigkeiten aus isolierten Selbstwahrnehmungen bestehen, macht ihre Existenzform die Dienstleister selbst zu bloßen Objekten ihrer Selbsterfahrung. Sie benötigen einander vor allem, um ihre persönlichen Wesensnöte, ihre Lebensängste und Sehnsüchte in einer Kultur der objektiven Sinnentleerung zu überwältigen. Weil die menschlichen Beziehungen in einer solchen Gesellschaft keine andere Gegenständlichkeit als die unmittelbar menschliche Sinnlichkeit selbst haben können, haben sich die Menschen darin vor allem nur selbst im Sinn, so dass sie ihren Sinn im körperlichen Leben der Menschen, im Sinn und Zweck ihrer zwischenmenschlichen Beziehungen an sich selbst und durch sich selbst finden müssen.

Zwar ist und bleibt sich dabei jeder weitgehend selbst der Nächste. Aber soweit ihnen das gesellschaftliche Material ihres Lebens, dessen wirkliche Gegenständlichkeit in den Produkten ihrer Lebenstätigkeiten entzogen und zugleich durch ein Leben innerhalb der Kapitalumsätze mit Nichtigkeiten verfüllt wird, werden sie selbst zum Material ihrer Lebenswahrnehmung, ihrer zwischenmenschlichen Verhältnisse, durch die sie ihrer Nichtung in einer entwirklichten Welt entgehen können. Sie entgehen der Konsumsphäre des Kapitals, indem sie ihr Leben unmittelbar durch ihre Lebensäußerungen zwischen den Menschen selbst aneignen, es sich durch ihre Gegenwärtigkeit in ihren zwischenmenschlichen Verhältnissen, in den Wirkungen aufeinander und füreinander einverleiben. Aber sie werden hierdurch selbst zu einem Lebensmittel, zum Objekt einer allgemeinen Subjektivität, die sich ihnen als eine allgemeine, eine ihnen im Grunde äußerliche Lebensnotwendigkeit auferlegt.

Darin verliert jeder beteiligte Mensch immerhin seine persönliche Isolation durch den Gewinn an Nähe, durch die Anwesenheit anderer Menschen, die sich an ihren zwischenmenschlichen Erlebnissen begeistern, durch die sie sich als lebende Menschen wahrhaben. Und indem sie sich mit anderen und durch diese selbst erleben können, entwickeln und bilden sie sich auch durch die Ereignisse ihrer Kultur und an den Lebenssubstanzen, die sie darin erkennen können, an ihrem Sinn, auch wenn dieser ihnen darin nur abstrakt wie ein äußeres Lebensmittel zugetragen wird, das sie empfinden und das sie auch spüren und fühlen können wie jedes andere auch. Ereignisse wären nur Momente einer Wahrnehmung in den Geschichten des Lebens, wenn sie nicht durch die Abwesenheit eigener Wirklichkeit und Selbstachtung in einer Dienstleistungsgesellschaft als Humankapital eine eigene Bestimmung für das persönliche Erleben bekommen hätten und in der Tat auch wirklich durch die Anwesenheit von Menschen in zwischenmenschlichen Verhältnissen wahrgehabt werden könnten. Das bloße Erlebnis bezieht die Aufmerksamkeit der Selbstwahrnehmung von Menschen auf sich, die darin ihre persönlichen Lebenszusammenhänge gestalten und auch zu eigenen Existenzformen ihrer Kultur entwickeln.

Doch gerade hierdurch ist das Leben, so wie es zwischenmenschlich erlebt und vermittelt wird, in der Welt der Selbstwahrnehmungen, die hierin entstehen können, objektiv zusammenhanglos - eben so, wie Ereignisse in Wahrheit und für sich genommen auch sind. Sie entstehen und vergehen durch die Ereignisse in den Zufällen oder Notwendigkeiten des Zusammenkommens und Auseinandergehens, das seinen Sinn nurmehr in der Selbstwahrnehmung der Menschen finden und empfinden kann. An und für sich entstehen hierbei keine besonderen Gefühle und Zuneigungen, wo doch der Sinn solcher Beziehungen nicht in einer menschlichen Wirklichkeit entstehen kann. Tatsächlich geht vieles an Empathie und Verstand hierdurch verloren, was durch Vernunft und Einsicht ersetzt wird. Die Menschen werden einsichtig und vernünftig, persönlich befreit aus den Notwendigkeiten ihrer Gesellschaftlichkeit. Diese erscheint ihnen jetzt wie angeboren und immer und ewig sinnvoll.

Aber die Selbstwahrnehmung bringt es unter diesen Umständen auch zu einer eigenen gesellschaftlichen Wirklichkeit, zu einer Kultur der Zwischenmenschlichkeit, die sich in den Gefühlen entfaltet, welche die Menschen aus ihrem wechselseitigen Finden und Empfinden für sich und füreinander bilden und haben können, weil und sofern sie sich eben durch andere auch wirklich wahrhaben, ihre Wahrnehmung ausschließlich für sich bewähren, bewahren und durch ihre Erinnerungen jenseits ihrer objektiven Existenz auch bewahrheiten. Aber nur darin werden ihre Empfindungen auf die einzig mögliche Wahrheit ihrer Gefühle bezogen und es bedarf eines gehörigen Aufwands, um den Zwiespalt der Selbstgefühle in der Selbstwahrnehmung zu beherrschen, sich darin als Mensch zu behaupten und zugleich die Ereignisse für ein zufriedenstellendes zwischenmenschliches Leben beizubringen.

Aber was Not tut, treibt sich auch selbst an, weil es sich in einer Welt der Selbstverwertung als Minderwertigkeitsgefühl herausstellt. Mit der Trennung von Empfindungen und Gefühlen entsteht für die Selbstwahrnehmung ein Mangelgefühl, weil weder das eine, noch das andere für sie vollständig wahr sein kann, eben weil sie selbst nur durch deren Vermittlung als Wahrnehmung auf sich selbst bezogen sein kann. Einerseits kann ihre Empfindung nur wahr sein, wenn darin auch zu fühlen ist, was ihren Gegenstand betrifft, andererseits sind auch Gefühle nur scheinbar Gefühle, wenn sie ihre Empfindungen nicht kennen, wenn sie als Selbsttäuschungen verbleiben müssen. Ihre Gespaltenheit besteht durch ihre Abstraktionskraft wie ein Trieb der Selbstwahrnehmung, der die Empfindungen in Gefühlswelten treibt, die weit wesentlicher zu sein scheinen, als das, was darin wirklich von dem zu finden ist, was in ihren Regungen gesucht wurde. Von daher entstehen in diesen Verhältnissen Persönlichkeiten, die dem Prozess einer kulturellen Verwesentlichung zu Diensten sind, die sie wie ein leibliches Eigentum durch ein Arrangement von Ereignissen aus sich selbst heraus zu veredeln suchen. Dies sind Persönlichkeiten, die sich jeder Mode beugen und darin ihr Leben gestalten.

Die flexible Persönlichkeit der Selbstveredelung

Flexible Persönlichkeiten leben für sich edel in der Welt der Erscheinungen einer beliebten, weil beliebigen Kultur, immer bereit, andere Menschen für sich zu begeistern, indem sie allgemeine Gefühle als eigene Gefühle hervorkehren und überhaupt das hoch zu halten, was allgemein angesagt, was Mode als ein Kult ihrer Kultur ist. Durch ihre Flexibilität sind sie für jeden Zugang geeignet. Aber sie versperren zugleich die Ausgänge, indem sie die Beziehungen der Menschen mit Beliebigkeiten überfüllen, sie zu einem gewaltigen Nichts verdichten, zu einem Vakuum, das durch keine Tür mehr passt, weil es sich als Blähung, als eine aufgeblähte Selbstbezogenheit vermittelt.

Als Kult verkehrt sich jede Beziehung in ein Ereignis und jede Wahrheit in einen Hauch von Vergessenheit, einer vertauschten Gegenwart, die als eine Lüge ihrer Unmittelbarkeit über ihre sinnliche Leere hinwegtäuschen muss. Die Lebenszusammenhänge werden dadurch mächtig, dass sie abwesend sind und sie werden abwesend, wo sie sich von ihrem Sinn lösen und verwesen, sich abstrakt verallgemeinern, um für alles etwas zu sein, auch wenn sie immer wieder nur alles durch ihre Nichtungen enttäuschen können.

So produzieren sich flexible Persönlichkeiten selbst durch die Fortpflanzung der Beliebigkeit ihrer zwischenmenschlichen Beziehungen, in denen sie deren abstrakt menschlichen Sinn als Luftblasen ihrer Kommunikation und den entsprechenden Medien der Kommunikationsindustrie unaufhörlich mitteilen - nur um durch ihr bloßes Dasein sich von ihrem Unsinn frei zu machen. Doch darin sind sie wie in einer Sucht an sich selbst, an ihr Erleben gebunden. Sie machen die Selbstsucht absolut, bewahrheiten den Zweck einer Ereignisproduktion durch sich selbst als Event ihrer Beziehungswelt, als Bild von sich, als Sprache für sich und als Erlebnis mit anderen.

Die ästhetische Gesetzmäßigkeit einer in sich verkehrten Wahrnehmung treibt die Wahrheit einer verallgemeinerten Wahrnehmung (126) dahin, dass sie durch die Selbstwahrnehmung nur noch beunruhigt und erregt werden kann. So abstrakt wie sich die zwischenmenschlichen Gefühle aus dem Sinn ihrer Empfindungen ergeben, so massiv wirkt auch ihre Abstraktion als Bindekraft eines Lebenszusammenhangs, der jenseits ihrer wirklichen Wahrnehmung aus der hiervon ausgeschlossenen Substanz ihrer Natur, aus ihrem abstrakt menschlichen Sinn, die Bindung an ihre Wirklichkeit wie eine Naturkraft der Gefühle erscheinen lässt. Die bestimmen daher auch, was diese Empfindungen im einzelnen für die Selbstwahrnehmung im Ganzen sein müssen, was also dem Selbstgefühl nötig ist, um einen Frieden

126) Eine verkehrte Wahrnehmung entsteht durch die Umkehrung ihrer Allgemeinform als Position gegen ihren einzelnen Inhalt. Wo dieser durch allgemeine Eindrücke bestimmt wird, die in ihrer Unterschiedslosigkeit nicht erkennbar sind, wird die Wahrnehmung als Sinnesform ihrer Erkenntnisse durch eine ihr äußerliche Allgemeinheit fremd bestimmt und von daher sich selbst fremd, zu einer Form der Selbstentfremdung.

mit sich zu erlangen, um mit sich auf irgendeine Art und Weise einig zu werden.

Die Bindung der Empfindungen an solche Gefühle, die zwischen ihrem Inhalt und der Form ihrer Bezogenheit nicht mehr unterscheiden können, verkehrt die ganze Wahrnehmung durch ihre Selbstwahrnehmung zu einem Gefühl der Selbstentfremdung. Sie hebt ihren Unterschied zwischen sich und anderen auf und macht ihren Sinn unkenntlich. Die Selbstwahrnehmung ist daher vor allem schon als Gefühl einer Empfindung, also ästhetisch vorbestimmt. Ihr ästhetischer Wille formuliert das Verlangen des Selbstgefühls nach einer Einheit von beidem, die unter der Bedingung zwischenmenschlicher Verhältnisse in ihrer Eigenwelt nicht möglich ist, weil sich die Menschen darin nur einerseits empfinden und nur andererseits ihre Gefühle füreinander haben können [(127)]. Es ist der Doppelcharakter der Selbstwahrnehmung, durch den ihre Wahrnehmung einerseits gelangweilt und ihre Regungen andererseits verinnerlicht, zu einer inneren Aufregung werden. Ihre Selbstwahrnehmung wird daher auf Dauer nur noch durch das Verlangen nach Selbstgefühlen verwirklicht, für welche entsprechende Empfindungen durch bestimmte Ereignisse herge-

---

127) Der ästhetische Wille entsteht in der Gespaltenheit der Selbstwahrnehmung. Er begründet sich aus der räumlichen Getrenntheit von Empfindungen und den ihnen entsprechenden Gefühlen, stellt somit eine abstrakte Erinnerung von Empfindungen dar, wie sie in der Abwesenheit der Wahrnehmung ihrer Gegenstände den Gefühlen entsprechen sollen, um hierdurch ihre Einheit jenseits ihrer Wirklichkeit wahr zuhaben. Er entsteht also in der Ästhetik einer Selbstwahrnehmung, die sich nur in den Gefühlen außer sich findet und empfinden kann. Er ist das Geschöpf ihrer Langeweile, einer Wahrnehmung, die nach den ästhetischen Formen ihrer Empfindungen sucht, die sie reizen, die Ereignisse für ein Erlebnis der Selbstwahrnehmung bieten, dessen Bedingung und Inhalt die Selbstwahrnehmung in einer Welt ist, deren gegenständliche Lebensverhältnisse durch Geldbesitz außer sich geraten sind. Es geht dieser langweiligen Wahrnehmung um Aufreizungen, die sie beleben, die ihre Nichtung, ihren Niedergang in ihrer Angst um ihre Selbstachtung und den Anekelungen des Alltags von sich ausschließen will.

stellt werden müssen, um ihre inneren Erregungen durch das Erleben ihrer eigenen Sinne zu befrieden.

Mit dem Erleben eigener Sinnlichkeit werden zwar die eigenen Sinne hintergangen, ihre Lebensmöglichkeiten aber durch deren Befriedung zugleich ausgeweitet. Man könnte sagen, dass es eine „nützliche Selbsttäuschung“ ist, wenn die Menschen sich über ihr Selbsterleben „näher kommen“, sich durch ihre Körperwelten und Körpersignale und Moden „verabreden“, um sich vielleicht irgendwann besser kennen zu lernen und im vereinten Schmerz ihrer Beziehungen ihr gesellschaftliches Unglück erkennen, aus ihrem unglücklichen Bewusstsein zu einem Bewusstsein ihres wirklich gesellschaftlichen Unglücks gelangen können, wenn sie sich den Konkurrenzkämpfen ihrer Geltungsbedürfnisse entziehen.

Aber ihre Selbstgefühle, welche die Elemente einer solchen Gesellschaft ausmachen, hindern sie oft sehr lange daran, sich ihrer selbst bewusst zu werden, indem eine ganze Eventkultur solche Gefühle vom einen zum anderen bewegt und deren Kulturbürger im Sprung über ganze Lebenswelten dem Unmut der einen entfliehen können, sobald sie von den Reizen der anderen ermutigt und angezogen werden. Um selbst einen entsprechend reizvollen Eindruck machen zu können müssen sie sich ja auch nur so darstellen und verhalten, dass ihre Äußerlichkeit selbst schon voller Reize und Anreizungen für irgendeine Selbstwahrnehmung ist. Die Methoden der Moden und Selbstdarstellung sind hinreichend entwickelt und der entsprechende Körperfetischismus überragt inzwischen alle Lebenswelten und Lebensburgen, hinter denen sich die Kleinbürger einer niedergehenden Realwirtschaft noch verbarrikadieren.

> *"Der Druck auf den Einzelnen, der sich auch in einem gewandelten Verständnis des Zeitbegriffs zeigt, steigt immens. Hinzu kommt eine engmaschige Überwachung der gesamten Produktionsprozesse - einschließlich der Arbeitenden - durch den Einsatz moderner Kommunikationsmittel.*

All dies trägt zu einer Atmosphäre von Angst, Hilflosigkeit, Instabilität und Verunsicherung in weiten Teilen der Gesellschaft bei. Die Schere zwischen Arm und Reich wird größer. Die Mittelschichten werden ausgedünnt. Dort ist eine Polarisierung zwischen einer kleineren Gruppe von Profiteuren und einer großen Anzahl von Verlierern des neuen Systems zu beobachten." (Richard Sennett, "Die Zukunft des Kapitalismus")

In *„einer Atmosphäre von Angst, Hilflosigkeit, Instabilität und Verunsicherung"* wird die kleinbürgerliche Lebenswelt zu eng, um mit ihren Selbstwahrnehmungen unter sich zu bleiben. Schließlich erschöpft sich jedes Geltungsstreben durch die Isolation in den Lebensburgen einer heilen Welt, worin sie ihre Dichte verlieren und diese überhaupt nur noch in Darbietungen außer sich finden können, worin ihr Leben zumindest als Kulturevent verdichtet erscheinen kann. Die *„kleinere Gruppe von Profiteuren"* wird daher in den Verhältnissen der Selbstverwertung schließlich nicht nur zwischenmenschlich, sondern vor allem kulturell dominant. In Verhältnissen, worin sich die Menschen nur dann selbst fühlen, wenn sie in der Beziehung auf andere ihren Selbstwert erwerben, also durch ihren Narzissmus auch ihre ausschließliche, ihre totale Selbstbeziehung gewinnen, entsteht somit eine politische Klasse von Kulturbürgern, in der sich die Selbstwahrnehmung außer den Menschen selbst prominent macht. Die stellt alles "in ihren Schatten", was sich durch seine Selbstbehauptung noch zu veredeln sucht, um sein blankes Ego zu retten. Nicht dessen egozentrische Selbstgerechtigkeit, sondern der daraus hervorgegangene Selbstverlust macht die Menschen abhängig von einer bürgerlichen Klasse, die sowohl politisch wie kulturell Eigenschaften besitzt, und die in einer selbstlos gewordenen Welt den Geist und Sinn ihrer Kultur optimal dazu zu benutzen versteht, sich als deren wertvolle Vermittler zu erweisen [(128)].

128) Kulturbürger sind von da her die aus einer Kultur objektiv heraus gebildeten Bürger, Bildungsbürger der verselbständigten Klasse eines ästhetischen Willens. Ein Kulturbürger hat seine Selbstbehauptung durch das Schöne und Gute seiner Persönlichkeit kulturalisiert, seine Selbstveredelung darin zu einem gesellschaftlichen

Die flexible Persönlichkeit wird zur allgemeinsten Ausformung einer narzisstischen Persönlichkeit, die sich als Kulturbürger selbst dazu bestimmt, durch eine vorauseilende Anpassung an die Bedingungen ihrer Lebensverhältnisse, durch ihre Gefälligkeit und Beugsamkeit für das Nötige, dieses als allgemein vernünftig vorzustellen. Dadurch verfügt sie selbst durch die Vorstellung einer bloßen Vernunft, diese als Lebensnotwendigkeit über alles zu stellen, was die Selbstwahrnehmung ohnmächtig macht, ihre Minderwertigkeit als Gefühl einer kulturellen Insuffizienz bestärkt. Und sie befriedigt ihr Geltungsbedürfnis durch den Eigendünkel ihrer "Erfolge", die darin bestehen, dass sie das Leben der Verunsicherten mit einer schier endlosen Anpassungsfähigkeit ausstattet. Und ihre wesentliche Absicht bezieht sich deshalb auf die Konkurrenzen des Geltungsstrebens in zwischenmenschlichen Verhältnissen, durch die sie den Stoff ihrer Selbstgerechtigkeit für ihren Edelmut bezieht.

Ihre Anpassungsfähigkeit verwirklicht sich daher vor allem in der Körperform ihrer zwischenmenschlichen Verhältnisse, worin sich ihr Selbstgefühl allgemein als Erlebnis vermittelt, das durch unentwegt wechselnde Ereignisse in einer Eventkultur hergestellt werden muss. In ihrer körperlichen Form, worin sich ihr Lebensausdruck durch sich selbst verwirklicht, sich ihre Emotionen vergegenständlichen, sich Ausdruck verleihen, um Eindruck für sich gesellschaftlich wirksam zu machen, um sich darin Aufmerksamkeit zu verschaffen, sich gesellschaftlich als Wahrnehmungsform eines abstrakt menschlichen Sinnes wahrzumachen, dessen Anerkennung überhaupt nur noch in der

Ausdruck gebracht. Kulturbürger sind von da her Bildungsbürger, die sich aus der Wertschätzung der bürgerlichen Kultur, aus Lebenswerten im Zweck eines hochgradigen Wirtschaftswachstums politisch durch ihre Selbstverwertung begründen. Es sind narzisstische Persönlichkeiten, die sich in ihrer Kultur "zuhause" fühlen, sich darin als bürgerliche Subjekte ihr Heil schaffen und in der Lage sind, dieses auch anderen verordnen.

Gesellschaftlichkeit ihres Körpers, in den Moden seiner Reize möglich ist. Von daher treibt der Körperfetischismus letztlich wie von selbst in eine Selbstveredelung, worin sich die Selbstgefühle in der Eitelkeit ihrer gesellschaftlichen Gegenwärtigkeit vorzüglich akkumulieren, indem sie darin ihren Narzissmus verweltlichen.

Weil die Selbstwahrnehmung die Elementarform einer abstrakt menschlichen Sinnlichkeit in der ihr entsprechenden Kultur darstellt, können ihre Selbstgefühle alle Wirklichkeiten kulturalisieren und die Wahrnehmung für die Politisierung der zwischenmenschlichen Kultur deformieren - eben weil sie deren Sinn für sich nicht kennen. Sie finden ihn erst durch das Erlebnis mit anderen Menschen als einen Sinn durch ihre Empfindungen in den Gefühlen, die sie in der Scheinwelt ihres Kultes erleben. Und weil sie ihn durch das Erleben mit anderen in ihrer einzelnen Unmittelbarkeit selbst vermitteln, weil sie ihn als ihre Selbstwahrnehmung verinnerlichen, veräußern sie ihr Lebens auch als Erlebnis, als Selbstwahrnehmung eines schon gelebten, eines gedoppelten Lebens. Denn darin nehmen sie sich wie einen verallgemeinerten Menschen, sich als Mensch im Allgemeinen so wahr, wie es ihnen gerade möglich ist und dies ihnen hierdurch auch als ihre Wahrheit erscheint, als Sinn ihrer Scheinwelt so gültig wird, wie darin ihre Selbstgefühle durch ihre Empfindung im Allgemeinen bestärkt wurden und werden.

Durch dieses Selbsterleben drehen sie sich nicht nur um sich selbst im Kreis; ihre Wahrnehmung überhaupt wird zu einem leibhaftigen Zirkelschluss einer Ästhetik, die ihr einen perversen Zauber verleiht. Was die Menschen durch einander empfinden, das fühlen sie für sich als Sinn, der ihr Leben ausmacht und bestimmt. Und was sie darin für sich fühlen ist das Maß und Ziel ihrer zwischenmenschlichen Beziehungen, der Dichte ihrer Selbstwahrnehmung, ihrer Sehnsüchte und Geborgenheiten. Ihr Leben erfüllt sich durch das, was sie sich hierin als Sinn für sich durch den Sinn ihrer Beziehungen einverleiben und veredeln können. Sie lieben einander so, wie sie sich durch andere gewinnen und andere meiden sie, wo sie sich zu verlieren drohen. Sie scheinen tatsächlich durch die Verfügung über ihre Lebenswelten frei zu sein, weil sie immer Gewinner sind, die gerade wieder einem Verlust entkommen sind. Aber gerade daraus besteht ja das Prinzip eines ungeheueren Selbstverlustes, weil sie ihr Leben selbst nicht mehr wirklich ausfüllen können und mit jedem Schritt in die Selbstverwirklichung ihrer zwischenmenschlichen Erlebenswelt immer selbstloser werden müssen, um sich in der Zuneigung durch Andere zu befriedigen und zu bestärken.

Es bliebe das Schicksal einer narzisstischen Liebe, wenn sie nicht allgemein auch wirklich bestehen würde und durch eine Kultur der Ereignisproduktion, durch das Selbsterleben in einer Eventkultur Bestand hätte. Darin trifft sich, was hierfür die Mittel besitzt, die diese Art der Produktion auch wert ist. In dem Maß, wie das zirkulierende Geld in einer Dienstleistungsgesellschaft allgemein durch die zwischenmenschlichen Persönlichkeiten vermittelt und ausgegeben wird, indem Maß, wie das Humankapital nun praktisch auch persönlich auftreten kann, wird solche Gesellschaft vielleicht nicht zufrieden, wohl aber befriedet sein und in einer Scheinwelt von unendlich vielen Befriedigungen für sich leben und bei sich bleiben, weil die Menschen dabei immerhin „unter Menschen" sind. In einer scheinbar menschlichen Kultur erscheint daher alles übermenschlich und muss auch einen Kultus des Übermenschen schaffen, der den höchsten Frieden verheißt, soweit er den Krieg zwischen den Menschen darzustellen vermag, seine mediale Erscheinung im Trotz gegen alle Wirklichkeiten als Sehnsucht der ganzen Menschheit auszuschmücken versteht. Darin gären die Heilsvorstellungen und Heilsversprechen eines Erlösungsglaubens an eine Zukunft, die in der Gegenwart schlicht unvorstellbar ist, aber als Fiktion einer übermenschlichen Verbundenheit, einer Re-Ligio, die höheren Kulturbindungen einer Todesverachtung mit ihrem Gott in einen ewigen Frieden überführen sollen.

Die Kultur ihrer Zwischenmenschlichkeit wirkt durch ihre ästhetischen Bestimmungen nun auch unmittelbar politisch auf alle Selbstwahrnehmungen, indem sie diese in ihrer Teilhabe an dieser Kultur bemisst. So wie sie sich aus ihren Empfindungen bilden und verdichten und sich auf diese als Maß ihrer Selbstvergegenwärtigung beziehen, werden sie wie von selbst zum Maßstab ihrer Selbstgefühle. Zwischenmenschliche Beziehungen, soweit sie von dem sachlichen Vermögen ihrer Haushaltung durch entsprechenden Geldbesitz absehen können, entstehen und vergehen in dem sinnlichen Vermögen der darin erzeugten Lebensereignisse. Und dieses vergesellschaftet sich in der Ereignisproduktion einer Eventkultur, in der nicht mehr menschliche Beziehungen bestimmend sind, sondern eine Zwischenmenschlichkeit bestimmt wird, die einen abstrakten Sinn und Zweck der Selbstgefühle und ihrer Vergegenwärtigung vermittelt. Was die einen darin für sich durchsetzen, für sich selbst behaupten können, geht den anderen an Selbstgewissheit ab. Es entsteht ein absurder Streit um die eigene Wahrheit, die sich nun als besondere Wahrnehmungsidentität erweisen soll, die den vereinzelten Menschen als Wahrheit durch sich selbst schon unmittelbar erwiesen wissen will, diese Selbstgewissheit als Selbstgerechtigkeit durchsetzen muss und in seiner Egozentrik sich als Maßstab des Menschseins überhaupt erlebt und verlebt.

So konkurrieren die Menschen in ihren zwischenmenschlichen Verhältnissen durch ihr Geltungsstreben gegeneinander um ihre eigene Wahrheit als absolute Lebensform ihrer allgemeinen Vereinzelung. Sie müssen sich darin als Persönlichkeit behaupten, mit der sie ihre Sinne zumindest soweit beisammen haben, dass sie sich durch ihre Selbstbehauptung auch geltend machen können, ihre Psyche mit den nötigen Gefühlen und Erinnerungen ausstatten können und sich auch entsprechend selbst veredeln, im Edelmut ihrer Selbstveredelung einen Hochgenuss ihres Narzissmus zwischenmenschlich verankern und in einem Idealismus der Selbstwahrnehmung akkumulieren können [(129)].

Der objektive Mensch als menschliches Objekt

Der Idealismus der Selbstwahrnehmung war schon früh als Ideologie des Geldbesitzes formuliert worden, als Idee der persönlichen Freiheit, die durch Gelderwerb und eine hieraus geschaffenen Schatzbildung, durch eine Welt voller Eigenheiten, durch Haus und Arbeit in einer kleinen Welt für sich, geschaffen werden könne - einer heilen Welt der privaten Persönlichkeit und ihrer Familie, die wie von selbst auch eine freie Gesellschaft herstellen können sollte. Der Liberalismus stellt die ideale Logik von diesem objektiven Menschsein von freien und gleichen Geldbesitzern als Begründung eines notwendigen politischen Willens heraus, durch den diese Gesellschaft unter den gegebenen Bedingungen auch weiter entwickelt werden solle. Die Selbstverwirklichung eines solchen Menschen würde sich in der so genannten freien Marktwirtschaft wie von selbst einregeln, durch die „unsichtbare Hand des Marktes" (Adam Smith) sich in ihrem Fortschreiten immer wieder ausgleichen und also wie von selbst fortschrittlich sein - und durch den so genannten „Trickle-Down-Effekt" auch Armut und Ungerechtigkeit überwinden [(130)]. Der Neoliberalismus hat diese

129) Sigmund Freud hat mit seiner Psychoanalyse diese Selbstbehauptung als „Ich" bezeichnet, dem er die „Ich-Funktionen" als quasi natürliche Ausstattung einer allgemeinen Egozentrik zumutet. Was ihm natürlich erscheint ist damit die Egomanie einer Selbstentfremdung, in der die Menschen ihren Sinn für sich verloren haben und in den absurden Manövern ihrer „Übertragungen" zu finden erhoffen. Doch eine Empfindung lässt sich nicht übertragen, ohne hierbei ihren Sinn zu verlieren.

130) Der Begriff Trickle-down-Theorie (englisch trickle ‚sickern) steht für eine Grundbehauptung des Liberalismus, dass es letztlich allen Menschen durch den

Ideologie noch dahingehend ausgeweitet, bzw. umgekehrt, dass diese Idee ein gesellschaftliches Maß dafür sein oder werden soll, was die einzelnen Menschen hierfür zu tun hätten, was sie „liefern" müssten, dass ihre Gesellschaft sich auch in dieser Güte entwickeln könne. Tatsächlich hat sich dieser Liberalismus zwischen den Menschen zu einer politischen Kultur entwickelt, in der die Zwischenmenschen sich wie objektive Menschen ansehen, wahrhaben und behandeln. Es war aber nicht diese Idee, die solche Kultur geschaffen hatte. Es waren die praktischen Lebensverhältnisse der globalen Wirklichkeit des fiktiven Kapitals, die sie nötig hatte.

Die Vorstellung von einer durch verallgemeinerte Freiheiten sich selbst regulierenden Ordnung und Gerechtigkeit ist ein Widersinn in sich, weil diese sich nur als allgemeine Beliebigkeit herausstellen kann, als eine Macht der Willkür, die naturgemäß keinen wirklichen Sinn hat, weil sie immer nur die Macht einer abstrakten Allgemeinheit entwickeln kann, von sich absehen muss, wo sie sich im Gemeinen Sein, in Gesellschaft verwirklicht - als Freiheit der Geldbesitzer eben auch nur die Macht des Geldes und als Freiheit der Fiktionen nur eine Glaubensmacht der Selbstgerechtigkeit darstellt. Und was in der Wirtschaft der objektive Mensch als Macht des Geldes ist, lässt sich leicht mit dem objektiven Menschen der politischen Kultur versöhnen. Das macht den Trieb dieser gesellschaftlichen Wirklichkeit von Abstraktionen aus und verwirklicht letztlich nur diesen. Die Macht der Herrschenden besteht aus der Abstraktionskraft ihrer Funktionen. Und sie funktioniert am besten in einer Wirklichkeit, worin die Menschen ganz allgemein Objekte ihres Menschseins sind, sowohl durch ihre ökonomischen wie ihre kulturellen Verhältnisse, wenn sie von ihrem wirklichen Leben absehen, sowohl sich, wie ihren Gegenstand

Reichtum gut erginge, welchen die Marktwirtschaft bildet, weil auch die Armen davon profitieren würden, davon eben, was an gesellschaftlichem Reichtum zu ihnen „durchsickern" würde.

verraten, indem sie darin sich selbst abwesend machen, ihre ganze Subjektivität dem objektiven Menschsein überantworten.

Daher ist der gesellschaftliche Gegenstand der Menschen in dieser Wirklichkeit so subjektiv wie objektiv in ein und der selben Form, worin ihre Bedürfnisse ihre Erzeugnisse treffen und in ihrer Gegenwärtigkeit einander aufheben, der Sinn ihrer Erzeugnisse in ihrer Einheit so abwesend ist, wie ihr Nutzen für die Menschen. Die Bedürfnisse der Menschen entwirklichen sich in ihren Gegenständen ebenso, wie sich darin ihre Arbeit auch schon entwirklicht hat. Das objektive Menschsein kann sinnlich eben nur dadurch bestehen und existieren, dass der wirkliche Mensch als dessen Objekt funktioniert, dass er in seinem Wesen nur noch aus einem Glauben an ein Anderssein gegenwärtig sein kann. Was von den Menschen bleibt, ist der Mangel, die Sehnsucht nach wirklichen Verhältnissen, worin der politische Wille selbst zu einer Religion politischer Bekenntnisse wird. Und das hat sowohl politische wie auch kulturelle Konsequenzen, denn das treibt im Allgemeinen jede Anwendung von Geld in eine Fiktion von Spekulanten und jede Meinung in eine Gesinnung.

Das wirklich Menschliche dieser Lebensverhältnisse existiert durch seine Abwesenheit, seine Entfremdung, und ist dem entzogen, was es und wodurch es in Wahrheit ist, aber dies nicht wirklich sein kann, weil und solange seine Formbestimmung in ihrer Abstraktionskraft wirksam ist. Und die verwirklicht sich in der Verkehrung ihrer Verhältnisse, in denen sich die Menschen wesentlich aufeinander beziehen, in der Verkehrung ihrer gesellschaftlichen Wirklichkeit, in der Gesellschaft, in der die Willkür der Einzelnen sich in der Macht und Gewalt ihrer Allgemeinheit durchsetzt, Gesellschaft zerstört, wo sie sich bilden müsste und auch bilden könnte.

Die wesentlichen Beziehungen der Menschen verhalten sich zu einander verkehrt, formulieren sich gesellschaftlich in einer verkehrten Position, durch die sie ihr Dasein veräußern und sich selbst äußerlich werden. Das Bedürfnis ist der Inhalt ihrer Arbeit und im Grunde hiervon nicht wesentlich verschieden, hier nun aber verkehrt sich die Stellung zu ihrem Dasein. Menschen äußern ihre Bedürfnisse subjektiv und die Gegenstände ihrer Befriedigung existieren objektiv. Wenn sie aber nur konsumieren, was objektiv existiert so werden sie selbst zu Objekten dieser Existenz, für sich achtlos. Wenn sie mit ihrer Arbeit die Beziehung zu ihren Bedürfnissen verlieren, so entzieht sich ihnen der Sinn hierfür und sie werden darin selbstlos. Ihr Dasein selbst ist wesentlich beziehungslos und zerteilt alles, was ist, weil und solange es nur abstrakt sein kann, alles nur isoliert von einander auf einander wirkt.

So verwirklicht die menschliche Gesellschaft den Unmenschen, den sie außer sich bekämpft, zwingt die Menschen zu einem politischen Verhalten, durch das sie nur politische Gegner sein können. In der Trennung ihrer Arbeit von ihren Gegenständen entsteht ein achtloses Subjekt für sinnlose Gegenstände. Und wo die Menschen keinen Sinn für sich finden, da empfinden sie sich als Objekt einer ihnen fremden Objektivität, eines ihnen fremden Lebenszusammenhangs, dem sie nur noch nachkommen, weil er für sie in irgendeiner Form nützlich ist. Und als objektiv gewordener Mensch suchen sie ihren Sinn außer sich und machen andere Menschen zu nützlichen Objekten der Selbstvergegenwärtigung ihrer Selbstlosigkeit. Wo Sinn und Nutzen von einander getrennt ist, da ist vor allem die Selbstachtung der Menschen aufgehoben, da wird der Nutzen zu einer Macht in Verhältnissen, die für die Menschen wesentlich sinnlos sind.

Das ist der Grund, warum mit dem Verlust der Selbstachtung eine Notwendigkeit der Selbstverwertung entsteht, die durch ihr Geltungsstreben eine ganze Welt für sich nötig hat, weil sie nur sich auf sich selbst beziehen kann, indem sie mit anderen unter sich bleibt. Was den Menschen unter diesen Lebensbedingungen an Sinn für sich entgeht, erfahren sie als Sinn ihrer persönlichen Wertschätzung, als

Beachtung ihrer Selbstverwertung, die aus dem bloßen Funktionär einer Dienstleistungsgesellschaft eine Beziehung für sich wahrmachen kann, wo sie sich selbst Sinn verschafft. In solcher Gesellschaft macht für die Menschen nur noch Sinn, was hierfür nützlich ist. Dienstleistungen mögen viel menschliches Verständnis und Kraft erfordern. Aber hier machen sie nur durch ihre bloße Funktion Sinn. Was Menschen darin verausgaben, kommt auf sie durch die Sinne zurück, die in ihren unmittelbaren Verhältnissen alleine durch ihr Funktionieren für den Selbstwert ihrer Persönlichkeit nützlich sind.

Es sind daher vor allem ihre persönlichen Verhältnisse, in denen sie ihren Sinn für sich finden, empfinden und äußern. In ihrer Arbeit bleiben sie ganz außer sich und in ihren zwischenmenschlichen Beziehungen sind sie ganz bei sich. Nirgendwo aber können sie auch für sich das sein, was sie durch ihr Leben schon sind und aus ihrem Leben selbst schöpfen können. Sie nutzen ihre Sinne durch die Erlebnisse, die ihnen die gesellschaftlichen Funktionen ermöglichen. Dieses Erleben ihrer zwischenmenschlichen Kultur wird zu einer Lebensbedingung, in der sie sich auf einer abstrakten Ebene vertraut werden, sich in ihrer Wahrnehmung das vergegenwärtigen, was sie in ihrer Tätigkeit verlieren.

So funktionieren sie selbst als Subjekt und Objekt einer Nützlichkeit, die nur durch eine Funktion für sie da ist, die praktisch ihr Leben ausfüllt, ohne dass sie es selbst leben. Ihre objektive Entfremdung von ihrer Gesellschaft scheint darin gut aufgehoben, solange ihre persönlichen Verhältnisse sie über ihre objektiven Lebensverhältnisse hinwegtäuschen können. Sie funktionieren als Objekte für Objekte, unterhalten sich objektiv so, wie sie sich hierfür auch objektivieren. Und nützlich für sie ist nur noch, was ihnen einen Sinn verschafft, eine sinnliche Wahrheit, eine Wahrnehmung, durch die sie sich selbst vergegenwärtigen können. Der objektive Funktionalist findet den Sinn für sich, indem er den Sinn anderer Menschen für sich nutzt. Und er erzeugt aus dem bloßen Objektsein ein sinnliches Subjekt seiner Objektivität, das in seinen zwischenmenschlichen Beziehungen einen Sinn für sich auch nutzen lässt, um ihn nutzen zu können. Ein Zwischenmensch ist geboren, der in der Lage ist, sowohl objektiv wie auch subjektiv nützlich zu sein: Der absolute Mensch einer Gesellschaft, deren wesentliche Beziehungen, durch das fiktive Kapital begründet sind: Der Mensch als das leibhaftige Humankapital.

Die Menschen, die getrennt von jeder gegenständlichen Welt nur durch ihre Dienstleistungen funktionieren, können darin auch nur den Sinn ihrer Funktion empfinden, ihre Gefühle aus ihrer Funktion für ihre Selbstempfindung, aus der Selbstwahrnehmung ihrer Selbstbezogenheit entwickeln. Nicht ihr Gegenstand ist der Inhalt ihrer Wahrnehmung, sondern die Wahrnehmung wird selbst zum Gegenstand ihrer Gefühle. Die reine Ästhetik ihrer Wahrnehmungsverhältnisse bestimmt daher die Verhältnisse der Selbstwahrnehmung. Indem Menschen sich auf sich selbst durch die Wahrnehmung anderer Menschen beziehen, sich deren Gegenwart einverleiben um sich selbst zu vergegenwärtigen, wird ihnen ein Selbstwert zuteil, den sie auch objektiv teilen und mitteilen können. Nur darin sind sie auch als Mensch objektiv, als objektiver Mensch zugleich Mensch für sich, der sich auf andere über seine Selbstwahrnehmung bezieht, und von daher sein zwischenmenschliches Verhältnis zu einem ästhetischen Verhältnis seiner Selbstgefühle wird [(131)].

---

131) Ästhetik ist die Wahrnehmung ausschließlich für sich selbst, wie sie sich in ihren Gefühlen vermittelt, Wahrnehmung als Bildung für sich ist wie das Bild einer Vorstellung von und für sich. Ästhetisch ist also nicht die Eigenschaft eines Gegenstands der Wahrnehmung, sondern die Eigenschaft eines Gefühls, die selbständige, unabhängige reine Wahrnehmung des Gefühls, des Gefühls, das an sich nur für sich, also zirkulär ist. Ein solches Gefühl kann nicht für sich wahr sein, weil es in solcher Ästhetik im Jenseits aller Reflektion unendlich schön wäre und in seiner Schönheit sich endlos verstehen, sich substanziell in der Wahrnehmung verlieren müsste, im Grunde also hässlich werden muss.

In diesen Verhältnissen bestimmt ein ästhetischer Wille, was hierfür sinnvoll ist, was das Leben bereichert und was aus einer bloßen Einfältigkeit eine Vielfalt von Aufreizungen erstellen kann, die für sich gelten, eine Welt für sich füllen und die Welt ersetzen, die für diese Menschen verloren ist. So ist jeder Mensch für sich zugleich Weltgeschichte. Er macht ja schon immer seine Geschichte und ist von daher so subjektiv, wie er sich auch mit dieser Geschichte objektiv hinterlässt - sowohl als Moment, Ereignis, Beziehung usw., als auch als Teil einer menschlichen Gesellschaft, die sich nicht nur aus menschlichen Subjekten begründet, sondern zugleich die Geschichte ihrer Menschwerdung vergegenständlicht, sich also in den Gegenständen ihrer Sinnbildung als geschichtlich entstandene Kultur der Menschen objektiv darstellt und hinterlässt. Die gesellschaftliche Kraft der Menschen ist ihre Subjektivität im Bildungsprozess ihrer Arbeit als Bildungsprozess ihrer Bedürfnisse, ihrer Fähigkeiten und Eigenschaften, ihrer Kultur. Von daher ist jeder Mensch ein gesellschaftliches Wesen, das so subjektiv ist, wie es auch objektiv existiert. Doch mit seiner Teilhabe am Existenzwert seiner Kultur wurde seine Subjektivität zunehmend von

---

Gefühle werden also ästhetisch, wo Empfindungen für die Wahrnehmung nicht mehr wirklich da, also anwesend sind, wo sie nur in der Tatsache menschlicher Lebensäußerungen Sinn finden können und also nach sinnlichen Empfindungen suchen. Wo eine Beziehungslosigkeit der Empfindungen vorherrscht, sind sie nicht mehr notwendig wahr sondern beliebig, finden ihre Sinnbildungen aus Vergangenem, das ihre Gegenwärtigkeit bestimmt, weil es sich darin anwesend machen kann. Hierdurch wird das empfunden, was die Gefühle für sich wahrmachen, z.B. durch beabsichtigte Ereignisse und Einverleibungen so erlebt werden, wie sie sich in bestimmten Lebensverhältnissen unter bestimmten Lebensbedingungen einfinden und auch so empfunden werden, wie sie durch sich selbst bestimmt da sein können. Solche Lebensbedingungen stellt eine gesellschaftliche Macht als persönliches Belieben, heute im Allgemeinen durch Geldbesitz zur Verfügung - sowohl im Einzelnen als auch in Gemeinschaft. Das Gefühl steht darin jeder Empfindung vor - und in der ausschließlichen Notwendigkeit seiner selbst, seiner gesellschaftlichen Leere und Langeweile, die zur Triebkraft seiner Selbstbeziehung geworden ist.

seiner Objektivität bestimmt. Und indem er sich in seinen zwischenmenschlichen Verhältnissen zu einer Persönlichkeit dieser Kultur entwickelt hat, hat er auch seine Eigenschaften und Fähigkeiten dem Kultursubjekt unterworfen und ist zu einem Kulturbürger geworden, der sich in und durch die bürgerliche Kultur verwirklicht und bewahrt und bestärkt. In dieser burgherrlichen Kultur kann er sich wie ein objektiver Mensch fühlen, weil er darin übermenschlich als Träger von Sitte und Moral und allen möglichen Lebenspflichten bestimmt ist.

Soweit er sich darin quasi religiös versteht und verhält, kann ihm sein Leben als die Verwirklichung seiner Kulturpersönlichkeit im Ganzen seiner Person erscheinen. Und so nimmt er auch durch diese seine Persönlichkeit als ein ganzes, ein ungebrochenes Wesen in seiner heilen Welt wahr, dem die Widersprüche seiner wirklichen Lebensverhältnisse in seiner wirklichen Gesellschaft als bloß äußerliche Bedrohung begegnen. Und diese Trennung der persönlichen Kultur seiner Zwischenmenschlichkeit von der gesellschaftlichen Kultur der kapitalisierten Wirtschaft erscheint ja dann auch durch den Existenzwert der Dienstleistungen aufgehoben und in sich auch kulturell vermittelt. In seiner Dienstleistungskultur entspricht seine unmittelbare Tätigkeit als Mensch tatsächlich seinen zwischenmenschlich gebildeten Fähigkeiten und Eigenschaften.

Einigkeit und Recht und Heimat

In einer Dienstleistungskultur erscheinen die Tätigkeiten der Menschen als unmittelbare, weil unvermittelte Subjektivität menschlicher Lebensäußerungen, die den Menschen selbst als objektive Vermittlung ihres Lebens in ihren zwischenmenschlichen Verhältnissen dient. In persönlichen Dienstleistungsverhältnissen begegnen sich die Menschen ja unmittelbar auch ganz subjektiv, dienen einander, um sich selbst zu dienen und ihre Lebensverhältnisse insgesamt zu pflegen. Soweit sie hierbei unter sich bleiben können, leben sie in ihrem Sinn für sich und verhalten sich in ihrem Sinn für einander, der allerdings existenziell sich danach ausrichten muss, wie und wodurch sie hierbei leben können. Denn ihre Selbstwahrnehmung bezieht sich auf jede andere nur in einem Sinn für sich. Die Zwischenmenschen müssen einander Vertrauen schenken, wo sie durch einander ihre menschlichen Eigenschaften sich einverleiben.

Indem sie sich gegenseitig ihrer positiven Selbstwahrnehmung versichern, teilt sich darin eine doch fast unheimliche Lebensangst mit. Die Menschen können sich zwar subjektiv als unmittelbar gesellschaftlich handelnde Menschen verstehen, als Privatsubjekte, die durch ihren persönlichen Einsatz sich und ihre Gesellschaft darstellen und entwickeln; doch ihre gesellschaftlichen Beziehungen in ihrer gesellschaftlichen Wirklichkeit werden hierbei immer ungewisser, Gesellschaft selbst immer beliebiger. Ihre Lebensgeschichte weist viele Brüche auf, in denen die Widersprüche zwischen Privatleben und gesellschaftlichem Leben, Kindheit und Erwachsensein, Jugend und Alter usw. die schöne Welt der persönlichen Genugtuung durchkreuzen und kränken. Und ohne die Auflösung ihrer wirklichen Geschichte lassen sich diese Kränkungen auch nicht in neue Geschichten verändern. Weil und solang sich alles nur wie ein zu fallendes Ereignis zuträgt wird der Zufall zum Prinzip, zu einer gesellschaftlichen Krankheit. So ereignet sich im bloßen Moment eine Geschichte, deren Gründe für die Menschen abwesend sind und also auch ohne Bewusstsein so wahrgenommen werden, wie es sich ohne irgendeine Gewissheit anfühlt, weil es keinen Sinn mehr vermitteln kann, der darin stumpf so wahrgehabt wird, wie er zugleich darin aufgehoben ist. Das Objektive ihrer Verhältnisse, das sich nur noch unvermittelt darstellt, lässt sich nicht mehr subjektiv empfinden. Es ist zu einer schlicht abwesenden Wahrnehmung geworden, die sich im zwischenmenschlichen Leben der Menschen wie eine fremde Wahrheit als Wahrheit ihrer Selbstentfremdung durchsetzt. Sie sind objektiv dazu bestimmt, sich als Subjekte auch objektiv zu verstehen und anzunehmen, als menschliche Objekte zu objektiven Menschen zu werden, die dem dienen, was sie sein müssen, um für sich zu bleiben, was sie nicht sein können.

Es ist das Leben in einer Scheinwelt, ein Leben, das nur in den Gegebenheiten isolierter Ereignisse Geschichte machen kann, das in partiellen zwischenmenschlichen Beziehungen vor allem die Selbsterfahrungen von objektiven Notwendigkeiten zu einer Art Lebenspflicht macht, durch die das persönliche Glück wie auch das persönliche Scheitern an und in dieser Welt bestimmt ist, einer Welt voller Erlebnisse, die immer wieder in einer Geschichtslosigkeit verenden müssen, weil nur zusammengeht, was sich objektiv wirklich nötig hat und sich subjektiv erfüllen muss, was sich darüber hinweg täuschen kann. Ihre zwischenmenschlichen Verhältnisse mögen selbstbestimmt erscheinen, doch ihr Leben findet nur dort statt, wo sie durch die Verhältnisse ihres Einkommens, ihres Geldes gebunden sind und ihr Auskommen haben. Es ist nicht das Leben, das sie sich vorstellen, sondern das, was sie sich vorstellen müssen, um leben zu können. Es ist eine Welt des Scheins, eine Scheinwelt, die im privaten Glück ebenso aufgehen kann, wie sie in der Beliebigkeit der Verhältnisse auch irgendwann und irgendwo untergehen wird, wenn es sich nicht in die heile Welt selbstbewusster Spießer verflüchtigt und sein Ableben in Kitsch und Prunk als das wahre Leben feiert, das sich weder bewahrheiten kann, noch wirklich bewähren muss, weil es sein Wesen dort auflöst, wo es in den Ereignissen ihres Lebens als Erlebnis „gewonnen" wird.

Der Gewinn besteht aus einer Einigkeit, die nur die Verbrüderung einer Nichtigkeit sein kann, einer Heilsbotschaft, dass alles schon richtig und Recht wäre, wenn sich aus der Welt der verschiedensten Meinungen, aus einer politischen Willensbildung der Gerechten als Wille der Selbstgerechtigkeit vergesellschaften würde, durch den alle in ihrer Nation auch wirklich „zuhause" wären. Der wahre Feind dieser Heimatgefühle ist demnach der Fremde, der eben anders ist, weil er in der Fremde leben muss. Und sicher wird der sich auch nicht unter einem solchen Kulturverständnis „zuhause" fühlen können und sich in seiner Parallelkultur verschanzen. Fremdenfeindlichkeit und Kulturchauvinismus auf beiden Seiten ist daher „normal". Der Internationalismus der Menschen, der diesen Zwist auflösen könnte, kann unter den herrschenden Lebensbedingungen, unter denen jeder zum Konkurrenten des anderen bestimmt ist, seinen Platz und sein Wohnen durch ihn bedroht sieht, nicht aufkommen. Blanker Nationalismus ist die logische Konsequenz dieser politischen Kultur.

In der Welt schwebender Wertmassen herrscht eben nur die Fiktion einer Geschichte, die nicht wirklich wahr sein kann, weil ihre Zukunft schon aus einer Vergangenheit gesellschaftlicher Verhältnisse bestimmt ist, die nicht mal unbedingt begriffen sein müssen, weil sie durch ihre Existenz im Allgemeinen schon vermittelt sind, ohne dass sich die Menschen an dieser Mitteilung beteiligen können. Doch es ist ihre schöne Absicht, dass der Dienst an einer Gemeinschaft auch gesellschaftlichen Fortschritt mit sich bringt. Und es kann auch nur eine Absicht bleiben, weil ihre Arbeit zugleich durch ihnen völlig fremde Verwertungsinteressen bestimmt ist [(132)]. Nur indirekt befördert die Kommunikation und Werbung das Wertwachstum und nur indirekt entwickelt sich hierbei der Lebensstandard, der sich gesellschaftlich zunehmend vor allem in der Aufbereitung von Kulturgütern und Kulturevents einer durch den Massenkonsum ihrer Produkte bestimmten Industrie mitteilt. Die Kultur einer Dienstleistungsgesellschaft ist eben nur eine Konsumkultur, die als Eventkultur ihre Höhepunkte feiert, um ihre Tiefpunkte zu vergessen.

132) Gesellschaftlich gibt es darin kein wirkliches Subjekt - schon garnicht ein Proletariat als gesellschaftliches Subjekt einer wie auch immer verstandenen Revolution.

Der existenzielle Reichtum eines hochentwickelten gesellschaftlichen Lebensstandards steht in dieser Beziehung in einem totalen Widerspruch zu seinen substanziellen Bedingungen. Die objektiven Inhalte einer entmenschten Arbeit, die unter intensiven Zeitbestimmungen auch schon vor ihrer gesellschaftlichen Verwirklichung ihre Sinnentleerung und Bedürfnislosigkeit zu leiden hat, werden in Dienstleistungen nur dadurch erträglich, dass sich hierin die Menschen zwischenmenschlich begegnen und verstehen können. Aber es findet sich hierbei keine gesellschaftliche Substanz, kein Maß und kein Ziel ihrer Arbeit, das als Verwirklichung ihres Lebens gegenständlich existiert und deshalb auch der Empfindung verschlossen ist. Die Arbeit muss geschehen, damit sie existiert und zugleich gesellschaftlichen Bestand hat, den Zustand ihrer Gesellschaft sichert und vor ihrem Verfall bewahrt. Sie ist im Grunde ein Selbstläufer, an dem sich überhaupt nur das fiktive Kapital in der Schwebe seiner spekulativen Hochseiltänze halten kann.

Doch in einer Dienstleistungsgesellschaft herrscht eine politische Klasse, die ihre Werte vielleicht weniger aus ihrer Realwirtschaft, um so mehr aber aus den Verhältnissen des globalen Kapitals bezieht. Die wesentlichen Grundlagen sind auch für sie immer noch die Verhältnisse ihrer Wirtschaft [(133)]. Und die haben sich nicht nur in ihrer bisherigen Geschichte entwickelt. Sie bestimmen weiterhin - wenn auch weiter vermittelt - den Sinn und Zweck ihrer Lebensproduktion durch die Formen ihrer Existenz und ihren Existenzwert. Und dies

133) *„In der Tat, man muss jeder historischen Kenntnis ermangeln, um nicht zu wissen, dass es die Regierungen sind, die zu allen Zeiten sich den wirtschaftlichen Verhältnissen fügen mussten, aber niemals die Regierungen es gewesen sind, welche den wirtschaftlichen Verhältnissen das Gesetz diktiert haben. Sowohl die politische wie die zivile Gesetzgebung proklamieren, protokollieren nur das Wollen der ökonomischen Verhältnisse." (K. Marx, Elend der Philosophie, MEW 4, 109)*

alles existiert politisch in der gesellschaftlichen Vermittlung, in den gesellschaftlichen Mitteln, wie sie gegeben erscheinen.

Schon durch das Geld als Kaufmittel ist jede Produktion dazu bestimmt, einen Mehrwert zu erzeugen, der das Maß der Werte überhaupt erst allgemein wirksam machen kann. Und auch schon damit war das Problem der Wertrealisation da, weil der Mehrwert der Realwirtschaft sich erst beim Abverkauf der Produkte realisieren kann. Der auf den Märkten nicht realisierte Mehrwert existiert fortan als ein Kapital, das nur in Geldform existiert und als diese in Kreditverhältnissen jedweder Art verbucht wird. Als Buchgeld bestimmt es daher das Wachstumspotenzial und die Vorsorge aller wirtschaftlichen Existenzgrundlagen und zirkuliert zum größten Teil als Schuldverschreibung der verschiedensten Zahlungsversprechen zu den verschiedensten Zahlungsterminen. Was sich termingerecht als Wert realisiert tritt dann wieder als reeller Geldwert auf. Was hierdurch aber nicht in seinem Nominalwert gedeckt ist - vielleicht weil es nicht eingelöst werden kann oder weil es als bloße Spekulation funktioniert - bleibt fiktiv, bloß fiktives Kapital. Der Staat allein kann es durch die Bürgschaft seiner Bürger immer noch wirklich decken, indem er seine gesellschaftliche Macht zur Staatsverschuldung hernehmen kann und hierfür notwendige Anleihen zur Stabilisierung seiner national umlaufenden Geldwerte und Renten, also zur Stabilisierung der Kaufkraft der eigenen Währung benutzt. Und genau dies begründete das internationale Verhängnis, wie es sich schließlich als „Globalisierungsfalle" zum Ende des letzten Jahrhunderts herausgestellt hatte.

Mit der Ausdehnung des fiktiven Kapitals entstand über die Konkurrenz der Nationalstaaten in ihrer Preisbildung, ihren Devisen, ein nationaler Existenzwert, der im Derivatenhandel selbst Spekulationsobjekt wurde, in den immer mehr Wert durch das politische Vermögen der Nationalstaaten und ihrer Staatsverschuldungen in der Form von Staatsanleihen abwanderte und sich auf dem internationalen Finanzmarkt globalisierte. Als das Geld durch die Aufhäufung des fiktiven Kapitals nicht mehr innerhalb der notwendigen Zeiträume realwirtschaftlich zu decken war, fand man schnell heraus, dass sich auch auf Anleihen und deren Termine spekulieren ließ, weil man die Zahlungsfähigkeit der Staaten selbst als Sicherheit durch bestimmte Ratingverfahren als eine Art allgemeine Kreditversicherung hernehmen konnte. So fand der internationale Mehrwert eine wirklich fiktive Existenz in einer eigenen Existenzform von Staatsverbindlichkeiten, die durch Staatsgewalt festgeschrieben sind. Es war damit eine politische Gewalt zum Werkzeug der Finanzindustrie entstanden, die sich über die Mittel der Staatsmacht Einfluss auf die internationale Preisbildung, also auf das Verhältnis der international kursierenden Währungen verschafft hat. Die Nationalstaaten wurden hierdurch allerdings zu Funktionären der Weltwirtschaft und funktionierten dadurch wie Betriebswirtschaften, die ihre Einnahmen und Ausgaben in einer weltweiten Geldverwertung zu kalkulieren hatten. Und weil sie damit schließlich auch einen Konkurs zu befürchten hatten, wurde das nationale Gesamtkapital zu immer massiverem Druck gegen die eigene Bevölkerung und auch gegen seine Konkurrenten gezwungen, sobald die Schuldendienste zu versagen drohten.

Der mit der Staatsverschuldung verselbständigte Existenzwert bestimmt somit inzwischen die Nationalstaaten selbst im Maßstab ihrer Ausbeutung von Mensch und Natur, ohne dass irgendein Wert tatsächlich materiell existieren muss. Dadurch wurde jede Nationalpolitik selbst fiktiv, zum bloßen Glaubensverhältnis, das als Existenz ohne Körper eine Gewalt der Staaten durchzusetzen hat, die das Geld der Welt in seinem bloßen Existenzwert rein intelligibel vermittelt und verwaltet. Es wirkt seitdem das Weltgeld des fiktiven Kapitals selbst als Maßstab der Preise, durch den die Währungen als Maß ihrer nationalen Werte politisch bestimmt wird. Mit der weltweiten Spekulation auf dieses Kapital haben sich vor allem die Fiktionen einer unmöglichen Zukunft des Kapitalismus durchgesetzt, die sich auch in den Vorstellungen und Glaubenshaltungen der nationalen Kulturen ausgebreitet und den Boden ihres reaktionären Potenzials bereitet haben [(134)]. Dennoch hat sich im Großen und Ganzen an der Wertsubstanz der Marktwirtschaft nichts geändert. Im Gegenteil: Sie wurde über alle Welt hinweg im Sinne des so genannten Freihandels ausgedehnt [(135)]. Doch innerhalb der Nationalstaaten ist vieles anders geworden: Die Menschen erfahren sich fundamental durch die ihnen zugewiesene Existenz absolut bestimmt, in den armen Ländern zum Elend, in den reichen begütert.

Was eine Dienstleistungsgesellschaft in sich selbst verbindet, ist weniger der Nutzen der Sache, als der Sinn ihrer Beziehungen auf die Menschen und durch die Menschen. Nützlich ist hier nicht die Sache, sondern der Mensch als Sache, die Sinn macht und Sinn vermittelt. Sinn und Nutzen erscheint daher wunderbar vereint, wenn auch ohne

---

134) Aus dem großen Pool der negativen Entwicklung der Existenzverwertung wurde die internationale Negativverwertung zu einer ultima ratio der Nationalpolitik, weil sie sich letztlich im Interesse der Selbsterhaltung zumindest in den reichen Ländern positiv aufführen kann. Doch sie spaltet die Welt in radikale Gegensätze auf, die sich nicht nur wirtschaftlich, sondern auch kulturell gegeneinander verhalten und vor allem im Interesse der nationalen Selbsterhaltung einander bekämpfen müssen. Die Welt wurde so zum Kampfplatz der reichen Staaten des Geldes und der armen Staaten, die sich nur noch auf ihre Ursprünge besinnen können, auf ihre althergebrachten Sitten und Religionen einer untergehenden Welt.

135) Die Wertsubstanz erscheint aber jetzt auf der Ebene der Arbeit und ihrer Löhne im Allgemeinen sogar erst mal ausgeglichener, wenngleich sich auch die Preise in einem grotesken Unverhältnis zwischen Mieten und Gebühren einerseits und Lebensmitteln andererseits entwickeln und durch ihren Durchschnitt statistisch verflachen. Im Durchschnitt erscheint Arbeitslosigkeit dann ja auch behoben, weil sie auf Billigarbeit und „Aufstockung" verteilt ist. Und der Geldwert scheint ausgeglichener, weil in den reichen Ländern Inflationen und Deflationen kaum noch bedrohlich auftreten, weil die Nationalpolitik in der Lage ist, einen fallenden nationalen Geldwert durch internationale Profite und durch ihren Existenzwert zu kompensieren.

jede Wirklichkeit außer sich selbst. Und sinnlich ist vor allem, was zwischen den Menschen Verhältnisse stiftet, die keine gesellschaftliche Wirklichkeit nötig haben. Die Kultur der Zwischenmenschlichkeit (136) stellt hier den hervorragenden Zusammenhang her, der zwar eine gute wirtschaftliche Lage voraussetzt, aber innerhalb dieser Gesellschaft vor allem als Sinn für zwischenmenschliche Beziehungen und Ereignisse verkauft wird. Die Menschen in diesem Land haben hohe Lebenshaltungskosten bei relativ niedrigem Lohn für relativ billige Lebensmittel. Und sie existieren nach wie vor in privat ausgezirkelten Existenzen auf einem Lebensniveau, das sich kulturell kaum entwickelt hat. Denn sie können sich immer wieder in einem Sinn verbinden, der in ihren Verhältnissen kulturell geboten ist und daher als gegeben, als „angesagt" erscheint. Wer seine Miete bezahlen kann und noch etwas Geld für Freizeit und Kultur übrig hat, wird kaum noch an seinem Lohn begreifen, dass sein relativ gütliches Leben ihm eine ungeheuerliche Passivität zumutet.

---

136) Zwischenmenschlichkeit ist der Begriff für ein Dasein von Menschsein zwischen Menschen, das sich auf das einfachste Menschsein reduziert, das also das letztendliche Sein von Menschen ausmacht, die darin ihre bloße Gegenwärtigkeit als Mensch finden und empfinden können - ganz gleich, in welcher Gesellschaft, unter welchen Bedingungen sie existieren und von daher ihr Leben auch durch sich selbst schon - gleichgültig gegen dessen Gegenständlichkeit und Gegenstände - verstehen und begreifen. In zwischenmenschlichen Verhältnissen gelten sich die Menschen als unmittelbar persönliche Partner in ihren gesellschaftlichen Beziehungen, weil und sofern ihnen ihre Gesellschaft als ihre bloße Gemeinschaft erscheint - eben weil ihnen ihre gesellschaftliche Wirklichkeit substanziell gleichgültig sein kann, wenn ihre Lebensverhältnisse auf Geldbesitz gründen.

Der Zerfall der repräsentativen Demokratie

Ein Staat unterscheidet sich von Gesellschaft dadurch, dass er diese in einem politisch bestimmten Lebensraum verwaltet, dafür sorgt, dass die Verhältnisse funktionieren, die Bürger ihre Existenz sichern und ihr Privatvermögen legalisiert ist. Alles, was zur Existenz in ihren Lebensverhältnissen nötig ist, soll durch den bürgerlichen Staat gewährt und garantiert werden. Was die Menschen in Gesellschaft sein lässt, ist darin nur begrenzt gegenwärtig und durch ein Statut, durch seine Verfassung strukturiert, als Ordnung einer demokratischen Staatsverfassung proklamiert. In seiner Proklamation ist ein politischer Wille formuliert, der die Staatsgründung und deren allgemeine Notwendigkeiten fassbar machen soll, also Verfassung einer geschichtlichen Notwendigkeit eines existierenden gesellschaftlichen Zusammenhangs ist, die durch die Wahl von Repräsentanten interpretiert, kumuliert und im Verhältnis der allgemeinen Wählermeinung aus deren politischen Positionen entschieden und zum Beschluss gebracht wird.

Die Staatsgewalt einer repräsentativen Demokratie verwaltet diesen Beschluss, macht daraus Gesetze und stellt deren Beurteilung und Ausführung sicher. Weil sie nur interpretieren und repräsentieren kann, muss diese Gewalt in ihrer Funktion geteilt und gegeneinander abgewogen sein. Im Ausmaß der Ausgewogenheit der Staatsgewalt wird die Zukunft der Bürgerinnen und Bürger dieses Staates der Form nach strukturiert. Und so lassen sich mit der Zeit auch die Ordnungen und deren Bedingungen verändern. Bei alledem bleiben die Grundlagen der bürgerlichen Gesellschaft, der Warentausch und die Verwertung der Arbeit unangetastet, weil der bürgerliche Staat grundsätzlich durch die wirtschaftlichen Bedingungen als Formationen des Privateigentums bestimmt ist und die Teilung der Existenzen, der Arbeit und der Bedürfnisse seiner Bürger über deren Isolation hinweg zusammenhalten muss. Deren Vermittlung kann daher auch nur so sein, wie sie aus den Tauschverhältnissen, aus den Gesetzmäßigkeiten der Marktwirtschaft herausfallen und der Gesellschaft als solche, abgehoben von ihren wesentlichen Zusammenhängen zufallen. Von daher ist die repräsentative Demokratie eine adäquate Verhältnisform des Zufalls, in dem die Menschen in solchen Verhältnissen zusammen kommen und ihre Stimmen je nach dem, wie sie gestimmt sind, abgeben. Das einziges Regelwerk der bürgerlichen Gesellschaft sind die Verhältnisse der Geldform, die sich aus ihren Tauschverhältnissen ergibt und sich nur darin bewerten und verwerten lässt[137].

Der bürgerliche Staat hatte sich daher aus dem gesellschaftlichen Unvermögen des Kapitalismus begründet, die Widersprüche seiner Wirtschaftsweise politisch aufzulösen, seine politische Ökonomie durch seine wirtschaftlichen Fortschritte in einer Gesellschaft so zu verwirklichen, dass die Kraft und Energie, die Menschen hierfür betreiben, auch ihr Leben durch ein Wirtschaftswachstum in dem Maße weiterbringt, wie sie es hierfür aufwenden, äußern und veräußern. Aber das Gegenteil hat sich hierbei verwirklicht, weil ihre Arbeit im Wesentlichen ihre Entäußerung betreibt, indem sie die Bedürfnisse des Kapitals nach seinem Wertwachstum zu befriedigen hatte und es eines Staates bedurfte, der sich um die gesellschaftlichen Grundlagen kümmern muss, damit dessen grenzenlosen Bestrebungen die substanziellen Lebensbedingungen des Kapitalismus, Grund und Boden

137) Der Staat ist zwar schon eine alte politische Form, von Platon dereinst als Dasein eines politischen Willens im Schatten allgegenwärtiger göttlicher Macht formuliert, aber in seiner bisherigen Geschichte doch nur durch die Mittel seiner Macht definitiv verwirklicht worden. Denn der politische Wille ist im Staatswesen letztlich der Wille seiner Verwaltung, seiner Bürokratie, welche die Mängel und Brüchigkeiten gesellschaftlicher Existenz auflösen können sollte, welche die Geschichte der Gesellschaften mit sich bringt. So wurde daraus bisher meist nur eine Gewalt zur Anpassung an die gegenwärtigen gesellschaftlichen Formationen der Verhältnisse, die ihren Mangel nicht wirklich auflösen konnten, sondern stattdessen durch Staatsgewalt zu beheben trachteten und daher nur mit blutigen Kämpfen zu ändern waren.

seiner Verwertungsinteressen, auch in hinreichendem Ausmaß vorfinden und nutzen konnte.

Aber die Entwicklung dieser Verwertungsinteressen scheitert unentwegt an ihrer Verwirklichung, an ihrem grenzenlosen und von daher beliebigen Streben. Die Gleichgültigkeit des Kapitals gegen seine eigenen Elemente, die Natur und die Menschen, verlangt auch eine unentwegte Gegenwart der Staatsgewalt, um die sozialen Ausfälle in dieser Beziehung zu restaurieren und wieder funktional zu machen. Der Staat erscheint daher vielen auch immer wieder als Retter inmitten einer Verwüstung der sozialen Verhältnisse, des Vandalismus der Kapitalwirtschaft und als Rückhalt der Verwertungsmittel, besonders des Geldwerts. Was die kapitalistische Produktion dem Leben von Mensch und Natur entnommen, die Wunden, die sie gerissen hatte, sollte durch ein staatspolitisches Krisenmanagement zugepflastert werden, damit zumindest die allgemeinen Funktionszusammenhänge der Gesellschaft intakt blieben und eine politische Funktion ihrer Allgemeinheit, dem politischen Willen ihrer Lebenswerte erfüllen konnten.

Der Nationalstaat musste schon immer den Wert des Geldes so zusammenhalten, dass es zumindest innerhalb eines Währungssystems funktioniert, ganz gleich wie es international bestimmt, bzw. auf Kurs war. Doch Geld ist nicht gleich Geld, auch wenn es sich über seinen Preis, seinen Tauschwert, mit sich selbst, mit Geld als Wert vereint und Mehrwert bildet - nicht weil es selbst den Grund hierfür böte, sondern weil es durch die Arbeit von Menschen mehr Wert bekommen kann [(138)]. Es ist immer das Maß und Mittel der kapitalistischen

138) Nur durch das Leben der Menschen kann der Wert ihrer Produkte sein, entstehen und zirkulieren, in ihre Arbeit eingehen und in ihren Produkten auf sie zurückkommen. Und nur weil und wo die einzelne menschliche Arbeit mehr in die gesellschaftliche Produktion an Wert eingeben kann, als sie konsumiert, kann gesellschaftlicher Mehrwert entstehen. Darin übertrifft nun die Dienstleistung den modernen Arbeiter, denn sie verausgabt sich im Selbstverschleiß wie ein Produktionsmittel des Kapitals und bleibt dennoch so wertlos, wie sie schon als Verschleiß

Gesellschaft und bezieht seine Substanz aus deren Existenzformen, also aus dem, wie die Existenz der Menschen in ihren Lebensräumen politisch bestimmt ist. Für deren Verwertung kann das Geld nicht hinreichen, wenn es nur vorschießen kann, was es durch ihre Arbeit erbeutet hat. Der Staat kann die Gegensätze von bezahlter und unbezahlter Arbeit, der lebendigen zur toten Arbeit, die Klassengensätze der Menschen nicht aufheben, weil die Löhne schon substanziell nicht hinreichen können, um die Arbeitsprodukte im notwendigen Ausmaß zu konsumieren - eben weil sie nur lebendige, aber keine unbezahlte Arbeit darstellen können. Hinzu kam, dass die Widersprüche der kapitalistischen Produktion selbst noch im Geldumlauf vermehrt werden, indem hier auch die Preisbildung des Geldes durch den Terminhandel und Devisenhandel bestimmt und sein Wert untergraben wird.

In den Nationalstaaten wird immerhin ein großer Teil des internationalen und nationalen Mehrwerts akkumuliert, weil in der zirkulierenden Wertmasse der Währungen durch Staatsinvestitionen und Staatsschulden fiktives Kapital gebunden und zum Teil in reellen Mehrwert umgewandelt wird. Während hiervon auf diese Weise einerseits Geld als Kaufmittel über Steuern, Renten, Versicherungen, Banken und Investitionen Kapital realisiert, wird auf der anderen Seite fiktives Kapital aus Staatsanleihen angelegt, um die Kaufkraft der Währung zu sichern, Geld in der Geldzirkulation zu halten, das der Warenzirkulation als Zahlungsmittel zur Verfügung steht. Der Widerspruch des Geldes tritt auch im Finanzhaushalt der Nationalstaaten als Spaltung zwischen Wertanlage und Wertrealisierung zutage. Die

kalkuliert wird. „Autos kaufen keine Autos" hat Henry Ford gesagt und damit gemeint, dass keine Maschine wertvoller sein kann, als das, was sie durch ihre Herstellung nur soviel an Wert haben kann, wie sie Stück um Stück in das Produkt hinein verschleißt, wodurch sie letztlich eben auch vom Konsumenten finanziert wird. Wer sie wertvoller verrechnet haben will, wird an der Konkurrenz der Produktverkäufer scheitern.

Staaten konkurrieren also nicht nur auf den internationalen Märkten, sondern auch als nationale Macht, die ihre Bevölkerungen in Wert halten, ihren Existenzwert verteidigen, indem sie ihre Bevölkerung mit allerhand Lasten bedrängen. Mit der Globalisierung des fiktiven Kapitals ist von daher das ganze Sicherungssystem gegen sie gewendet worden. Die sozialen Leistungen, die Ausgaben für Erhalt der Institutionen, Kultur und Entwicklung, werden in dem Ausmaß gedrosselt, wie die Währung prosperiert oder schwächer wird. Und zudem müssen die Staaten immer wieder deren Versagen ausgleichen, dem Fall der Profitrate entgegenwirken und Geld abführen, um den Staat als Ganzes auf dem Weltmarkt der Waren und des Kapitals handlungsfähig zu halten. Durch seine Finanzpolitik kann er jetzt zwar zwischen den Finanztechniken wählen, sich entweder zugunsten seines Bankensystems durch den Leitzins auf der Seite der Realwirtschaft stabil halten oder dem Glauben an eine zukünftige Wertrealisierung von fiktivem Kapital über die Spekulation auf den Finanzmärkten frönen. Eine Lösung dazwischen durch eine Aufhebung des Widerspruchs gibt es nicht, solange das Zahlungsmittel Geld sich nur über das Kaufmotel Geld in Wert halten kann, indem es sich aus „frischem Geld", also aus Mehrwert über die Arbeit und Existenz der Menschen nährt.

Das Unvermögen der Nationalstaaten, die Widersprüche des Mehrwerts aufzulösen, hat sich um ein Vielfaches verstärkt, weil das Weltgeld, das ihre Kassen füllt und leert, inzwischen überhaupt nur noch zu einem Zehntel reales Geld und zu neun Zehntel reines Buchgeld ist. Schulden kann man nur zurückbezahlen, wenn man aus dem Handel mit den eigenen Produkten einen Mehrwert über hat, den man zur Schuldentilgung abgeben kann. Aber es ist unmöglich diesen Mehrwert, der ja aus der bloßen Ausbeutung von Mensch und Natur zu beziehen ist, zu verzehnfachen. Die Finanzexperten des Staates versuchen natürlich alles, um selbst auch durch die wundersamen Verwertungshebel des Derivatenhandels zu profitieren und aus dem

Welthandel der Finanzmärkte zu profitieren. Aber die Bürger, deren Geld sie vermehren wollen, können nie wirkliche Gewinner hierbei sein, sondern letztlich die Opfer, deren Währungen damit geschwächt werden. Mit ihren „raffinierten Rentenkonzepten" und Staatsanleihen über ihre Banken verspielen die Finanzexperten letztlich deren Währungssicherheit, die sie durch weitergehende Staatsverschuldungen „retten" müssen, die ihre Bevölkerungen dann zu tragen haben.

Der internationale Finanzmarkt bewegt eine Geldmasse, mit der die Realitäten der Nationalstaaten sich nur aufreiben können. Sie, die eigentlich mit dem Münzrecht geboren wurden, sind zu schwach geworden, um in Heller und Pfennig rechnen zu können und die „schwäbische Hausfrau" steht nur noch im Schaufenster der Imagepflege einer absurd gewordenen Staatshaushaltung. Die Finanzwirtschaft der Nationalstaaten hängt selbst am Büttel ihrer „systemnotwendigen Banken" und sie haben deshalb die „Bankenrettung" zu einem wichtigen Teil ihrer Haushaltspolitik gemacht. Das fiktive Kapital kann sich deshalb für eine bestimmte Zeit lang in diesen Verschuldungen zur Ruhe setzten - bis es dann allerdings mit einem ungeheueren Knall aus dem Netz fällt, wenn die Systembanken selbst zu faul geworden sind. Die Fallhöhe hängt ab von der Masse an Fiktionen, die an den Börsen der Welt gehandelt werden und immer wieder gigantische Finanzblasen aufblähen, die irgendwann auch immer wieder den fiktionalisierten Geldwert platzen lassen müssen. Mit dem Schleudertrauma der modernen Finanzpolitik ist der ganze Welthandel fiktiv geworden und wird nach der Überschreitung einer kritischen Masse immer wieder durch Wirtschaftskriege ruiniert, die jederzeit in militärische Kriege übergehen können.

Es gibt kaum einen Staat, der innerhalb seiner Landesgrenzen die natürlichen Ressourcen seiner Wirtschaft besitzt. Und selbst wenn dem so wäre, so würde auch darin der Existenzwert ausschlaggebend sein, den er für seinen Wirtschaftsraum hat und der die Substanz seiner Preisbildung wäre, die im Terminhandel ausgeschlürft wird. Billige Kohle, billiges Metall oder billiges Öl aus dem Ausland kann daher mehr Wert in einem Land darstellen, als es die eigenen Ressourcen haben können, die auf den Märkten auch billig veräußert werden müssten. Je nach dem, wodurch die Existenz der Menschen in einem Land im Allgemeinen bestimmt ist, stellt sich daran bemessen der Wert ihrer Existenz - ihr Humankapital - heraus, ganz gleich, ob sie realwirtschaftlich stark sind, oder finanzpolitisch oder als Dienstleistung. Aber es ist der Wert der allgemein menschlichen Existenz seiner Bevölkerung, die für jeden Nationalstaat als Maß seiner Werte auf dem Weltmarkt zählt und in der Beziehung der Währungen und im Devisenhandel selbst zum Maßstab der Preise wird, zum Maß eben für das, was sie durch ihren Warenumsatz noch als umlaufenden Geldwert realisieren können, welche Werte sie auch wirklich aufbrauchen, konsumieren können. Es ist von daher jedem Staat bestimmt, sich innerhalb der Grenzen seiner Wertverhältnisse auf das zu konzentrieren, was ihn substanziell auf dem Weltmarkt erhält und wodurch er seine Geldwerte auch im internationalen Handel gegen andere Währungen gut stellen, womit er konkurrieren kann.

Allerdings ist ein Staat, der über eine hochwertige Exportwirtschaft verfügt und alleine schon durch seine aktive Handelsbilanz seine Währung hochwertig halten kann, in einer vorzüglichen Position, so dass seine Weltmacht im Allgemeinen auch wesentlich seinen Wert auch als Dienstleistungsgesellschaft erhalten kann. Diese bietet ihm dann schließlich auch die höchsten Sicherheiten, weil seine Bevölkerung nicht nur Bürge seiner Staatsverschuldungen ist, sondern selbst als Wertträger, als Reserve seiner Kapitalanlagen und Kapitaleinsätze fungiert, weil sie als Humankapital hierfür veranschlagt und bestimmt werden. Als Kinder des Tittytainments werden sie zugleich als Produzenten einer Wert erhaltenden Arbeit hergenommen. Solang dies funktioniert, haben sie im Allgemeinen nichts zu befürchten. Da genügt jahrelang auch schon die bloße Repräsentation von Politik durch eine politische Klasse, die ihre Entscheidungen politisch und wirtschaftlich korrekt darzustellen versteht. Sie besteht ja selbst auch hinreichend aus Wirtschaftsspezialisten und Juristen.

Aber das Parlament referiert sich in der repräsentativen Demokratie vor allem selbst und begründet sich von daher zum einen aus dem Stimmverhältnis von Meinungen. Zugleich bestimmt es sich als Rechtsform isolierter Lebensverhältnisse, als bloße Form, in der sich das Recht der Allgemeinheit durchsetzt, wo diese Verhältnisse Probleme machen. Ein Recht kann eben gar keine Meinung sein, sondern ist ein Verhältnis, durch das die Menschen sich vertragen können müssen, weil und wo dies der Vertrag ihrer Verhältnisse erfordert. Unter den herrschenden Bedingungen ist es im Grunde also ein allgemeines Vertragsverhältnis, das im Großen und Ganzen der Dafürhaltungen sich gegen ihre wirklichen Beziehungen über alle Privatheiten des Geldbesitzes hinweg behaupten muss. Was sich darin dann auch nur durchsetzen kann ist die Allgemeinform des Privatrechts einer Gesellschaft, in der sich die vereinzelten Existenzen nicht gegenseitig ergänzen können, sondern sich im Ganzen als Verfassung des Staats, im allgemeinen Verhältnis der Gesetzgebung, der Legislative, zur Rechtsprechung, der Judikative, erzwingen lassen muss, um die Verhältnisse der politischen Entscheidung, der Regierung, auch exekutieren zu können.

Im Staat müssen sich die gesellschaftlichen Verhältnisse ihrer Gesetzgebung (Legislative) zugleich in einem Recht der allgemeinen Verhältnisse ihrer Rechtsprechung (Judikative) exekutieren lassen, solange sie sich keine Rechenschaft darüber geben können, warum sie sich nicht ergänzen, warum sie entzweit sind. Weil sie sich nicht über ihre materiellen Bedingungen begründen können, dem Konkurrenzverhältnis der Verwertungslogik der Marktwirtschaft, entwickeln sie einen eigenen Widerspruch ihrer Macht zwischen Recht und Existenzform, in welchem sich die Verhältnisse des Privateigentums nur noch als Glaubensmacht vereinen lassen. Was sich darin im Einzelnen in der Meinung politisch bewahrt, steht im Allgemeinen als ein Sollen der Verträglichkeit im wirklichen gesellschaftlichen Leben unter einer Bestimmung, die sich darin nicht bewähren kann. Sie ist die bloße Allgemeinheit von einer Macht, die sich abstrakt allgemein über die Verhältnisse errichtet als ein Sollen, dass man sich im Widerstreit von Meinungen, in denen sich private Interessen in ihrer eigentümlichen Ausschließlichkeit verhalten, sich vertragen können müssen, damit diese wirtschaftlich wie politisch erträglich sind - erträglich im doppelten Wortsinn der politischen Ökonomie: als Ertrag (Profit) bringend und als durchführbar, wenn sie belastbar - und somit erträglich - sind. Mit dieser zur Staatsverfassung erhobenen Form im Zustand ihrer Verfassung können sich die Menschen dann aber tatsächlich nur über ihre Meinung dafür oder dagegen verhalten, sich in ihrem Dafürhalten repräsentieren und also auch nur so repräsentieren lassen, ohne ihre sinnliche Lebenswelt darin verwirklicht und allgemein dargestellt erkennen zu können. Nur im Glauben an die kulturelle Macht der politischen Ökonomie lässt sich deren Widersprüchlichkeit im Staat erhalten und als notwendig scheinende Gewalt über die Individuen in einer Demokratie erhalten, die er überhaupt nur so durchsetzen kann, dass sie seine Macht über seine Bürger repräsentiert.

> *„Die Kollision zwischen der Verfassung und der gesetzgebenden Gewalt ist nichts als ein Konflikt der Verfassung mit sich selbst, ein Widerspruch im Begriff der Verfassung. Die Verfassung ist nichts als eine Akkommodation zwischen dem politischen und unpolitischen Staat; sie ist daher notwendig in sich selbst ein Traktat wesentlich heterogener Gewalten. Hier ist es also dem Gesetz unmöglich, auszusprechen, daß eine dieser Gewalten, ein Teil der Verfassung, das Recht haben solle, die Verfassung selbst, das Ganze, zu modifizieren." (Marx-Engels-Werke Bd.1, S. 250)*

In einer solchen Welt jedoch, in der kaum noch eine sachlich adäquate Gegenwärtigkeit der Wirtschaft erkennbar ist, kann die nationale

Politik einer repräsentativen Demokratie sich kaum sachlich und nachhaltig erklären. Wie soll sie auch den Druck, unter dem sie steht, realistisch mitteilen, wenn sie ihn zugleich gegen die Bevölkerung zu vermitteln, also gegen sie durchzusetzen hat? Und wie soll sie die Einwirkungen der Weltprobleme des fiktiven Kapitals auf ihr Land mit nationalpolitischen Zwecken versehen [(139)]? Die Aufgaben des Staates scheitern an seiner weltpolitischen Macht, die er aus dem Verbrauch seiner Bürger bezieht. Sie werden von zwei Seiten zur Kasse gebeten: einmal als so genannte „Arbeitnehmer", die dem Staatshaushalt vor allem über die Mehrwertsteuer und auch die Lohnsteuer frisches Geld in die Kassen spülen, somit fiktives Kapital reanimiert und den Schuldendienst finanziert; zum anderen werden sie hergenommen, um die Darstellung einer Politik auszutarieren, die weitgehend nur nachvollziehen kann, was weltpolitisch geboten ist und lediglich an den „Stellschrauben" des Systems einige Nachteile durch einige Vorteile zwischen den Klasseninteressen harmonisieren kann. Doch diese Politik führt insgesamt einen politischen Willen vor, der wenig mit den Notwendigkeiten einer Politik für die Bevölkerung zu tun hat und die sich innerhalb eines Wahlturnus zwischen Wahlwerbung und Regierungsmacht immer wieder radikal umkehrt - je nach dem, welche aktuelle Position sie als Image einer Lösung von gesellschaftlichen Problemen erfolgreich, also publikumswirksam, populistisch vorweisen kann. Im Verlauf ihrer diesbezüglichen Handlungsmöglichkeiten verhält sich die politische Klasse der Gewählten daher auch vorzugsweise am besten zu sich selbst. Was sie letztendlich repräsentieren kann sind die besten Repräsentanten, die sie zu bieten hat, diese Zwischenexistenzen

139) Die so genannte „Flüchtlingskrise", die ein Resultat im Kampf um politische und wirtschaftliche Ressourcen ist, hat zur Genüge gezeigt, wie schnell eine Nation gespalten werden kann, wenn ihre Wirklichkeit den einen zur Last, den anderen zum Gewinn und der Mitte zur Genugtuung schöner Ideale oder hässlicher Untergangsängste geworden ist.

von Kulturbürgertum, Schauspielerei und pastoralem Händel in der eigenen Klasse.

So soll nun diese Klasse über die politischen „Weichenstellungen" einer bestimmten Gesellschaft entscheiden. Und sie meint wie selbstverständlich auch, dass es ihr politischer Wille kann, dass ihr Wille die Welt bewegt und die politischen und persönlichen Beziehungen in ihrer Welt und Klasse die ganze Welt oder zumindest die Verhältnisse im eigenen Land wirklich verbessern kann. Doch verbessern tut sich dabei nur, was dem wirklich allgemeinen Sinn und Zweck ihrer Verhältnisse auch entspricht. Doch:

> *„Es ist die alte Illusion, dass es nur vom guten Willen der Leute abhängt, die bestehenden Verhältnisse zu ändern ... Die Veränderung des Bewusstseins, abgetrennt von den Verhältnissen, wie sie von den Philosophen als Beruf, d. h. als Geschäft, betrieben wird, ist selbst ein Produkt der bestehenden Verhältnisse und gehört mit zu ihnen. Diese ideelle Erhebung über die Welt ist der ideologische Ausdruck der Ohnmacht der Philosophen gegenüber der Welt." (Marx MEW 3, S. 363)*

Staatsgewalt war immer die Gewalt, die eine Bevölkerung dem Staat im Allgemeinzweck ihrer Gesellschaft übertragen hatte, dem Zweck der Regelung, der Verwaltung, Rechtsprechung und Regierung. Doch der globalisierte Staat hat für sich seinen Allgemeinzweck nur noch in der Vermittlung einer Systematik der Verwertung von Geld, die ihm einen Großteil seiner Gewalt genommen hat. Neoliberalismus ist der Glaube an deren Systematik an sich, einem Regulierungsprozess der Freiheit, die keine Notwendigkeiten mehr kennt. Der freie Handel soll die Kräfte der Märkte, also die Positionen der Geldbesitzer politisch von den Nationen frei machen, damit der Wert des Geldes sich als das internationale Machtverhältnis der Finanzwirtschaft durchsetzen kann.

Oft ist es verblüffend, was ein Nationalstaat einerseits als Notwendigkeit seines Handels vorstellt und was er zugleich auf einer ganz anderen Ebene durchsetzt [140]. Was ihm nötig ist, hat nur noch wenig zu tun mit dem Gemeinwesen, das er als allgemeine Lebensbedingung der Menschen zu sichern hätte, die darin wohnen und arbeiten. Seine fast ausschließliche Notwendigkeit entsteht aus der Not der Geldverwertung jenseits seiner gesellschaftlichen Realitäten, der Geldwerte, die in seinem Hoheitsgebiet als Weltgeld zirkulieren und Einkäufe und Verkäufe aller Art vermitteln - sei es auf dem Warenmarkt, dem Arbeitsmarkt oder auf dem Finanzmarkt. Das markanteste Resultat der Globalisierung des Kapitals war wohl, dass die Nationalstaaten sich nach dem Wert eines Weltgeldes ausrichten mussten, dessen Entstehung ihnen gänzlich fremd bestimmt worden war. De facto haben sie damit ihr Münzrecht aufgeben müssen. Die klassischen Regularien ihrer Volkswirtschaften funktionieren nicht mehr. Wo in dem realwirtschaftlich begründeten Staatswesen noch Kaufkraft durch Geldabfuhr oder Geldzufuhr der nationalen Politik über die Druckpresse bzw. Münzprägung korrigiert und in Fluss gehalten werden konnte, wo seine Zinspolitik noch Einfluss auf die Tauschverhältnisse und Preise hatte, versagen alle richtungsweisenden Werte. Sie funktionieren nicht mehr, weil die Preise selbst durch die Verhältnisse außer Landes bestimmt sind - sowohl die Arbeitspreise, die Löhne, als auch die Warenpreise, die Lebenshaltungskosten.

(140) In einer Rede vor den Grünen auf dem grünen Demokratiekongress vom 13. März 2011 hat Harald Schumann in hervorragender Eindringlichkeit ihnen vorgeführt, was ihre Politik zusammen mit den Sozialdemokraten im ersten Jahrzehnt dieses Jahrhunderts für ein „Gemeinwohl" durchgesetzt und betrieben hat, das nur noch zur Geldverwertung auf den Finanzmärkten betrieben wird. Was hierbei oft als persönliche Kungelei, Korruption und betrügerische Geldgier aufgetreten ist, zeigt sich im Ganzen als Alltagsbetrieb eines Systems, das keinen Boden mehr in der Welt der Menschen hat, in dem sich jeder gegen jeden nur noch retten und bereichern will, weil es kein Gemeinschaftswerk der Politik mehr geben kann, die politische Klasse nur noch sich selbst „adäquat versorgt".

Die parlamentarische Repräsentanz eines fiktiven Willens

Repräsentative Demokratie ist die Macht der Repräsentanz einer verdurchschnittlichten Meinung, die zur Auswahl für Entscheidungen über die Gegenwart und Zukunft der gesellschaftlichen Potenziale der politischen Entwicklung gestellt werden. Sie ist eine Form von Demokratie, die über die Entwicklung ihrer Repräsentanz zur Entscheidung auffordert, sich also als Formalisierung ihrer selbst wählen lässt, um sich als selbstbestimmte Form zu erhalten, sich formell zu verselbständigen, sich selbst als freie Entscheidung über die Belange einer ganzen Gesellschaft auszugeben, als Illusion eines Willens, der sich als Gesinnung im „freien Gewissen“ der Politiker vorstellt und als Staatsmacht durchsetzt. Sie vollzieht daher eben keine politischen Notwendigkeiten einer Gesellschaft, sondern nur die Trennung der Politik von den sie bestimmenden wirtschaftlichen Lebensgrundlagen der Menschen, zu denen es keine andere Wahl geben soll. In der wirklichen Geschichte hat diese Form der politischen Demokratie vor allem ihre eigenen Illusionen über sich potenziert.

War der politische Wille, wie er in den Lebensformen der Menschen über ihre sachlichen Gegebenheiten entsteht und existiert, noch so begründet, wie er sich als Notwendigkeit von Entscheidungen herausstellt, so wird er im Verstand des parlamentarischen Beschlusses in einer repräsentativen Demokratie unter dem Diktat eines fiktiven Weltgeldes, das durch sein Schuldgeldsystem schon als Wille mächtig ist, bevor ein solcher Wille sich auf seine Wirklichkeit, bevor er überhaupt sich wirklich politisch beziehen kann. In Wahrheit kann dieser Verstand keinen wirklichen Willen politisch umsetzen, denn er findet seine Vernunft erst im Nachhinein der Auseinandersetzungen über das, was einem Parlament im Ganzen für den Erhalt der gegebenen Verhältnisse nötig erscheint und sich lediglich im persönlichen Willen der politischen Repräsentanten - man sagt: durch ihr Gewissen - so umsetzt, wie sie ihn positionieren und wie ihre Position im Ganzen des politischen Palavers sich durchsetzen kann. Was in der Wählermeinung vielleicht noch ein wirkliches Begehren war, das sich in der Verhältniswahl von politischen Persönlichkeiten - wenn auch nur abstrakt - äußern wollte, kann jetzt nur noch bloßer Wille einer Repräsentation von Politik sein. In diesem Willen vermengt sich die Ideologie der Parteien mit der Selbstdarstellung von Personen, die im Zeitenwechsel der Wahlperioden auch nur versprechen können, was sie tun wollen. Und sie können sich dann auch „hinterher" immer wieder hiervon entlasten, mit „gutem Gewissen" feststellen, dass es so wie gewollt nicht wirklich zu machen war.

Von daher kann jeder repräsentierte Wille auch nur über die Interpretation der Notwendigkeiten von Gegebenheiten befinden. Er vollzieht die Notwendigkeit dessen, was darin nicht zu ertragen ist, was mit Empfindungen und Gefühlen verträglich für die gesellschaftlichen Lebensformen gemacht werden muss, um sie als das zu erhalten, was darin unmittelbar wahrnehmbar ist: was sie für die Wahrnehmung, für die Ästhetik der Verhältnisse sind. Er vollzieht also die im Allgemeinen verbliebene Interpretation einer Entscheidung über das, was richtig sein soll, wenn man von der Vielfalt der Meinungen und Existenzen absieht, über das politisch Allgemeine einer abstrakten Rechtsform. Das ist die Philosophie des repräsentativen Parlamentarismus, dem Rechtsverhältnis der bürgerlichen Gesellschaft, die sich politisch einzig aus dem Meinen und Dafürhalten, aus den Reflektionen des Privateigentums und dem Widersinn seiner gesellschaftlichen Wirklichkeit versteht.

Was dann als Gewaltenteilung erscheint, ist zunächst tatsächlich eine Rettung des Systems, denn das muss über alle Persönlichkeiten hinweg erhaben sein, muss alle Widersprüche in der abstrakten politischen Einheit des Staates versöhnen, als „Vater Staat" auftreten, um sie zu moderieren. Die Gewaltenteilung ist die Rettung des Staatswesens gegen die Willkür der Persönlichkeiten und von daher unabdingbar. Doch wo der Staat selbst in seiner Substanzlosigkeit versagt, wo er wirtschaftlich oder kulturell überfordert ist, wird er selbst prekär und befördert in diesen Verhältnissen dann auch Persönlichkeiten, die über ihre Rolle eine persönliche Gewalt des Staates sich zu eigen machen, ihr persönliches Gewissen als Gewissheit eines Volkes vorstellen, das es gar nicht wirklich gibt, das ihnen aber die Macht geben soll, die Bürger nach Maßgabe der dabei errichteten Staatsgewalt zu disziplinieren, ihre Verhältnisse im Staatsrecht zu bündeln und sie auch zu züchtigen, wo sie sich dem Bündel (ital. „Fascies"= Rute) widersetzen. Das macht dann die fortgeschrittene Repräsentation von Demokratie aus: Die Repräsentation für eine Staatsgewalt, die das ihr und ihrem Selbsterhalt nötig erscheinende den Menschen zufügt. Und diese Gewalt kann durchaus repräsentativ gewählt werden, sobald die Menschen auch glauben, dass alles sein muss, was dem abstrakt allgemeinen Staatswesen nötig ist und die daran glauben, dass sich fügen muss, was nötig ist, ohne die Wendung der Not überhaupt zu erkennen [(141)].

Tatsächlich ist der Staat das zwingende Verhältnis einer abstrakten Vielfalt mit ihren ausschließlichen Einfältigkeiten, für deren politische Beziehung er durch seine Gewalt zuständig ist: Er ist der Zustand der Herrschaft in den herrschenden Verhältnissen. Der Staat (lat. von status als Form, Stand, Zustand, Stellung) beschreibt also die Verfassungsform einer Zentralmacht, welche den Einfluss der herrschenden Instanzen und Institutionen regelt und sich durch eine rechtliche, politische und wirtschaftliche Einheit aller Staatsbürger legitimiert wissen

(141) „Was nötig ist das fügt sich!" ist daher auch der Schlachtruf der Faschisten, die sich als Erlöser und Befreier in den Tiefen und Untiefen der sozialen Not vorstellig machen. Dass die Menschen ihren Schlächter auch selbstverständlich frei und durch das gemeine Stimmrecht der Gleichheit aller Bürger, sogar als Ausdruck ihrer „Brüderlichkeit" wählen können ist das finale Potenzial der repräsentativen Demokratie, sobald die Menschen auch noch *„den Kakao trinken, durch den sie gezogen werden" (Erich Kästner).*

will, die allerdings als wirkliche Individuen nicht mehr in Erscheinung treten, gerade auch weil sie im Staat den Himmel einer politischen Identität erleben. Der „profane Mensch", der hier als Staatsbürger identifiziert wird, ist darin nur *„das imaginäre Glied einer eingebildeten Souveränität"* und *„seines wirklichen individuellen Lebens beraubt und mit einer unwirklichen Allgemeinheit erfüllt."* (142).

Die Repräsentanz der Repräsentation

> *„Wenn die Tätigkeit der wirklichen Menschheit nichts als die Tätigkeit einer Masse von menschlichen Individuen ist, so muß dagegen die abstrakte Allgemeinheit, die Vernunft, der Geist im Gegenteil einen abstrakten, in wenigen Individuen erschöpften Ausdruck besitzen. Es hängt dann von der Position und der Einbildungskraft eines jeden Individuums ab, ob es sich für diesen Repräsentanten "des Geistes" ausgeben will." (MEW Bd. 2, S. 90).*

Der Staat ist in seiner gesellschaftlichen Begründung lediglich eine Administration, eine Verwaltung, deren Entscheidungen durch eine durch die Bevölkerung zugewiesene Gewalt unterlegt ist, die eine Welt für sich institutionalisiert. Von daher stellt diese Administration das Verhältnis einer politischen Klasse dar, die eine Macht hat, die sie nicht selbst begründet, wohl aber bestimmen kann. Die repräsentative Demokratie erzeugt schon durch ihre Form ein politische Bestimmung der Staatsverwaltung und eine Verwaltung von Politik in einem. Und diese Einheit kann ihren Sinn für sich nur durch ihre Einbildungs-

(142) *„Der Mensch in seiner nächsten Wirklichkeit, in der bürgerlichen Gesellschaft, ist ein profanes Wesen. Hier, wo er als wirkliches Individuum sich selbst und andern gilt, ist er eine unwahre Erscheinung. In dem Staat dagegen, wo der Mensch als Gattungswesen gilt, ist er das imaginäre Glied einer eingebildeten Souveränität, ist er seines wirklichen individuellen Lebens beraubt und mit einer unwirklichen Allgemeinheit erfüllt." (Marx-Engels-Werke Bd.1, S. 354 bis 355)*

kraft, einer Vorstellung über ihre Tätigkeit und Ziele entwickeln. In Wahrheit unterhält sie ihre eigene Lebenswelt als Wirklichkeit für sich, die sich auf ihre gesellschaftliche Begründung nur äußerlich, also nur von außen her so beziehen kann, wie sie im Parlament vorgetragen und interpretiert wird. Und hierdurch erscheint alles, was dem Staat schon als wirtschaftliche Notwendigkeit vorgegeben und nötig aufzulösen ist, um die Verhältnisse adäquat zu verwalten, durch die Macht einer politischen Klasse aufhebbar zu sein.

Es ist ein Irrtum, ein Schein von Möglichkeiten, der ein repräsentatives Potenzial vortäuscht, das ganz demokratisch dem Meinungsproporz der Bevölkerung entsprechen soll. Damit kann sich zwar die Politik ganz in einem Gemeinsinn mit der Bevölkerung einig geben, obwohl sie doch vor allem das vollstrecken muss, was nötig ist, um den nationalen Geldwert und seine kapitalistische Verwertung funktional zu halten. Der politische Wille ist hierfür immer doppelt gestimmt, einmal im Zweck einer optimalen Verwertung der Landeswährung im internationalen Handel und also des Kapitalumschlags im Land, zum anderen von den Notwendigkeiten der Kaufkraft des nationalen Zahlungsmittels, das durch die Konkurrenz der Bürger unter sich an ihrem untersten Lebensstandard ihrer Reproduktion beschränkt ist. In der Politik mag sich der reine Wille frei fühlen, weil er sich hier zwischen vorgegebenen Entscheidungsgrundlagen in Glanz und Gloria repräsentieren kann und anfangs oft noch dem edelmütigen Wollen der jungen frisch gewählten Politikerinnen und Politiker, ihrem politischen Idealismus entspricht. Doch er wird für die Menschen, die ihn gewählt haben, niemals etwas wesentlich verändern können, was ihnen wirklich entsprechen kann. Im Gegenteil, die politische Klasse wird im Laufe ihrer Regierungsperiode hiergegen blind, da sie sich in der Allgemeinheit ihres Lebensalltags durch ihre Herkunft, durch ihre Kultur und Philosophie tatsächlich wie ein politisches Subjekt versteht. Als Moralisten traten die Politikerinnen und Politiker auch zu ihrer Wahl an und als diese wurden sie gewählt. Aber ihr Geschäft macht sie zu Funktionären einer realen Staatsmaschine und ihrer Bürokratie. Die Widersprüchlichkeit ihres Entscheidungsvermögens entstellt ihre Persönlichkeit und sie können ihrem Willen nur noch Mut zusprechen, auf lange Zeit durchzuhalten was auch über kurz oder lang nicht zu ändern ist.

Sie haben sich durch ihre Wahl eine absurde Aufgabe zugemutet: Sie müssen die Landeswährung unter den Bedingungen einer Zirkulation des fiktiven Kapitals als Zahlungsmittel in Wert halten, das aber nur zu einem Zehntal der Geldzirkulation gedeckt ist, in seinem realen Wert also fast vollständig von einem fiktiven Kaufmittel bestimmt wird. Das hat zur Folge, dass ein enormer Druck auf die nationale Währung besteht, die in ihrem Umlauf durch die Bewertung von Eigentumstiteln gedeckt werden muss, die der Realwirtschaft Geldwert im großen Maßstab entzieht, nur um den nationalen Wirtschaftskreislauf in Fluss zu halten. Alle Ressorts und Ministerien hängen davon ab, inwieweit es ihnen gelingt, dem Lebenskreislauf der Menschen Geldwert zu entziehen, um damit den Geldumlauf eines immer fiktiver werdenden Kapitals durch den Wert ihrer Lebensleistung aufzufrischen. Solche Politik ist nur durch viele Hinterhältigkeiten möglich und muss danach suchen, wie es nur irgendwie gehen kann, dass die Menschen gerade so existieren können und ein für den Staatshaushalt gerade noch verkraftbarer Teil in eine Armut verfällt, die finanztechnisch noch aus der Sozialkasse finanzierbar ist. Junge Politiker und Politikerinnen treten oft mit Eifer für ihre „Verantwortung" auf. Irgendwann müssen sie aber verstehen, dass ihr „Verantwortungsgefühl" eine Illusion ist.

„In der Tat, man muss jeder historischen Kenntnis ermangeln, um nicht zu wissen, dass es die Regierungen sind, die zu allen Zeiten sich den wirtschaftlichen Verhältnissen fügen mussten, aber niemals die Regierungen es gewesen sind, welche den wirtschaftlichen Verhältnissen das Gesetz dik-

tiert haben. Sowohl die politische wie die zivile Gesetzgebung proklamieren, protokollieren nur das Wollen der ökonomischen Verhältnisse." (K. Marx, Elend der Philosophie, MEW 4, 109).

Der politische Wille beherrscht eine Scheinwelt der nationalpolitischen Verhaltensmöglichkeiten, die ihm unendlich scheinen. Und er muss nichts davon verstehen, warum das politisch herrschende Recht, das Recht des Privateigentums ist, das durch private Eigentumstitel alle Verhältnisse der Welt bestimmt, sowohl die Ressourcen der Welt, als auch die Wertpapiere auf Kredite, Derivate und auch die reine Spekulation. Er herrscht als eine immer überdimensionierte Politik der Nationalwirtschaft, als die politische Ökonomie der Nationalstaaten, die ihre öffentlich verkündeten Ziele und Zwecke niemals verwirklichen kann. Zur Bildung der Wählermeinung erscheint dies als ein getrenntes, unabhängiges verselbständigtes Verhältnis des politischen Wollens als Potenzial seiner Entscheidungen, das den Bürgern zur angeblich „freien Entfaltung ihrer Persönlichkeit" schon vor aller Erfahrung zugemutet wird - eben weil sie in diesem Staat schon geboren wurden oder eingewandert sind.

Weil in ihre Bildung schon die politische Kultur ihrer Verhältnisse eingegangen ist, verstehen sie sich in ihrer Individualität vor allem als diese Persönlichkeit, die sich auf sich selbst beziehen kann, solange ihr Geldbesitz für eine dem entsprechenden Existenz hinreicht. Und ein reicher Staat kümmert sich vor allem darum, dass die gut begüterte Existenz, der gute Bürger der Mittelschicht damit ausgestattet ist. Solange eben funktioniert auch die politische Kultur des Kapitals, der ästhetische Wille der Selbstwahrnehmung, der sich auch selbst gerne als politischer Wille erscheint. Denn damit scheinen die Eigentumsverhältnisse in dieser Selbstständigkeit praktisch unüberwindbar, also sicher zu sein.

Das praktische Bewusstsein hat sich in seinem Pragmatismus verselbständigt, nachdem alle Wahrnehmung darin zusammengeht, dass der öffentliche Kampf um die Existenz der Menschen nur über Geld verläuft und dass an den Eigentumsverhältnissen nichts zu ändern ist - solange eben die Mittelschicht relativ unbenommen existieren kann. Aber gerade darin hebt sich der politische Bürger auf und wird für sich völlig unwirksam. Das Privateigentum kassiert immer den Wert der Existenzen bis auf ihr durchschnittliches Existenzminimum ab, weil das wahre gesellschaftliche Subjekt nicht Geld als Zahlungsmittel ist, sondern das Kaufmittel Geld das Zahlungsmittel bestimmt, die Preise der Welt die Wertbildung beherrscht, weil es als Macht leistungsfreier Eigentumstitel auftritt und für diese ausgegeben und erworben wird. Es vermehrt sich praktisch durch seine eigenen Ausgaben, weil es alles kaufen kann, vor allem aber auch das, was wenig Arbeit mit sich bringt und aus leistungsfreien Eigentumstiteln alleine durch die politische Macht des Privatrechts seinen Wert bezieht und in alle sozialen Verhältnisse ausstrahlt ohne unbedingt als Kapitalmacht erkennbar zu sein. Und es hat inzwischen weltweit die meisten Menschen in ihrem politischen Willen gegen ihren Anteil an der gesellschaftlichen Entwicklung ohnmächtig gemacht. Ganz getrennt hiervon ist ihnen lediglich ihre Kultur als Lebenswelt verblieben, in der sie sich zumindest ästhetisch sinnvoll bestätigt finden, wiederfinden und empfinden könnten, wenn diese Selbstwahrnehmungen nicht in ihren Selbstbezogenheiten und narzisstischen Verhältnissen untergehen. Allgemein aber scheint Wissen und Bewusstsein immer unnötiger geworden zu sein, weil es kaum noch Wahlen entscheiden kann und weil den Gefühlen vor der Wahl eine krasse Wirklichkeit danach folgt, gewöhnlich enttäuschend ist [(143)].

143) Das heißt nicht, dass die Politik der Parlamente keine Entscheidungen verwirklichen können oder auch nichts voranbringen würden. Aber sie können insgesamt nur das voranbringen, was dem Zusammenhang der Geldverwertung also des sich selbst verwertenden Kapitals entspricht. Dazu sind auch neue Kita-Stellen ebenso nötig wie auch Mindestlöhne und überhaupt auch Lohnzuwächse usw.

Im Unterschied zu einer Rätedemokratie oder einer qualifizierten Demokratie, die auf einer qualifizierten Delegation gründet, besteht die repräsentative Demokratie aus der Staatsgewalt im Verhalten einer politischen Klasse, die sich als eine Auswahl von prominenten Persönlichkeiten zusammensetzt, welche in einem quantitativen Verhältnis der Gunst von Wählermeinungen, also des öffentlichen Eindrucks, den sie machen konnten, zu einem allgemein politischen Handeln befähigt wurden. Deren Wahl ist die Auswahl aus öffentlich gebotenen Images für prominente Positionen und stellt nicht unbedingt eine herausragende Befähigung zu einer auf bestimmte politische Notwendigkeiten bezogene Entscheidung heraus, sondern vor allem die Fähigkeit, sich in irgendeiner eindrucksvollen Art und Weise im mehrjährigen Wahlturnus hierfür mit ihrem persönlichen politischen Willen als kompetent darzustellen, als das Verhältnis von Persönlichkeiten, die in eine bestimmte Ideologie einzuordnen sind und damit auch persönlich Eindruck machen können - besonders, wenn sie die Klaviatur der Selbstveredelung beherrschen. Und die dürfte daher auch das eigene Interesse an ihrer Politik hervorragend treffen. Immerhin erleichtert die Kultur des Humankapitals die Meinungsbildung durch eine objektive Versinnlichung des schlicht nötigen, das sich mit den Repräsentanten der Schuldpflichtigkeiten des Nationalstaats bestens popularisieren lässt.

Repräsentativ demokratisch soll ja auch nur die Persönlichkeit sein, die ausgesuchte persönliche Stellvertretung der eigenen Meinung einer bürgerlichen Mehrheit, die nach bestimmten allgemein politischen (z.B. Mehrparteiensystem) und statistischen Regeln (Persönlichkeits- oder Parteienwahl) und Relationen - aber unabhängig

---

Aber unmöglich ist natürlich die Aufhebung von politischen Eigentumsrechten, die wirkliche Änderungen der Besitzverhältnisse nach sich ziehen und den Kapitalismus substanziell unnötig machen und die Bildung einer menschlichen Gesellschaft frei machen würde.

von ihrer Herkunft und Klasse - kumuliert wird und hieraus ein oder mehrere "Volksvertreter" als prominente Persönlichkeit der Politik ausgelesen, eben so disponiert werden, wie sie in der Kumulation auch gänzlich gegensätzlicher Interessen sich quantitativ positionieren, also auch negative Stimmen positiv werden lassen (z.B. Nichtwähler, taktische Wähler usw.). Und so ergibt sich schließlich aus dem entsprechenden Wahlkampf ein politischer Wille aus prominent gemachten Meinungsaufhäufungen, aus einem Durchschnitt von Dafürhaltungen (bzw. Dagegenhaltungen), der nurmehr deren Zugehörigkeit zu abstrakt allgemeinen Tendenzen (bzw. Ideologien) in einem dem entsprechenden Image darstellen kann, das schließlich die Machtbefugnis einer Regierung entscheidet und somit auch als geltende Staatsgewalt anerkannt werden muss. In dieser Gleichgültigkeit gegen wirkliche gesellschaftliche Beziehungen werden daher in einer repräsentativen Demokratie die politischen Repräsentanten aus einem Proporz von Wählermeinungen nach ganz persönlichen Referenzen und Dafürhaltungen zusammengefasst, um nach den Aufhäufungen der hieraus entstandenen Stimmverhältnisse sich dann "nach bestem Wissen und Gewissen" als politische Persönlichkeit mit einem politischen Willen in den Parlamenten und ihren Beschlüssen aufführen zu können. Dazwischen steht in der Regel auch immer schon eine gewaltige Lobby der Wirtschaft, die ihnen das beibringt, was sie aus der qualitätslosen Bestimmtheit heraus ohne eine sachkompetente Vermittlung nicht wissen können, sodass ihr "Gewissen" sehr "sachdienlich" mit den Interesse kompetenter "Sachwalter" aus Wirtschaft und Politik verfüllt wird.

Die Repräsentanz von dieser Form der Demokratie besteht aus der Darstellung von verallgemeinerten Meinungen, deren Allgemeinheitsgrad die Macht der Repräsentanten bestimmen soll, letztlich aus ihrem Image hierfür bezogen wird. Eine Allgemeinheit kann aber nur das sein, was allem gemein ist, was damit wirklich gemeint wird, nicht als Vorstellung oder Glaube oder Ideologie, sondern im wirklich Seienden, im sinnlichen Dasein als sinnliches Wesen, als substanzielles Sein einer Sinnbildung, also dem was Sinn hat und Sinn macht. Wo vom Nachweis des Allgemeinen, von einem begründeten Wissen, also von Wissenschaft abgesehen wird, betreibt das Verallgemeinern selbst schon eine Reduktion der vielfältigen Bezogenheiten, eine Absehung von ihrem Gehalt, eine Abstraktion und verfolgt daher auch eine Absicht für das, wovon sie absieht und wodurch sie in Wahrheit bestimmt ist. Deren Verallgemeinerung ist eine Idealisierung, das gemein machen von einer Vorstellung, die Hervorkehrung eines Besonderen als Allgemeinheit, die Heraussetzung eines Einzelwesen zur Prominenz eines Allgemeinwesens, das die eine Meinung von einer anderen unterscheidet und nach Zustimmung je nach Zugehörigkeiten ersucht, um letztlich zu einer Gesinnung zu werden, die das Wohl und Wehe einer ganzen Gesellschaft bestimmen will. Und doch ist es die Grundlage der moderneren Demokratie, der Meinungsbildung, wie sie seit der Zeit der Aufklärung mit dem kategorischen Imperativ Immanuel Kants formuliert worden war. Das darin imaginierte Allgemeinwesen betreibt ihre wesentliche Ideologie, die als repräsentative Demokratie funktionieren soll. Deren Ende offenbart daher auch ihr Dilemma: Das Gemeinte, das zur Wahl steht, kann nur einen abstrakten Willen, den politischen Willen des abstrakt Allgemeinen begründen, endet daher im Prozess ihrer Abstraktion im Populismus, der ihr die Freiheit der Meinungsbildung nimmt, durch die sie sich begründet versteht, und sich besser im Hass auf den Verlust an konkreter Wirklichkeit vermittelt, als durch politische Verstandesübungen des Ideologietransfers [(144)].

144) Doch auch ohne dies bleibt repräsentative Demokratie eine Herrschaftsform des Dafürhaltens und Meinens auf der Grundlage einer politischen Ökonomie, die ihr blindwütig zugrunde liegender Maßstab ist. Hier gibt es eben nur Meinungen ganz getrennt von ihrer politischen Repräsentation und ökonomischen Wirklich-

Was in den Gefühlen im Einzelnen schon aufgelöst erscheinen kann, kann in der Gefühlsmasse eines allgemeinen Selbstgefühls nur Gesinnung werden, die das Bedrohungspotenzial einer menschlichen Existenz darstellt. Denn diese kann nur gesellschaftlich verwirklicht werden. Populismus vermengt dagegen kulturelle und existenzielle Selbstwahrnehmungen und vereint in seiner eigenen politischen Existenz vor allem nur die Widersprüche von empfindungslosen Gefühlen zu einem Verständnis ihrer „Eigentlichkeit" (Martin Heidegger), zu einer Gesinnung, die aus jeder Not eine Tugend zu machen versteht, indem sie darin den „Sinn des Seins"(Martin Heidegger) erkannt haben will. Diese Gesinnung ist das Werkzeug einer ungeheuerlichen Vermengung von Kultur und Wirtschaft, von Macht und Gehorsam, die aus jedem Bürger einen Politiker einer abstrakt allgemeinen Gesellschaft, und aus jedem Politiker einen Bürger im Mitgefühl des Notleidens macht. Die Klasse der Repräsentanten filtert damit ihr Unvermögen aus, die wirklichen Widersprüche einer Gesellschaft aufzulösen, die das Leben der Menschen letztlich nur verwerten kann, und zersplittert die diesbezüglichen Reflektionen und Meinungen durch die gegensätzlichsten Meinungen, die schließlich kaum noch verallgemeinerbar, also kaum repräsentierbar sind. Die Repräsentationen der politischen Meinungen wird zu einer Repräsentanz eines

---

keit, die sich erst im Nachhinein der beschlossenen Zukunft, also aus ihrer Vergangenheit begreifen lässt. Solche Politik bewegt sich über mehr oder weniger diffuse Vorstellungen, die mit zunehmenden Krisen vor allem ihr Unheil erkennen lassen, das Unheil der bloßen Meinung des Meinigen als Heil des "Je-Seinigen", einer abstrakt allgemeinen politischen Persönlichkeit. Und es waren die Denker des Mittelstandes schnell bereit, diese z.B. mit der Phänomenologie der Fundamentalontologie Martin Heideggers als Selbstverständlichkeit einer „weltgeschichtlich notwendigen politischen Klasse" geboten wurde, die schließlich den Tod als „ein Meister aus Deutschland" in der bisher brutalsten Form des Faschismus umsetzte. Der Populismus der repräsentative Demokratie bewegt sich von da her immer zwischen Ideologie und Wirklichkeit als Kompromiss, den die Politiker in der Realisierung ihres politischen Willens betreiben.

chronischen Staatsversagens, das die Lobbyisten des abstrakten Denkens und Handelns auf den Markt treibt und dessen Sinn mit einem „höheren Nutzen" boykottiert, wodurch sich die Staatsgewalt schließlich totalisieren muss, um Struktur und Ordnung aus dem schwarzen Loch der Repräsentanz wieder herzustellen.

Die Repräsentanz der Repräsentation ist daher die Verdopplung einer Auswahl von Meinungen zu einer Gesinnung, die sich als bloßes Zugehörigkeitsgefühl in einer Masse von Meinungen, Menschen oder Kulturen als eine verallgemeinerte Selbstbeziehung niederlässt, weil es sich ansonsten im allgemeinen Handeln verlaufen könnte. In der Masse stellt sich eine bloß repräsentative Demokratie daher auch nicht demokratisch als ein gesellschaftlich gebildeter politischer Wille dar. Es ist die „Demokratie" der Repräsentanten einer abgehobenen Klasse, die sich über das Meinen auch wirklich nur zu „den Meinen" verhält, also aus dem Meinen und Dafürhalten eine Haltung für sich gewinnen kann, die den Sinn vernutzt, der im Meinen des „Je-Seinen" vielleicht noch enthalten war, bevor es zu einem Zugehörigkeitsgefühl zu einer politischen Klasse wurde, die ihre Entscheidungstendenz für die ihr entsprechende Gesinnung zur Wahl stellt.

Es ist paradox aber auch logisch, dass diese Gesinnung als Kritik an der politischen Verallgemeinerung dieser Klasse, an ihrer „politischen Korrektheit" entsteht und von Persönlichkeiten getragen wird, die Politik als persönliches Machtgefühl an „das Volk" selbst zurück vermitteln, worin sich also jeder selbst unmittelbar mächtig fühlen kann, wenn er diese Person wählt, die politische Macht und Gewalt als persönliche Macht und Gewalt inszeniert. Durch solche gewaltigen Persönlichkeiten wird repräsentative Politik abgewählt, weil sie darin ihre letztliche Wahlalternative hat und diese zugleich verpasst: die Persönlichkeit eines fiktiven Volkes, das seiner selbst ob seiner entleerten Meinungsvielfalt müde geworden ist und einen „echten Stellvertreter" für sich einsetzt, eine politische Persönlichkeit, die unmittelbar als Verallgemeinerung der Staatsgewalt persönlich als einer der ihren aufzutreten versteht und das allgemein Notwendige des Kapitals auch als Notwendigkeit einer völkischen Politik vorzustellen weiß.

Wenn es ihr auch anfangs gelingen kann, gesellschaftliche Probleme wie z.B. Preisbildung, Arbeitslosigkeit und Wohnungsnot durch staatliche Mittel mit zunehmender Staatsverschuldung zu lindern oder zu beheben und mit der Gewalt einer dem entsprechenden Austeritätspolitik die Abhängigen zu disziplinieren, werden diese „Erfolge" wie das Märchen einer Endlösung gefeiert. Dabei tritt die repräsentative Demokratie allerdings in eine politische Zukunft ein, die auch nur noch durch Staatsgewalt nach innen und außen zu verwirklichen ist. Sie selbst hat die Mittel hierfür bereits gebildet und verfügbar gemacht. Gesinnung ist eine entäußerte Meinung, die sich als eine Entfremdungsmacht des Bewusstseins mit zunehmender Ohnmacht einer Bevölkerung entwickelt, die nichts von alledem verstanden hat und nicht begreifen kann und durch den Populismus der Repräsentanten einer Demokratie, die keine ist, überwältigt und an eigner Bewusstseinsbildung gehindert wird.

Die repräsentative Demokratie offenbart ihr strukturelles Problem, das schon im Funktionalismus der Repräsentation für die politische Meinungsbildung angelegt ist. Sie kann überhaupt nur an bestimmten Ideen und Ideologien gebündelte Meinungen über politische Verhältnisse repräsentieren und sie als Vorstellungen zu nötigen politischen Entscheidungen vertreten. Mit der anwachsenden Unauflösbarkeit der wirtschaftlich auftretenden Probleme zersplittern die Ausrichtung des Meinens und Sollens, die sich nicht mehr als politische Macht darstellen können. Was als politische Kraft hierbei immer stärker wird, ist die Ausrichtung nach der bloßen Masse der Meinungsbündel, also dem so genannten Populismus prominent gewordener Lebenshaltungen als Gesinnung eines übermenschlichen Souveräns, der dem Ideal eins allgemeinen politischen Willens entspricht, wie er in der Gründung der repräsentativen Demokratie als Demokratie einer allgemeinen Repräsentation des Hoffens und Wollens angelegt ist und den keine Demokratie der Welt je verwirklichen kann. Denn in Wahrheit besteht sie ja nur aus der Staatsform einer Administration, durch die gesellschaftliche Verhältnisse nur qualitätslos verwaltet werden können und sich durch ihre Banalitäten des Verwaltens von Zukunftsvorstellungen auf nationale Heilsvorstellungen reduziert.

Die Imaginationen des eingebildeten Souveräns

Die Repräsentanz der Repräsentanten begründet und behauptet sich als Repräsentation des Volkes, das als Souverän einer repräsentativen Demokratie zu verstehen sei. Der Souverän (lat. superanus=überlegen) ist der Inhaber der Staatsgewalt, im repräsentativen Systemen wäre dies demnach der Inhaber einer Staatsgewalt, auf die er allerdings keinen direkten Einfluss hat oder nehmen kann. Er kann sich hierzu nur ideell über den Proporz von Meinungen und Dafürhaltungen beziehen und kann sich daher auch nicht willentlich politisch verhalten. Der „Souverän" ist der Durchschnitt einer Meinungsbildung aus dem Dafürhalten und Meinen zu einer Auswahl von Persönlichkeiten und Parteien einer bereits bestehenden politischen Klasse. Er wählt die Ideologen oder Persönlichkeiten einer allgemeinen Meinung aus, die einer durchschnittenen Verallgemeinerung seiner Vorstellungen am nächsten stehen. Diese bestimmen dann die politischen Verhältnisse der Gewaltenteilung, durch welche die gesellschaftlichen Beziehungen bestimmt und soweit möglich auch politisch entwickelt werden. Wo Gewalt herrscht ist es nötig, dass sie auch aus den Verhältnissen kontrolliert wird, auf die sie sich bezieht, die also ihren Grund durch diese hat, um ihre Widersprüche, ihre Zweifel und Entzweiungen aufzuheben. Von daher ist eine Gewaltenteilung überaus sinnvoll, weil sie die Notwendigkeiten ihrer Auseinandersetzung vollziehen muss.

Politisch besteht der Staat einerseits durch seine Verfassung und muss sich andererseits dann eben doch durch das populäre Meinen, durch die allgemeine Vorstellung unpolitisch verstandener Verhältnisse zu sich selbst verhalten. Er muss die allgemeinen Verhältnisse des Privaten politisch so regeln, dass seine Politik sich auch als Resultat modischer Vorstellungen aus Wählermeinungen heraus darstellen kann, obwohl die selbst schon nur verallgemeinerte Reaktionen versammeln, nur reflektieren können, was ihnen existenziell abgeht: der wirklich gesellschaftliche Lebenszusammenhang der Verhältnisse, in denen sie sich vergegenständlichen, ihre Sachen herstellen und mit deren Gegenständlichkeit ihr Leben produzieren.

Je wirkungsloser die politische Gewalt des Staates sich zeigt, je unwirklicher diese Lebenszusammenhänge werden, desto reaktionärer werden die so vermittelten Vorstellungen, desto abstrakter, heftiger und einseitiger wird die Anforderung an den Staat, die Lebensverhältnisse nun endlich auch wirklich zu ändern. Und genau das kann er nicht, ohne sich selbst aufzuheben. Durch die Verfassung der nationalen Verhältnisse eines Landes verwirklicht sich in der Marktwirtschaft nur die Repräsentation eines gültig gemachten politischen Willens und von da her auch überhaupt nur dessen Widerspruch, der niemals das sein und umsetzen kann, was er für sich als politisches Subjekt der Verhältnisse sein will. Es ist daher letztlich immer nur der Wille, wie er ideell in den Verhältnissen haust und aus ihnen heraus als Güte ihres Wesens, als Ideologie sich über diese hinaus, also gegen ihre Wirklichkeit sich verwirklichen will. Das allerdings ist ein Widerspruch in sich. Das kann so nicht gehen.

Der Staat ist kein eigenständiges Unternehmen, wohl aber im Widerspruch seiner Beziehungen auf die Gesellschaft selbständig und von eigener, wenn auch abstrakt begründeter Gewalt, die als seine

Verfassung aus dem Rechtsverhältnis, dem Vertragsrecht der bürgerlichen Gesellschaft abgeleitet ist. Im Staatsrecht ist die Verträglichkeit der isolierten Privatexistenzen verallgemeinert, wodurch der Staat sich wie ihr Gemeinwesen für ihren Erhalt und Vorsorge einsetzen muss, zugleich aber auch dessen Fortkommen als politisch veräußertes Gemeinwesen einer Konkurrenzwirtschaft, als Gemeinwesen eines Wertwachstums betreiben muss, um der Entwicklung ihrer Reproduktion gerecht zu werden, was sich nur in seinem verallgemeinerten politischen Willen darstellt. Der Staat kann nur zwischen den Möglichkeiten sich verhalten und entscheiden, die ihm geboten sind, in dem Dafürhalten der wissenschaftlichen und politischen Beratungsverhältnisse und Vergünstigungen, dem die politischen Repräsentanten mehr oder weniger Glauben schenken müssen.

Das wirkliche politische Subjekt besteht im Staat eben nur als Rechtsform eines politischen Willens, der sich aus einem Glauben an die abstrakte Allgemeinheit der gesellschaftlichen Verhältnisse heraus bilden und bestimmen kann, dem Glauben an das Entwicklungspotenzial des Privateigentums, das ihm ökonomisch vorausgesetzt ist, und das er politisch befördern muss. Er kann nur bewahren, was sich unter seiner Verfassung zuträgt, aber nicht wirklich bewähren kann, und er muss die Verhältnisse einer Verwertungslogik erträglich machen. Im Grunde kann er nur seinen eigenen Mangel bewältigen, indem er die Verhältnisse überwältigt, die ihm seine Macht verleihen. Was sich in der Unerträglichkeit der Konkurrenz, der gegenseitigen Herabsetzung unablässig entrechtet, was unverträglich ist, kann eben nur durch den Staat erhalten werden: Der Selbsterhalt eines Gemeinwesens, das überhaupt nur durch die Entfremdung der Menschen von sich und von ihrer Gesellschaft begründet ist. Er vollzieht kein wirkliches Gemeinwesen, sondern ein rein ideelles Gattungswesen, das sich gegen seine materiellen Verhältnisse verhalten muss.

> *„Der vollendete politische Staat ist seinem Wesen nach das Gattungsleben des Menschen im Gegensatz zu seinem materiellen Leben. Alle Voraussetzungen dieses egoistischen Lebens bleiben außerhalb der Staatssphäre in der bürgerlichen Gesellschaft bestehen, aber als Eigenschaften der bürgerlichen Gesellschaft. Wo der politische Staat seine wahre Ausbildung erreicht hat, führt der Mensch nicht nur im Gedanken, im Bewußtsein, sondern in der Wirklichkeit, im Leben ein doppeltes, ein himmlisches und ein irdisches Leben, das Leben im politischen Gemeinwesen, worin er sich als Gemeinwesen gilt, und das Leben in der bürgerlichen Gesellschaft, worin er als Privatmensch tätig ist, die andern Menschen als Mittel betrachtet, sich selbst zum Mittel herabwürdigt und zum Spielball fremder Mächte wird. Der politische Staat verhält sich ebenso spiritualistisch zur bürgerlichen Gesellschaft wie der Himmel zur Erde. Er steht in demselben Gegensatz zu ihr, er überwindet sie in derselben Weise wie die Religion die Beschränktheit der profanen Welt, d.h., indem er sie ebenfalls wieder anerkennen, herstellen, sich selbst von ihr beherrschen lassen muß." (Marx-Engels-Werke Bd.1, S. 354 bis 355)*

Politisch kann der Staat letztlich nur als eine Glaubensmacht seines "himmlischen Lebens" für das „irdische Leben" im politischen Gemeinwesen wirken, als eine Macht regieren, die eine sittliche, eine kulturelle Ordnung referiert, repräsentiert und beschafft und davon abhängig ist, wie er sich im Verhältnis des Meinens und Dafürhaltens politisch bestätigt findet. Für das profane Leben sind seine Entscheidungen zugunsten des Wertwachstums wesentlich; für den Glauben an die politische Klasse seiner Repräsentanten ist entscheidend, was hierfür die geschichtlich entwickelten Lebenswerte hergeben, die sich nur aus ihrer Kulturgeschichte begründen und versichern können. Von daher folgt der Staat den Vorstellungen über ein im Allgemeinen „richtiges Verhalten" in der bestehenden Kultur, wie er es sich durch den Meinungsproporz der repräsentativen Demokratie bestätigen lassen muss. Er ist mit seiner Staatskultur die wichtigste Instanz im Menschenpark der Nationen, die unentwegt die Vereinigung des wirtschaftlichen Zwecks mit ihrer kulturellen Gegenwart vorzustellen hat, den Nutzen seiner Funktionen, mit dem Sinn seiner Politik zu beweisen hat. Doch das Verhältnis von Wirtschaft und Politik liegt nicht in seiner Macht, bleibt ihm äußerlich. Mit seinen politischen Entscheidungen muss der Staat vor allem darüber hinwegtäuschen.

Und dieser Widerspruch bildet zugleich die Meinungen, die sich in ihm repräsentieren sollen und sich nicht in ihren wirklichen Verhältnissen auflösen können. Da wirkt der Staat auf diese mit seiner Forderung auf einen Gemeinsinn zurück, fordert aus seiner Funktion als politisches Subjekt der Gesellschaft, als Hoheit seiner Glaubensmacht die hierfür richtige Gesinnung ein, um hierdurch eine gesellschaftliche Ordnung seiner Funktionalität, die Bürokratie des Staatswesens sicher zu stellen. Darin wird schließlich aus der Verallgemeinerung privater Existenzen eine kulturelle Totalität der Staatsform als die Formalisierung ihrer Verwaltung herbeigezaubert, die schon durch sich selbst Sinn für die Staatsgewalt als solche machen soll und daher höchst natürlich erscheinen muss [(145)]. Auf seine Funktionalität reduziert, stellt die Staatsform selbst schon einen idealisierten Allgemeinwillen dar, der in seiner nationalpolitischen Selbständigkeit keine Beziehung auf seine Gesellschaft mehr nötig hat, wohl aber in der Gesinnung seiner Bürokratie haust und von daher schaltet und waltet, wie es eine Funktionalität verlangt, die vor allem hierfür ideal ist.

---

145) *„Die Bürokratie hat das Staatswesen, das spirituelle Wesen der Gesellschaft in ihrem Besitze, es ist ihr Privateigentum. Der allgemeine Geist der Bürokratie ist das Geheimnis, das Mysterium, innerhalb ihrer selbst durch die Hierarchie, nach außen als geschlossene Korporation bewahrt. Der offenbare Staatsgeist, auch die Staatsgesinnung, erscheinen daher der Bürokratie als ein Verrat an ihrem Mysterium. Die Autorität ist daher das Prinzip ihres Wissens, und die Vergötterung der Autorität ist ihre Gesinnung. Innerhalb ihrer selbst aber wird der Spiritualismus zu einem krassen Materialismus, dem Materialismus des passiven Gehorsams, des Autoritätsglaubens, des Mechanismus eines fixen formellen Handelns, fixer Grundsätze, Anschauungen, Überlieferungen." (MEW 1, Seite 248ff)*

Die repräsentative Demokratie offenbart ihr strukturelles Problem, das schon im Funktionalismus der Repräsentation für die politische Meinungsbildung angelegt ist, wenn über politische Verhältnisse entschieden werden soll, die schon durch ihren Ansatz nicht funktionieren können, weil sie keine wirkliche Beziehung hierzu hat, weil die Verhältnisse der politischen Klasse sich hierzu gar nicht wirklich verhalten kann. Politik kann sich auf diese Weise überhaupt nur durch bestimmte Ideen und Ideologien an gebündelten Meinungen orientieren und aus deren repräsentierten Vorstellungen und Zielsetzungen zu nötigen politischen Entscheidungen kommen, die auch nur ihren „guten Willen" - und vielleicht auch Bemühung - hierzu repräsentieren können. Mit der anwachsenden Unauflösbarkeit der wirtschaftlich auftretenden Probleme der politischen Ökonomie des Kapitalismus zersplittert die Ausrichtung des Meinens und Sollens, die sich nicht mehr als politische Macht darstellen kann und ihre Schwäche zeigt. Und das wird als ihre Willensschwäche gegen eben diese Ökonomie ausgelegt, als ihr fehlgeleitetes Interesse, als Unvernunft ihres Willens, der bis dahin aber auch nur ein verallgemeinertes Meinen und Wünschen war. Dagegen versammelt sich schließlich die abstrakte Vernunft von politischen Pflichtigkeiten. Was dann als politische Kraft immer stärker wird, ist die Konzentration der bloßen Masse der Meinungsbündel und dessen Wandlung in einen „Auftrag des Volkes", in ein politisches Sollen. Das macht aus den prominent gewordenen Lebenshaltungen eine Gesinnung, die durch einen so genannten Populismus beliebig eingebracht werden kann. Das macht den Staat nicht besser, aber für die Reaktion wertvoller. Die Banalitäten des Verwaltens von Zukunftsvorstellungen lassen sich leicht auf nationale Heilsvorstellungen reduzieren, die sich unterschiedslos auf alle Momente der wirklichen Verhältnisse beziehen lassen und nur noch qualitätslos verwaltet werden müssen. Die Repräsentation verwandelt sich durch ihre politischen Verpflichtung gegen „das Volk" schließlich in ein Diktat von Lebenshaltungen und Gesinnungen.

Der Staat und seine Bürokratie waren in ihrer Funktionalität ja schon durch die Globalisierung des Kapitals mit sich selbst in einen Widerspruch geraten, den sie nicht mehr so ohne Weiteres auflösen können. Darin trifft sich der Überfluss einer überflüssig gewordenen Kultur auf der Bühne einer Politik, die den Überfluss an Meinungen und Dafürhaltungen darstellen will - da trifft sich die Eventkultur mit der repräsentativen Demokratie, der Narzissmus des individuellen Geltungsstrebens mit der Beschränktheit seiner gesellschaftlichen Möglichkeiten und Erfahrungen. Der Einzelne, der sich in der Ohnmacht seiner alltäglichen Zurichtungen zugleich als Beispiel einer „hohen Politik" herausgefordert erfährt, sieht sich selbst zugleich im Spiegel seiner allgemeinen Beziehungen politisch aufgehoben und sucht sich in den beschränkten Lebenswelten seiner politischen Kultur selbst allgemein zu verstehen. In ihren narzisstischen Selbstbezogenheiten ermächtigt er sich gerne als Persönlichkeit eines Volkes, das durch seine Nationalstaatlichkeit eine überdimensionierte Eigentlichkeit seines Lebens veredeln kann, damit dessen Nichtigkeiten und Nichtungen, seine tief eingefrästen Minderwertigkeitsgefühle in einer Welt, die in der Isolation der vereinzelten Menschen nicht mehr zu verstehen ist, als überwunden gelten können[(146)].

146) Der politische Bürger kann immerhin aus den Nischen der politischen Kultur einer repräsentativen Demokratie heraus sich als Weltbürger seines Geltungsstrebens verstehen, der mit seiner Stimme politisch mächtig ist, als ob er die Selbstrepräsentanz seines Selbstwerts als ein Mittel der nationalen Politik zugleich weltpolitisch wahrmachen könnte. In diesem Widerspruch seines Selbstverständnisses als Bürger eines Nationalstaates kann er sich nicht von dem seiner weltbürgerlichen Position unterscheiden und überlässt sich deshalb auch gerne einer ozeanischen Gefühlsmasse, wie sie ja auch in den Arenen einer üppigen Eventkultur geboten wird. Der Gartenzwerg will endlich als Nationalheld einer höheren Gemeinschaft gemein mit allen sein, in einem „einzig Volk von Brüdern, in keiner Not uns trennen und Gefahr.

Der Zweifel an seiner persönlichen Allmacht existiert als Zweifel an der Beschränktheit der Mittel seiner persönlichen Selbstverwirklichung, der absoluten Freiheit seiner Selbstentfaltung, die dem Privatrecht des persönlichen Eigentums zugrunde liegt und vom Grundgesetz auf als das Grundrecht auf „die freie Entfaltung der Persönlichkeit" ausgepriesen ist. Sein Geld reicht nicht weit, während die Buchungen des Finanzkapitals in absurden Dimensionen zirkulieren. Und es ist von daher auch nicht verwunderlich, dass auf dieser Hochzeit der Feudalisierung der Finanzmärkte - auf dem Trapez internationaler Hochseiltänze - sich auch die Sozial- und Kulturwissenschaften gegen die Schwachheiten ihrer politischen Existenzgrundlagen einsetzen, um der Bodenlosigkeit ihrer zerfallenden sozialen Verhältnisse zumindest ein Fangnetz für die Funktionalität der nationalen Einheit ihres Wirkkreises aufzuspannen, der eine politische Repräsentanz nötig hat.

Weil es aber in der bloßen Funktionalität einer Repräsentation von Demokratie den politischen Ort ihrer Evidenzen nicht mehr geben kann, gibt es nur noch eine Politik ohne Ort und ohne Zeit, als eine Funktion, die über alle konkreten Verhältnisse hinweg lediglich auf die Ereignisse [(147)] so wie sie hier und da und jetzt und dann sind,

" (Friedrich Schiller, „Wilhelm Tell"). Seine kulturelle Entfremdung muss sich hierfür ja auch nur gegen die Fremden wenden, die ihm seine weltumspannende Größe streitig machen, obwohl oder gerade weil er sie nicht kennt, denn sie sind ihm die Macht schuldig, die nur noch durch sie in Frage gestellt sein kann.

147) Ein Ereignis tritt ohne eine gegenständliche Ursache auf, zeigt keinen objektiven Grund und erscheint wie durch einen Zufall oder ein Datum bestimmt. Für sich ist es eine Gegenwart ohne Sein, pure Anwesenheit von Eigenheiten ohne eine wirkliche Beziehung zu dem, was da ist, ohne Zusammenhang und also auch ohne eine vermittelnde Form eines irgendwie substanziell bestimmten Daseins. Oft besteht es nur als Erinnerung an vergangenes Erleben oder als Ereignis, das Erleben produzieren soll (siehe Ereignisproduktion). In und durch seine zufällige Erscheinung ist es etwas herausgesetzt Eigenes aus einer grundlos gewordenen Geschichte, ist einfach nur ganz isoliert durch sich da und erscheint in seinem Dasein ausschließlich es selbst und durch sich selbst bestimmt.

eingehen kann, und sie nur im Nachhinein ihrer Anwendung auch für eine ungewisse Zukunft zu bewerten und zu entscheiden hat. Es ist eine Politik, die über alle konkreten Lebensräume hinweg funktionieren muss, weil ihr von der Produktion in Raum und Zeit nurmehr die Zeit als Augenblick für den Durchsatz ihres politischen Willens verblieben ist und der Raum funktional beliebig, also unendlich möglich verbleibt. In der Funktionalität eines System ist der im Allgemeinen bornierte Zweck des Nationalstaates vollständig realisiert und die Bürokratie zum Maß und Mittel des offiziellen politischen Willens geworden, durch das sich ihre gesellschaftliche Bedeutung nurmehr als der hohe Zweck ihrer Rechenoperation darstellt. Denn mit ihnen lässt sich das letzte Quäntchen Kraft ermitteln und ganz gerecht ins Ganze einfügen, die Kosten für Soziales und Unsoziales korrekt auftrennen und das „unwerte Leben" sich mit Leichtigkeit vom wertvollen Leben unterscheiden. Der Funktionalismus eines Systems ist die abstrakt allgemeine Totalität einer unendlichen Beliebigkeit und als solche das politische Werkzeug der Henker einer absurden Repräsentation.

Das politische System oder die Staatsgewalt der Bürokratie

Was Hannah Arendt einer noch an große Welten fixierten Öffentlichkeit vor Augen führte, dass der Faschismus sich in der Banalität eines Alltags durchsetzen konnte, die strukturell sich längst für eine unmenschliche Vernichtungsindustrie verfügbar gehalten hatte, geht inzwischen auch schon im wissenschaftlichem Anspruch auf die Totalität eines funktionierenden Systems auf. Es ist tatsächlich das banalste, was die Repräsentation zu bieten hat: Eine Staatsverwaltung, welche die überwältigende Ideologie und Systematik der nationalen

Verfassung als Ordnung des Alltäglichen darstellen kann, während die politische Klasse sich als die hohe Persönlichkeit einer Demokratie zu veräußern sucht, die das Getriebe ihrer gegebenen Gewalten nicht mehr nur zu repräsentieren, sondern vor allem zu vermitteln und zu kontrollieren hat.

Ihre Vorstellung ist das Schauspiel einer Agentur der Vermittlung zwischen wissenschaftlichen Projektionen und dem gewöhnlichen Verständnis von Politik in ungewöhnlichen wirtschaftlichen Lebensverhältnissen. Es sind wohltuende Kulissen, durch welche die Gewalten im Staat geteilt werden; aber es sind nur die Abgründe der Zeit und Welt, die sie nötig hatten. Sie können den Staat nur vor der Nichtung der Lebensverhältnisse seiner Bevölkerung bewahren, eine „Macht des Volkes" vortäuschen, welche die Ohnmacht des größeren Teils der Bevölkerung verbergen und eskortieren sollte. Eine Verfassung der Repräsentation kann letztlich nur die Bosheit ihrer Verwaltung gegen die Schwachen durchsetzen, diese „Pflicht zur Härte" (Reinhard Heydrich). Weil die Repräsentation darauf gründet, dass sie als die wesentliche Staatsform über alle Unterschiede hinweg letztlich als die Macht der Allgemeinheit funktionieren muss, die durch die Ohnmacht der zerteilten Lebenswirklichkeit sich eben auch nur als Recht eines hoheitlichen Waltens verstehen kann, das aber immer noch seinen Sinn und Zweck in der Rechtsordnung des politischen Willens begründen muss. Darin ist alle Wirklichkeit darauf reduziert, dass sie hinter der hohen Moral des bürgerlichen Rechts, der Ideologie des Kleinbürgertums und seiner heilen Welt verborgen bleibt. Was der Allgemeinheit im Nationalstaat am bedrohlichsten erscheint, ist die Störung seiner Ordnung, das Chaos einer menschlichen Wirklichkeit, die deren Wirkungsmacht jederzeit blamieren könnte.

Das Rechtsverhältnis des Staates, die Vertragsform seiner Verfassung, erscheint in dieser Verselbständigung seiner Institution wie eine Naturbasis unendlicher Macht durch die Gewalt einer allseitig wirksamen gesellschaftlichen Funktionalität. Was der politische Wille im Staat den Menschen bringen soll, das kann er nicht verwirklichen, und was die Menschen für den Staat sind, das ist ihre bloße Ohnmacht in ihren Lebensverhältnissen. Bürgerliche Politik reduziert sich letztlich auf das Potenzial ihrer Verwaltung, ihrer Institutionen und Strukturen.

> *„Die Bürokratie ist der imaginäre Staat neben dem reellen Staat, der Spiritualismus des Staats. Jedes Ding hat daher eine doppelte Bedeutung, eine reelle und eine bürokratische, wie das Wissen ein doppeltes ist, ein reelles und ein bürokratisches (so auch der Wille). Das reelle Wesen wird aber behandelt nach seinem bürokratischen Wesen, nach seinem jenseitigen, spirituellen Wesen." (MEW 1, Seite 248ff)*

Die Funktionalität des Staats ist daher seine Bürokratie, worin er die rechte Gesinnung zur Wirkung seiner Rechtmäßigkeit bringt (148) Die Mythologie des Staates ist die Macht der Gesinnung als Staatsgesinnung der Bürokratie, die mit ausgiebigen Imaginationen über seine Wohltaten zu den gesellschaftlichen Realitäten verfüllt wird.

> *„Was den einzelnen Bürokraten betrifft, so wird der Staatszweck zu seinem Privatzweck, zu einem Jagen nach höheren Posten, zu einem Machen von Karriere. Erstens betrachtet er das wirkliche Leben als ein materielles, denn der Geist dieses Lebens hat seine für sich abgesonderte Existenz in der Bürokratie. Die Bürokratie muß daher dahin gehn, das Leben so materiell wie möglich zu machen. Zweitens ist es für ihn selbst, d.h.*

(148) *„Die Bürokratie hat das Staatswesen, das spirituelle Wesen der Gesellschaft in ihrem Besitze, es ist ihr Privateigentum. Der allgemeine Geist der Bürokratie ist das Geheimnis, das Mysterium, innerhalb ihrer selbst durch die Hierarchie, nach außen als geschlossene Korporation bewahrt. Der offenbare Staatsgeist, auch die Staatsgesinnung, erscheinen daher der Bürokratie als ein Verrat an ihrem Mysterium. Die Autorität ist daher das Prinzip ihres Wissens, und die Vergötterung der Autorität ist ihre Gesinnung. Innerhalb ihrer selbst aber wird der Spiritualismus zu einem krassen Materialismus, dem Materialismus des passiven Gehorsams, des Autoritätsglaubens, des Mechanismus eines fixen formellen Handelns, fixer Grundsätze, Anschauungen, Überlieferungen." (MEW 1, Seite 249)*

> *soweit es zum Gegenstand der bürokratischen Behandlung wird, materiell, denn sein Geist ist ihm vorgeschrieben, sein Zweck liegt außer ihm, sein Dasein ist das Dasein des Büros. Der Staat existiert nur mehr als verschiedene fixe Bürogeister, deren Zusammenhang die Subordination und der passive Gehorsam ist, Die wirkliche Wissenschaft erscheint als inhaltslos, wie das wirkliche Leben als tot, denn dies imaginäre Wissen und dies imaginäre Leben gelten für das Wesen." (MEW 1, Seite 249)*

Der Staat vermittelt sich durch seine Bürokratie ganz praktisch als ein Regelwerk, als ein System vieler Regelungen, die durch eine Idee vom Ganzen betrieben werden. Indem der Staat mit der Globalisierung seine realen Funktionen zunehmend auf eine imaginäre Position reduziert, ist er selbst zum reinen Bürokrat geworden, der seine Funktionen zwar immer noch sozial begründet sehen will - dazu braucht er die nationale Gesinnung seiner Bevölkerung - aber im Wesentlichen nur noch funktional für das weltweite Schuldgeldsystem ist. Er muss daher in seiner nationaler Selbstdarstellung darüber hinwegtäuschen, dass er vor allem nur für die Finanzmärkte der Welt funktional sein kann. Weil er eben zum bürokratischen Verwalter eines Geldsystems geworden ist, das ihn weltweit beherrscht, führt er sich gerne als nationaler Vertreter der Belange seiner Bevölkerung auf, die er als seine Hauptsache behauptet, indem er sie besonders eifrig als seine bürokratische Notwendigkeit herausstellt.

Mit den zunehmenden Belastungen durch die Weltmärkte wird immer deutlicher, dass der Nationalstaat seine Realwirtschaft kaum noch vertreten kann. Weil er de facto zu einem bloßen Handlanger internationaler Machtinteressen geworden ist, schmückt er sich zunehmend mit nationalistischen Begründungen und tut sich in diesem Sinne als Funktionär der Weltmärkte hervor, für deren nationale Konsequenzen und Folgerungen er gerade stehen und zugleich alles von seinen internationalen Existenzbedingungen abhängig machen muss, um den Handel und den Geldwert im Land stabil zu halten.

Darin kommen ihm die Imaginationen zugute, die sein ganzes Machwerk jetzt durch nationalistische Gesinnungen legitimieren können.

> *„Da die Bürokratie der „Staat als Formalismus" ihrem Wesen nach ist, so ist sie es auch ihrem Zweck nach. Der wirkliche Staatszweck erscheint also der Bürokratie als ein Zweck wider den Staat. Der Geist der Bürokratie ist der „formelle Staatsgeist". Sie macht daher den „formellen Staatsgeist" oder die wirkliche Geistlosigkeit des Staats zum kategorischen Imperativ. Die Bürokratie gilt sich selbst als der letzte Endzweck des Staats. Da die Bürokratie ihre „formellen" Zwecke zu ihrem Inhalt macht, so gerät sie überall in Konflikt mit den „reellen" Zwecken. Sie ist daher genötigt, das Formelle für den Inhalt und den Inhalt für das Formelle auszugeben. Die Staatszwecke verwandeln sich in Bürozwecke oder die Bürozwecke in Staatszwecke. Die Bürokratie ist ein Kreis, aus dem niemand herausspringen kann. Ihre Hierarchie ist eine Hierarchie des Wissens. Die Spitze vertraut den untern Kreisen die Einsicht ins Einzelne zu, wogegen die untern Kreise der Spitze die Einsicht in das Allgemeine zutrauen, und so täuschen sie sich wechselseitig." (MEW 1, Seite 248f)*

Der Widerspruch des Staates erscheint nun in seinem Funktionalismus gelöst, der im „Geist der Bürokratie" als der „formelle Staatsgeist", als „die wirkliche Geistlosigkeit des Staats zum kategorischen Imperativ" für seine Bürgerinnen und Bürger wahr geworden ist, sich verwirklicht hat, alldieweil er das vorantreibt, was seine Selbsttäuschung bewirkt: Als ein vermeintliches Subjekt kann er nicht wirklich das Subjekt der Politik sein. Im guten oder schlechten Glauben, dass seine Entscheidungen doch „dem Volk" genehm sein könne, wird er zum bloßen Funktionär der Entäußerung eines gesellschaftlichen Lebens, das seinen wirklichen Zusammenhang verloren und ihm schließlich als Staatsdoktrin der funktionalen Gesinnung als Sinn und Zweck seiner Funktionalität auferlegt ist. Darin löst sich alles in den Ereignissen auf, die in den Wählermeinungen vorstellig werden und zumindest mit einem „guten Gewissen" der Repräsentanten im Parlament in irgendeiner Art und Weise vertreten werden sollten.

Solange sich alles fügt, was nötig für einen irgendwie gearteten Zusammenhalt der Gesellschaft ist, funktioniert auch die Repräsentation der Macht im Staat, die Funktionalität der Administration. Sie müssen ja auch lediglich auf diese Fügungen achten, ihre Absehung vom besonderen Einzelfall zugunsten seiner Funktionalität im Zusammenhang der administrativen Konstruktionen optimieren, um ihren Ablauf in Fluss zu halten. Das Einzelne gilt hierfür nur als Beispiel eines Sonderfalls im Verhältnis einer abstrakt allgemeinen Beflissenheit für ein System, das nicht wirklich halten kann, was es verspricht. Es ist von da her kein Zufall, dass Bürokratie zum Zentrum der Macht wird. Sie ist die Einheit einer absolut gewordenen Notwendigkeit, alles in eins zu nehmen, wo es zu zerfallen droht. Denn der Zerfall ist das natürliche Resultat eines gesellschaftlichen Verhältnisses, worin der Mensch das Objekt einer Verwertungslogik ist, die den Überfluss, die Mehrproduktion in ihrer Verwertung als Wertwachstum zugleich zum Maß der Beschränkung ihrer Geschichte, zur historischen Beschränktheit ihres Wirtschaftswachstums getrieben hat. Diese Logik zertrennt in den wirklichen Lebensverhältnissen die Beziehungen, durch die sie funktioniert und der Staat wird zur Allgemeinform einer politischen Funktionalität seiner Repräsentanz. Der Staat hat das abstrakt Allgemeine der wirtschaftlichen Substanzen in ihrem Zerfall politisch zusammenzuhalten, während das Wertwachstum den Zerfall der organischen Verhältnisse des Kapitals betreibt, das für seine unendlichen Triebe alle Natur und Lebenszeiten nur noch als Existenzform seiner Negativverwertung benötigt, in ihrer Zerteilung aber vor allem gesellschaftlich funktional bleiben muss.

Der Staat und seine Bürokratie sind daher in ihrer Funktionalität durch die Globalisierung des Kapitals mit sich selbst in einen Widerspruch geraten, den sie nicht auflösen können. Darin trifft sich der Überfluss auf der Bühne der Politik - die Eventkultur mit der repräsentativen Demokratie, der Narzissmus des individuellen Geltungsstrebens mit der Beschränktheit seiner gesellschaftlichen Möglichkeiten und Erfahrungen. Der Einzelne, der darin sich selbst nur noch als Beispiel einer „hohen Politik" erleben kann, sieht sich selbst im Spiegel seiner allgemeinen Beziehungen politisch aufgehoben und sucht sich in den Lebenswelten seiner politischen Kultur selbst allgemein zu verstehen, sich als Persönlichkeit eines Volkes in seinem Nationalstaat zu begreifen. Er wird darin aus den Nischen der politischen Kultur heraus zu einem Weltbürger, der für einen Nationalismus wirbt, der sich zugleich international als Sinn und Zweck einer übermenschlichen Weltgesellschaft vermitteln soll. Seine kulturelle Entfremdung wendet sich darin gegen die Fremden, die ihm seine weltumspannende Größe streitig machen, die ihm die Macht schuldig sind, die nur noch durch sie in Frage gestellt wird.

Der Zweifel an der persönlichen Allmacht ist zugleich ein Zweifel an der Beschränktheit der persönlichen Selbstverwirklichung, der absoluten Freiheit der Selbstentfaltung, die dem Privatrecht des persönlichen Eigentums zugrunde liegt. Und es ist von daher auch nicht verwunderlich, dass auf dieser Hochzeit der Feudalisierung der Finanzmärkte - auf dem Trapez internationaler Hochseiltänze - sich auch die Sozial- und Kulturwissenschaften gegen die Schwachheiten ihrer politischen Existenzgrundlagen einsetzen, um der Bodenlosigkeit ihrer zerfallenden sozialen Verhältnisse zumindest ein Fangnetz für die Funktionalität der nationalen Einheit ihres Wirkkreises aufzuspannen, das ihre politische Repräsentanz nötig hat.

So macht sich auch im Alltagsbewusstsein eine konstruktivistische Begrifflichkeit breit, wie sie theoretisch auch in den so genannten Systemtheorien der bürgerlichen Wissenschaften ausgeführt wird [(149)] und

(149) In den Systemtheorien wird die soziale Wirklichkeit als Folge von isolierten Ereignissen begriffen (Niklas Luhmann), die zueinander schon von Natur aus keinen Sinn äußern können, weil sie wesentlich autopietisch bestimmt seien und von daher auch keinen Sinn füreinander hätten. Die Operationsweise sozialer und psychischer

wie sie fasst gleichlautend im allgemeinen Bewusstsein der Bevölkerung anzutreffen ist. Diesem Bewusstsein folgend kann sich allerdings keine Analyse der finanzpolitischen Aufführungen der Weltwirtschaft einfordern lassen, sondern nurmehr der Gehorsam an die Funktionalität des Ganzen - und das ist hier nur noch die Allgemeinform der nationalen Existenz, die naturgemäße Grundfeste einer nationalen Identität in einem unendlich gefassten Dasein des eigenen Systems, bzw. des Systems der naturgegebenen Eigenheiten. Das kann sich nach wie vor auch nur aus einem „Sinn des Seins“ (Martin Heidegger) heraus erklären lassen. Und schon wieder einmal wird so aus existenziellen Verfügungsinteressen heraus der Anspruch eines wissenschaftlichen Humanismus ausgeräumt und die existenzialistischen Tugenden einer Phänomenologie des *„in die Welt geworfenen Seins“* (Martin Heidegger) und seinen vielen Ereignissen im „Hier und Jetzt“ gefeiert [(150)]. Was in der Systemtheorie unter sozialer Wirklichkeit als Folge von zufälligen Ereignissen (Niklas Luhmann) verstanden wird, trifft für

---

Systeme würden abgeschlossene Kreisläufe bilden und die Operationen verschiedener Systeme könnten sich daher auch nicht durchdringen, sich nicht durch einander entwickeln und somit auch nicht direkt an Operationen eines anderen Systems anschließen. Statt von Einheiten (z. B. menschlichen Individuen) auszugehen, die durch ihre Beziehungen sich zu einer Gesellschaft bilden und darin auch im Ganzen vieler Eigenschaften sich vermitteln, geht Luhmann auf einer sehr abstrakten Ebene von Ereignissen und von Differenzbildungen aus. Ereignisse („Operationen“) würden sich in spezifischer Weise und in spezifischen Medien an vorangegangene gleichartige Ereignisse anschließen. Durch diese – gegenüber andersartigen Operationen geschlossenen – Operationsweisen entstünden Systeme, und mit ihnen ihre systemspezifischen Umwelten. (siehe hierzu auch „Systemtheorien – der Mythos vom System einer naturhaften Gesellschaft“ von Markus Hoffmann).

(150) Es ist so schnell vergessen, was „damals“ daraus geworden war, wenn schon im Ansatz unterschlagen ist, was darin die Zusammenhänge sind und waren - und was sie aufgehoben hat und wodurch die Menschen letztlich nur noch als Störung im fundamentalen Prinzip des Ablaufs der Ereignisse, eben in ihrem „Starrsinn“ gegen dessen Notwendigkeiten, in ihrer „Seinsvergessenheit“ zu behandeln sind.

die Wahrnehmung - und es wird darin konsequenterweise auch als Beobachtung beschrieben - auch zu: Weil es den politischen Ort seiner Evidenzen nicht mehr geben soll, gibt es nur noch eine Politik ohne Ort und Zeit, die lediglich auf Ereignisse eingehen kann (151), die sie im Nachhinein für eine ungewisse Zukunft zu bewerten und zu entscheiden hat.

Es ist eine Politik für die Ewigkeit, die über alle konkreten Lebensräume hinweg funktionieren muss, weil ihr von der Produktion in Raum und Zeit nurmehr die Zeit für den Durchsatz ihres politischen Willens verblieben ist. Alle Funktionalität wird nur noch durch die Zeit ihrer Abläufe und Störungen bemessen und die Wissenschaft wurde „unter der Hand" auf deren Behebung beschränkt, die Frage ihrer Wahrheitsfindung in die „Klamottenkiste der Aufklärung" gebannt.

Das hat natürlich vielerlei „Vorteile" in ihrer Anwendung. Sie lässt sich nach den Funktionsstörungen des Systems gliedern, einordnen und funktionalisieren. Nicht der Gegenstand ihrer Erkenntnisse und dessen Analyse verschafft den Beweis ihrer Aussagen und Prognosen. Was dessen Not wesentlich ausmacht, was sie begründet und nicht aufheben, nicht wirklich wenden kann, die Wesensnot des Systems im Ganzen, Wirklichkeit überhaupt interessiert nicht. Nicht Raum und Zeit seiner Beziehungen, sondern ausschließlich dessen Funktionalität

151) Ein Ereignis tritt ohne eine gegenständlich Ursache auf, zeigt keinen objektiven Grund und erscheint wie durch einen Zufall oder ein Datum bestimmt. Für sich ist es eine Gegenwart ohne Sein, pure Anwesenheit von Eigenheiten ohne eine wirkliche Beziehung zu dem, was da ist, ohne Zusammenhang und also auch ohne eine vermittelnde Form eines irgendwie substanziell bestimmten Daseins. Oft besteht es nur als Erinnerung an vergangenes Erleben oder als Ereignis, das Erleben produzieren soll (siehe Ereignisproduktion). In und durch seine zufällige Erscheinung ist es etwas herausgesetzt Eigenes aus einer grundlos gewordenen Geschichte, ist einfach nur ganz isoliert durch sich da und erscheint in seinem Dasein ausschließlich es selbst und durch sich selbst bestimmt.

bestimmt die Erkenntnisse, die hierfür gemacht werden sollen. Und die lässt sich immer auch leicht auf die Zeit einer bloßen Funktion als ihren Prozess beschränken, in der sich Dysfunktionen überhaupt noch empirisch erfassen lassen: Die Ablaufzeit einer Funktion in der Beziehung auf ihren Zweck, die objektive Kybernetik von subjektiven Entscheidungen. Darin verselbständigt sich ihr objektiver Zweck und wendet sich gegen seinen subjektiven Ursprung, der menschlichen Not einer entmenschlichten Gesellschaft. Und darin wirkt der Funktionär des Systems als Spalter einer Welt, die sich nur noch durch ihre Alternativen bewegt, im beschleunigten Wechsel eines unaufhörlichen Andersseins seinen Grund verloren hat und in den Persönlichkeiten der einzelnen Menschen sich die Gründe ihrer kulturellen Verhältnisse zusammensucht und seine Vorstellungen von Politik personalisiert. Die politische Kultur wird durch ihre persönlichen Auslegungen prominent und deren Verallgemeinerungen promenieren in einer bisher ungeahnten Dichte einer öffentlichen Darstellung über die Bildschirme der Medien, die alles zeigen, was sichtbar ist, und alles verbergen, was deren wesentliche Gründe sind. Wie sollten in solcher Beziehung die Finanzverhältnisse anders vorgestellt werden, als durch die persönliche Gier einzelner Verbrecher, durch den Diebstahl von Geldmengen betrieben zu werden. Derweil schmunzeln die politischen Repräsentanten über die Naivität ihres Wahlvolkes, die sie auf Plakaten, in Zeitungen und in Büchern bebildern. Nun können sie ja auch persönlich sein und persönlich genommen und verstanden werden.

Die Repräsentanz ist dadurch perfekt. Ihr Boden fällt unter den Tisch, auf dem immerhin viele Leckereien ausgebreitet liegen, um dies alles dann auch noch unterhaltsam zu machen. Denn wo kein Grund mehr wahr zu nehmen ist, weil Gründe nicht mehr zu erkennen sind, da wird auch keine Kritik mehr möglich sein, die über den gedeckten Tisch hinausgehen würde. Die Anordnung, das Design und die

Ausstattung des Raumes reicht dann schon aus, um Dissonanzen auszubügeln und die öffentliche Meinungsbildung gleichzuschalten. In ihrer Unterschiedslosigkeit werden deren Formen als Ereignisse lebendig, die sehr gut für sich stehen können und daher auch wie Festhaltegriffe in überfüllten Bewegungsräumen auch stehenbleiben, um ihre Orte zu fixieren und ihnen Sicherheit zu ermöglichen. Und genau das spaltet schließlich das politische Verständnis einer öffentlichen Diskussion in unendlich viele Betrachtungsweisen auf, in unzählige Aspekte des Dafürhaltens, die schon dadurch, dass sie nur noch für sich stehen und sehr abwechslungsreich sind, keinen Grund erkennen lassen - aber den Betrachter doch gut unterhalten.

Die Welt verändert sich nicht durch ihre Darstellung und Interpretation am Bildschirm, sondern in der gesellschaftlichen Wirklichkeit, deren Interpreten die Repräsentanten ihrer Politik sind - und die auch hie und da mit allerlei Widersinnigkeiten konfrontiert werden, die zunehmend unauflösbar werden. Ihre Kreisläufe ermüden die Wahrnehmung von Politik, die nur noch repräsentieren kann, was ihre Repräsentanz bestimmt: Das Unvermögen, den wesentlichen Gründen einer gesellschaftlichen Verwahrlosung entgegenzutreten. Denn darin verewigt sich der Kreislauf der Entgegensetzungen auf allen Ebenen der gesellschaftlichen Öffentlichkeit, die insgesamt verbergen müssen, dass der Nationalstaat nichts mehr daran ändern kann, was die Welt plündert und zerstört. Schließlich wird auch durch die Darstellung der Wirklichkeit sozialer Beziehungen im Zerfall fast beliebiger Einzelheiten grotesk, deren parlamentarische Auseinandersetzung obskur und damit die Entscheidungsgrundlagen zu politischen Handlungsmöglichkeiten zerstört. Vielfalt wird gewöhnlich, deren Erkenntnisse ordinär, die Gesellschaft gespalten, die Demokratie zu einer Farce, die unentwegt repräsentiert, was sie nicht ändern kann.

Die kulturelle Spaltung der Nationen

Dass verschiedene Staaten verschiedene Kulturen haben, ist so sinnfällig, wie der Unterschied der Landschaften und Bodenschätze dort auch schon war, bevor sich die gesellschaftliche Form des Kapitalismus daraus entwickelte. Die politischen Kämpfe um die Lebensräume der Menschen entstanden daher zunächst aus der kulturellen Entwicklung der Siedlergemeinschaften, ihrer Geisteskraft und ihrer Wirtschaftsmacht. Die soziale und die wirtschaftliche Kultur verwirklichten sich durch ihre Einheit, immer aber schon auch in den Kämpfen um den Anteil der sozialen Rollen um ihren Ertrag. Erst mit der Notwendigkeit einer politischen Gestaltung der sozialen Lebensverhältnisse wurde aus der öffentlichen Diskussion hierüber die Form einer politischen Auseinandersetzung, wodurch sich eine politische Struktur als Politeia (griech. „Der Staat") verfestigte [(152)], sich als eine Staatsform selbst geschaffen und einen abgegrenzten Rahmen und das Selbstverständnis einer bestimmten Kultur darstellte. Fast urwüchsig schien der soziale Zusammenhang aus ihrer Kultur sich entwickelt zu haben, bis er tatsächlich aus der politischen Macht der sozialen Unterschiede zu einem sozialen Verhältnis wurde, dessen Beziehungen als ein verträgliches Verhältnis durch eine Art Staatsvertrag konstatiert werden musste. Deren Administration wurde als eine öffentliche Einrichtung verfasst, durch die ihre gesellschaftliche Beziehung - z.B. der Soldaten, der Gelehrten und den Bürgern ihre Beziehung - als Staatsverfas-

152) Die Politeia ist die erste abendländische Schrift von Platon (aus den Erfahrungen der athenischen Demokratie im 5./4. Jh. v. Chr.), die ein ausgearbeitetes Konzept der politischen Philosophie vorstellt. Sie ist ein Grundlagentext der Naturrechtslehre und zählt zu den wirkmächtigsten Werken der gesamten Philosophiegeschichte. Es handelt sich bei der Politeia um ein rein utopisches Modell - oder ansatzweise um ein politisches Programm -, wodurch ein Staat zu entwickeln wäre, der durch die Natur seiner Gerechtigkeit bestimmt sein sollte und die Philosophie ihres Werts zu verfassen und zu verwirklichen hätte.

sung geregelt und verwaltet wurde. Die Natur dieser Beziehung war zwar schon immer aus dem Potenzial ihrer gesellschaftlichen Naturmacht als eine Doppelfunktion einer selbständigen Beziehung, als ihr äußeres Wesen, als ein noch unwirkliches Gemeinwesen entwickelt und gebildet. Aber die bisherige Formation des Staates als eine dem praktischen Wesen einer Gesellschaft äußerliche Verfassung setzte nur das Wissen der gesellschaftlichen Notwendigkeit der wirtschaftlichen und kulturellen Gegensätze der Bevölkerung um. Und das war und ist daher auch das natürliche Potenzial ihrer Kultur und Wirtschaft geblieben. Aber der bürgerliche Staat ist lediglich ein geschichtlicher Notbehelf hierfür, weil er nur repräsentieren kann, was er von sich hält und was ihm aus dem Meinen der Seinen zufällt, wirklich nur Zufall einer abstrakten Vermittlung ist, die schon demokratisch sein will, aber niemals wirklich sein kann.

> *„Der Inhalt des Staats liegt außerhalb dieser Verfassungen. Hegel hat daher recht, wenn er sagt: Der politische Staat ist die Verfassung, d.h., der materielle Staat ist nicht politisch. Es findet hier nur eine äußere Identität, eine Wechselbestimmung statt. Von den verschiedenen Momenten des Volkslebens war es am schwersten, den politischen Staat, die Verfassung, herauszubilden. Sie entwickelte sich als die allgemeine Vernunft gegenüber den andern Sphären, als ein Jenseitiges derselben. Die geschichtliche Aufgabe bestand dann in ihrer Revindikation, aber die besondern Sphären haben dabei nicht das Bewußtsein, daß ihr privates Wesen mit dem jenseitigen Wesen der Verfassung oder des politischen Staates fällt, und daß sein jenseitiges Dasein nichts andres als der Affirmativ ihrer eignen Entfremdung ist. Die politische Verfassung war bisher die religiöse Sphäre, die Religion des Volkslebens, der Himmel seiner Allgemeinheit gegenüber dem irdischen Dasein seiner Wirklichkeit. Die politische Sphäre war die einzige Staatssphäre im Staat, die einzige Sphäre, worin der Inhalt wie die Form Gattungsinhalt, das wahrhaft Allgemeine war, aber zugleich so, daß, weil diese Sphäre den andern gegenüberstand, auch ihr Inhalt zu einem formellen und besondern wurde. Das politische Leben im modernen Sinn ist der Scholastizismus des Volkslebens. Die Monarchie ist der*

vollendete Ausdruck dieser Entfremdung. Die Republik ist die Negation derselben innerhalb ihrer eignen Sphäre. Es versteht sich, daß da erst die politische Verfassung als solche ausgebildet ist, wo die Privatsphären eine selbständige Existenz erlangt haben. Wo Handel und Grundeigentum unfrei, noch nicht verselbständigt sind, ist es auch noch nicht die politische Verfassung. Das Mittelalter war die Demokratie der Unfreiheit. Die Abstraktion des Staats als solchen gehört erst der modernen Zeit, weil die Abstraktion des Privatlebens erst der modernen Zeit gehört. Die Abstraktion des politischen Staats ist ein modernes Produkt." (MEW 1, Seite 232 f)

Jeder Staat verkörpert zwar immer auch eine kulturelle Beziehung zur inneren und äußeren Natur der Menschen überhaupt, verhält sich hierzu aber nur formell, weil ihm die Vertragsform eines notwendig verträglichen gesellschaftlichen Verhältnisses vorausgesetzt ist, das bisher nicht durch seine Geschichte, sondern nur durch übermenschliche Gebote aus dem Reich der Götter bestimmt worden war, die durch deren Prothesen als ihre Vertreter auf Erden verkündet und sanktioniert wurden, die einen abstrakten Staat in ihrem Sinn begründeten und stützten, niemals aber eine wirkliche Demokratie [(153)]. Der bürgerliche Staat ist lediglich die abstrakt begründete Formation einer Akkommodation, eine Anpassung an eine bloß vorgestellte, eine fiktive Gesellschaft. Er umnebelt ihre wahren Verhältnisse dadurch, dass er deren Privatform als Allgemeinform, sich als leibhaftige Rechtsform des Geldes vergesellschaftet und dessen Verwertung sichert und sanktioniert.

153) *„In allen von der Demokratie unterschiednen Staaten ist der Staat, das Gesetz, die Verfassung das Herrschende, ohne daß er wirklich herrschte, d.h. den Inhalt der übrigen nicht politischen Sphären materiell durchdringe. ... Es versteht sich übrigens von selbst, daß alle Staatsformen zu ihrer Wahrheit die Demokratie haben und daher eben, soweit sie nicht die Demokratie sind, unwahr sind. In den alten Staaten bildet der politische Staat den Staatsinhalt mit Ausschließung der andern Sphären; der moderne Staat ist eine Akkommodation zwischen dem politischen und dem unpolitischen Staat." (MEW 1, Seite 232)*

Der Staat hatte daher in der bisherigen Geschichte einen gesellschaftlichen Widerspruch zu vermitteln, der nicht vermittelbar ist, solange Geld als Allgemeinform der gesellschaftlichen Vermittlung sich aus dem Privateigentum an Produkten und Produktionsmitteln der gesellschaftlichen Entwicklung besitzen lässt. Geld wird sich immer als ein mächtiges Subjekt des Marktes verhalten und selbständig machen, solange es durch seine doppelte Bestimmung als Zahlungsmittel und Kaufmittel das gesellschaftlich vermittelte Privateigentum darstellt. Der Staat ist in der Geschichte an seiner Aufgabe gescheitert, diese Vermittlung politisch zu vertreten und zu versichern. Er konnte von daher objektiv nicht die gesellschaftliche Form verwirklichen, welche seine politische Repräsentation und deren Repräsentanten subjektiv vorgibt und sein soll. Der Staat ist ein abstraktes soziales Gebilde [(154)], das der Privatform des Geldbesitzes den Schein eines kulturellen Gemeinwesens verleiht. Er bestimmt sich sowohl aus seiner Eigenschaft als kulturelle Ordnungsmacht zur Organisation der Lebenssubstanzen eines Lebensraums, der Lebenserzeugung und Lebenserhaltung, wie er zugleich auch eine rein politische, eine soziale Macht verkörpert, indem er die Rechtsform der gesellschaftlichen Beziehungen vertritt und durchsetzen muss.

154) *„Die Abstraktion des Staats als solchen gehört erst der modernen Zeit, weil die Abstraktion des Privatlebens erst der modernen Zeit gehört. Die Abstraktion des politischen Staats ist ein modernes Produkt. Im Mittelalter gab es Leibeigene, Feudalgut, Gewerbekorporation, Gelehrtenkorporation etc., d.h., im Mittelalter ist Eigentum, Handel, Sozietät, Mensch politisch; der materielle Inhalt des Staates ist durch seine Form gesetzt; jede Privatsphäre hat einen politischen Charakter oder ist eine politische Sphäre, oder die Politik ist auch der Charakter der Privatsphären. Im Mittelalter ist die politische Verfassung die Verfassung des Privateigentums, aber nur, weil die Verfassung des Privateigentums politische Verfassung ist. Im Mittelalter ist Volksleben und Staatsleben identisch. Der Mensch ist das wirkliche Prinzip des Staats, aber der unfreie Mensch. Er ist also die Demokratie der Unfreiheit, die durchgeführte Entfremdung. Der abstrakte reflektierte Gegensatz gehört erst der modernen Welt. Das Mittelalter ist der wirkliche, die moderne Zeit ist abstrakter Dualismus.“ (MEW 1, Seite 233)*

„Diese wirklichen Verhältnisse sind keineswegs von der Staatsmacht geschaffen, sie sind vielmehr die sie schaffende Macht. Die unter diesen Verhältnissen herrschenden Individuen müssen, abgesehen davon, daß ihre Macht sich als Staat konstituieren muß, ihrem durch diese bestimmten Verhältnisse bedingten Willen einen allgemeinen Ausdruck als Staatswillen geben, als Gesetz - einen Ausdruck, dessen Inhalt immer durch die Verhältnisse dieser Klasse gegeben ist ... So wenig es von ihrem idealistischen Willen oder Willkür abhängt, ob ihre Körper schwer sind, so wenig hängt es von ihm ab, ob sie ihren eignen Willen in der Form des Gesetzes durchsetzen und zugleich von der persönlichen Willkür jedes Einzelnen unter ihnen unabhängig setzen. Ihre persönliche Herrschaft muß sich zugleich als eine Durchschnittsherrschaft konstituieren. Ihre persönliche Macht beruht auf Lebensbedingungen, die sich als Vielen gemeinschaftliche entwickeln, deren Fortbestand sie als Herrschende gegen andere und zugleich als für Alle geltende zu behaupten haben. Der Ausdruck dieses durch ihre gemeinschaftlichen Interessen bedingten Willens ist das Gesetz. Gerade das Durchsetzen der voneinander unabhängigen Individuen und ihrer eignen Willen, das auf dieser Basis in ihrem Verhalten gegeneinander notwendig egoistisch ist, macht die Selbstverleugnung im Gesetz und Recht nötig, Selbstverleugnung im Ausnahmsfall, Selbstbehauptung ihrer Interessen im Durchschnittsfall (die daher nicht ihnen, sondern nur dem „mit sich einigen Egoisten" für Selbstverleugnung gilt)." (K. Marx, MEW 3, S. 311 f)

Mit der Entwicklung des Kapitalismus wurde die Formation des Staates zunehmend zur Form einer Selbstverleugnung, ein System der Selbstbehauptung, das sein allgemeines Wesen als eine Kluft zwischen sozialer und wirtschaftlicher Kultur offenbart hat.

Die Geschichte der Gesellschaft ist in den einzelnen Nationalstaaten nicht mehr nur vom Wert des Geldes durch den Umlauf des Kapitals, durch die Geldzirkulation des Weltgeldes bestimmt. Für ihre nationale Identität ist auch der organische Zusammenhang ihrer Verhältnisse bestimmend - z.B. ob sie sich nur als Monokultur oder als Multikultur oder zerfallene Kultur auf den Weltmarkt einlassen müssen. Nicht nur die Produktivkraft der Arbeit sondern auch der ganze

Lebenszusammenhang der Menschen als Existenzwert, wie er durch die Nationalstaaten verfasst und vermittelt wird, entscheidet auf der Ebene der Weltmärkte darüber, was sie im Welthandel zu bieten, zu gewinnen oder zu verlieren haben. Ohne den kann niemand mehr wirklich dauerhaft existieren, obwohl dort nur der Nutzen des Geldes zählt, während die einzelnen Nationalstaaten sich politisch auch im Sinn ihrer Verhältnisse, also kulturell verwirklichen. Was national als Kultur im Vordergrund steht, wird international nur als Devisenwert einer dem entsprechenden Handelsbilanz behandelt. Aber Sinn und Nutzen der menschlichen Arbeit kann nicht ohne einander sein, auch wenn jedes für sich in vollständig getrennten Welten existiert.

Allerdings sind durch die Globalisierung des fiktiven Kapitals deren Beziehungen zu einander und durch einander in Formationen aufgegangen, in denen sie verschlossen und ausschließlich für sich da zu sein scheinen, im Weltverhältnis ähnlich isoliert wie die Individuen in der bürgerlichen Gesellschaft: Sie haben mit einander zu tun und können auch nicht ohne einander existieren; aber in ihrem Verhältnis konkurrieren sie um einen Wert, den sie nur durch ihr Verhalten erfüllen und erhöhen können, den Existenzwert aus dem Verhältnis ihrer Währungen, durch den sie sich weltwirtschaftlich verhalten und entwickeln. Und das hat weit greifende Folgen für ihre jeweilige Geschichte, für ihr inneres Verhältnis wie auch ihrem Verhältnis nach außen, für ihr Werden und Vergehen in einer Welt, die überhaupt nur durch Geld zusammengehalten wird und nur durch Leistung für Geld existiert. Durch die Kapitalisierung der Nationalstaaten, durch die Globalisierung des fiktiven Kapitals, durch das Verhältnis der Staatsverschuldungen über die Weltbank steht allerdings ihr monetäres Vermögen im Widerspruch zu den inneren Verbindlichkeiten ihrer Kultur. Je nachdem, wie deren Sinnzusammenhang und Sinnbildung sich im Verhältnis zum wirtschaftlichen Nutzen ihrer Verwertbarkeit für andere darstellt wird ihnen ihr Weiterkommen in der Weltgeschichte des Kapitalismus ermöglicht oder auch ausgeschlossen. Sie sind gezwungen, sich zu einer Monokultur oder zu einer Weltkultur zu entwickeln. Ihre Landschaften und Naturschätze, haben hierbei - z.B. durch ihre Bodenschätze, Naturquellen oder auch durch die Tourismusindustrie - eine hervorragende Rolle eingenommen, mit der sie ihre Kultur zu verwerten haben.

Doch die sinnliche Geschichte der Kultur ist wesentlich getrennt von ihrer gesellschaftlichen, von der Entwicklung der wirtschaftlichen Nutzung. Sie liegt ihr einerseits zugrunde, wird andererseits aber auch durch sie aufgezehrt. Der nationale Lebenszusammenhang muss für den Wertverlust einstehen, den das internationale Kapital durchsetzt. Und die Menschen können für die Gebühren für dessen Eigentumstitel und Wertanlagen doch nur aufbringen, was sie über ihren Finanzhandel hieraus beziehen können, was ihnen als Privatpersonen über diesen als Mehrwert für ihren Geldwert übereignet wird. Ihre Arbeit ist nur noch minimal an der Mehrwertbildung beteiligt. Die Menschen sind in Dienstleistungsgesellschaften nicht unbedingt reich an Geld. Aber sie haben eine relative Sicherheit durch die politische Gewalt ihres Staates, die er sowohl nach außen über aggressiven Freihandel ausübt und nach innen durch die weitgehende Kontrolle seiner Bevölkerung. Von daher wird der Nationalstaat selbst zu einem totalen Subjekt der politischen Verhältnisse, zum Subjekt der nationalen Politik.

Ganz gleich, was die politische Klasse kann und im einzelnen betreibt. Immer wird es irgendeine neue Lösung und zugleich irgendeine neue Problemlage geben. Und so robust der Staat hierbei erscheinen mag, so gebrochen ist er in seiner Funktionalität. Die Politik wird immer rigoroser, je mehr die sozialen Probleme die wirtschaftlichen bedrohen. Und es wächst die Illusion, dass ein „starker Staat" das alles beherrschen müsse. Nationalisten entwickeln daraus ihr persönliches Anliegen, ihn groß zu machen, ihn zu „lieben", ihn zu verherrlichen usw. Und zugleich lösen sie damit auch die sozialen Probleme ihrer Selbstwahrnehmung, überwinden ihren gebrochenen Selbstwert aus ihrem Einsatz für die Größe von „Volk und Vaterland“. Sie sind mit Erschrecken aufgewacht in der Erkenntnis, dass die unpolitischen Selbstwahrnehmungen in ihrer heilen Welt von der politischen Macht einer weltweiten Gewalt beherrscht werden, die stärker ist als „ihr Vaterland“ und „ihr Volk“. Ihre Empörung ist echt, weil sie schon lange die Welt nur aus ihrer Empore betrachtet haben und sich auch schon lange über ihre eigenen Lebensverhältnisse mit aller Macht ihres Vermögens hinweggetäuscht hatten.

Es ist tatsächlich die größte Enttäuschung, die ihnen widerfahren konnte. Denn in Wahrheit ist der Nationalstaat machtlos. Über den Geldwert entscheidet vorwiegend der Finanzmarkt durch den Terminhandel, den Devisenhandel, Derivatenhandel und Freihandel. Hiernach müssen sich die Menschen richten, die nicht mehr den Wert ihrer Arbeit gewichten können, sondern durch ihre ganze Existenz dazu verurteilt sind, sie zu fast jeder Bedingung zu verrichten, solange sie damit am Leben bleiben können, solange sie ihre Gebühren für Miete, Energie, Kommunikation, Verwaltung usw. bezahlen können. Der Preis der Lebensmittel ist nicht mehr das Maß der Dinge, wohl aber der Maßstab für alle Grundpreise der Selbsterhaltung, für ihre Währungen. Der Mehrwert der jeweiligen Produkte ist immer auch der Wert, den sie im Welthandel veräußern, der ihnen entnommen und außer ihnen mächtig werden kann - je nach ihrer Lage auf den Weltmärkten. Er ist die Lebensbedingung aller Infrastrukturen, die ihren Mehrwert erst dann realisieren können, wenn ihre Entstehungskosten amortisiert sind. Das ist zur wesentlichen Grundlage der Verwertung menschlicher Existenz geworden, wo die Verwertung ihrer Arbeitskraft an ihr Ende gelangt - sprich: für das Kapital unrentabel geworden war oder auch schon ganz durch Automaten ersetzt wurde. In diesem Verhältnis schwindet auf beiden Seiten der Geldwert. Und dessen Erhaltung erfordert die Ausschöpfung der wirtschaftlichen Substanz. Dadurch spaltet sich die Welt in Länder, die den Verkauf ihrer Lebensressourcen verstärken und Ländern, die ihren Geldwert durch einen vermehrten Konsum halten können. Die Spaltung der Welt in Quellenländer und Dienstleister bestimmt die Verteilung der Macht auf den Weltmärkten - und zwar in der Beziehung auf die organische Qualität ihrer Produkte, den Gegenständen, mit denen sie handeln. Die Auszehrung der Einen verschafft den Überfluss der Anderen, was den Ländern der Armut entgeht, wird in Dienstleistungsgesellschaften bedient. Alles was das menschliche Leben wirklich ausmacht, was es bewirkt und vergegenständlicht, hat seine Gegenständlichkeit, die eigene Wirklichkeit aufgegeben müssen, weil dessen Kulturen selbst nurmehr zur Verwertung fiktiver Geldmacht aufeinander bezogen sind.

Derweil sind immer mehr Menschen ins gesellschaftliche Abseits geraten, weil sie sich zwar in ihren zwischenmenschlichen Beziehungen noch kulturell integriert fühlen, zugleich aber durch ihre abgetrennte Existenz immer mehr auf ihre beschränkte Lebenswelt zurückgeworfen werden. Die allgemeine Entwicklung der Kultur in ihrem Land entsteht kaum noch in wirklichen Verhältnissen und wird kaum noch hiervon begeistert. Deren lebensweltliche Isolation zertrennt alles wirklich gesellschaftliche Erleben in unzählige Parallelwelten, worin das Verhältnis der Selbstwahrnehmungen seine eigenen Blüten und Früchte aufgehen lässt.

Vor allem was in den Medien und ihren Hilfsmitteln zum Umgang und den Moden der Selbstgefühle einer Dienstleistungskultur bedient wird, gilt als gesellschaftliche Wirklichkeit. Die Menschen nehmen diese Kultur zwar objektiv für sich wahr, sind aber in Wirklichkeit zunehmend auf sich in relativ bescheidenen, weil isolierten Lebensräumen ihrer Beziehungswelt beschränkt. Das schafft Verbindungen und den Schein einer Geschichte, die immerhin durch die Masse und Dichte des Miterlebens zu empfinden ist, wenngleich das hierbei entstehende Massengefühl keinen Boden mehr in ihren wirklichen Lebensverhältnissen hat. Aber es lässt sie als Objekte einer Kultur leben, um ihnen Sinn und Zweck ihres Daseins mit allgemeinen Vorführungen, Veranstaltungen und Tabellen als persönliche Bekümmernisse einer Gemeinschaft in irgendeiner Zuordnung zu vermitteln, die so öffentlich erscheinen soll, wie das Ganze dieser Welt auch medial zusammengefügt, für die Selbstwahrnehmung aufbereitet und verbessert wird. Wer sich in und an dieser Kunstwelt befriedigt, wird für jedwede Welt gut aufbereitet sein, sich vielleicht auch selbst schon aktiv als Veranstalter und Künstler des Weltgeschehens verstehen.

Die Kultur der Dienstleistung hat sich selbst abgehoben, weil sie sich nicht als Objekt von Fiktionen verstehen kann, sondern Subjekt ihrer Gestaltung sein will. Nicht mehr unbedingt als Arbeitskraft, wohl aber durch die Entleiblichung ihrer Kultur werden die Menschen ausgebeutet, ihre Abhängigkeit ausgenutzt und ihre Ohnmacht totalisiert. Nicht durch die Befriedigung ihrer wirklichen Lebensbedürfnisse entwickelt sich ihr gesellschaftliches Leben als ihr Lebenszusammenhang, sondern über Design, Technik und Konsum. Es ist alles sehr viel hektischer und sozial bedrohlicher geworden. Ihre Existenz ändert sich unaufhörlich, ihre Zukunft erscheint immer ungesicherter, ihre Einsicht in ihre Lebensverhältnisse immer nebulöser. Die Menschen werden unaufhörlich mit allerlei Eindrücken bedient, weil ihnen ihr Leben selbst immer fremder, sie selbst süchtiger und friedloser werden. Es ist die Scheinwelt einer toten Betriebsamkeit[(155)], denn

155) *„Alles aber (…) ist jetzt ultra, alles transzendiert unaufhaltsam, im Denken wie im Tun. Niemand kennt sich mehr, niemand begreift das Element, worin er schwebt und wirkt, niemand den Stoff, den er bearbeitet. (…) Junge Leute werden viel zu früh aufgeregt und dann im Zeitstrudel fortgerissen. Reichtum und Schnelligkeit ist, was die Welt bewundert und wonach jeder strebt; Eisenbahnen, Schnellposten, Dampfschiffe und alle mögliche Fazilitäten der Kommunikation (…). Wir werden, mit vielleicht noch*

die Unsicherheit der Arbeitsaufträge oder Anstellungen geben niemals Ruhe und in einer binären Lebenserwartung zwischen „in“ oder „out“ muss man alles fürchten, was dazwischen liegt. Die kurzfristigen Aufträge und ihre schnelle Erledigung macht aus dem Dienstleister den Funktionär einer Arbeit, in der er praktisch nur wie ein Maschinenteil der Bürokratie von höherer Bestimmtheit oder als ihr Handlanger oder Subunternehmer zu existieren hat.

Man kann das als Betrug verstehen - doch es gibt keinen Betrüger in diesem Geschäft mit der Existenz. Dienstleistungen erhalten und bewahren eine Gesellschaft, deren Menschen sich einfach nur noch zu reproduzieren haben und von ihrem Lohn den Beitrag für Gebühren zur Mehrwertbildung abtreten müssen, der weit über den Preis der lebensnotwendigen Lebensmittel hinausgeht. Der Lohn selbst ist gespalten in zwei Welten der Reproduktion: der stofflichen Lebensmittel und der Finanzierung von Eigentumstitel durch Abtretung von Lohnanteilen für deren Gebühren, für Mieten, Lizenzen, Versicherungen, Steuern u.a.m. Der Lohn, von dem die Menschen leben sollen, eignet sich auch zu ihrer Ausbeutung über Lohnabgaben, durch welche Mehrarbeit abgeführt wird, durch die Menschen doppelt unterworfen sind, damit die Kapitalzirkulation zumindest ihren fiktiven Wert halten kann, ohne dass die Menschen ihre Benutzung als Objekte der Weltwirtschaft verstehen oder gar begreifen könnten [(156)].

---

wenigen, die Letzten sein einer Epoche, die sobald nicht wiederkehrt." (Johann Wolfgang Goethe, Brief an Zelter vom 6.6.1825)

156) Solange die Verhältnisse zwischen Realwirtschaft, Exportwirtschaft und Spekulation im Kreditwesen sich noch gegenseitig aufrechnen lassen tritt ja immer wieder auch eine Beruhigung ein. Es gelingt aber irgendwann immer wieder nichts mehr, wenn die Lohnverhältnisse in der Wirtschaft überhaupt ihren Boden, ihre materielle Wirkung und Wirklichkeit verlieren, weil diese sich nicht mehr rentiert und auch von der Realwirtschaft vollständig abgelöst hat. Wenn die nationale Wirtschaft überhaupt nur noch durch ein Schuldgeld gedeckt werden kann, wenn die Gebühren nicht mehr zu bezahlen sind, weil die Banken ihre Kredite zurückziehen

Aber in den Nationen müssen diese Menschen als deren Bürgen befriedet werden, um sich auch in der existenziellen Armut ihres Lebens bereichert zu fühlen, mit geringsten Mitteln viel zu erleben und durch Erlebnisse sich in alles zu integrieren, was ihnen hierfür auch geboten erscheinen soll. Es ist der Selbstwiderspruch der politischen Bürger und Bürgen eines Staates, der seinen Geldwert durch die Bewegungen des fiktiven Kapitals hindurch erhalten muss. Um den Sinnverlust ihrer Existenz überhaupt auszuhalten wird ihre Unterhaltung über Medien und Kulturveranstaltungen totalisiert, ihre Regeneration über die Generatoren einer den Menschen fremden Kultur aufgeblasen, die in der Lage ist, sie in einer betörenden Luftnummer immer in der Schwebe zuhalten. Doch nur durch das technische Gebläse lässt sich nichts dauerhaft festmachen. Sie müssen daher auch in ihren zwischenmenschlichen Beziehungen gehegt, betreut und manchmal auch gehätschelt werden, um in ihrer sinnentleerten Arbeit überhaupt zu funktionieren. Die wird dann auch gerne selbst zum Hort zwischenmenschlicher Lebenswelten, so familiär wie die sonstigen Lebensburgen isolierter Existenzen. Das Einkommen dient daher

oder stornieren und Verschuldung total wird, dann tun sich Abgründe auf, die den Schlund des ganzen Systems öffnen, das alles ausverkaufen muss, um sich selbst zu retten, um sich selbst durch seine politische Macht als Retungsschirm zu verwenden, auch wenn die Repräsentation von Demokratie dadurch erschwert wird. Die Geldform kann sich dann ihre Verwertung überhaupt nur noch aus den Wertunterschieden in den Handelsspannen von Krediten und Rückkauf, zwischen dem Geld als Zahlungsmittel eines Kreditbetrags und den Warenpreisen zum Zeitpunkt der Schuldentilgung rentieren. Geld bleibt Geld, aber nur als eine eigene Bewegungsweise in der Zeit, in der es nicht realisiert ist, also fiktiv bleibt. Die Preise, die es bezahlen muss, sind daher dann selbst zunehmend von Fiktionen bestimmt, von Geldmengen und Geldbewegungen, die ihren Sinn in den vielen Kaufakten eines im wahrsten Sinne des Wortes überflüssigen Geldes verflüssigen, die also in der Geldzirkulation der Zahlungsmittel, im Verhandeln der Zahlungstermine von Zahlungspflichtigkeiten ihren Wert beziehen, den sie nur durch die Terminierung der Schuldentilgung bekommen.

vorwiegend oder auch alleine zum Auskommen in diesen Welten, die in ihrer Kultur eine politische - oft direkt nationalpolitische - Funktion haben. Auch wenn die realwirtschaftliche Arbeit abnimmt, lassen sich auf diese Weise fast unendlich viele Arbeitsplätze schaffen - eben so viele, wie Geld hierfür da ist. Und wer damit klar kommt, fühlt sich gesellschaftlich einbezogen; wer davon ausgeschlossen ist, muss draußen bleiben wie ein Hund vor dem Eingang einer Metzgerei.

Der Kulturstaat des Kulturbürgertums

Die „politische Identität" einer Bevölkerung war zuerst mit der Konstitution des bürgerlichen Staates als Souveränität des bürgerlichen Subjekts verfasst worden. Diese ist mit der Globalisierung des fiktiven Kapitals selbst in der Fiktion eines Kultursubjekts aufgegangen, die eine Politik für eine nur vorstellbare Zukunft für das Menschsein als solches, als die Humanitas (157) der Politik repräsentiert. Ein solches Subjekt bindet alle seine Entscheidungen an diese Vorstellung, für die Gegenwart eine bloße Funktion ist, sich selbst also auch nicht durch ihre gegenwärtigen Notwendigkeiten und Beziehungen verwirklichen, und schon garnicht bewahrheiten kann, wohl aber sich selbst als Humankapital für eine bessere Zukunft begründet versteht. Die Funktionalität des Humankapitals wird daher von den hohen Werten des Humanismus nicht nur ideologisch getragen, sondern auch in wirklichen Lebensverhältnissen der Zwischenmenschlichkeit umgesetzt. Soweit das Vermögen der Mittelschichten reicht, sind Bildung

157) Im Unterschied zum kategorischen Imperativ von Immanuel Kant bezeichnet Humanitas in römischer Tradition ganz allgemein das Menschsein sowie die Normen und Verhaltensweisen, die den Menschen durch seine Eigenschaften und Erkenntnisse ausmachen sollen: "Homo sum, humani nil a me alienum puto" (lat: „Ich bin Mensch, und nichts Menschliches ist mir fremd".)

und Familie, Vorsorge und Fürsorge im Brennpunkt des öffentlichen Interesses. Die Menschen erleben sich gerne in einem Bürgerstaat, der einen „hohen Kulturstandard" aufweist und in der Welt der Nationalstaaten eine nicht nur große sondern auch hohe Bedeutung hat. Aber dem modernen Staat sind die alles entscheidenden Notwendigkeiten durch die Verhältnisse des Finanzkapitals als nationaler Zweck längst vorgegeben, der die Verhältnisse der Menschen aus dem Jenseits ihres Menschseins, eben nur übermenschlich als Humankapital bestimmt. Er muss ihn aber auch politisch durchsetzen, die Funktionalität ihrer Beziehungen sichern. Dazu muss er alles versöhnen, was diesen Zweck stört, dafür sorgen, dass die Menschen sich vertragen können, und sich die Gegensätze in seiner Bevölkerung befrieden lassen, die reichen und die armen, die braven und die verrückten, die eingegrenzten und die ausgegrenzten usw. Um die Gegensätze zu versöhnen ohne sie aufzuheben, muss er sie gegeneinander ausspielen, sie durch einander ohnmächtig machen. Aber er ist eigentlich ja nur eine Maschine der Bürokratie, die Widersprüche zu verwalten hat, weil Bürokratie nur gegeneinander verrechnen, nichts aber wirklich bewältigen kann. Das entspricht ja im Grunde auch dem Staat, dessen Haushalt das Maß der Welt ist, weil er auch durch das Maß des Weltgeldes bestimmt ist. Er soll ja wirklich nur ausgleichen, was die Gegensätze der gesellschaftlichen Widersprüche und Klassenkämpfe zermürben würde. Und das zwingt ihn immer wieder dazu, sich besonders als ein politisch handelndes Subjekt aufzuführen. Wo er die Ausgaben und Einnahmen aufteilt, kann er wenigstens dies als Politik vermitteln, als eine Politik, die das repräsentiert, was als gute Idee auch in dem Verhältnis zu wählen ist, wie sie bei der Wählermeinung ankommt. In Wahrheit verfolgt er bei alledem aber vor allem den Trieb der Abstraktionen der wirtschaftlichen Verhältnisse, die den Klassenkämpfen zugrunde liegen und sie zugleich politisch verewigen. Solange das Privateigentum das gesellschaftliche Leben beherrscht und verbraucht, solange das Wertwachstum das Wirtschaftswachstum bestimmt, muss es dem Staat tatsächlich darum gehen, seine Bevölkerung „ruhig zu stellen", um deren soziale Widersprüche zu beherrschen.

Das aber ist nicht mechanisch zu bewältigen. Der Staat hat es ja längst versucht, weil eine Dienstleistungskultur überhaupt nur funktionalistisch wahrgenommen und systemwissenschaftlich betreut wird. Die Staatsgewalt muss sich selbst menschlich geben, um die sozialen und wirtschaftlichen Widersprüche zu beherrschen. Und sie findet ja auch eine gigantische Menschenmasse vor, die sich selbst schon in ihrer dienstleistenden Zwischenmenschlichkeit versorgt und darin eine ihr eigentümliche Sitte mit Anstand gebildet hat. Mit der *„List der Vernunft"* (Hegel) lässt sich da einiges machen, was funktional wie ideologisch schon so oft funktioniert hat, weil es immer und überall als vernünftig geboten erscheinen kann. So verhält er sich wie die moralische Persönlichkeit eines Souveräns, durch die er sich zugleich selbst als ein politisches Subjekt geben kann, das nur tut, was ihm der Souverän befiehlt, was der politische Wille des Volkes ihm abverlangt. Doch darin versammelt sich auch nur die Wählermeinung einer Bevölkerung, die sich durch die Abgabe ihrer Stimme politisch zu emanzipieren sucht, indem sie ihr ganzes Leben auf die bloße Mitgliedschaft einer kapitalistischen Gesellschaft reduziert. Der Staatsbürger, der mit seinem ganzen Leben für die Geschichte seiner Nation in Haftung genommen wird, lässt sich somit auf ein völlig unbestimmtes persönliches Subjekt abschmelzen, dem mit viel öffentlichem Eifer eingeredet wird, dass es das politische Leben seiner Gesellschaft und deren Geschichte bestimmen könne.

> *„Die politische Emanzipation ist die Reduktion des Menschen, einerseits auf das Mitglied der bürgerlichen Gesellschaft, auf das egoistische unabhängige Individuum, andrerseits auf den Staatsbürger, auf die moralische Person." (MEW 1, S. 370)*

Das wirkliche Leben bleibt außen vor, solange der politische Wille sich aus bloßen Vorstellungen oder Ideologien jenseits der wirklichen Lebensproduktion begründet, solange er aus dem Dafürhalten einer allgemeinen Befindlichkeit der Bevölkerung ergeht. Eine wirkliche Politik kann nur als gesellschaftliche Formulierung des wirtschaftlich Notwendigen einer bestimmten Kultur in einem bestimmten Lebensraum formuliert und gestaltet werden, die durch qualifizierte Delegationen nach demokratischer Wahl entschieden wird. Doch die politische Klasse besteht in einer repräsentativen Demokratie schon vor ihrer Wahl meist aus prominenten Mitgliedern des Kulturbürgertums, das durch seine spezifische Sozialisation und Befähigung Politik als taktisches Handeln von kulturell ansprechenden Persönlichkeiten betreibt. Sie müssen vor allem in der Lage sein, sich entsprechend anzupreisen und mit Zielvorstellungen auszustatten, die „dem Volk genehm" sind. Es ist nicht erst der Populismus, mit dem sie Stimmen erbeuten; repräsentative Demokratie ist Populismus in Reinform. Sie ermächtigt mit einem gewaltigen medialen Aufwand einzelne Persönlichkeiten durch das Vorhalten von Versprechungen, deren Einlösung nicht zur Disposition stehen und in ihrer politischen Funktion rechtlich als Entscheidung des „freien Gewissens" begriffen sind. Für deren Wahl entscheidend sind die kulturellen Umstände und Aufwände, die solche Personen öffentlich hervorkehren und hierdurch nicht nur eine sehr robuste Existenzmöglichkeit erwerben, sondern auch ihre eigenen gesellschaftlichen Bedingungen ausrichten und auszirkeln können. Und weil ihnen hierfür die fachliche Kompetenz und deren Qualitäten für die Urteilsbildung fehlen, wird ihnen als Persönlichkeit der öffentlichen Machtausübung natürlich alle Beratung und Zuwendung von denen zuteil, die hiervon existenziell betroffen sind. Denn diese Politik ist hier ein rein taktisches Verhalten, zu dessen Legitimation es ausreicht schöne Augen zu machen, sich eine wuchtige Sprache anzueignen und nette Reden zu halten.

Die Menschen arbeiten nach wie vor, um sich am Leben zu halten und ihre Bedürfnisse zu befriedigen, auch die Bedürfnisse, die über ihre gewöhnliche Reproduktion hinaus und in die Fortbildungen ihrer Kultur eingehen. Das hat sie schließlich dazu gebracht, sich in den Formen ihrer unmittelbar scheinenden Lebensverhältnisse dem Kapital in doppelter Weise zu unterwerfen: Als arbeitende Menschen einerseits, die ihre Arbeitskraft in der Nutzbarkeit für eine durchschnittlich bestimmte gesellschaftliche Arbeitszeit verausgaben und sich durch sie bewerten und durch ihren Konsum entwerten. Und andererseits als kulturell hiervon abhängige Menschen, die in ihrer Selbstwahrnehmung ihre existenziellen Lebensbedingungen für sich in dem Maße entwickeln, wie es das Verwertungsprinzip des Kapitals, seine allgemeine Verwertungslogik nötig hat, die sich im Ausgleich zwischen dem Nutzen ihrer Werte und dem Sinn ihrer Erlebnisse erhalten soll.

Und deshalb werden diese Bedingungen auch als Lebensprothese genutzt, um einer Politik, die sich nicht selbst sinnvoll vermitteln kann, einen Lebenswert in ihrem Lebensraum zu verschaffen, der alles zu einem Kulturgut stilisiert, was den Selbstgefühlen der Menschen entsprechen kann, durch die sie ihren Narzissmus befriedigen können. Damit können sie sich selbst als Teil seiner politischen Macht fühlen, sich an der Macht einer abstrakten Allgemeinheit beteiligen, die sie nicht selbst in ihrem Leben umsetzen, die aber von ihrem Staat als Lebenswerte einer dementsprechenden Kultur verallgemeinert werden, den gewöhnlichen Spießerstaat zu einem Kulturstaat erhöhen. Der persönliche Narzissmus seiner Bürger trifft sich mit der politischen Notwendigkeit des Staates, einer nicht mehr sinnvoll vermittelbaren Politik persönlichen Glanz zu verleihen. Der Kulturstaat will der „bessere Staat“ sein, der sich aus der kleinbürgerlichen Staatsangelegenheit heraussetzt und höhere Ziele verfolgen kann, die Ziele von souveränen Werten und Bewertungen. Und er kann das auch sein, solange er hohe Geldwerte bewegt und endlos bleibende Fiktionen durch seine Repräsentationen und Medien ernährt.

Von daher greift auch das Kapital nicht nur auf den Wert der menschlichen Arbeit zu, sondern auch auf den Mehrwert, wo er sich nicht mehr im Geldwert sondern als Lebenswert einer den Menschen abverlangten Kultur in ihrer Selbstwahrnehmung als Fortbildung ihrer Selbstentfremdung zuträgt. Die Eventkultur der Dienstleistungsgesellschaft ist die Verhältnisform, worin sich dies ereignet. Sie ist eine objektive Kultur objektivierter Gefühlswelten, die in ihren Veranstaltungen - in den Konzerthallen oder Fußballarenen - den isolierten Menschen eine Nähe zu sich selbst als Mensch unter Menschen, in einer unspezifischen Masse von Menschen vermitteln, an denen sich ihre nichtig gewordenen Selbstgefühle zu Massengefühlen auftürmen. Darin verwandelt sich ihre partielle Subjektivität in ein prominentes Subjekt einer objektiven Selbstwahrnehmung, in eine Größe, durch die sie weit über sich selbst hinauswachsen, sich in ihrer Übermenschlichkeit selbst abstrakt verallgemeinert empfinden und sich durch ihre Gefühlsmasse zugleich auf ihr Dasein als Massenmensch verlassen können. Sie selbst werden darin ja auch wirklich zu rein objektiven Menschen, die ihre Selbstbezogenheit aufheben, um in ihrer Selbstlosigkeit eine überdimensionierte Güte zu veräußern und deren Lebensgröße als politische Kultur zu erleben, zu vermitteln und für sich auch zu beanspruchen. Den Kulturstaat an sich gibt es nicht. Er entsteht durch eine politische Kultur, die in der Lage ist, jedwede Politik zu kulturalisieren. Er selbst hat sich an die Stelle von Politik gedrängt und betreibt im Grund nichts anderes, als eine verlorene Kultur politisch zusammenzuhalten, um ihre Vergangenheit als Metapher ihrer Zukunft, als Heilsversprechen zu vergegenwärtigen.

Eine aus dem Nichts begründete Kultur kann ja auch nichts anderes als nur politisch sein, sich auf das zu beziehen, was eine Gesellschaft an Ereignissen aufwirft und leidet, was eine gesellschaftliche

Leidensform ausmacht. Sie kulturalisiert die kleinen Leiden und Freuden zu einem großen Ganzen und verselbständigt eine ganze Lebenswelt gegen die existenziellen Notwendigkeiten der Niederungen, die davon abgeschottet bleiben müssen, weil sie nur stören können. Politische Kultur ist eine Kultur, die sich gegen Verhältnisse verhält, durch die sie begründet ist und durch die sie überhaupt auch nur entstanden und möglich ist. Wo das Leben sich jenseits der wirklichen Lebensverhältnisse begründet und sich von da her nur noch durch Ereignisse bewegt und die entsprechenden Formen des Erlebens zur Grundlage der Wahrnehmung für Ereignisse werden, da wird eben auch das Erleben zur Grundlage der Selbstwahrnehmung als wirkliche Selbstbeziehung. Die Menschen beziehen darin allerdings nicht das, was sie in ihrer Gesellschaft wirklich wahrhaben auf einander, sondern ausschließlich das, was sie für sich für wahr nehmen, was sie nicht finden müssen, weil sie es schon vor aller Wahrnehmung für sich empfinden, fühlen und ohne jede Erkenntnis schon kennen - eben weil sie es schon in ihrem Durchschnitt gewohnt sind, bevor sie sich damit befassen konnten.

Das fiktive Kapital, das sich in den Eigentumstiteln des gewöhnlichen Lebensunterhalts und in Wertpapieren und Derivaten und Devisenhandel herumtreibt, hat das ganze Weltverhältnis der Marktwirtschaft als Gewalt über die zirkulierenden Geldwerte ebenso herausgestellt, wie über die einzelnen Lebenskulturen, die sich in den Infrastrukturen der Städte und Dörfer, der Architektur und sozialen Sicherheiten darstellen. Das ist für den immer größer werdenden Teil der ärmeren Bevölkerung ebenso fatal, wie die Sinnlosigkeit einer Gesellschaft, in der nur noch Geld etwas wert sein kann und dieses Geld zugleich durch Existenzen in Wert gehalten werden muss, durch die sich ihre Lebenswerte ad Absurdum führen. Das gesellschaftliche Leben hat hier keine dem Menschen entsprechende Wirklichkeit mehr. Nicht einmal in der bloßen Existenzform von Geld oder beweglichen Sachen hat sie mehr Macht als über die Einkünfte auf Eigentumstitel. Und wer sie besitzt, kann sie auch durch die Macht der Wohlständigen gemächlich aus seiner stillen Ecke heraus dazu nützen, um seine gute Partie zu machen - am besten mit etwas oder viel Einfluss auf die Politik seines Staates.

Auf der anderen Seite leben die gewöhnlichen Dienstleister in der Beziehungsvielfalt der Ereignisse, die ihr Leben ausmachen. Es ist eine zwischenmenschliche Gesellschaft in einer Welt der Selbstwahrnehmung, die vielerlei Gestaltungen entwickelt hat [(158)]. Getrennt von den realen wirtschaftlichen Verhältnissen gedeiht hier allerdings nur die Selbstbezogenheit des Fühlens und Meinens. Was in der bürgerlichen Gesellschaft noch im Sinn des Nutzens durch die reale Gegenständlichkeit ihrer Produkte vereint erscheinen konnte, hat sich nun zwischen den Personen und zwischen den Ländern in der Beziehung auf ihren wirtschaftlichen Nutzen gespalten. Jene, deren Lebenszusammenhang durch die bloße Nützlichkeit ihrer Arbeit für die Märkte bestimmt ist und jene, die ihr Vermögen durch ihre zwischenmenschlichen Verhältnisse und deren Kulturen sich einverleiben. Beiden ist in Ermangelung eines wirklichen Lebenszusammenhangs ihre gesellschaftliche Bezogenheit entglitten. Was in der Wirtschaft durch die Bedürfnisse der Menschen den Austausch der Produkte durch ihre unterschiedlichen Gebrauchswerte als Waren veranlasst, sucht in der zwischenmenschlichen Welt durch das Selbsterleben ihrer Gefühle die Einheit der Gemüter in den Ereignissen ihres Übermuts. Was sich zunächst noch wirtschaftlich als Fortgang der Kapitalentwicklung ver-

158) Die Gestaltungen dieser Gesellschaft habe ich als Kulturform des Kapitals zunächst in ihrer strukturellen Systematik dargestellt auf meiner Webseite Kulturkritik.net (siehe dort „Politische Ästhetik" *http://kulturkritik.net/systematik/kultur/index.php).* Sie wird nach und nach in drei Bänden über „Die Kultur des Kapitals - Zur Kritik der politischen Ästhetik" im Verlag Kulturkritik (http://verlag-kulturkritik.de) erscheinen: Band 1: „Die Selbstverwertung, Band 2: „Die Selbstvergegenwärtigung" und Band 3: „Der Menschenpark".

stehen ließ, wie sie sich in den reichen Ländern durch den Reichtum ihres Geldvermögens bereits entwickelt hat, erscheint nun in der Kultur als Selbstverlust, als Sinnentleerung in einer Welt, die leicht dazu neigt, sich selbst überdrüssig zu werden.

In der Eventkultur der reichen Länder hat sich mit einer überschüssigen Produktaufhäufung ein Mehrwert herausgestellt, der sich durch seine eigene Masse arm macht, und der sich nicht mehr aus den Profiten der Realwirtschaft erhalten kann, sondern aus dem Wert von einem Geldüberschuss, der den Gebrauchswert des Geldes dem der Produkte vorzieht, sich in Wertpapieren und anderen Eigentumstiteln akkumuliert und sich nicht mehr durch reelle Investitionen in die Produktion erhält und befördert. Aus dieser bloßen Geldmenge eines fiktiv gewordenen Kapitals, das sich als Macht über die Preisbildung erhält und die Preise durch Nutzungsgebühren und den Terminhandel mit den Produkten bestimmt, das also seine Profite aus dem Handel mit Eigentumstiteln und Gebühren bezieht, die sich nurmehr durch die Preisspannen der Wertrealisierung erhalten und akkumulieren, bestimmt nun auch den ganzen Lebenszusammenhang der Kultur. Was darin nur noch gewiss sein kann ist das, was sich die Menschen darin einverleiben und ihrer Zukunft im Vorhincin schon durch Schuldverschreibung und Privatrecht auf den Besitz und das private Aneignungsrecht durch gesellschaftliche Lebensbedingungen - wie etwa Wohnen, Kommunikation, und Verkehr - entnehmen.

Was die Gegenwart verspielt und aufgegeben hat, muss der Zukunft entwunden werden. Die Fiktionen des Kapitalismus beziehen sich also nicht mehr auf gegenwärtige Wertverhältnisse, sondern auf eine Zukunft, welche die Gegenwart der wirtschaftlichen und kulturellen Verhältnisse bestimmt. Damit ist eine neue Klasse entstanden, die in ihrem Bezug auf die Zeitverhältnisse ihrer Lebensgrundlagen ihnen entgegen steht, die aus der Ermangelung an Gegenwart eine Zukunft ausbeutet, die der gegenwärtigen Armut entzogen wird und diese vertieft. Sie entsteht in den gegenwärtigen Verhältnissen aber nicht einfach durch subjektive Übervorteilungen oder riskante Wetten und Spekulationen, sondern aus dem Mangel, welchen die Widersprüche ihrer Wirtschaft zwischen Wertwachstum und Wirtschaftswachstum schon lange betreiben und bewirken, und die schließlich ihre Substanzen weidlich aufzehren.

Wer begriffen hat, dass der Wert zwar vielerlei Wirkung in der gesellschaftlichen Vermittlung seiner Wertform als Geld hat, aber für sich keinerlei Wirklichkeit darstellen kann, weil er selbst nichts ist und sinnlich nur Nichtung betreibt, der wird auch leicht verstehen, dass die Erträge aus fiktivem Kapital, aus Spekulation und Eigentumstiteln keinen wirklichen Sinn haben oder bilden können. Der Wert als die wesentliche politische Substanz der kapitalistischen Lebensverhältnisse muss sie in allem, was er stofflich und kulturell vermittelt und bindet, in seinem unendlich bestimmten Verwertungsprinzip durch seine Abstraktionskraft entmenschlichen. Als Formbestimmung des gesellschaftlichen Lebens überhaupt, durch die abstrakt allgemeine Vermittlung der Lebenskräfte selbst, müssen deren Gebrechen unentwegt behoben werden, um ihre Verhältnisse aufrecht erhalten zu können, denn ihr Versagen erweist sich umgehend als Versagen einer ganzen Gesellschaft.

Alle Kultureliten entstehen als kulturelle Prominenz innerhalb der Schicht der Bildungsbürger, die vermittelst ihrer Kulturbeflissenheit in der Hochkultur Geltung erlangen und ihren sozialen Status vor allem durch ihre kulturellen Befähigungen bei ihrer Selbstverwertung (z.B. in den Medien) oder durch ihren persönlichen Kulturbesitz finden und erwerben. Aber auch in Subkulturen finden sich solche Eliten, die sich besonders durch ihre Selbstdarstellung und Idolisierung und der damit erheischten ästhetischen Wirkung als besonders befähigte Kulturpersönlichkeit, als Prominenz einer bestimmten Kulturszene begründen. Ihr Ziel ist es, sich in der jeweiligen Kultur eine allgemeine Geltung zu verschaffen, die meist durch die entsprechenden Bildungseinrichtungen oder Institutionen oder auch durch die Medien populär wird und durch die Masse der Akklamationen (z.B. Einschaltquoten) zur Personifikation von Kulturmacht gelangen.

Solche Eliten begründen ihren Zusammenhang durch einen ästhetischen Willen, worin sie sich und ihre Moden geltend machen und sich wechselseitig darin bemessen, was sie als besonderen Trend verkörpern. Da dieses Maß als Medium ihrer Prominenz höchst widersprüchlich und umstellt von objektiven Gefühlen ist, leiden die Kultureliten an besonders offenen - weil öffentlichen - Verwirrtheiten und deren Verrücktheit. Aber als Kulturbürger sind sie aus einer Kultur objektiv heraus gebildete Bürger, Bildungsbürger einer verselbständigten Klasse des ästhetischen Willens. Ein Kulturbürger hat seine Selbstbehauptung durch das Schöne und Gute seiner Persönlichkeit kulturalisiert, seine Selbstveredelung darin zu einem gesellschaftlichen Ausdruck gebracht. Kulturbürger sind von da her Bildungsbürger, die sich aus der Wertschätzung der bürgerlichen Kultur, aus Lebenswerten im Zweck eines hochgradigen Wirtschaftswachstums politisch durch ihre Selbstverwertung begründen. Es sind narzisstische Persönlichkeiten, die sich in ihrer Kultur „zuhause" in ihrer "heilen Welt" fühlen, sich darin als bürgerliche Subjekte ihr Heil schaffen und dieses auch anderen verordnen. Dem in dieser Welt beschränkten ästhetischen Willen verschaffen sie eine transkulturelle Hoheit über kulturelle Beziehungen (z.B. aus einem religiösen Glauben heraus) oder touristische Begegnungen. Von daher geben sie sich politisch verpflichtet, um ihren Selbstwert zu kulturalisieren. Ihre Kulturwerte leiten sich daraus ab, dass sie der unergründlichen Macht einer Lebenspflicht dienen, die sich als Glaubensmacht eines Edelmuts bestärken soll, die sich aus der bürgerlichen Kultur ableitet, sich aber durch ihre Mythologie hiervon zugleich abhebt und letztlich nur durch Geldbesitz zu verwirklichen ist. Ihr Selbstverständnis war besonders in der Zeit der Aufklärung entstanden, in der die Vermittlung hoher Kulturwerte allgemein politisches Ziel geworden war, das sich als Vernunft der Mündigkeit, der Freiheit durch Gemeinsinn auszugeben verstand.

Es ist mit der Globalisierung des Kapitals eine allgemeine Klasse von Menschen entstanden, die als Außenseiter der wirtschaftlichen und kulturellen Grundlagen der nationalen und internationalen Gesellschaft sich nur noch gegen deren Unmenschlichkeit verhalten kann. Und das ist natürlich für die Politik wie für die Kultur bedrohlich - nicht weil sie wirtschaftlich oder kulturell unerträglich wären, sondern weil sie für sie eine Unterwelt darstellen. Die Nationalstaaten rüsten sich gegen ihre und fremde Außenseiter, erzwingen deren Integration in die nationale Wirtschaft und Kultur zu den Werten und Preisen, die sie ihnen zuweisen. Die herrschenden Lebenswerte wollen deshalb die Abhängigen bestimmen, um deren Widerständigkeit zu brechen. Und das ist ihre schwächste Stelle, denn solche Werte können sich nur durch das materielle Leben selbst begründen und halten. Die Randständigen der Gesellschaft sind damit nicht nur der herrschenden Wirtschaftsform, sondern auch ihrer Kultur unterworfen. Und nur soweit sie an deren materieller Wirklichkeit teilhaben können, werden sie auch deren Lebenswerte annehmen können. Und genau dies kann das Kulturbürgertum nicht zulassen, das im Großen und Ganzen selbst um seine Existenz fürchtet, obwohl es im Kleinen und Einzelnen relativ einfach leben kann - wo seine Wirtschaftslage gerade im Lot ist. Doch das erscheint ihm durch Armut und Einwanderung gefährdet. Es steht damit objektiv im Gegensatz zum internationalen Kapital, das Armut und Bevölkerungswanderungen nötig hat, um an allen Stellen und Stätten der Welt an Boden gewinnen zu können. Die Mittelschicht einer Dienstleistungsgesellschaft muss mit diesen Widersprüchen leben. Es ist derselbe, der das Kulturbürgertum vom Kleinbürgertum abgelöst hat.

So ist auch heute wieder ein kultureller Gegensatz entstanden zwischen der jeweiligen kulturellen Avantgarde und ihrer kulturellen Ästhetik und den hiervon ausgeschlossen Menschen, die ohne Vermögen an Geld und Zeit außen vor bleiben, die am sozialen Rand leben und zahlenmäßig doch einen zunehmenden Anteil um etwa ein Drittel der Gesellschaft als ausgeschiedene Kleinbürger verkörpern. Sie leben in prekären Verhältnissen und haben schon deshalb nicht genug Geld, um am gewöhnlichen kulturellen Leben ihrer Gesellschaft teilzunehmen. Sie leben eher unter sich in den unterschiedlichsten Parallelkulturen ihrer Familien, Kumpaneien oder Clans, in die sie sich aus den unterschiedlichsten sozialen Verwerfungen und Nöten geflüchtet haben, deren Herkunft zerstört ist. Mit einer mächtigen Prominenz der herrschenden Kultur entsteht immer auch eine Gegenkultur - z.B. der Generationen oder der Anschauungen oder der Religionen, in der sich die kulturellen Ohnmachtserfahrungen niederschlagen und dennoch erheben. Es sind ja auch meist die Menschen, die aus einer nationalen oder internationalen Gesellschaft oder aus einer Kultur „ausgeschwitzt" werden, in der sie nur schlecht und prekär existieren können. Allein schon durch ihr wirtschaftlich beschränktes Vermögen an Zeit und Raum bleibt es ihnen oft versagt, die kulturellen Ereignisse wahrzunehmen, welche deren Vermögen als das Ihre voranbringen könnte. Und warum sollten sie auch? Es bleibt ihnen wirtschaftlich wie kulturell bestimmt, hiervon abgetrennt zu existieren und sich in solcher Gesellschaft nur noch abstrakt zu sich selbst und zu anderen verhalten zu können, weil sie darin keine Zukunft für sich erkennen können. Ihr Leben findet dort nicht statt - oft ist es auch schon durch eigene oder allgemeine Verschuldungsverhältnisse negativ vorbestimmt. Austerität beherrscht dann ihr Leben. Solche Gesellschaft muss ihnen gleichgültig sein.

Dies fängt im Kleinen schon an, wenn Menschen ihre Arbeit oder Wohnung gekündigt bekommen, wenn sie wirtschaftlich nicht mehr mitkommen oder ihre wesentlichen Beziehungen verlieren - wenn also ihre Lebenswelt aufgelöst wird, weil ihnen ihr gesellschaftlicher Halt verloren gegangen ist. Je weitgehender ihre gesellschaftlichen Lebensverhältnisse ihre menschlichen Beziehungen verunmöglichen, desto notwendiger ist ihnen eine Gesellschaft auf der Grundlage eigener Lebenswerte, die kulturell, religiös oder auch nationalistisch bestimmt sein können, je nach dem, was sich damit der Herkunft der herrschenden Lebenswerte entgegensetzen lässt und je geschlossener ihre Ausgeschlossenheit erlebt wird. Soweit sie sich in die herrschende Kultur nicht mehr einbeziehen lassen, können sie sich auch nur noch gegen deren Lebensverhältnisse im Ganzen verhalten.

Der übermenschliche Staat des Kleinbürgertums

Die hohen Lebenswerte und Ziele des kapitalistischen Staates, die in den Grundgesetzen auch meist gut formuliert sind, versöhnen vielleicht zunächst einmal Körper und Geist, nicht aber deren wirklich existenzielles Sein, die Wirklichkeit ihres einfachen gesellschaftlichen Daseins. In ihrer Übermenschlichkeit erscheinen sie wie eine erhabene Welt von eigener Kultur und eigenem Heim, wenn auch etwas unheimlich in ihrer heilen Welt, in ihrer Heimat, und zugleich hat die heimatlos gewordene Mittelschicht den Boden für sich und unter sich verloren, weil sie hierfür auch noch wirklich in einer Realwirtschaft gearbeitet hatte. Sie trauert um ihre untergegangene Wirklichkeit, um Sinn und Nutzen ihrer Arbeit, für deren Auflösung sie schließlich das Kulturbürgertum beschuldigt. Aber die Mittelschicht eines kapitalistischen Staatswesens ist beides: Kultur und Existenz einer gesellschaftlichen Widersinnigkeit. Sie ist unmittelbar nicht durch das Kapital bestimmt, stellt aber insgesamt die existenziellen Widersprüche des Kleinbürgertum dar [(159)], existiert immer im Wohl und Wehe der nationalen Konjunktur, hingerissen vom Einerseits der politischen Macht und hergerissen von den Gefahren der Verwertungsbedingungen einer Gesellschaft, in der sich jeder nur im Kampf um seinen Wert durchsetzen kann. Obwohl der Kleinbürger zumindest zeitweise sich durchaus wohlfühlen kann im Meer der unendlichen Möglichkeiten seiner Existenz, muss er sich doch immer zugleich auch bedroht fühlen durch die vielen Widernisse des Handels, besonders des Finanzkapitals. Diese erfährt er als Widersprüche im Staatshaushalt, der Kontrolle der Geldverwertung, als Gegensatz zwischen Überfluss und Sparsamkeit und dessen strukturelle und soziale Konsequenzen. Und das sind die leitenden Themen bei der Bildung der unterschiedlichen Wählermeinungen.

Doch je mehr diese keinen wirtschaftlichen Zusammenhang ihrer Verhältnisse und ihrer Meinungen hierzu erkennen können, desto zerfallener wird die Meinungsbildung und desto verrückter auch die Vielfalt der Parteien in der Zusammensetzung des Parlaments. Und daraus müssen Machtverhältnisse gebildet werden, die zum Teil aus auseinanderstrebenden Positionen, zum Teil auch aus Verklumpungen gegenwärtiger Lebensvorstellungen in den Stimmverhältnissen der repräsentativen Demokratie politisch wirksam werden. Aber nur was für die Wirtschaft sinnvoll erscheinen kann, wird sich darin durchsetzen, auch wenn dabei meist nur das Wertwachstum ausgedehnt wird, denn nicht der Sinn für die Gesellschaft, sondern die Nützlichkeit für das Kapital gibt sich als populäre gesellschaftliche Notwendigkeit, die zur Wahl des Parlaments ansteht, - mal auf der Grundlage ihrer Ideologien oder ihrer Gesinnungen.

---

159) *„Der Kleinbürger ist ... zusammengesetzt aus ein einerseits und andererseits ... Er ist der lebendige Widerspruch. ... Wissenschaftlicher Scharlatanismus und politische Anpassung sind von solchem Standpunkt unzertrennlich. Es bleibt nur noch ein treibendes Motiv, die Eitelkeit des Subjekts." (Marx über Proudhon, MEW 16, 31f)*

Jeder Populismus ist im Grunde endlos, weil er sich nur aus dem Geltungsstreben der Selbstwahrnehmungen zusammensetzt und zwar so, wie sie kulturell funktional sind. Der Funktionalismus des Staates betritt damit unendlich viele kulturelle, persönliche und psychische Vorstellungen und auch Begebenheiten, die mit der Kulturalisierung der Politik immer höhere Zwecke einführen und vorstellen. Der Staat erscheint dabei selbst als das, was er gerne wäre: eine Endlösung aller Beschwernisse. Letztlich scheint im Widerspruch der kleinbürgerlichen Lebensvorstellungen und Lebenswerte die Genügsamkeit im Verhältnis zu den Gegebenheiten die Ultima Ratio ihrer Existenz zu sein. Immerhin kann sie sich darin ihre Alternativen noch auswählen, soweit ihre Lebenswelt ihnen die entsprechenden Mittel noch zukommen lässt. Das ist natürlich niemals gewiss, lässt aber sich aus den großen Entwicklungen der nationalen Bedingungen der Geldverwertung erhoffen. Doch diese werden in ihren kleinbürgerlichen Verhältnissen nur über die politischen Ereignisse und Zustände als ein „Auf und Ab" der Konjunktur vermittelt. Kleinbürger sehen ihr Heil in der politischen Lebensgrundlage, der sie die gegensinnigen Seiten ihrer Existenz verdanken. Von daher erleben sie ihre Welt selbst wie ein Staat im Kleinen, eine heile Welt eines genügsamen Lebens, das immer auch auf den Staat und seine „Erfolge" hoffen kann [(160)]. Die kleine

160) *„Die sachliche Macht des Geldes, die in den Geldkrisen eklatant hervortritt und den „kauflustigen" Kleinbürger in der Gestalt eines permanenten Geldmangels drückt, ist dem mit sich einigen Egoisten ebenfalls ein höchst unangenehmes Faktum. Er entledigt sich seiner Ungelegenheit dadurch, daß er die gewöhnliche Vorstellung des Kleinbürgers umgekehrt ausdrückt und dadurch den Schein hereinbringt, als sei die Stellung der Individuen gegenüber der Geldmacht eine rein vom persönlichen Wollen oder Laufen abhängige Sache. Diese glückliche Wendung gibt ihm dann Gelegenheit, dem erstaunten und vom Geldmangel ohnehin entmutigten Kleinbürger eine durch Synonymik, Etymologie und Umlaut unterstützte Moralpredigt zu halten und dadurch alle ungelegenen Fragen über die Ursachen der Geldklemme vorweg abzuschneiden." (Karl Marx, MEW 3, 380f).*

heile Welt ihrer zwischenmenschlichen Verhältnisse sind die Basis ihres Lebens und so hängt ihr Lebensgefühl auch vollständig davon ab, was politisch geboten ist, was Sinn macht, weil es nützlich ist. Der Kleinbürger sieht sein Heil in der politischen Lebensgrundlage, der er die gegensinnigen Seiten seiner Existenz verdankt. Das Heile wird zum Garanten gegen eine „Kultur des Wildwuchses", das große Ganze zu einer Lebensgarantie. Von daher erlebt er sich und seinen kleinen Haushalt ununterschieden von dem des Staates, seine Welt selbst wie einen Staat im Kleinen, eine heile Welt eines genügsamen Lebens, das immer auch auf den Staat und seine „Erfolge" hoffen kann, solange es durch ihn selbst und nicht fremd bestimmt erscheint. Zumindest wird der politische Diskurs in der Öffentlichkeit damit auch unmittelbar vertraulich, so lebendig, wie er in ihren zwischenmenschlichen Beziehungen, ihren Familien, Vereinen, Stammtischen usw. sein könnte, wenn diese wie eine Solidargemeinschaft der Bürger und der Staat wie eine Solidargemeinschaft der Familien funktionieren würde. Doch beides funktioniert nicht. Die Selbstbezogenheit des Kapitalismus, die Verwertungsmacht des Geldes, scheitert nicht einfach nur monetär durch die Vernutzung seiner Wirtschaft für ein Wertwachstum, sondern auch an seiner Kultur durch die Einverleibung einer menschlichen Sinnlichkeit, die sich in den unmittelbaren Verhältnissen der Menschen durch ihre Selbstwahrnehmung ästhetisch auflöst und sich über ihre Lebensprothesen entzieht. Der Kapitalismus scheitert im Großen und Ganzen substanziell an den Formbestimmungen von Sinn und Nutzen ihrer Lebenswelt, dem Auseinanderfallen ihrer wirtschaftlichen und menschlichen Beziehungen, dem gesellschaftlichen Niedergang ihrer Verhältnisse im Selbstgefühl ihres Lebens.

Soweit die Kultur der heilen Welt Trost und Zufriedenheit vermitteln kann, soweit alles was im Großen und Ganzen geschieht, einfach und verständlich und leicht vermittelbar ist, erscheint ihr Unheil gebannt und Familie und Staat wie eine treu sorgende Einheit. Daher sind Kleinbürger letztlich nationalistisch eingestellt. Immerhin können sie die Widersprüche ihres Lebens in den politischen Zwiespältigkeiten der nationalen Politik erkennen, die ja soweit schon demokratisch ist, dass jeder zu Wort kommen kann, die Gewalten geteilt sind und Versammlungs- und Pressefreiheit gewährt sein soll. Sofern das Taktieren der politischen Klasse nicht allzu übel aufstößt, ist sich die Mittelschicht mit dem Diskurs der Volksparteien einig. Sobald jedoch das politische Interesse des Staates darin durchscheint und als Vermittlung der fremden Gewalt einer weltweiten Finanzpolitik wahrnehmbar wird, kann diese Freundschaft schnell zergehen. So wird auch schon früh nach dem Fremden als Grund der eigenen Entfremdung Witterung aufgenommen.

Nicht nur wirtschaftlich sondern auch kulturell besteht die nationalpolitisch bestimmende Mittelschicht aus Kleinbürgern. Es ist daher die politische Klasse, die auch in der Politik als politische Klasse für sich ganz allgemein bestimmend auftritt und gerne die Repräsentanten der repräsentativen Demokratie stellt. Der Kleinbürger war schon in der bürgerlichen Gesellschaft ihr Nutznießer im doppelten Sinn: einmal als Nutzer eines durchschnittlichen Lebensstandards, wodurch er sich als Subjekt seiner Gesellschaft vorkommt, der genug zum Leben und für eine „ausgewogene" Freizeit verdient. Und zudem kann er als Benutzer aller Nützlichkeiten, die ihm diese Welt zu bieten hat, auf alles zugreifen, was ihm seine nationale und internationale Gesellschaft in der Konsumtion erschließt und schlüssig macht.Und so weiß er sich immer wieder dadurch bestätigt, dass ihm alles nützlich ist, was er für sich einverleiben kann, auch wenn ihm bewusst sein mag, dass andere darin ihr Leben ohne Besitz entäußern müssen oder verlieren. Er kann es ja nicht ändern.

> *"In diesem Falle hat das Nützlichkeitsverhältnis einen ganz bestimmten Sinn, nämlich den, daß ich mir dadurch nütze, daß ich einem Andern Abbruch tue (exploitation de l'homme par l'homme); in diesem Falle ist*

ferner der Nutzen, den ich aus einem Verhältnis ziehe, diesem Verhältnis überhaupt fremd, wie wir ... beim Vermögen sahen, daß von jedem Vermögen ein ihm fremdes Produkt verlangt wird, eine Beziehung, die durch die gesellschaftlichen Verhältnisse bestimmt ist - und diese ist eben die Nützlichkeitsbeziehung. ... Der materielle Ausdruck dieses Nutzens ist das Geld, der Repräsentant der Werte aller Dinge, Menschen und gesellschaftlichen Verhältnisse. Im Übrigen sieht man auf den ersten Blick, daß aus den wirklichen Verkehrsbeziehungen, in denen ich zu andern Menschen stehe, keineswegs aber aus Reflexion und bloßem Willen, erst die Kategorie "Benutzen" abstrahiert wird und dann umgekehrt jene Verhältnisse für die Wirklichkeit dieser aus ihnen selbst abstrahierten Kategorie ausgegeben werden, eine ganz spekulative Methode zu verfahren. Ganz in derselben Weise und mit demselben Rechte hat Hegel alle Verhältnisse als Verhältnisse des objektiven Geistes dargestellt." (MEW 3, S. 394 f).

Im Kleinbürgertum herrscht das Sowohl-als-auch eines *„mit sich selbst einigen Egoisten"* (Marx), dem objektiven Menschen, der als wirklicher Zwischenmensch sich auch vorwiegend in seiner Selbstwahrnehmung findet und empfindet und sich durch seine zwischenmenschlichen Verhältnisse bestärkt und befriedigt fühlt. Es erscheint dem Kleinbürger daher alles zunächst als sein ausschließlich persönliches Problem. Und das ist nicht so einfach, weil ihm seine zwischenmenschlichen Beziehungen im Grunde unendlich bestimmt sein sollten, daher aus ihrem abstrakten Sollen in ihrem eigenen Widerspruch sich letztlich auch gegen ihn entwickeln müssen. Er erfährt in seinem Gewinn auch seinen Verlust, im Eifer seiner Beschäftigung auch seine Lustlosigkeit und Langeweile. Der Kleinbürger lebt in einem vollständigen Widerspruch, ist weder an produktiver Arbeit beteiligt, noch an bloß notwendiger Arbeit. Er wird im gesamten Arbeitsprozess zwar nur reproduktiv eingesetzt, ist aber zugleich für den Gesamtprozess darin produktiv, dass er der Mehrwertbildung substanziell zuarbeitet, z.B. als Angestellter in der Verwaltung oder als Arbeiter in den vielen Dienstleistungsberufen, die selbst der Systemerhaltung dienen, oder dem Verwaltungswesen, der Werbung, dem Verkehrswesen, der

Kommunikation, der Medien, der Kultur oder der Bildung und Ausbildung. Der Kleinbürger hat zum einen eine tiefe Einsicht in die Unmenschlichkeiten seiner Gesellschaft und doch sieht er die Vorteile seiner wirtschaftlichen Lage (161), zumindest soweit er sich noch in einer prosperierenden Mittelschicht bewegen und entwickeln kann. Aber schon bei jeder Krise seines Geldwerts muss er den totalen Absturz seiner Existenz fürchten.

Kleinbürgerliche Lebenswelten existieren auf dem wankenden Tableau der Geldverwertung und versuchen sich auch gerne auf dem Hochseil der Finanzakrobatik. Und vor allem deshalb müssen sie sich an der Kultur festhalten, die ihnen noch einen Boden für ihr luftiges Leben verspricht. Der Kleinbürger weiß im Grunde um die Bodenlosigkeit seiner Existenz und wäre von daher auch *„ein integrierender Bestandteil aller sich vorbereitenden sozialen Revolutionen.“ (MEW 4. S. 557).* Aber mit der fülligen Selbstvergegenwärtigung, aus der die modernen Kleinbürger ihre Selbstwahrnehmungen beziehen, leben sie nicht nur durch die relativ bequem erstandene Geldmenge ihrer Einkünfte, sondern vor allem durch die kulturelle Selbstzufriedenheit und Selbstveredelung, die mit einer fortgeschrittenen Dienstleistungskultur geboten ist. In der Mittelschicht herrscht allerdings einerseits ein ungeheuerlicher Selbstzweifel, weil ihr die Mittel ihrer Existenz nicht mächtig genug erscheinen, die Welt in ihrem Sinne zu bestimmen. Zugleich wird jeder Anflug der Erkenntnis der eigenen Ohnmacht überwunden durch eine selbstlose Selbstveredelung, die

---

161) *„In einer fortgeschrittenen Gesellschaft und durch den Zwang seiner Lage wird der Kleinbürger einesteils Sozialist, anderenteils Ökonom, d.h. er ist geblendet von der Herrlichkeit der großen Bourgeoisie und hat Mitgefühl für die Leiden des Volkes. Er ist Bourgeois und Volk zugleich. Im Innersten seines Gewissens schmeichelt er sich, unparteiisch zu sein, das rechte Gleichgewicht gefunden zu haben, das den Anspruch erhebt, etwas anderes zu sein als das rechte juste-milieu. Ein solcher Kleinbürger vergöttlicht den Widerspruch, weil der Widerspruch der Kern seines Wesens ist. Er selber ist bloß der soziale Widerspruch in Aktion.“ (K. Marx an Annenkow, 1846, MEW 4, 557).*

das Kulturbürgertum immer wieder gerne bereitstellt. Um diese möglichst dauerhaft zu erhalten muss die gesellschaftliche Mitte die Randständigen beherrschen, die ihr zunehmend als Mob begegnet, weil sie aus der herrschenden Kultur ausgegrenzt sind. Die Angst vor ihnen ist im Grunde die Angst um ihre Sicherheit im Allgemeinen, die in ihnen schließlich Persönlichkeiten und Gesichter am gesellschaftlichen Rand findet. Es ist ein stiller Kampf um den Sinn ihrer Widersprüche, der auf beiden Seiten stattfindet und dem das Kulturbürgertum schon vor aller Wahrnehmung und durch ihre Ästhetik schon entkommen sein will. Und daher appelliert es unentwegt an die politische Gewalt des Staates, ihre Kultur zu schützen.

Leben stirbt, wenn sein Kreislauf zusammenbricht. So auch jede Gesellschaft, wenn das, was sie hervorbringt, nicht auf sie zurückkommt und daher auch nicht mehr erneuert werden kann. Wo Menschen zu einer ihnen fremden Existenz gezwungen sind, trennen sie sich subjektiv von ihrem Objektsein und mögen sich darin frei hiervon erscheinen. Die Wahrnehmungen in den Ereignissen ihrer zwischenmenschlichen Kultur trennen die Menschen von ihren existenziellen Notwendigkeiten ab. Aber sie gehen darin auch nur weiterhin neue Notwendigkeiten ein, die sie auch weiterhin nur ausfüllen und ausführen. Das bindet die Menschen daher nicht nur an das Erleben ihrer Kultur, sondern zugleich an die damit übermittelten Befriedungen, durch die ihnen die Wahrnehmung ihrer Selbstausbeutung entzogen wird. Sie erwarten ihr Glück als Erfüllung aus einer Zukunft, für die sie ihr Leben nur leiden, soweit sie es noch leiden können. Und sie sind hierbei für alle Glücksversprechen offen, wo sie ihnen aus irgendeiner subjektiven Möglichkeit oder Hoffnung entsprechen. Ihre zwischenmenschliche Kultur verschafft ihnen vielerlei Chancen, dieser Welt zu entkommen und sich eine Welt für sich zu gestalten, die nur eine Nische für ihre heilsame Selbstbezogenheit finden muss, um als heile Welt für sich die Niederungen der politischen Wirklichkeit zu überstehen. Darin gedeiht die Wahrnehmung einer toten Gesellschaft, die ihr Leben insgesamt selbst verzehrt, um sich lebend zu fühlen, und die deshalb auch ihr Heil durch ihre Heilserwartungen und Heilsversprechen veräußern muss und es deshalb in der übermenschlichen Allmacht des Staates sucht.

Der Kampf zwischen den Randständigen und der herrschenden Kultur einer egomanischen Selbstlosigkeit wird daher schnell zu einem Kampf der bloß persönlichen Gewalt, die zwischen diesen Menschen - vorwiegend der Jugend - und der politischen Kultur der Nationalstaaten sich zerreiben muss. Das soziale Elend ist die Kehrseite der kulturellen Geschlossenheit der Selbstwahrnehmung, der „heilen Welt" eines Kulturbürgertums, das sich mit seinem ästhetischen Willen abgehoben hat, um die Schluchten seiner Lebensangst unter sich zu lassen, dorthin abzugeben, wo seine Wahrnehmung darunter nicht mehr leiden muss. Es kann sich ja auch zugute halten, dass es durch seine kulturellen Himmelfahrten nichts mehr fürchten muss - außer dem Absturz. Und damit gerade der von der Selbstwahrnehmung ausgeschlossen bleibt, verspricht der Spießwächter dieser Kultur sich und allen Mitbürgern ihr ewiges Heil durch die Größe ihres Geistes, ihres sozialen Geschicks und ihrer politischen Macht.

Die Angst des Kleinbürgertums ist allerdings nur die Angst vor dem Ende ihrer heilen Welt. Dort hofft man zunächst auf die Ewigkeit eines Heilsversprechens, das dieser Staat unentwegt absondert, auch wenn den einzelnen Agenten der politischen Klasse durchaus klar sein kann, dass dieser Staat es niemals wirklich einlösen kann. Indem er sich als Subjekt eines heilsamen Gemeinwohls, als Agentur einer politischen Klasse ausgibt, die ganz selbstlos die Werte einer ansonsten völlig unkenntlichen menschlichen Gemeinschaft darzustellen sucht, blamiert er sich auf Dauer maßlos bei seiner Bevölkerung. Denn das sind immer noch Menschen, die zwischen Sinn und Unsinn einer Behauptung unterscheiden können. Um zu erkennen, dass das Ganze ihrer Lebensverhältnisse an den immanenten Vernichtungskräften des Kapitals in eine tödliche Spirale geraten ist, die sowohl ihre Natur wie auch sie selbst zerstört, müssen sie nicht unbedingt einer Klasse zugehören.

Im Gegenteil: Ihre Klasse, ihr grundlegender Besitz als Geldbesitzer oder Besitzer seiner bloßen Arbeitskraft reflektiert ja nur formell, was substanziell am Ende ist. Das fiktive Kapital ist keine bloß formelle Last oder der bloß formelle Trieb einer Negativverwertung. Es ist ein inhaltlich absurder Zwang der Geldverwertung durch Geldvernichtung, der sich in der absurden Rolle der Nationalstaaten und ihrer Agenten darstellt: Sie müssen ihre Bevölkerungen dazu einsetzen, den Geldwert zu ersetzen, der durch das weltweite Schuldgeldsystem vernichtet wird [162]. Und das ist natürlich eine absurde Aufgabe, die nur zu bewältigen ist, wo der Staat seine Schulden auch tatsächlich wieder abbauen kann. Doch es steckt schon im Prinzip des Kreditwesens, dass dies nur zeitweise bei wachsender Produktivität, bei einem ausgeweiteten Wertwachstum, aber nicht dauerhaft möglich ist. Nicht der Staat, sondern seine Bürger sind die Garanten für seine Zahlungsfähigkeit. Doch durch die Lebenswertigkeit einer Staatskultur, durch die politische Kultur des Staatswesens ist dieses Verhältnis zu einem Kulturstaat der Menschen verkehrt. Der Staat selbst und die ihn arrangierende politische Klasse erscheint gerne als das politische Subjekt einer Welt, die von ihren Widersprüchen tausendfach bedroht ist und jede Hilfe dringend nötig hat. Aber der Staat als unendlicher Nothelfer ist deren groteskes Resultat.

---

162) Um dem zu entkommen muss sich vor allem die Gesellschaft als Ganzes im Zusammenwirken aller Menschen aus der Barbarei ihrer kulturellen und wirtschaftlichen Verhältnisse emanzipieren. Und hierzu bedarf es keiner Zwischenform und keiner „Übergangsgesellschaft". Es müssen alle Klassen danach streben, ihre klassischen Formationen zu überwinden.

In der internationalen Bewährung der Fähigkeiten der Nationalstaaten, das Wertwachstum in ihren Ländern hoch zu halten und voranzutreiben, entscheidet sich, in wieweit sie ihre Staatsverschuldungen bedienen können, wieweit sie also als Agenturen des fiktiven Kapitals funktionieren können. Und von daher ist der Staat inzwischen der Dreh- und Angelpunkt aller politischen Zwänge und Gewalten. Mit allen Mitteln und Rechten versucht er, sich in den Wechselbädern der Weltkonjunktur gut zu halten. Er gewährt daher jedem Kapital, das weltmächtig auftreten kann, und sei es nur dadurch, das es sich beliebig viele Länder aussuchen kann, wo es sein Geld oder seine Schuldverschreibungen investieren kann, einen weitgehenden Zugriff auf sein Vermögen. Der Kapitalismus hat damit ein Weltreich erobert, das in den Nationalstaaten mit seinen Agenturen ehrlich und billig auftreten kann, weil es selbst nicht als Kapital auftritt, sondern als Käufer, der den Nationalwirtschaften Geld abtritt, das ihre klammen Kassen bereichert und den Wundmalen ihrer Armut Linderung verschafft. In dieser Form ließe sich dieses Feudalverhältnis verewigen, wenn die Staaten ihnen auch unbeschränkten Zugriff bieten könnten. Aber sie treten hierbei immer wieder und immer mehr in einen Konflikt mit ihrer Bevölkerung, der immer die Vermarktung ihrer Lebensgrundlagen vor Augen hat. Mit der Globalisierung der Anwendungen des fiktiven Kapitals als Weltkapital ist daher auch die Ohnmacht der Nationalstaaten und ihrer Regierungen deutlich geworden und es wächst die Erkenntnis, dass der Ausbeutungsprozess ihrer Natur und Kultur in einen unendlichen Regress geraten ist, der keine Grenze mehr über die vorhandenen Möglichkeiten des Staates erfährt. Der ist immer weniger in der Lage, die Folgen hiervon zu bewältigen, weil er als international agierender Kapitalist zugleich das Kapital seiner Nation, das Vermögen seiner Industrie, der Arbeitsplätze, der Sozialvorsorge, der entsprechenden Administrationen und Institutionen usw. in einem sachgerechten Betrieb erhalten muss. Von daher entsteht auch schon in den „besseren Kreisen" der Politik, der Wirtschaft und der Kultur die Einsicht, dass dieses System einen wuchtigen Fehler haben muss.

Der ewige Nationalstaat

Auch wenn die Weltgeschichte uns unendlich vorkommen mag, so hat doch jede Geschichte darin als eine bestimmt Epoche immer einen Anfang und ein Ende. Geschichte wird zu einer Farce, wenn sie nicht auch wirklich beendet wird, wo sie zu Ende ist, wenn sie in ihrem substanziellen Sinn und Zweck zu Ende gegangen ist und sich nur noch durch ihre Wiederholungen in der Abstraktion von ihrem Wesen wie eine Ewigkeit abspielt, ins Unendliche verläuft und somit vor allem ohne Sinn und Nutzen alles verzehren muss, was an Material und Leben diesem Irrsinn verfügbar ist. Es ist als Selbstlauf eines Lebens für Nichts zwangsläufig der Selbstläufer einer bloßen Nichtung. So hatte das auch Hegel einst beschrieben, der die Abstraktion als Substanzverlust einer Geschichte und als Grund ihrer Notwendigkeit zu einer substanziellen Erneuerung, zu einer Qualitätsveränderung, zu einem „qualitativen Sprung" (Friedrich Engels) dargestellt hat. Und die Grundlagen für diesen liegen inzwischen auch schon offensichtlich vor. Er erfordert die Veränderung der Wirtschaft von einer Konkurrenzwirtschaft zu einer Ergänzungswirtschaft, vom Privateigentum des Geldes zu einer gesellschaftlich bestimmten Vermittlungsmacht und von der Ausbeutung des lebenden Menschen und der lebenden Natur zu einer Grundsicherung ihres Selbsterhaltes, der Aufhebung von toter Arbeit durch die Verwirklichung ihrer lebenden Potenzen. Die allgemein notwendig gewordene Veränderung ist die Verwirklichung der Kritik der politischen Ökonomie in einer durch die Menschen bewirkte wirtschaftliche Politik.

Wo sich etwas nur wiederholt, weil es in seinem Abschluss nicht beschlossen und ausgeschlossen ist, wird es in seiner Gegenwärtigkeit ununterscheidbar, einerlei in seiner Beziehung zur Gegenwart, Vergangenheit und Zukunft. Als anwesende und dennoch ausgeschlossene Beziehung verhalten sich alle Inhalte in ihrer Wirklichkeit isoliert voneinander, ausschließlich für sich und abstrakt für andere, selbständig in ihrer Verselbständigung. In der Folge, worin sie auseinander hervorgegangen waren, sind sie nur noch Teile eines abstrakten Ganzen, eines unwirklichen Wesens, das seine Teile dadurch zusammenhält, dass es nicht da ist, dass sein wirkliches Wesen nicht wahr werden kann, weil es den Zusammenhang seiner Inhalte verlassen und überwältigt hat. Das geschichtliche Dilemma des modernen Staates lässt sich darin zusammenfassen, dass sich die vielfältigsten Sinne und die vielfältigsten Nützlichkeiten nicht mehr zusammenfinden lassen weil ihr wirklicher Zusammenhang sowohl in seiner Form wie auch in seinen Inhalten nur noch fiktiv existiert. Damit verblieb der Staat als eine einzige Form seiner Fiktionen, Staat für sich, Staat ohne Grund aus dem wirklichen Leben der Menschen: reine Staatsgewalt, die sich nur dadurch begründet, dass etwas nicht ist, nicht wirklich so ist, wie es als ein gutes Dasein in einem abstrakten Sein vorzustellen wäre. Alles ist nur so wertvoll, wie es aus einem Nicht-Sein, aus einem Nichts, ein Dasein vortäuschen kann, das nichts anderes ist, als ein Austausch von allem, was ist. Es ist das Dasein der Wertverwertung, das Dasein der Geldform, die nirgendwo totaler verwirklicht werden kann als in der Form des fiktiven Kapitals.

Das hat inzwischen eine lange Geschichte, die sich zwar seit den Zeiten von Hegel und Marx zumindest in ihrer Erscheinungsweise schon ziemlich verändert hat, aber nicht in einer wesentlich anderen Wirklichkeit angelangt ist, weil ihre Beziehungen selbst schon unendlich bestimmt waren und daher in ihrer Abstraktion von ihren wirklichen Lebensverhältnissen - selbst in ihren „Revolutionen“ - immer wieder auch nur abstrakt auf sich selbst zurückgekommen waren. Schon mit den Anfängen der bürgerlichen Staates war weder der nützliche Staat des Kleinbürgers, noch der ideale Staat der Kulturbürger endlich. Und weil und solange der Sinn der Kultur und der Nutzen der Wirtschaft nicht politisch zusammenfinden, sich ihre politischen Entscheidungen nicht auch wirtschaftlich einlösen lassen, solange die politische Ökonomie nicht in eine ökonomische Politik gewendet wird, wird es auch kein Gemeinwesen geben, das den Willen und das Vermögen der Bevölkerung verwirklicht.

Das Fatalste an der gegenwärtigen Geschichte ist, dass die einzelnen Formationen der Verwirklichung dieser nur noch abstrakt menschlichen Geschichte sich durch das Ineinandergreifen ihrer Krisen ununterscheidbar gemacht haben, Politik und Kultur, Kapital und Religion sich zu einem Monster zusammengebraut hat, das nur noch die Angst der Menschen zum Vorschein und zum Durchsatz bringt. Im Kampf um ihre jeweiligen Ewigkeiten ist der Kampf selbst zu einer Ewigkeit verurteilt: zu einem bodenlosen Kampf der Kulturen um ein politisches System des Übermenschen, dem jeweiligen Gott, der jeweiligen Macht und immer vor allem der jeweiligen Wertform des Geldes, dem Sein und dem Nichtsein seiner Wertsubstanz.

Weder das Streben nach einem hohen Sinn der eigenen Existenz, noch das Streben nach einem hohen Nutzen der eigenen Wirtschaft kann aus dieser Fatalität herausführen. Weder der Kulturstaat einer institutionalisierten Zwischenmenschlichkeit noch die Wirtschaftsmacht eines Proleten der wirtschaftlichen Vernutzung des Lebens wird an diesen Verhältnissen etwas ändern. Ganz im Gegenteil: Die Vereinseitigung der Kultur wird ebenso zu einem bloßen Vorwand, die Menschen dieser Welt in die Beschränktheit ihres Verwertungssystems einzusperren, wie die Vereinseitigung der Arbeitswelt sie einer übermenschlichen Lebensproduktion überantwortet. Ein Staat, der sich als Verwalter der Kultur gibt, wird die Menschen in einem gigantischen Menschenpark ansiedeln wollen, der zwangsläufig sich auch zum Verwalter ihrer Arbeitswelt aufschwingen würde, um diesen zu erhalten und zu betreiben. Beispiele dafür, wie existenzielle Nöte mit einer politischen Kultur überwunden werden sollten und politische Nöte durch Arbeit beherrscht werden wollten gibt es zur Genüge. Sie bezogen immer wieder gerne aus dem Glauben an den starken Staat oder an den abstrakten Menschen, aus den unterschiedlichen Religionen ihre Begründung (z.B. IRA, ETA, IS, China). Es sind aber lediglich die Belege dafür, dass ein Nationalstaat die Notwendigkeiten einer kapitalistischen Gesellschaft nicht aufheben kann, sondern sie Nöte der Menschen immer nur weiter in die Enge treiben kann. Er verewigt ein anachronistisches gesellschaftliches Verhältnis durch eine weltpolitische Farce zu einer unendlichen Staatsgewalt, die durch den gesellschaftlichen Verfall ihre Macht verstärkt, die sie um so mehr zerfallen lässt.

Dies hat vor allem zu einem Glaubenskrieg zwischen westlichen und östlichen Lebenswerten geführt, der in einen Weltkrieg des rechten Glaubens an den rechten Staat sich entwickelt hat. Er wurde wie eine selbst erfüllende Prophezeiung inszeniert, als ein ehemaliger Regierungsberater der USA namens Samual Huntington 1993 ein Papier veröffentlichte, das durch seine populärwissenschaftliche Argumentation schnell zu einem Buch verfasst und zum Bestseller wurde, mit dem die Regierungen des US-Staates über ein Jahrzehnt bestens argumentieren konnten. Es bestand aus einem schlichten Plädoyer dafür, die westlichen Kulturen als Hüter der Menschenrechte weltweit gegen die Barbarei „unreifer" Kulturen zu rüsten, die sich aus ihrer religiösen Historie leicht erklären ließen, wenn man dabei Kultur und Religion nur mal so in Eins versetzt (163). Weil dieses Buch vorgab,

163) Mehr als tausend Jahre alte Bücher wurden hergenommen um dies zu begründen, und das auch noch falsch und einseitig und voller Demagogie. Demzufolge sei die christlich-jüdische Religion als Friedensbotschaft zu verstehen und gegen eine

einem angeblich durch den Islam begonnenen Kulturkampf entgegen zu treten, begründete es die Politik, die sich wieder mal aus einer behaupteten Bedrohung des Abendlandes zu einer militärischen Weltmacht aufrüstete und damit genau das initiierte, was sie zu bekämpfen vorgab [(164)]. Das Buch traf immerhin die intimsten Ängste seiner Leser

---

kriegerische Horte des Islam zu verteidigen, um damit die Gefährdung der Welt durch die Glaubenskrieger des Islam abzuwehren - sprich: um sich als Glaubenskrieger einer besseren Kultur herauszustellen. In Huntingtons Buch „The Clash of Civilizations" aus dem Jahre 1996 heißt es:

> *„Der Westen ist, mit einem Wort, eine ‚reife' Gesellschaft an der Schwelle dessen geworden, was künftige Generationen einmal als ein ‚goldenes Zeitalter' betrachten werden, eine Periode des Friedens, die, laut Quigley resultiert aus dem Fehlen rivalisierender Einheiten im Inneren der betreffenden Zivilisation und aus der Entferntheit oder dem Fehlen von Kämpfen mit anderen Gesellschaften außerhalb ihrer'." (Samuel Phillips Huntington:"Kampf der Kulturen", Siedler bei Goldmann, München 1998, Seite 497)*

(164) Huntington gemahnte an die Verteidigung westlicher Werte, die sich nicht durch ihre ideelle Überlegenheit, sondern nur durch "organisierte Gewalt" durchsetzen ließen.

> *„Der Westen eroberte die Welt nicht durch die Überlegenheit seiner Ideen oder Werte oder seiner Religion (zu der sich nur wenige Angehörige anderer Kulturen bekehrten), sondern vielmehr durch seine Überlegenheit bei der Anwendung von organisierter Gewalt. Oftmals vergessen Westler diese Tatsache; Nichtwestler vergessen sie niemals." (Samuel Phillips Huntington: "Kampf der Kulturen", Siedler bei Goldmann, München 1998, Seite 68)*

Seit dem Erscheinen des Buches von Samuel Huntington, der in einem "Kampf der Kulturen" die gegenwärtigen Kriege und Auseinandersetzungen begründet sah und hiergegen vereinte "Interventionen" der USA und der NATO begründet sehen wollte, herrscht das Verständnis vor, dass es religiöse Auffassungen aus Jahrtausende alten "Heiligen Schriften" und Texten seien, die plötzlich wieder um ihre Weltherrschaft kämpfen würden, dass die Kriege dieser Tage durch religiösen Fanatismus entstanden wären und die "Vernunft des Westens" und seiner Glaubensbekenntnisse und "Menschenrechte" sich gegen den einen Terror des Islams zu wenden habe, dass überhaupt Terrorismus eine Eigenschaft des muslimischen Glaubens sei, der nicht von der Epoche der Aufklärung, eben der Vernunft des Westens geläutert worden sei. So können die Kriege, die vom Westen um den Einfluss auf deren Machtberei-

und wurde zugleich zur Regierungsvorlage der „Kreuzzüge" der Bush-Ära in die Regionen der Welt, unter deren Boden noch der größte Vorrat an der Energiesubstanz des Weltkapitals, noch zwei Drittel der verbleibenden Energiereserven des Erdöls, zu bergen wäre.

Der Zusammenschluss von Kultur und Politik war über die Religion zu einem Argument für militärisch-ökonomische Bündnisse und damit gut für ein weltpolitisches Machtarrangement geworden, vor dessen Trümmerfeld wir heute stehen. Militärische Einsätze wurden durch die Ohnmacht der Regierungen begründet, die längst durch die Macht des Weltgeldes handlungsunfähig geworden waren. Und sie verstärkten diese Ohnmacht, indem das „ökonomisch-politische Machtbündnis eines militärischen Komplexes" (Eisenhower) ihnen Gesetze vorschrieb und ihre Exekutive mit Waffen und Kredite der Weltbank ausstattete, durch die ihre Währungen der Weltbank unterworfen wurden. Die Armut der Welt wurde durch ihre Verschuldung systematisch in das Finanzkapital integriert und zur Grundlage einer neuen Rolle der Weltpolitik. Und das war politisch zugleich sehr praktisch, konnte man doch mit den Bildern des Hungers zugleich die Seelenlage der Wähler einer repräsentativen Demokratie zwecks Meinungsbildung gut erreichen, besonders jene, die selbst ihren Absturz in die Armut zu fürchten hatten und deren Lage mit der globalen Ausweitung der Geldmärkte nicht minder beziehungslos geworden war.

che bereits längst geführt werden, nun durch idiotische Glaubenshaltungen islamistischer Fanatiker begründet erscheinen, die einen "Kampf der Kulturen" in und durch solche Lebenshaltungen selbst ausgelöst hätten. Die "eigentlich friedlichen Beziehungen" des Westens zu den in ihrem Kolonialismus entstandenen Monokulturen des vorderen Asiens und Afrikas tauschten ihre niederen Zwecke mit hohen Werten aus, weil aus den "Konfliktlinien" der Glaubenshaltungen sich diese Kriegen zwangsläufig entwickeln hätten. Und so verstehen auch umgekehrt die Islamisten die Kampfeinsätze des Westens als "Kreuzzüge" - eben auch so, wie es der Oberkrieger des Westens namens George W. Bush junior einst verkündet hatte.

Der Glaube an die Fiktionen des Geldes lässt sich mit dem Glauben an das Übermenschliche, an einen ewig mächtigen Nationalstaat hier wie dort wunderbar vereinen. Die im Glauben verklumpten Machtvorstellungen sind aber nichts anderes als die Vorstellung einer unendlichen Macht der Durchsetzung eines den Menschen feindlichen Fortschritts, einer überhistorischen Gewalt, die das wirkliche Leben der Menschen nur als Beispiel ihrer Anwendung vernutzt, die Verhältnisse produziert, in denen der wirkliche Mensch verächtlich gemacht wird, damit er seine Macht als lebende Kraft seiner Natur nicht zur Wirkung bringt und sich als Grund und Subjekt dieser Verhältnisse begreifen kann, das in der Lage ist, *„alle Verhältnisse umzuwerfen, in denen der Mensch ein erniedrigtes, ein geknechtetes, ein verlassenes, ein verächtliches Wesen ist." (Karl Marx, „Zur Kritik der Hegelschen Rechtsphilosophie"), MEW 1, S. 385).*

Der endliche Nationalstaat

Jeder Glaube verharrt in der Gegenwart und wird sie solange verewigen wollen, wie er darin durch seinen Übermenschen Erleichterungen oder sogar Erlösungen zu empfangen meint. Das Erkenntnisinteresse einer kritischen Theorie verfolgt mit ihrer Wissenschaft nicht nur strukturelle oder logische Fehler, sondern auch deren Substanz als ihren ideologischen Inbegriff, der sich immer als ihr quasi religiöses Element herausstellen lässt. Dieses nimmt praktisch alles, was es als bedeutungsvoll aufgreift, was es zur grundlegenden Kategorie ihrer Wissenschaftlichkeit erklärt, nur als die philosophische Elementarform einer Abstraktion, einer Gedankenabstraktion her, um ihre Erklärung - damit auch ihre Erklärbarkeit schlechthin - ins Nichts einer abwesenden Wirklichkeit zu bewegen.

Eine ideologische Wissenschaft begründet sich schon immer gerne durch eine hohe Moral, durch Lebenswerte ihrer Selbstgerechtigkeit, die alles, was ihr vorausgesetzt ist, durch ihr abstraktes Denken unter sich herabsetzt, um durch ihr verkehrtes Denken, durch ihre verkehrten Gedanken, ihr Verhältnis zu sich zu verallgemeinern und die Verhältnisse ihrer Verkehrungen zu verewigen. Sie verhält sich darin praktisch nur zu sich selbst als Geistesmacht gegen ihre Natur, als Gespenst einer ewigen Unwirklichkeit, das sich nur dadurch verwirklicht, dass es seine Positionen als ewige Wahrheiten einer Seinslehre, einer Ontologie begründet wissen will. Abstraktes Denken führt immer in eine gespenstische Dimensionen des Seins, wird zu einer Mythologie der Sache, zu einer ewigen Natur, als ewige Natürlichkeit der Sachen und ihrer Verhältnisse, als Glaube an ihre ewige Verbundenheit und Beziehung. Als Fetisch einer Welt, die durch sich selbst nicht wirklich wahr sein kann, die aber alles haben muss, um sich zu erhalten und ohne Wirklichkeit zu bewahren und ohne Wahrheit zu bewähren, kommt dieses Denken immer nur auf sich selbst zurück als Vorstellungswelt einer Ganzheit, deren Unheil „weggedacht" ist. Seine Sache ist Gegenstand einer Selbstsucht, die über alles hinweg geht, weil es durch die Geltungssucht einer Existenzangst getrieben ist, dem Trieb nichtiger Verhältnisse folgt und darin seinen Selbstwert entwickelt, seine Selbstverwertung objektiviert.

Mit ihrem Positivismus ist bürgerliche Wissenschaft bemüht, das Unendliche als ihre Unendlichkeit zu vermitteln, indem sie eine Objektivität vorkehrt, die unabhängig von menschlicher Subjektivität begriffen sein soll. Wo nicht *„der Mensch das höchste Wesen für den Menschen" (MEW 1, S. 385)* ist, wo kein Wissen und Bewusstsein über seine wirklichen Lebensverhältnisse den Verstand leitet, wird dieser Glaube früher oder später zu einer Gewalt gegen die Wirklichkeit seiner Kultur, weil er sie zur Perversion seiner politischen Kultur missbrauchen muss, um sich zu erhalten, um seine Heilsbotschaft umzusetzen und seine „ewige Wahrheit“ als allgemeines Lebensziel zu verfestigen. Als Staatsgewalt findet er seinen wirklichen Status, das Statut einer unendlichen Macht gegen die Verhältnisse der Menschen, sei es als islamischer Staat oder als Staat des fiktiven Kapitals. Solcher Glaube bedroht als Kulturstaat jedweder Interessen die ganze Menschheit und muss dringend durch Wissen um den Zustand der Welt und ein Bewusstsein ihrer Geschichte und damit ihrer Veränderbarkeit aufgelöst werden.

Es sind daher schon seit jeher die politischen Positionen der sozialen Bewegungen zum Staat in ihrer Gegensätzlichkeit gescheitert, die de facto sein politisches Mandat nur übernehmen wollten, um es besser, sozialer, wertvoller, menschlicher zu machen, die aber noch nie in der Lage waren, seine wirklichen Grundlagen, die Bestimmungen seiner abstrakt menschlichen Gesellschaftlichkeit durch eine konkret menschliche Gesellschaft aufzulösen und hierdurch den Staat der abstrakten Vermittlung, der Verhältnisse von abstrakt menschlicher Arbeit und abstrakt menschlichem Sinn zu beenden. Die Heilsbotschaften der Glaubenslehren sind deren unmittelbarster Ausdruck und auch die Falle der Erlösungsversprechen, in welche die Menschen gelockt werden - nicht aus einem pervertierten Willen bösartiger Menschen, sondern aus Stumpfheit gegen das Leben, Dummheit inmitten verdummender Realabstraktionen.

Was kann diesen Zustand zwischen Sein und Bewusstsein, zwischen Wirklichkeit und Scheinwelt, zwischen Wirtschaft und Staat beenden? Den Nationalstaat kann man nicht einfach abschaffen und auch nicht seine Bürokratie einfach übernehmen, wie dies Lenin verhießen hatte. Die Staatsgewalt der Nationalstaaten muss durch eine Gesellschaft aufgehoben werden, die einen endlichen Staat, einen Staat im Untergang seiner Macht und Wirklichkeit begründen kann. Er wird unnötig, wenn die Lebenszusammenhänge Wirklichkeit werden, die er zum Zweck seiner übermenschlichen Position auf den

Weltmärkten verstecken muss, wenn das Geld reelles Rechengeld, die Delegation menschlich qualifiziert und das Privateigentum in das gesellschaftliche Eigentum vermittelt ist. Der Staat selbst hat große und hohe Aufgaben für die Gesellschaft und durchaus notwendige Anliegen (Vorsorge, Schutz, Bildung, Wissenschaft) und Formen (rechtsfähige Macht und Ideale der grundgesetzlichen Gewaltenteilung); doch er kann sie nicht erfüllen, weil er kein wirkliches Gemeinwesen darstellen kann, selbst nur eine Scheinwelt der Demokratie ist. In seinem Unvermögen, seiner Unwirklichkeit ist er daher auch sein eigenes „Opfer", denn er erliegt notwendig den Sisyphosqualen einer schlechten Unendlichkeit, der Unmöglichkeit, den gesellschaftlichen Verfall aufzuhalten, durch den er ja überhaupt begründet ist und den er in seiner abstrakten Gesellschaftlichkeit gerade dort verstärkt, wo er Niedergang mit den ihm zukommenden Steuermitteln „ausgleicht". Denn das ist nur möglich, indem er das Kaufmittel Geld - und damit das Kapital an sich - funktionaler macht.

Nicht die politische Form eines Produktions- und Reproduktionsverhältnisses kann diese Welt revolutionieren. Es sind die Inhalte, welche die Menschen wirtschaftlich und kulturell geschaffen haben und immer wieder erzeugen. Das wusste man zwar auch schon in der Arbeiterbewegung, hatte es aber zugleich im politischen Kampf um den Staat und der Aneignung seiner Bürokratie aufgegeben und zunichte gemacht. Niemals kann die Ausübung einer politischen Gewalt revolutionär sein, weil Politik nur durch Überzeugung und Einsicht gesellschaftlich sein kann. Sie ist ein Widersinn, wenn sie sich aus einer politischen Allgemeinheit, einem politischen Subjekt oder aus einer allgemein objektiven Notwendigkeit begründet. Gewalt kann überhaupt nur defensiv sinnvoll und schon garnicht durch ein Machtinteresse zu begründen sein. Geschichte versiegt in ihrer Form, wenn ihre Inhalte nicht auf die zurückkommen, die sie machen. Da mag dieser Kreislauf rein formell erscheinen, in Wahrheit aber ist

Geschichte nur durch ihre Erneuerung und Fortbildung wahr. Dennoch muss sie in der Lebensform der Menschen auch ihre Form erhalten. Wo Menschen um ihre Reproduktion kämpfen und konkurrieren müssen, versagt Gesellschaft, weil sie die Wirklichkeit menschlicher Geschichte ist.

Diese Verhältnisse sind nicht durch eine politische Gegenmacht aufzuheben, sondern nur durch eine konkrete gesellschaftliche Wirklichkeit, die ihre überkommenen Formen durch die bereits vorhandenen Inhalte der gesellschaftlichen Produktion und Kultur sprengt. Es ist daher nötig, über eine substanzielle Veränderung nachzudenken, die sich nicht durch abstrakte Formbestimmungen und politischer Gewalt durchsetzen muss, weil sie selbst nicht „atmen" kann, sondern die Formen selbst durch die eigene Kraft ihres Lebens auflöst. Die Voraussetzung hierfür ist die Erkenntnis, dass die Menschen in einer unausweichlichen geschichtlichen Situation sich befinden. Und diese Erkenntnis keimt in aller Unklarheit auch schon in vielen Menschen, Medien, Institutionen usw. und verbindet das vorhandene Leben zu einer weltlichen Disposition, die durchaus auch in der Lage ist, ihre privaten Welten in eine Weltgeschichte einzubringen und darin aufzuheben. Auch in den sozialen Bewegungen wird über das Ende des Kapitalismus und den Beitrag zu seiner wirklichen Beendigung nachgedacht. Schon ist in der bürgerlichen Presse, in den Medien der Kultur und politischen Öffentlichkeit und vielen Talkshows die Rede von einer irgendwie gearteten „Systemänderung" oder auch Revolution. So kam auch wieder die Marx'sche Theorie ins Gespräch, die von vielen Marxisten immer noch als Begründung eines Klassenkampfs begriffen wird, den das revolutionäre Subjekt einer unterdrückten Klasse zu führen hätte.

Es gibt aber keine Klasse als revolutionäres Subjekt. Es kann nur eine Revolution der Menschen sinnvoll sein, die alle Klassengegensätze aufhebt, eine möglichst unbewaffnete Gegenmacht der Menschen, die sich aus der Vermittlung des Staates herausnimmt und gegen seine Machtinteressen aufsteht, sich emanzipiert [165]. Es ist eine Praxis der Kritik ihrer gesellschaftlichen Wirtschaftsform nötig, die bisher vom Staat zwangsläufig exekutiert wurde, durch sein abstraktes Gemeinwesen zusammengefasst werden musste. An der Notwendigkeit der Emanzipation der Bürger von der politischen Macht ihres Staatswesens hat sich nichts geändert und darauf hatte schon Marx hingewiesen. Denn es ist das wesentliche Ziel der Kritik der politischen Ökonomie eine wirtschaftliche Politik zu begründen, in welcher nicht das Geld als Kaufmittel und Kapital, sondern konkrete gesellschaftliche Beziehungen die Politik bestimmen.

> *„Die Menschen machen ihre eigene Geschichte, aber sie machen sie nicht aus freien Stücken, nicht unter selbstgewählten, sondern unter unmittelbar vorgefundenen, gegebenen und überlieferten Umständen. Die Tradition der toten Geschlechter lastet wie ein Alp auf den Gehirnen der Lebenden. Und wenn sie eben damit beschäftigt scheinen, sich und die Dinge umzuwälzen, noch nicht Dagewesenes zu schaffen, gerade in solchen Epochen revolutionärer Krise beschwören sie ängstlich die Geister*

165) *„Bei den aus dem Mittelalter hervorgehenden Völkern entwickelt sich das Stammeigentum ... durch verschiedene Stufen - feudales Grundeigentum, korporatives Mobiliareigentum, Manufakturkapital - bis zum modernen, durch die große Industrie und universelle Konkurrenz bedingten Kapital, dem reinen Privateigentum, das allen Schein des Gemeinwesens abgestreift und alle Einwirkung des Staats auf die Entwicklung des Eigentums ausgeschlossen hat. Diesem modernen Privateigentum entspricht der moderne Staat, der durch die Steuern allmählich von den Privateigentümern an sich gekauft, durch das Staatsschuldenwesen ihnen vollständig verfallen und dessen Existenz in dem Steigen und Fallen der Staatspapiere auf der Börse gänzlich von dem kommerziellen Kredit abhängig geworden ist, den ihm die Privateigentümer, die Bourgeois, geben. Die Bourgeoisie ist schon, weil sie eine Klasse, nicht mehr ein Stand ist, dazu gezwungen, sich national, nicht mehr lokal zu organisieren und ihrem Durchschnittsinteresse eine allgemeine Form zu geben. Durch die Emanzipation des Privateigentums vom Gemeinwesen ist der Staat zu einer besonderen Existenz neben und außer der bürgerlichen Gesellschaft geworden; er ist aber weiter Nichts als die Form der Organisation, welche sich die Bourgeois sowohl nach Außen als nach innen hin zur gegenseitigen Garantie ihres Eigentums und ihrer Interessen notwendig geben.“* (MEW 3, Seite 61f)

> *der Vergangenheit zu ihrem Dienste herauf, entlehnen ihnen Namen, Schlachtparole, Kostüm, um in dieser altehrwürdigen Verkleidung und mit dieser erborgten Sprache die neuen Weltgeschichtsszene aufzuführen. Die soziale Revolution (...) kann ihre Poesie nicht aus der Vergangenheit schöpfen, sondern nur aus der Zukunft. Sie kann nicht mit sich selbst beginnen, bevor sie allen Aberglauben an die Vergangenheit abgestreift hat. Die früheren Revolutionen bedurften der weltgeschichtlichen Rückerinnerung um sich über ihren eigenen Inhalt zu betäuben. Die Revolution (...) muss die Toten begraben lassen, um bei ihrem eigenen Inhalt anzukommen." (MEW 8, Seite 115)*

Die Kritik des fiktiven Kapitals kann sich letztlich nur in der praktischen Kritik des Staatswesens verwirklichen, indem die Vereinzelung des gesellschaftlichen Menschen zur Sache der sozialen Bewegungen wird. Diese Kritik macht sich dann nicht mehr nur durch ihre Proteste oder alternativen Lebensvorstellungen geltend und überträgt sich auch nicht mehr durch die an politische Repräsentanten abgegebenen Lebensentscheidungen. Sie wird an hierfür qualifizierte Delegationen übertragen, durch die der Klassencharakter der politischen Wirtschaft sich aufheben lässt. Nur wenn die politischen Bewegungen gegen die abstrakten Vermittlungen der Staaten wirtschaftlich und menschlich begründet auftreten, wenn die gesellschaftlichen Lebensverhältnisse zur fundamentalen Sache der sozialen Bewegungen werden, die gegen die Vereinzelung der gesellschaftlichen Lebenskräfte, also auch als klassenlose Bewegung auftritt, können alle gesellschaftlichen Momente in eine wirtschaftliche Politik zusammengeführt, die Revolution des Kapitalismus zugleich zur Grundlage neuer Evolutionen werden:

> *„Es gibt keine politische Bewegung, die nicht gleichzeitig auch eine gesellschaftliche wäre. Nur bei einer Ordnung der Dinge, wo es keine Klassen und keinen Klassengegensatz gibt, werden die gesellschaftlichen Evolutionen aufhören, politische Revolutionen zu sein." (MEW 4, Seite 181f)*

Solange sich ein antikapitalistischer Widerstand gegen den Kapitalismus aus einem Klassenstandpunkt begründet, der sich verwirklichen will, der also die Wirklichkeit seiner Klasse als allgemeines Ziel einer Gesellschaftsform proklamiert, wird er totalitär, zu einem Dogmatismus, der das disziplinieren und beherrschen muss, was zu seiner Befreiung drängt. Ein derart reaktionärer Marxismus ist dem Faschismus näher als der Emanzipation der Lebensverhältnisse zu einer freien Gesellschaft. Am einfachen Klassenstandpunkt war der Marxismus gescheitert, wo er hieraus Kraft beziehen wollte [(166)]. In solcher Auslegung hat sich ein Widersinn begründet, der eine Bürokratie eines sich humanitär dünkenden Arbeiterstaats hervorbrachte, eines als Subjekt objektiv notwendig arbeitenden Menschen, der notwendig in die totalitäre Falle des Gemeinmenschen geriet, weil er sich als wirklicher Mensch nicht mehr gesellschaftlich darstellen konnte, wie der Mensch im Faschismus. Hier wie dort regierte das Kleinbürgertum als übermenschlich begründetes Kultursubjekt, das natürlich alles dafür tun musste, dass wirkliche Menschen kulturell hineingezwungen werden und im Spießrutenlauf ihrer Verhältnisse umkamen.

Eine wirklich sozialistische Revolution hat es noch nicht gegeben, weil die Revolutionen durch ihre Armut diktiert waren und deren Heilserwartungen befriedigen wollten. Sie waren dadurch auch nur gläubig geblieben, auch wenn sie damit Fortschritte in der Bildung des sozialen Vermögens, der Alphabetisierung und Kommunikation erwirken konnten. Insofern haben sie aber nur die Bedingungen für wirkliche Revolutionen verbessert. Denn diese bestehen darin, den gesellschaftlichen Reichtum zu sozialisieren und jeder gesellschaftlichen Armut politisch entgegen zu treten.

> *„Jede Revolution löst die alte Gesellschaft auf; insofern ist sie sozial. Jede Revolution stürzt die alte Gewalt; insofern ist sie politisch." (MEW 1, S. 409)*

---

166) *„Die Abschaffung der Klassen ist unsere Grundforderung, ohne sie ist die Abschaffung der Klassenherrschaft ökonomisch ein Unding." (F. Engels, Kritik des SPD-Programmentwurfs, MEW 22, 232.)*

Die politische Klasse der staatlichen Administration, das Personal ihrer bürokratischen Staatsmaschinerie, regiert in einem ungeheuerlichen Widerspruch, der so gewaltig ist, dass er nicht bewusst sein darf: Die gesellschaftliche Spaltung der bürgerlichen Kultur hat ihre sozialen Probleme als wirtschaftliche „Fällung" ausgemustert, um sich im Großen und Ganzen als Schein einer Politik der großen Ganzheit zu bewahren. Deren einzige Gewähr ist zugleich der Ursprung ihrer Vorstellungen: die Selbstwahrnehmung als eine übermenschliche Bestimmtheit des politischen Willens und seiner Meinungsbildung. Und damit ist der Nationalstaat gerade wieder am Anfang seiner Selbstbegründung, die er letztlich nur als Kulturstaat verwirklichen kann, als ein Staat, der aus der Kultur entspringt, die er zu bestimmen sucht, um sich durch seine Heilsversprechungen darin zu verewigen [(167)]. Ursprung und Schluss dieses Heils ist die Gesinnungsmacht der nationalen Kultur, der totale Nationalismus einer Staatskultur.

167) Geradezu im Widerspruch zum Zeitgeist der bürgerlichen Kultur beinhaltet der politische Verstand eines Heilsversprechens sowohl die Bestätigung eines Niedergangs wie auch eine Fürsorglichkeit aus einem mythologischen Hintergrund im Sinne eines ursprünglich natürlichen völkischen Staatswesens. Das reicht weit bis in die Zeit des Kreuzrittertums - besonders den Templerorden - zurück, worin sich eine quasi religiöse Verbindlichkeit als Kulturmacht einer Bruderschaft manifestiert hatte und auch hierzulande z.B. in der Freimaurerei gepflegt wurde. In den USA, aber auch in England, Frankreich und Deutschland hat sich das Kulturbürgertum im 19. Jahrhundert bis heute aus Kreisen der Kultureliten herausgebildet, in den USA z.B. im Kreis der "Iluminaten" (die Erleuchteten), deren Symbole auf jedem Dollarschein zu finden sind. Rechte politische Strömungen beziehen sich hierauf zwiespältig, da sie einerseits die im Kulturbürgertum beschworenen Werte als Ordnung ihrer Gesinnung schätzen, andererseits aber darin politisch und kulturell konkurrieren. Bei den Nationalsozialisten war deshalb das Kulturbürgertum einerseits mit dem Judentum identifiziert, andererseits aber mit germanischer Mythologie ersetzt worden. Von daher ließ sich aus niederträchtigen Kulturinteressen ein Kampf der "deutschen Natur" gegen die "Jüdische Weltverschwörung des Finanzkapitals" ableiten. Tatsächlich waren es aber vor allem christliche Bruderschaften, die im 14. Jahrhundert aus ihrem religiös begründeten Zusammenschluss eine Finanzmacht

Wider die „Tradition der toten Geschlechter" (K. Marx)

Nationalismus ist das Resultat einer politischen Kultur, die den Menschen als Objekt der Gemeinschaft einer übermenschlichen Hoheit versteht, Menschlichkeit durch die Ordnung eines vergemeinschafteten Narzissmus bestimmt haben will. Der Staat selbst soll den Menschen in das mächtige Subjekt einer Abstraktion verwandeln, ihre Sitten und Gebräuche zur Sache der Staatsgewalt verwenden und ihr soziales Ansehen durch deren Funktionalität bestimmen. Im Staatsvolk sollen sich die gesellschaftlichen Widersprüche in einer Gesinnung auflösen, die selbst als Staatsgewalt zu einer politischen Macht totalisiert werden soll, in der die Totalität einer abstrakt menschlichen Gesellschaft zu verwalten wäre. Nationalismus will die Wähler mit dem Totalitarimus einer politischen Kultur begeistern, die die Ordnung der Gewalt der Staatsbürokratie durch Staatsgewalt durchsetzt. Für die politische Kultur eines niedergehenden bürgerlichen Staates erscheint dies dann auch als eine Auflösung der gesellschaftlichen Widersprüche, die er nicht mehr beherrschen kann. Die Staatskultur einer abgestorbenen Arbeitswelt, die Gesellschaft der toten Arbeit, eines totalitären kapitalistischen Systems, soll als politische Kultur einer längst überwundenen Tradition feudaler Verhältnisse belebt, die gigantische Staatsverschuldung zu einer öffentlichen Schuld der Staatsbürger werden, die zugleich die Einlösung des unerfüllten Heilsversprechens des bürgerlichen Staates einfordern. In ihrem Selbstwiderspruch fühlen die sich in der sozialen Position ihrer heilen Welt gekränkt und wollen sich als Subjekte einer allgemeinen Selbstlosigkeit bewähren dürfen, um durch die Personifikation ihrer staatspolitischen Vorstellungen ein Gemeingut ihrer Schuldpflichtigeit, das Heil ihres

gegründet hatten, die ganz Westeuropa beherrschte und sich aus der Verwertung von Ablassgeldern der katholischen Kirche entwickelt hatte.

Lebens, zu erwerben. Subjektiv ist Nationalismus die Vorstellungswelt autoritärer Charaktere, die sich gegen die flexiblen Persönlichkeiten der bürgerlichen Administrationen persönlich auflehnen und durch deren Disziplinierung einen totalitären Kapitalismus als eine antikapitalistische Persönlichkeit des Staates errichten wollen. An ihr sollen sich die Meinungen der Bürger ausrichten und bemessen, die Widersprüche ihrer Klassengegensätze aufheben.

Die Klassen der kapitalistischen Gesellschaft existieren als gegensätzliche Positionen von Lebensbedingungen, die ihre Widersprüche als gegensinnige Reproduktion der Menschen je nach ihrem Besitzverhältnis in ihren Klassengegensätzen entfaltet haben, auf die sie immer wieder verwiesen und angewiesen sind. Es waren ursprünglich die Klassen von Eigentümer einer formbestimmten Aneignung ihrer gesellschaftlichen Lebensproduktion:

> *„Die Eigentümer von bloßer Arbeitskraft, die Eigentümer von Kapital und die Grundeigentümer, deren respektive Einkommensquellen Arbeitslohn, Profit und Grundrente sind, also Lohnarbeiter, Kapitalisten und Grundeigentümer, bilden die drei großen Klassen der modernen, auf der kapitalistischen Produktionsweise beruhenden Gesellschaft." (K. Marx, Kapital III, MEW 25, 892)*

Mit der Internationalisierung des fiktiven Kapitals ist eine Klasse hinzugekommen, die sich nicht mehr einem Eigentum an Produkten, sondern durch die politische Bestimmung der nationalen Existenz aus der Konkurrenz der Nationalstaaten ergeben hatte. Der darin vermittelte Existenzwert ist die Revenue, die Rückvermittlung ihrer politischen Macht und Gewalt. Er existiert durch die nationale Geldform, die Währung der Nationalstaaten - und damit der Reproduktion ihrer unterschiedlichen Kulturen, die in den Kämpfen um ihren Geldwert und dessen Negativverwertung aufgebraucht wird. Die Kämpfe um die Macht der nationalen Positionen sind die modernen Klassenkämpfe, die jenseits der Eigentumsbeziehungen durch die Selbstbeziehungen der Kulturen verläuft. Die haben sich als internationales Klassenverhältnis des jeweiligen Nationalismus herausgestellt. Und die nationale Kultur erscheint daher als Nationalismus von Kulturstaaten, die vor allem ihre soziale Existenz vergemeinschaften und um ihre politische Identität kämpfen - sowohl außer sich als Konkurrenz um die eigenen Lebenswerte als auch in sich zwischen den Klassen einer Staatskultur, die sich in der Verselbständigung eines radikalisierten Subjektivismus um den Selbsterhalt ihrer Traditionen verhalten. Es ist der Kampf um ihre Geschichte und deren politische Verwirklichung. Aber der Nationalismus lässt sich nicht durch Klassenkämpfe aufheben. Er verwirklicht sich in der Spaltung der Bürger und endet in der Selbstzerfleischung der Nationalstaaten. Seine Aufhebung verlangt nach der internationalen Verwirklichung einer Gesellschaft, in der die Menschen als Subjekte einer wirtschaftlichen Politik auftreten können, die aus den bornierten Kulturkämpfen heraus ihre Traditionen überwinden, indem sie diese zu einer Weltgesellschaft emanzipieren, die keinen Übermenschen, keinen Gott und keinen souveränen Tribun mehr nötig hat.

Eine solche Gesellschaft keimt schon in den Beziehungen der Kulturen, die über das Verhältnis ihres Reichtums und ihrer Armut wirtschaftlich wie kulturell hinaus sich entwickeln und ergänzen können. Denn Kultur ist die gesellschaftliche Subjektivität der Menschen, die durch die Nationalstaatlichkeit beherrscht wird. Weil die Menschen ihre eigene Natur verändern können, können sie auch ihre Gesellschaften verändern. Durch ihre Kultur bilden sie den Sinneszusammenhang ihrer Naturmächtigkeit, die Natur ihrer Bedürfnisse und Arbeit. Kultur ist die Art und Weise der Zubereitung von Naturstoffen für menschliche Bedürfnisse, Wahrnehmung und Tätigkeit im Produkt einer menschlichen Sinnbildung. In ihr ist alle ihre Natur als Sinn für sich aufgegangen, die innere wie die äußere.

So war es die Kunst ihrer Sinnbildung, die menschliches Leben nicht nur darstellte, sondern auch in ihrem ursprünglichen Sinn selbst schon gebildet hatte, Subjekt wie Objekt ihrer Sinnesgeschichte wurde.

> *„Erst durch den gegenständlich entfalteten Reichtum des menschlichen Wesens wird der Reichtum der subjektiven menschlichen Sinnlichkeit, wird ein musikalisches Ohr, ein Auge für die Schönheit der Form, kurz, werden erst menschlicher Genüsse fähige Sinne, Sinne, welche als menschliche Wesenskräfte sich bestätigen, teils erst ausgebildet, teils erst erzeugt. Denn nicht nur die 5 Sinne, sondern auch die sogenannten geistigen Sinne, die praktischen Sinne (Wille, Liebe etc.), mit einem Wort der menschliche Sinn, die Menschlichkeit der Sinne wird erst durch das Dasein seines Gegenstandes, durch die vermenschlichte Natur. Die Bildung der 5 Sinne ist eine Arbeit der ganzen bisherigen Weltgeschichte." (MEW 40 S. 541f).*

Keine Kultur begründet sich durch eine Ideologie oder durch irgendwelche Lebenswerte, weil sie ein Prophet oder Politiker oder politischer Prophet verkündet hätte. Weil sie nur durch das wirkliche Lebensverhältnis der Menschen Sinn haben können, existieren solche Werte auch nur durch die Kultur, wie sie unter bestimmten materiellen Lebensbedingungen möglich ist. Aber wenn und weil diese Bedingungen keinen Sinn für die Menschen machen, spalten sie einen Eigensinn hiergegen ab, der dem materiellen Nutzen ihrer Existenz entgegensteht. Lebenswerte entstehen zwar in kulturellen Gewohnheiten der Gemeinsinnigkeit, aus den Sitten und Gebräuchen und den Religionen, die ihre Wirtschaft als soziales Verhältnis fixieren. Sie schließen aber zugleich deren Mängel aus dem Gesichtskreis der allgemeinen Reproduktion in ihrer persönlichen Anteilnahme von sich aus. Fatalerweise ist darin der Staat sich mit seiner Bevölkerung einig. Was der politische Wille unter diesen Bedingungen mit dem ihm eigenen Verstand aufbringen und entscheiden kann, kann jederzeit der Meinungsbildung der Bevölkerung entsprechen. Und je enger die

Verhältnisse werden, desto inniger entsteht eine populäre Übereinkunft der politischen Meinungen. Diese sind ja auch nichts anderes als ein mehr oder weniger willkürliches Dafür- oder Dagegenhalten der Selbstwahrnehmung [(168)]. Wo sie unter einen wachsenden sozialen und wirtschaftlichen Druck geraten, können sie sich auch gegenseitig fanatisieren.

Es werden die Menschen, die sich selbst nur durch ihren Reichtum behaupten können, immer auch ihre Selbstbehauptung durchsetzen müssen, die sie in ihrer Selbstwahrnehmung nötig haben. Nicht weil sie arm oder ausgegrenzt wären, nicht weil sie „abgehängt" sind, fühlen sie sich in ihren Lebensverhältnissen zunehmend beherrscht, sondern weil sie um ihren Bestand fürchten [(169)], um ihre Sicherheit, um

168) Der existenzielle Druck wird nur soweit verinnerlicht, wie er auch in der Wahrnehmung wirksam ist. Die Dafürhaltungen entsteht andernorts in den Untiefen der Selbstwahrnehmung, die sich selbst für die Eigentlichkeit des Meinen hält und bewahren will, um sich die Selbstachtung, die ihr in ihrer Lebenswirklichkeit abgeht, wenigstens als Selbstwert zu verschaffen. Die Meinungsbildung und Gesinnung der Menschen ist im Grunde - materiell verstanden - selbstlos, weil „das Meine" nur durch andere Bestand haben kann. Weil die Menschen in ihren Lebensverhältnissen veräußerlicht sind und sich um ihr Lebensheil sorgen müssen, sind sie gegen deren Allgemeinheit auch schlecht gesonnen und machen einander leicht den Vorwurf, gegen ihre gute Meinung oder den guten Glauben überhaupt boshaft zu sein. Ihre Meinungen stehen immer in diesem Widerspruch, weil jeder Wert für sich nichts ist und seine Allgemeinheit nur außer sich wahrhaben kann. Die Bewertung des Lebens durch ihre Lebenswerte ist nur der Ausdruck ihrer Entfremdung von sich und ihrer Gesellschaft, und erzeugt auch selbst ein stilles Minderwertigkeitsgefühl, das sie mit ihrem Geltungsbedürfnis zum Schweigen gebracht haben. Solange sie sich dessen nicht bewusst sind müssen sie ihre Selbstwahrnehmung als Quelle ihres Selbstwerts verteidigen und in ihrem Geltungsstreben gegeneinander konkurrieren.

169) Es wird inzwischen auch von einigen Soziologen bestätigt, dass das wesentliche Potenzial der Fremdenfeindlichkeit nicht dort zu finden ist, wo die Menschen selbst am untersten Rand der wirtschaftlichen Existenz leben müssen und auch nicht dort besonders häufig und deutlich ist, wo Fremde einwandern, sondern gerade dort intensiver auftritt, wo die Selbstzufriedenheit sich gut eingebunkert hat und sich die bürgerliche Egozentrik praktisch egomanisch auswirkt.

das existenzielle Potenzial ihrer narzisstischen Persönlichkeit, die sich durch die Ästhetik ihrer Selbstgefühle nicht nur zwischenmenschlich, sondern auch allgemein kulturell vermitteln will und um ihr Leben bangt, wenn sie dies nicht kann. Die politische Kultur eines an und für sich passiven Kulturbürgertums gerät tatsächlich außer sich, wird selbst und schlagartig auch schlagkräftig, wo sie um ihre persönliche Substanz fürchtet. Persönliche Kämpfe ersetzen politische Gewalt und werden daher auch selbst oft persönlich gewalttätig.

Und auch Kleinbürger, die es zu einer Persönlichkeit in ihrer kleinen heilen Welt gebracht haben, verstehen sich plötzlich auf der Ebene eines politischen Subjekts, das es in Wirklichkeit garnicht gibt, das ihnen aber die Medien und Populisten gerne als ihre Welt vermitteln und bestärken, die alle Unterschiede ihrer realen Welt gleichschaltet. Das ist so paradox wie alles, was eine abstrakte Gesellschaft zusammenhalten soll: Politisches Verhalten eines so entstandenen Willens entsteht im Ausschluss seiner wirklichen Bezogenheit in der Bevölkerung, die sich selbst nur noch abstrakt menschlich als „Volk“ versteht. Sie beansprucht damit ein ewiges Recht auf einen natürlichen Willen, der sich wie im Volk der Bienen durch ihren Fleiß und ihre Artigkeit begründen lässt. Es geht hier daher nur noch um die äußerlichsten Formationen einer Wahrnehmung, die sich aus der Selbstwahrnehmung bestimmt, die nichts mehr von ihrer Selbstentfremdung weiß und die sich deshalb auch vorwiegend gerne in Massengefühlen politisch verhält.

Und während die damit aufgefüllten Bürger in ihrer ästhetischen Selbstbehauptung ihre politische Wahrheit für sich behaupten, weil ihre Wahrheit alleine ihr bloßes Menschsein als ein Naturwesen sein soll, trennen sie jede andere Wahrheit von sich ab. Ihre Egomanie kann daher auch keinen Lebenswert außer sich dulden. Alles Fremde wird zu einer Bedrohung wie der Stich in einen Bienenstock, weil ihre Lebenswerte selbst im Widerspruch mit sich hadern. Sie sollen allgemein gelten und können doch nur die bescheidene Wahrheit einer spießbürgerlichen Existenz vermitteln. Doch wo die Massengefühle zu einer Gefühlsmasse ihrer Selbstwahrnehmung werden, lässt sich darin ein ebenso bescheidenes Glück auflesen.

Und weil das nicht als etwas Eigenes empfunden werden kann, muss es gegen das Fremde schlechthin verteidigt werden. Es muss dem Fremden versagt sein, daran zu rütteln. Was der eigenen Art nicht dienlich ist und selbst eigenartig erscheint, wird daher nicht nur fremd, sondern bedrohlich empfunden. Die Kultur einer „heilen Welt" mündet daher schnell in eine Heilskultur aus „Blut und Ehre", die etwas verteidigt, das nicht nur seinen Sinn verloren hat, sondern selbst nur im Kampf um eine eigene Natur, um die Gemeinschaft einer natürlich scheinenden Eigensinnigkeit sein kann, die im Eigendünkel eines übermenschlichen Lebenswerts Macht und Größe absurd gewordener Selbstgefühle vermitteln soll.

Aber fremd ist der Fremde nicht durch die Feindschaft zu verrückten Idealisierungen oder Kulte und auch nicht durch politische Grenzziehungen. Er ist fremd, weil er selbst von der Verbindung und Verbindlichkeit seines Lebenszusammenhangs ausgeschlossen ist und nach einer Gesellschaft verlangt. Er ist nicht durch sich gesellschaftlich ausgeschlossen, sondern durch gesellschaftliche Verhältnisse, die ihm entzogen sind oder ihn abstürzen ließen oder selbst vernichtet wurden. Das Fremde ist das Produkt einer Entfremdung, die durch die Verwertung des Lebens entsteht, durch Lebensverhältnisse, in denen sich die Menschen nur noch wie Objekte verhalten können, um am Leben zu bleiben. Es sind tote Verhältnisse, Verhältnisse einer toten Arbeit, die lebende Natur vernutzen, um in ihrer tödlichen Stringenz zu überleben. Es sind die Verhältnisse privater Existenzen, die Verhältnisse einer zerteilten Arbeit, die ihre gesellschaftlichen Verhältnisse dazu benutzen, um für sich zu bleiben, gegen alles zu konkurrieren, was anders ist und gerade dadurch einer abstrakten Allgemeinheit dienen, die alle natürlichen gesellschaftlichen Zusammenhänge in sich auflöst. Der Widerspruch von gesellschaftlicher Produktion und privater Aneignung ist Ausdruck ihrer Verwertung, ihrer Wertform, in der Geld selbst alles ausschließt, was sich nicht zu Geld machen lässt. Besonders durch seine kulturellen Sinnstiftungen ist die Wirkung der Geldform als Kaufmittel eklatant. Darin verewigen sich alle Wertformen, die durch ihre Kulturalisierung als Überlebensformen einer gigantischen Sinnvernichtung erscheinen.

Doch selbst die Konkurrenzverhältnisse, die nichts anderes als Ausdruck der Wertformen des Geldes sind, enthalten Beziehungen, in denen sie sich im Grunde ergänzen. Ohne Ergänzung kann Konkurrenz keinen Erfolg zeitigen[(170)]. Die ist aber längst anachronistisch, weil sie mit der Entwicklung ihrer Produktivität das zerstört, was sie zu gewinnen meint. Und gerade von da her lässt sich eine Konkurrenzwirtschaft auch tatsächlich durch eine Ergänzungswirtschaft aufheben, indem die Formationen der Konkurrenz selbst aufgehoben werden. Wenn die Wirtschaft aus den Formbestimmungen der Geldverwertung befreit ist, so wird die Ergänzungswirtschaft zu einer natürlichen menschlichen Wirtschaft und somit auch endlich zur

170) Das Kartellrecht belegt die Notwendigkeit, den gesellschaftlichen Ursprung der Arbeit zu schützen, damit nichts ausgeschlossen wird, was den sachlichen und kulturellen Reichtum als wirkliche Basis seiner Entwicklung ausmacht. Im Monopol versackt das Geld in seiner leeren Selbstbezogenheit. Was gesellschaftlich entsteht existiert als ein Ganzes vieler Eigenschaften, das sich aus den Ergänzungen zusammengefügt hat, die in der ihm vorausgesetzten Geschichte eingegangen wurden. Nicht ein „Wettbewerb“ hat dies erbracht, sondern der menschliche Verstand, der sich in allen gesellschaftlichen Momenten - in der Wissenschaft, der Kultur und der Natur - betätigt und völlig unabhängig von der quantitativen Form ist. Oft waren es einzelne Menschen, die aus den ihnen vorausgesetzten Erkenntnissen großartige Neuerungen erfanden. Dass diese auch in großen Anlagen wirtschaftlich verwertbar waren, hat damit nur soweit zu tun, dass sie sich entsprechend materialisiert haben und also auch verwerten konnten.

Bewirtschaftung einer wirklich menschlichen Natur, zur Wirklichkeit einer menschlichen Gesellschaft.

Die existiert nicht mehr durch die Grenzziehungen der politischen Ökonomie. Sie verlangt nach einem Sinnzusammenhang, der über die ganze Welt sich verhält, sich als ein weltlicher Naturkörper der Selbsterhaltung und Selbsterzeugung der Menschheit durch ihre unterschiedlichsten Kulturen hindurch darstellt. Der kann nicht von vorn herein schon politisch begrenzt sein. Er ist das Leben der menschlichen Natur und damit der Natur überhaupt. Ergänzungswirtschaft überschreitet die politischen Begrenzungen der Lebensverhältnisse und geht daher auch über die Interessen der Nationalstaaten hinaus. Sie wird diese in dem Maß unnötig machen, wie eine wirtschaftliche Politik den Fortschritt ihrer gesellschaftlichen Beziehungen, die Produktion und Verwirklichung ihres gesellschaftlichen Reichtums für alle Menschen erzeugen und aneignen kann.

Klassenkämpfe sind Kämpfe um die Verbesserung der Existenz unter den gegebenen Bedingungen einer Klassengesellschaft. Sie bereiten die Mittel und Formationen vor, durch welche die Gesellschaft sich in ihrer wesentlichen Qualität bewahrheiten kann, wenn die formbestimmende Macht der herrschenden Klasse der politischen Verwalter von Kapital und Staat substanzlos gemacht wird, ihre Verfügung praktisch aufgelöst ist. Die Prozesse dahin werden aus deren wirklichen Konflikten mit ihrer Bestimmtheit entstehen und in dem Rahmen umgesetzt, in dem sie sich auch begründet haben.

Es geht nicht um den „Endsieg einer Klasse“, welche die andere ausschließt und beherrscht, sondern um die Emanzipation der ganzen Gesellschaft, um einen Bewusstseinsprozess mit den entsprechenden Einsichten in die Notwendigkeiten, mit denen die Vernichtungskräfte aufgehoben werden können durch die Menschen, die ihren wirklichen gesellschaftlichen Lebenszusammenhang jenseits aller Klassen in dieser Gesellschaft finden und erkennen. Weil die gegenwärtigen Verhältnisse schon in ihren Grundlagen scheitern, stehen wir tatsächlich an der Schwelle zu neuen gesellschaftlichen Lebensformen, die sich aus dem gesellschaftlichen Reichtum bilden werden, der einerseits schon substanziell durch sein Vermögen gegeben ist, den Produktivkräften der Menschheit, die ihre Arbeitsaufwände immer geringer und ihre kulturelle Vielfalt immer sozialer werden lassen. Andrerseits hängt die Veränderung der gesellschaftlichen Form davon ab, was die Menschen als politisch bewusst handelnde Wesen daraus machen werden, wie sie die herrschenden Formbestimmungen auflösen, welche Verträge sie machen, worin sie sich durch ihre Verhältnisse ergänzen und hierdurch die Kluft zwischen Arm und Reich aufheben. Es geht nicht darum, dass die einen den anderen ihren Reichtum überlassen, sondern dass er endlich im Sinn und für den Nutzen aller als Lebenszusammenhang der Menschen und ihrer Arbeit erzeugt und angeeignet werden kann. Es handelt sich in der Tat als Erstes um ein Bewusstsein, das sich gegen die Herrschaft versachlichter Formbestimmungen als menschliches Selbstbewusstsein begreifen kann, das die notwendigen Formen erkennt und sich in ihrem Sinn selbst reformiert, sich als Wissen um das Notwendige mitteilen kann.

„Die Reform des Bewußtseins besteht nur darin, daß man die Welt ihr Bewußtsein innewerden läßt, daß man sie aus dem Traum über sich selbst aufweckt, daß man ihre eignen Aktionen ihr erklärt. Unser ganzer Zweck kann in nichts anderem bestehn, wie dies auch bei Feuerbachs Kritik der Religion der Fall ist, als daß die religiösen und politischen Fragen in die selbstbewußte menschliche Form gebracht werden.

Unser Wahlspruch muß also sein: Reform des Bewußtseins nicht durch Dogmen, sondern durch Analysierung des mystischen, sich selbst unklaren Bewußtseins, trete es nun religiös oder politisch auf. Es wird sich dann zeigen, daß die Welt längst den Traum von einer Sache besitzt, von der sie nur das Bewußtsein besitzen muß, um sie wirklich zu besitzen. Es wird sich zeigen, daß es sich nicht um einen großen Gedankenstrich zwischen Vergangenheit und Zukunft handelt, sondern um die Vollziehung der Gedanken der Vergangenheit. Es wird sich endlich zeigen, daß die Menschheit keine neue Arbeit beginnt, sondern mit Bewußtsein ihre alte Arbeit zustande bringt." (MEW 1, S. 346)

Neue Gesellschaft ist neue Form, die den bestehenden Inhalten der Gesellschaften gerecht wird, für sie richtig ist und deren Verkehrungen stürzen lässt. Alles in dieser Gesellschaft enteignete, alles Ausgegrenzte, alle Isolation und Deformation von eigenem, also subjektiven Leben, wird dadurch objektiviert, dass es sich aus dieser Form befreit, sich selbst sozialisiert und darin sich als Mensch einer neuen Welt, als Subjekt der Veränderung der gegenwärtigen Verhältnisse bewahrheitet. Nur mit der Einbeziehung der Randständigen kann dies gelingen, die in Wahrheit die Mitte der Gesellschaft sind. Sie waren im alten Rom als Proletarier bezeichnet worden, jene die kaum ihren Unterhalt bezahlen konnten und in Armengettos abwandern mussten, die zur Armut verurteilten, die nichts anderes besaßen als die Kraft, ihr Leben zu ändern. Marx nannte sie die Proletarier aller Länder als eine Klasse, die sich nur durch die Aufhebung der Klassenverhältnisse, also als untergehende Klasse verwirklichen kann. Weil ihnen der Lebensstandard als unterstes Existenzniveau unüberwindbar vorgegeben ist, können sie ihre Fremdbestimmung nur in der Aufhebung ihrer Formbestimmtheit auflösen. Nicht weil die arbeitenden Menschen reicher werden wollen, vielleicht auch noch im „Neid auf das Bestehende" verfangen sind, sondern weil sich in ihnen die Zerteilungsverhältnisse dieser Gesellschaft in ihrer machtlosen Totalität spiegeln und wahrmachen, beweist sich in ihnen die Verachtung des gesellschaftlichen Menschen, der die zerteilte Gesellschaft in Gang halten muss - durch seinen Mindestlohn, seine Miete, seine Gebühren und Steuern, seine soziale Isolation, seine Selbstentfremdung, seine Lebenspflichten, seine Minderwertigkeit. Emanzipation ist nichts anderes, als die Ketten zu sprengen, die das Bestehende als Entfremdungsmacht zusammenhalten. Es ist ein Bewusstsein, das die notwendigen Lebensformen der

Menschen durch die Erkenntnis ihrer Wurzeln begriffen hat und es nötig hat, durch ein konkretes gesellschaftliches Leben alle Klassen und Stände aus ihrer Fremdbestimmung zu befreien.

> *„Wo also die positive Möglichkeit der Deutschen Emanzipation? Antwort: In der Bildung einer Klasse mit radikalen Ketten, einer Klasse der bürgerlichen Gesellschaft, welche keine Klasse der bürgerlichen Gesellschaft ist, eines Standes, welcher die Auflösung aller Stände ist, einer Sphäre, welche einen universellen Charakter durch ihre universellen Leiden besitzt und kein besondres Recht in Anspruch nimmt, weil kein besondres Unrecht, sondern das Unrecht schlechthin an ihr verübt wird, welche nicht mehr auf einen historischen, sondern nur noch auf den menschlichen Titel provozieren kann, welche in keinem einseitigen Gegensatz zu den Konsequenzen, sondern in einem allseitigen Gegensatz zu den Voraussetzungen des deutschen Staatswesens steht, einer Sphäre endlich, welche sich nicht emanzipieren kann, ohne sich von allen übrigen Sphären der Gesellschaft und damit alle übrigen Sphären der Gesellschaft zu emanzipieren, welche mit einem Wort der völlige Verlust des Menschen ist, also nur durch die völlige Wiedergewinnung des Menschen sich selbst gewinnen kann. Diese Auflösung der Gesellschaft als ein besonderer Stand ist das Proletariat.“ (MEW 1, Seite 390 f)*

Was die Kritik der politischen Ökonomie vor allem erbracht hat, war die Erkenntnis, dass die Politik einer Waren produzierenden Gesellschaft durch ihre Wirtschaft vermittelt wird. Was als Mittel eines wirtschaftlichen Verhältnisses erscheint, ist lediglich politisch bestimmt, politische Rechtsform, eines gesellschaftlichen Reichtums, der nur für die Besitzer von Geld und Kapital bestehen kann. Nur durch die abstrakte Vermittlung des Geldes kann sich kapitalistische Wirtschaft gesellschaftlich als Form eines Reichtums darstellen und wird in dieser Rechtsform auch leicht von denen erworben, die aus Geld mehr Geld machen können. Reich werden sie nicht durch ihre Arbeit und auch nicht durch ihre Persönlichkeit, sondern schlicht durch das herrschende politische System, das wirtschaftliche Notwendigkeiten dazu benutzt, um die Menschen von Geld und Kapital abhängig zu machen und durch die Kosten und Preise ihr Leben zu bestimmen, das in Armut und Not gehalten werden muss, um ein ihm völlig fremdes Prinzip der Verwertung von Geldwert zu stabilisieren und die darin reich Gewordenen immer extensiver zu bereichern.

Diese Politik kann nur beendet werden, indem Wirtschaftlichkeit zu einer Eigenschaft der Politik wird, indem das völlig unwirtschaftlich gewordene System des Kapitals nicht mehr sich als politische Ökonomie durchsetzen kann, wenn die Menschen eine wirtschaftliche Politik durchsetzen können.

> *"Die wirkliche Ökonomie - Ersparung - besteht in Ersparung von Arbeitszeit; (Minimum (und Reduktion zum Minimum) der Produktionskosten); diese Ersparung [ist] aber identisch mit [der] Entwicklung der Produktivkraft. Also keineswegs Entsagen vom Genuß, sondern Entwickeln von power, von Fähigkeiten zur Produktion und daher sowohl der Fähigkeiten, wie der Mittel des Genusses." (Karl Marx, Grundrisse, MEW 42, S.607)*

Wirtschaft ist ein "verlustarmer" Umgang mit Aufwänden, der Mühe und den Ressourcen, dem Vermögen und der Energie. Wirtschaft bedeutet daher eine sorgsame Durchführung von Arbeit mit dem Vermögen und den Kräften, wodurch die vorhandenen Ressourcen der optimalen Nutzung als Mittel des Genusses für Menschen, zur bestmöglichen Entfaltung und Befriedigung menschlicher Bedürfnisse zugeführt werden. Wirtschaft hat eigentlich nichts mit Verwertung und Kapitalbildung zu tun. Sie ist die Intelligenz der Arbeit, welche ihre wesentliche Last, der Aufwand der Produktion, zu mindern sucht und ihre Produktivkraft von daher befördert - nicht auf Kosten ihrer natürlichen Substanz, sondern durch deren Fortbildung und Entwicklung. Wirtschaftlicher Fortschritt kann nur heißen, dass immer weniger Aufwand für immer sinnvollere Produkte aufgebracht wird. Gesellschaftlicher Fortschritt kann also nur sein, wenn etwas gänzlich

Subjektives - Sinn - sich mit etwas gänzlich Objektivem - dem gesellschaftlichen Nutzen, dem Nutzen für andere - vereint hat.

„Diese Auflösung der Gesellschaft als ein besonderer Stand ist das Proletariat" (MEW 1, Seite 390 f), ist aber keine „historische Aufgabe des Proletariats" (Lenin) so, als ob das Proletariat eine proletarische Gesellschaft, z.B. einen Bauern- und Arbeiterstaat gegen die herrschende Macht des Kapitals zu gründen hätte. Klassenkämpfe sind die Verläufe der gegenwärtigen Widersprüche. Hierauf Politik zu begründen heißt immer, die Gegenwart in ihrem Widerstreit zu verfestigen und zu verlängern, indem die eine Seite gegen die andere bestärkt wird und aus deren Bestärkung natürlich auch die Bestärkung der herrschenden Macht erfolgen wird.

Revolutionär ist ein Wissen um die Ganzheit der Widersprüche, in denen eine neue Gesellschaft schon substanziell keimt, konkret werden kann, wenn die Formbestimmungen der herrschenden abstrakt menschlichen Gesellschaft überwunden sind. Dieses Wissen ist subversiv, wenn es an Ort und Stelle des praktischen Lebens zur Wirkung kommt, unmittelbar politisches Bewusstsein wird. Die Erkenntnis ihrer Unmenschlichkeit ist nicht davon abhängig, was dem einzelnen betroffenen Menschen nutzt, was seine Lebensbedingung unmittelbar nötig hat. Jeder Mensch ist in der Lage, seine Lebenssituation im Zusammenhang mit einem absurden Lebensverhältnis als ein unmenschliches Verhältnis zu erkennen.

Mit dem Wissen um die Gewalten der Gegenwart und ihrer vernichtenden Ausrichtung und seiner politischen Verwirtschaftung begründet sich zwangsläufig der Aufstand der Menschen aller Klassen gegen die herrschenden politischen Formen des Eigentums. Es ist der Beginn eines Verwirklichungsprozesses einer wirtschaftlichen Politik. In einer Gesellschaft von Menschen, die ihre gesellschaftliche Produktivität für sich entwickeln und deren Produkte auch als gesellschaftlichen Reichtum für sich mit anderen aneignen wollen indem sie aus der herrschenden Konkurrenzwirtschaft eine Ergänzungswirtschaft freier Menschen machen. Das ist die konkrete Utopie einer menschlichen Gesellschaft, die sich nur entwickeln kann, wo die Menschen ihre wirtschaftlichen Grundlagen, ihren Lebensraum und ihre Arbeitszeit für die Wirtschaftlichkeit ihrer Arbeit auch politisch bestimmen können.

Die Utopie einer menschlichen Gesellschaft

Sehr vielen Menschen ist inzwischen klar, dass sich mit der Gesellschaft, bzw. dem Verhältnis der Gesellschaften etwas ganz grundsätzlich ändern muss. Doch von großen Gesellschaftsmodellen und dem daraus bestimmten politischen Willen als Kraft der Veränderung ist kaum noch jemand überzeugt. Aber es gibt sie noch, die Utopie als Traum von einer Welt, die eine Wesensveränderung der Gesellschaft immerhin vorstellbar macht, die konkrete Utopie von einer Änderung der gesellschaftlichen Lebensverhältnisse der Menschen. Utopien werden gerne als Luftschlösser, als Phantasien märchenhafter Welten angesehen. Gerhard Schröder hatte empfohlen, dass man damit besser zum Arzt, als in die Politik gehen solle. Indes hat der Zynismus seiner Politik gezeigt, dass man dort nur noch in der Vergangenheit, in der Verwahrlosung eines gesellschaftlichen Selbstverständnisses landet, das seine eigenen Grundlagen zermürbt.

Allerdings können Utopien tatsächlich auch schnell mal nur flotte Fantasien sein, Science Fiction zur Belebung des Alltags oder als Befriedung durch den Trost der Vorstellung von einer völlig anderen Welt, einem anderen Leben, das so abstrakt ist wie das vorhandene, weil es nur eine Vorstellungswelt von diesem ist, indem dessen Mängel einfach nur weggedacht werden. Eine Utopie kann nur gut sein, wo sie das konkrete Leben beleben kann, weil sie den Grund seiner Behinderung begriffen hat und darin nicht versacken will. Aber eine Utopie kann auch nur konkret sein, wo sie auf einer Analyse begründet ist, einen Gedanken verfolgt, der die Wurzeln des Menschseins in ihrer Wesensnot reflektiert. Denn eine konkrete Utopie besteht nicht aus irgendwelchen himmlischen Vorstellungen und Hirngespinsten, sondern aus den Resultaten einer Analyse und der daraus erfolgten Erklärung der gegenwärtigen Verhältnisse, worin entdeckt wurde, was ihre Widersprüche und Nichtungen ausmacht. Utopien beziehen sich auf die Tendenzen und Latenzen in der geschichtlichen Bewegung selbst. So beschrieb das schon einmal Ernst Bloch:

> *"Prozeßhaft-konkrete Utopie ist in den beiden Grundelementen der marxistisch erkannten Wirklichkeit: in ihrer Tendenz, als der Spannung des verhindert Fälligen, in ihrer Latenz, als dem Korrelat der noch nicht verwirklichten objektiv-realen Möglichkeiten in der Welt." (Bloch, Ernst, Das Prinzip Hoffnung, Frankfurt am Main 1985, S. 727).*

Was nach Bloch noch wie etwas Verdrängtes wirkt, ein „verhindert Fälliges" [171], ist in seiner Existenzform etwas Notwendiges, das zu seiner Verwirklichung treibt, das schon zu Denken gegeben hat aber seinen Gedanken noch nicht verwirklichen konnte, weil ihn die Wirklichkeit noch nicht erreicht hat.

> *„Es genügt nicht, daß der Gedanke zur Verwirklichung drängt, die Wirklichkeit muß sich selbst zum Gedanken drängen." (MEW 1, S. 386).*

Es kann bei dieser Utopie nur um die Schlussfolgerung aus einer Analyse gehen, sie sich im Wissen und Bewusstsein der wirklichen Aufhebung gesellschaftlicher Widersprüche vollzieht, die sich aus den Begriffen ihrer natürlichen Substanz, als Kenntnis ihrer Logik und Geschichte, von daher schließlich aus der Kenntnis ihrer Wertform, durch die Arbeitswerttheorie, ihren Brennpunkt kennt, der sich mit der Geldform bis in unsere, durch Fiktionen globalisierte Welt hinein fortgebildet hat. Schon in den Ursprüngen der bürgerlichen Gesell-

171) Der Begriff "konkrete Utopie" ist von Ernst Bloch im Hinblick auf eine marxistische Kritik der Utopie gebildet worden. Utopie im Sinne dieser Kritik war die Vorstellung eines vollkommenen Gesellschaftszustands, die keine realistische Perspektive der Überwindung des Gegenwärtigen bietet, weil sie seinen Idealen blind verhaftet bleibt und nicht an *"die wirkliche Bewegung"* anknüpft, *"welche den jetzigen Zustand aufhebt."* (Marx/Engels, Die deutsche Ideologie, *MEW 3, S. 35*). Bloch will der Verallgemeinerung einer solchen Kritik auf jegliche Utopie entgegentreten, die „Vielfalt und Ubiquität des Utopischen" aufweisen und will dagegen insbesondere die Unerlässlichkeit sozialutopischer Antizipationen im Kontext marxistischer Praxis geltend machen.

schaft waren daher ihre „Grundprobleme“ angelegt, die sich schließlich mit der Globalisierung des fiktiven Kapitals totalisiert und scheinbar unauflösbar gemacht haben. Neu ist nicht ihre Form, sondern ihre Brutalität, mit der sie sich durchsetzt, die Enge ihrer Abstraktionskraft, die Angst ihrer Triebe, die sich selbst schon an ihrer Form, ihrer Geldform vergehen. Es ging schon immer um den Widerspruch zwischen der Produktion eines gesellschaftlichen Eigentums und dem privat angeeigneten Besitz, um eine gesellschaftliche Rechtsform des Eigentums die schon durch ihre politische Realisierung über den Warenhandel die Arbeitskraft und das Leben der Menschen ausbeuten und die Ressourcen der Natur plündern kann. Es ging auch immer schon um den Zweifel, dass eine Demokratie durch Repräsentationen politischer Persönlichkeiten sich wirklich demokratisch entwickeln kann. Und es ging schon immer um die Erkenntnis, dass der Mensch kein isoliertes Einzelwesen ist, das quasi nur sich zu gestalten hat, sondern das jedem einzelnen Menschen seine Gesellschaft als Substanz seiner Lebensbedingung vorausgesetzt und im Verhältnis der Menschen zu sich und ihren objektiven Lebensformen geschichtlich gebildet ist.

Um auf diese Geschichtlichkeit zurückzukommen ist es nötig, auf deren Natur zu rekurrieren. Der Mensch ist ein natürliches Wesen, das durch die Naturmacht seiner Arbeit zugleich sich als gesellschaftliches Wesen von eigener Kultur erzeugt und hieraus seine Geschichte bildet. Die Basis einer jeden menschlichen Gesellschaft ist die Lebenserhaltung der Individuen, die darin zusammenwirken, deren Aufwände für ihre Lebenserhaltung also in einem gesellschaftlichen Verhältnis auf ihre Bedürfnisse bezogen sind und in ihren Verhältnissen als Verhalten ihrer Notwendigkeiten zu ihrer Freiheit entwickelt werden. Ihre natürliche Beziehung ist daher ihre Teilhabe an einem Verhältnis, in welchem die Menschen füreinander notwendig sind und einander ergänzen und die Synergie ihres Verhältnisses für ihre Fortbildung, für ihre Sinnbildung, für ihre wirkliche Geschichte nutzen. Ihr Auskommen als arbeitende Menschen sollte daher durch ein Einkommen bestätigt und bestärkt werden, das ihre sinnlichen Verhältnisse bewahrheitet, bewährt und bereichert. Das Eingeständnis ihrer Notwendigkeit lässt sich auch als Vertragsform verstehen (172).

Es geht daher um eine politische Form der Verträglichkeit, die ein gegenseitig sinnvolles Verhältnis begründen kann. Das setzt voraus, dass es eine Form ist, durch die jeder mit seiner Geschichte weiterkommt, das Individuum wie die Gesellschaft überhaupt, die Notwendigkeiten in Freiheit bewältigt werden und das Gemeinwesen seine Geschichte als Ganzes über die Beziehung und Auseinandersetzung seiner Teile machen kann. Nicht die Menge der Teile, nicht die Summe der Meinungen können Gesellschaft bilden und entwickeln, sondern eine wirkliche Ergänzung aller in allem. Es muss also um eine Überwindung der Konkurrenzwirtschaft durch eine Ergänzungswirtschaft gehen, die zugleich in der Form ihres politischen Entscheidungsprozesses schon so statuiert ist, dass das Einzelne sich im Ganzen auch erkennen kann, dass das Große im Kleinen so gegenwärtig sein kann, wie das Kleine im Großen. Es geht hier insgesamt um die Verwirklichung der Kritik der politischen Ökonomie in der wirtschaftlichen Politik einer menschlichen Gesellschaft, um die Utopie einer Gesellschaft, die durch eine qualifizierte Delegation zur politischen Entscheidung kommt, die Produkte ihrer Geschichte, ihren Reichtum gesellschaftlich erhält und bewahrt und in Vorsorge hält und das Zahlungsmittel Geld als Rechengeld einer politischen Grundeinheit der Subsistenz ausgibt. Und es geht daher zugleich um das, was diese

172) *„Für alle Lebewesen, die keine Verträge darüber abschließen konnten, sich gegenseitig nicht zu schaden noch schaden zu lassen, gibt es weder Recht noch Unrecht. (Diogenes Laertius X, 150.) Ebenso aber ist es auch bei den Völkern, die die Verträge darüber nicht abschließen konnten oder wollten, sich gegenseitig nicht zu schaden noch schaden zu lassen. Gerechtigkeit ist nicht etwas an sich Seiendes, sondern im gegenseitigen Verkehr, an welchem Ort auch immer, werde ein Vertrag abgeschlossen, sich nicht zu schaden noch schaden zu lassen." (Karl Marx, MEW 40, S. 343)*

Gesellschaft ihrem Sinn und Nutzen in einer verkehrten Gesellschaftsform schon geschaffen hat, um die politischen Inhalte, die sich gegen die politischen Formationen verhalten, die sich gegen die Gewalt der herrschenden Formen schon durch sich selbst stellen und erst in dieser Stellung verwirklichen können, sich gegen die gesellschaftlichen Formbestimmungen wenden lassen.

Im Unterschied zur Konkurrenzwirtschaft des Wertwachstums ist die Ergänzungswirtschaft eine Wirtschaftsform realer wirtschaftlicher Beziehungen von unterschiedlichen menschlichen und politischen Körperschaften. Die Menschen sollen hierbei ihre individuellen wie gesellschaftlichen Beziehungen mit ihren sinnlichen Gewissheiten sowohl wirtschaftlich wie auch politisch verwirklichen. Es wird sich nur konkret erweisen können, dass sie hierdurch den Lebensverlust der Abstraktionen ausschließen und in ihrer wechselseitigen Ergänzung einen wirklich umfassenden und größeren Reichtum bilden können, als sie aus den bornierten Notwendigkeiten ihrer partikularen Interessen und Bedürfnisse erzielen können.

Die wesentlichste Voraussetzung hierfür ist die Umkehrung des Verhältnisses von Recht und Wirtschaft zu einem organischen Verhältnis von Reichtumsbildung und Selbsterhaltung. Wirtschaft kann nur richtig sein, wenn sie sich als gesellschaftliches Recht auf menschlichen Reichtum als einem gesellschaftlichen Produkt der Menschen verwirklicht, als Recht der Individuen auf menschliches Eigentum begründet, das sich auch als gesellschaftliche Wirklichkeit ihrer Lebenstätigkeit darstellt. Ein abstraktes Recht kann Wirtschaft nicht bestimmen, kann nicht darüber beschließen, in welcher Form wirtschaftlich gehandelt werden soll. Es muss selbst die Form einer wirtschaftlichen Politik darstellen. Das Recht kann daher niemals über den wirtschaftlichen Verhältnissen stehen, ohne ihnen Unrecht zu tun. Das Privatrecht ist eine politische Anmaßung des Geldbesitzes gegen die gesellschaftlichen Gründe seiner Entstehung. Nicht politische Ökonomie soll die Verhältnisse bestimmen, sondern eine ökonomische Politik, eine Politik, welche die Eigenschaft ihrer Wirtschaftlichkeit belegt und in ihrem Sinn sich als nützlich für alle erweist.

Ein gesellschaftliches Wachstum aus unbezahlter Arbeit ist die Gaunerei einer Reichtumsbildung aus einer bloßen Erpressung der Menschen, indem sie aus der Verfügungsmacht über die Naturnotwendigkeit der individuellen Selbsterhaltung erfolgt. Ein gesellschaftliches Wachstum muss politisch verträglich sein und kann deshalb auch nur durch eine allgemeine Vertragswirtschaft gewährleistet werden. Das wesentliche Ziel im Kampf gegen die herrschenden Formbestimmungen muss daher die wirtschaftliche Politik einer Vertragswirtschaft befolgen, die ihr Recht aus ihren Notwendigkeiten begründet und ihre Reichtumsbildung im Maß der individuellen und gesellschaftlichen Subsistenz bestimmt. Gilt diese als Maßstab der organischen Verhältnisse, so kann das Ganze ihrer Wirklichkeit nicht mehr abstrakt allgemein als fremde Kraft herrschen. Die Grundlagen hierfür sind längst vorhanden. Sie müssen lediglich auch angeeignet und verwirklicht werden.

Gehen wir vom Standpunkt einer Ergänzungswirtschaft jenseits der herrschenden Wertform aus, so kann darin die Arbeit und ihr Produkt in einem ganzen, also ungebrochenen, ungeteilten Verhältnis von Arbeit und Bedürfnis der Menschen gesellschaftlich existieren und kann deshalb nicht durch eine Rechtsform bestimmt sein. Es muss als Rechtsform einer wirtschaftlichen Politik begründet werden, um die Politik daran zu bemessen, was sie für den Reichtum des menschlichen Lebens bietet, wodurch sie also auch sich in ihrer Gesellschaft, ihrem individuellen Dasein als gesellschaftliche Wirklichkeit bereichert [(173)].

173) Dies kann sich dann nicht mehr von selbst auf dem Warenmarkt einstellen, weil dort die Produkte überhaupt nur in einem selbständigen quantitativen Verhältnis auftreten und hieraus sich erst im Nachhinein ihrer Erzeugung die wirklichen Verhältnisse der Menschen aus dem Verhältnis der Warenzirkulation ergeben und

Diese Entwicklung kann nur vor Ort konkret sein und nur durch die weltweite Verbindung der Orte so wahr sein, wie diese sich auch die unterschiedlichen Orte im Ziel einer synergetischen Weltwirtschaft einig werden können. Und diese Einigung beruht auf dem Vorteil solcher Wirtschaftsweise gegen das massenhaft vereinzelte Gewinnstreben des Wertwachstums, das aus der Geldform des Kaufmittels hervorgeht. Hiergegen verlangt es eine bewusste Gesellschaftlichkeit der Beschlussfassung und auch die Bereitschaft zum Verzicht auf vereinzelte Vorteile, auf privatwirtschaftliche Mehreinnahmen, die der gesellschaftlichen Produktivkraft der Wirtschaftsleistung geschuldet sind und der Gesellschaft auch schuldig bleiben müssten. Es sind relativ wenige Grundbedingungen, um dies so umzusetzen, dass deren Verwirklichung klaren Zielvorstellungen folgen könnte. Aber in jedem Schritt ihrer Umsetzung müssten sie in einem längeren Prozess verfolgt werden, der sich nach meiner Auffassung in vier Prämissen zusammenfassen und diskutieren lässt:

1. **Reichtumsbildung und Subsistenzwirtschaft:** Die erste Prämisse für eine Ergänzungswirtschaft ist eine Reichtumsbildung durch ein Gemeinwesen im Verbund mit anderen Gemeinwesen, die sich zum Zweck der Bereicherung ihres jeweiligen Lebensstandards zusammenschließen und nach den Möglichkeiten der Menschen und der Ressourcen ihres Lebensraums sich über politische Auseinandersetzungen im Interesse ihrer Ergänzung vertraglich für einander einsetzen. Das verlangt zunächst, dass ihre Bevölkerungen existenziell schon gesichert sind und ihre Mehrprodukte in einer gesellschaftlichen Form zur Verfügung stehen. Sicher muss daher sein, dass die Arbeit der Menschen in der Beziehung auf ihre Bedürfnisse und umgekehrt die Bedürfnisse der Menschen in der Beziehung auf ihr Arbeitsvermögen als gesellschaftliche Grundsi-

von daher die Arbeitskraft auch aus diesem Kreislauf heraus quantifiziert, in ihrem Lebensbedarf nach Marktbedarf berechnet wird.

cherung für sie vorhanden und ausgegeben wird. Ihr Lebensbedarf und Arbeitsvermögen muss also schon vor aller Umsetzung in seiner sozialen Verträglichkeit und ihrem Ertrag ermittelt und politisch bestimmt sein. Ohne dieses Minimum an Planwirtschaft wäre eine Gesellschaft, die Menschen von der Erpressung über die einzelnen Notwendigkeiten ihres Stoffwechsels befreien will, überhaupt schon durch die Beliebigkeit ihrer Reproduktion, durch ihre Zufälligkeit hinfällig. Was darüber hinaus gearbeitet wird, macht den Fortschritt einer Reichtumsbildung aus und kann je nach Lage von jedem Einzelnen oder Gemeinschaften veranlasst und beigetragen werden. Politik entscheidet nicht nur über ein gesellschaftliches Verhalten zur Zukunft. Sie hat auch den Sinn, Wirtschaft im Nutzen einer Gesellschaft geschichtlich auf dem erreichten Lebensstandard zu bewahren. Und dies beides kann konkret nur dort verwirklicht werden, wo sich die Menschen in ihrer Wirklichkeit auch konkret begegnen, mit einander befassen und auseinandersetzen können, wo also die Wertverhältnisse ihres Geldes in der Form einer Konkurrenzwirtschaft sich in eine Ergänzungswirtschaft wenden lassen.

2. Sozialer Fortschritt und qualifizierte Delegation: Entscheidungen über notwendige Fortschritte, Gesetzgebung (als Vertragsentwürfe) und Rechtsprechung muss im Zusammenhang von allgemeinen Voraussetzungen immer wieder im Einzelnen auf lokaler Ebene umgesetzt werden. Die Befähigung hierzu haben die Menschen, die damit intensiv zu tun haben, weil sie aus Gründen ihrer Existenz und ihrer Bildung vor Ort und mit Sinn für ihre Tätigkeit leben. Im Bewusstsein um die synergetische Wirkung ihrer Tätigkeiten kann in den regionalen und überregionalen Lebensverhältnissen der Menschen die Bereicherung eines ganzen Lebenszusammenhangs als Wirtschaftswachstum einer Realwirtschaft betrieben werden, indem es von den Menschen bestimmt wird, die von ihren Entscheidungen selbst betroffen sind und die keinem Machtverhältnis des Geldes als Kapital unterworfen sind. Nicht Repräsentanten, sondern qualitativ durch ihre Herkunft und Arbeit bestimmte Delegierte oder Räte können in der Lage sein, die notwendige Politik ihrer Regionen zu vertreten, die ausweislich ihrer Tätigkeit als Delegierte gewählt und abberufen werden. Eine derart qualifizierte Delegation ist in der Lage, sich nicht dem politischen oder sachlichen Nutzen der Arbeit zu beugen, sondern in ihr selbst einen unmittelbar gesellschaftlichen Sinn zu verwirklichen, soweit er aus dem Verhältnis von gesellschaftlich notwendiger Arbeit und notwendigem Fortschritt begründet ist. Daher sollen in solcher Delegation alle gesellschaftlichen Fähigkeiten und zugleich unter wissenschaftlicher Mediation zusammentreten können.

3. Produktivität und reziprokes Rechengeld: Macht erzeugt keine Ohnmacht, wenn sie ihre Vermögen mitteilt und weitergibt. Im Ganzen der sozialen Verhältnisse muss gewährleistet sein, dass Produktivität nicht als Machtmittel gegen andere verwendet werden kann, dass sich die gesellschaftlichen Fortschritte auch wirklich aufeinander beziehen können, dass ihr Wirtschaftswachstum also ein durch einander erzeugtes Wachsen gewährleistet und sachgerecht ermittelt und aufgetragen wird. Die wirklichen Fortschritte dürfen ihre Gegenwart nicht bedrängen und die Gegenwart muss ihren Fortschritt auch bestimmen, indem der hiervon Bestärkte sich auch weiter vermittelt, sein Wachstum nicht als Quantum behält, sondern als Wirtschaftswachstum weiter bringt. Das Verhältnis des Wirtschaftswachstums der unterschiedlichen Entwicklungsstände zueinander und ihre Überschüsse für einander können nicht durch eine gemeine Quantifizierung berechnet und bewertet werden. Sie stellen immer die Möglichkeiten eines gegebenen gesellschaftlich gebildeten Vermögens dar, das durch notwendige oder freiwillige Beiträge fortgebildet wird. In ihrem Verhältnis zueinander müssen daher die Produkte in einem reziproken Verhältnis zu ihrem Ausgangsvermögen auf einander bezogen werden, so dass die ärmeren Vermögen immer einen größeren Anteil am Fortschritt erreichen können, als die reicheren. Darin erweist sich das Problem einer Vermittlungsform auflösbar, die sich bisher über den Wert und den Tauschwert des Geldes verhält, denn darin wird die Vermittlung von Aufwand und Produkt nicht unterschiedslos gleich gemacht, nicht abstrakt quantifiziert, sondern selbst zum Teil ihrer Beziehung. Ein reziprokes Rechengeld kann hierdurch im Alltag der Beziehungen ein Maß und Mittel des Einnehmens und Ausgebens von und für Produkte sein, indem das Maß ihrer Beziehung durch den Aufwand ihrer Erzeugung materiell festgestellt und ermittelt, und im analogen Zeitrahmen des Verbrauchs reduziert wird. Daher muss das Rechengeld als politisch kontrolliertes Schwundgeld mit einem Zeitstempel ausgeben werden, durch den es in bestimmten Zeitintervallen entwertet wird.

4. Lokale Lebenszusammenhänge und subsidiäre Vermittlung: Nur wo die Menschen wirklich miteinander verkehren, ihre Gegenstände erzeugen und erfahren, wo sie also ihre sozialen Beziehungen wirklich leben und ihr Leben verwirklichen, können sie sich auch konkret hierüber auseinandersetzen und bilden. Als ein gemeinsames Vorhaben ihrer einzelnen Geschichte entsteht hieraus immer wieder eine Gesellschaftsform in ihren Kommunen und Regionen und Ländern die in unterschiedlichsten Ebenen verbunden sind und auch in dieser Unterschiedlichkeit zur Diskussion gestellt werden sollten, sodass darin auch neue Beziehungen entwickelt werden können, soweit die Formen selbst sinnlich vorhanden sind und sich an ihren Inhalten bewähren. Was für die einen Bereicherung ist, kann für die anderen nur eine Last sein, was die einen schon in ihren Ressourcen im Überfluss haben, kann bei den anderen hoch begehrt sein. Nicht die regionale Natur und auch nicht die unmittelbar politische Form macht Geschichte, sondern ihr substanzielles Zusammenkommen, das bisher nur durch das Kapital gewährt werden konnte. Rein körperlich ist der notwendige Stoff und das Mittel der Produktion vom geschichtlichen Material der weltweiten gesellschaftlichen Verhältnisse der Kommunen und Regionen nicht allzu weit entfernt. Um der natürlichen Hierarchie ihrer Beziehungen zu entsprechen ist eine subsidiäre Beziehung zu verwirklichen, die allen Verhandlungen und Verträglichkeiten vorausgesetzt sein muss.

Die hier vorgestellte Utopie ist eine Regionalwirtschaft, die aus ihrer Gegenwart sich gegen die Macht des fiktiven Kapitals stellen könnte, wenn die dargestellten Ziele Schritt um Schritt verwirklicht werden können und sich weltweit als Ergänzungswirtschaft durch entsprechende Vertragsformen unter den bestehenden Verhältnissen hindurch entwickeln kann.

Ausgang und Ziel der entsprechenden gesellschaftlichen Form ist zuerst die Kommune und die dazu gehörigen Kreise und Regionen und Länder, bis hin zum Staat, der sich aus der Gewaltenteilung der Länder und Regionen lediglich als Status der allgemeinen Vertragsformen und ihrem Grundgesetz heraussetzt und deren Vermittlung sicherzustellen hat. Diese Utopie ist so alt wie die sozialistische Bewegung überhaupt und wurde in ihren kommunalistischen Grundlagen schon im „Jahr der Reichsgründung“ 1871 auch von Karl Marx am Beispiel der Pariser Kommune formuliert:

„Die Pariser Kommune sollte selbstverständlich allen großen gewerblichen Mittelpunkten Frankreichs zum Muster dienen. Sobald die kommunale Ordnung der Dinge einmal in Paris und den Mittelpunkten zweiten Ranges eingeführt war, hätte die alte zentralisierte Regierung auch in den Provinzen der Selbstregierung der Produzenten weichen müssen. In einer kurzen Skizze der nationalen Organisation, die die Kommune nicht die Zeit hatte, weiter auszuarbeiten, heißt es ausdrücklich, daß die Kommune

die politische Form selbst des kleinsten Dorfs sein, und daß das stehende Heer auf dem Lande durch eine Volksmiliz mit äußerst kurzer Dienstzeit ersetzt werden sollte. Die Landgemeinden eines jeden Bezirks sollten ihre gemeinsamen Angelegenheiten durch eine Versammlung von Abgeordneten in der Bezirkshauptstadt verwalten, und diese Bezirksversammlungen dann wieder Abgeordnete zur Nationaldelegation in Paris schicken; die Abgeordneten sollten jederzeit absetzbar und an die bestimmten Instruktionen ihrer Wähler gebunden sein." Der Bürgerkrieg in Frankreich (1871) (Marx-Engels-Werke Bd.17, S. 339 bis 340)

Grundsicherung durch Subsistenzwirtschaft

Jede Gesellschaft geht zugrunde, wenn ihre Grundlagen von den Widrigkeiten oder Notlagen des Lebens aufgezehrt werden. Und so wie ihr geht es auch jedem Menschen, der darin lebt. Die Basis eines gesellschaftlichen Lebenszusammenhangs ist die Sicherheit seiner Selbsterhaltung, seiner Existenz und der Grundversorgung der Menschen, der Arbeit und der Befriedigung ihrer Bedürfnisse. Darauf sind alle gesellschaftlichen Notwendigkeiten bezogen und daran auch bemessen. Jede Reichtumsbildung, die dies relativiert oder für sich nutzt, für private Zwecke vernutzt oder seine Bereicherung aus dieser erpresst, zerstört die Lebensgrundlagen einer menschlichen Gesellschaft und damit der Menschen selbst. Die Marktwirtschaft betreibt schon durch den Handel über die Geldform, die den Käufer zum Subjekt des Verkäufers macht, einen Aufkauf ihrer sinnlichen Lebensbedingungen im bloßen Zweck des Kaufens um zu verkaufen, im Zweck ihres Geldbesitzes aufbraucht. Darin hat sich der Zweck des Geldes verdoppelt und selbständig gemacht. Es hat sich zur Ausbeutung der menschlichen Arbeit durch das Kapital fortgebildet, indem es das Geld als Kaufmittel zum Maß der Werte und das Geld als Zahlungsmittel im Maßstab der Preise zur Existenzgrundlage der Arbeitskraft macht und hierdurch deren Arbeit verwerten und Mehrwert aneignen kann. Es erbeutet einen Mehrwert aus der Abhängigkeit der Menschen von ihrer Gesellschaft, - macht sie selbst zu Objekten der eigenen gesellschaftlichen Verhältnisse und entfremdet sie hierdurch von ihrer Gesellschaft, von ihrer Tätigkeit und von sich selbst. Der Kapitalismus hat dieses Verhalten auch noch durch das Finanzkapital verdoppelt, indem es aus der Preisbildung selbst den Wert von Eigentumstiteln pervertiert, den Geldumlauf von fiktivem Kapital zum Lebensmittel einer Existenzverwertung gemacht hat, wodurch die Verwendung von Mensch und Natur einem Prinzip der Selbstausbeutung des menschlichen Lebens unterworfen wurde.

Doch so komplex wie diese Verhältnisse vermittelt sein mögen, so einfach sind sie doch strukturiert, wenn man von ihren Grundlagen ausgeht. Die Geldverwertung wie auch die Existenzverwertung sind schon dann aufgehoben, wenn ein bewusstes Verhältnis zur Reproduktion der Menschen und Gesellschaftsgrundlagen in politisch umschriebenen Wirtschaftsräumen gesellschaftlich abgesichert und politisch kontrolliert wird, wenn die gesellschaftliche wie einzelne Reproduktion der Menschen zur Grundeinheit aller Maßstäbe der Politik, des Geldes und des Rechts werden. Durch ein kommunales Vertragssystem kann das Verhältnis der unterschiedlichen Existenzräume in einer Vertragswirtschaft hierin bemessen werden und gegen ein realwertiges Geld entwickelt werden - in der einfachsten Form z.B. durch Naturalwirtschaft oder durch kommunalpolitisch bestimmtes Geld, dessen einzige Wertbestimmung politisch entschieden wird und die wirtschaftliche Reproduktion der Menschen und ihrer Natur zur Berechnungsgrundlage ihrer allgemeinen Arbeitsaufwände hat, auf denen Reichtumsbildung im Einzelnen frei aufsetzen kann. Fortbildung und Reproduktion des menschlichen Lebensstandards muss in seiner unterschiedlichen Begründung für die Arbeit der Menschen wahrnehmbar und machbar sein [174]. Sobald die Menschen ihren Beitrag hierfür geleistet haben, können sie ihr Leben äußern, wie sie wollen, es genießen oder bereichern oder neue Lebensmöglichkeiten entdecken, neue Bedürfnisse entfalten und neue Sinne bilden. Diese Wirtschaftsform kann aus der Vertragsform einer Kommunalwirtschaft über die Länder sich ergänzen und bis zu einer Weltwirtschaft entwickelt werden, in der sich die internationalen Beziehungen aller Existenzen in einem weltweiten Wirtschaftskreislauf der Subsistenzerhaltung bewegen und alle Mehrproduktion und auch deren Übereignungsformen vertraglich hierauf bezogen werden.

Vertragswirtschaft bezieht sich nicht unbedingt auf Vergleichbares, sondern regelt durch vertragliche Formulierungen auch eine Beziehung von Ungleichem und ist damit auch in der Lage, die Beziehungen einer Ergänzungswirtschaft zu formulieren, deren Eigenheit ist, dass sie immer das aufeinander bezieht, was sich durch seine Unterschiedenheit ergänzen soll. Die unwiderrufliche Basis solcher Verhältnisse ist eine Ergänzungswirtschaft, die den Menschen zum einen durch eine Subsistenzindustrie ihren Selbsterhalt sichert, und die zum anderen ihre Reichtumsbildung durch gesellschaftliche Beziehungen über ihre Mehrprodukte zum Zweck einer wechselseitigen Ergänzung im Sinne eines weltweiten wirtschaftlichen Fortschritts betreibt.

Wesentlich für eine Ergänzungswirtschaft ist daher, dass sie die abstrakte Form des Tauschverhältnisses, die aus einer selbständigen Wertgröße besteht, in eine konkrete Beziehung des Austauschs wendet, die vor allem jede wertförmige Quantifizierung des Austauschs

174) Das große Dilemma des Parteienstaates war durch das biedere Verständnis einer Versorgung der Bevölkerung durch einen sozialistischen Staat entstanden, der keine freie Fortbildung der Arbeit zuließ, weil er alles unter den Regulierungsbedarf einer proletarischen Diktatur gestellt wissen wollte. Von daher konnte er wirtschaftlich keine Anstöße der Menschen umsetzen und musste an der Schwäche seiner Produktivkraft in der Konkurrenz zur kapitalistischen Wirtschaftsmacht der Geldverwertung und deren Konkurrenzwirtschaft scheitern.

aufhebt, indem diese qualitativ aus der Arbeit und ihren Stoffen und deren Selbsterhalt abgeleitet wird. Und dies kann nur dann entstehen, wenn Arbeit als eine gesellschaftliche Form des Selbsterhalts vermittelt und zur selbstverständlichen Grundlage einer sozialen Bereicherung, der Verhältnisse der Sinnbildung, der Entwicklung neuer Bedürfnisse und Kulturen wird. Ihr Inhalt ist der sinnliche Nutzen für die Menschen einer Gesellschaft, die in der Freiheit ihrer Auseinandersetzungen ihre Notwendigkeiten aufhebt und darin fortschreitet, ihren Fortschritt als Geschichte ihres Lebens gestalten kann. Das Material hierfür sind Produktionsmittel, über die gesellschaftlich durch den Maßstab der Grundsicherung verfügt wird, indem alles hierauf bezogen und ins Verhältnis gesetzt, in entsprechenden Relationen quantifiziert wird. Die organischen Substanzen des politisch umschriebenen Lebensraums, die zur Erzeugung der Sache aufgewendet werden müssen, und also menschliche Arbeit, Werkzeugverbrauch und Rohstoff, als gesellschaftliche Mittel konstant so vorhanden sein müssen, wie sie verschlissen werden, gelten als Reichtum einer Region, die sich im Verhältnis zu anderen Regionen im Sinne einer Ergänzungswirtschaft verhält und der sich damit im Austausch vermehrt. Das Maß der Arbeit wäre dementsprechend das Grundmaß der Subsistenz in der Arbeitszeit pro Mensch, das Maß des dem entsprechenden Werkzeugverbrauchs, dessen Lebenszeit pro Belastung (Verschleiß) und das Maß des Rohstoffs die verfügbare Menge in einem bestimmten Lebensraum pro Bedarf und Dichte. All dies sind keine absoluten Größen. Sie sind relativ und historisch.

Subsistenzwirtschaft ist eigentlich immer schon die Basis eines jeden gesellschaftlichen Zusammenhangs. Doch immer war bisher die Subsistenz der Menschen das Mittel der Herrschenden, Grundlage ihrer politischen Macht, ein bloßer Geldwert aller Lebensbedingungen, der den Preis des Lebens selbst bestimmt. Der Selbsterhalt kann aber auch nicht einfach durch die Aneignung der Produktionsmittel durch die arbeitenden Menschen aufgehoben werden; - er muss zum wesentlichen Inhalt der Politik einer ganzen Gesellschaft werden, als ihre wirtschaftliche Basis politisch ausschlaggebend sein und alle Vorzüge der bisherigen wirtschaftlichen Organisation und Mittel in diesen Zweck versetzen. Nicht die Industrie als solche und auch nicht die Arbeit als solche und nicht der politische Wille an sich machen eine Gesellschaft aus, sondern die gesellschaftliche Subsistenz als Bedingung ihrer Reichtumsproduktion. Der gesellschaftliche Brotkorb muss als erstes die Menschen ernährt haben, bevor sie zur Fortbildung ihres Reichtums auftreten können. Die Basis einer solchen Gesellschaft ist ein „Brotkorbsozialismus" und erst darauf aufbauend kann eine Mehrproduktion aufsetzen.

Die Grundsicherung muss durch eine Regionalwirtschaft als Vertragswirtschaft mit anderen Regionen die Bevölkerungen der Gemeinden ernähren und die Arbeit entsprechend vermitteln können. Eine Subsistenzindustrie, die mit allen Mitteln der Produktivkraft den gesellschaftlichen Selbsterhalt sichert, muss auch von den Gemeinden als solche organisiert und verwaltet werden. Jeder gesunde Mensch im arbeitsfähigen Alter müsste dann mit den gesellschaftlich verfügbaren Arbeitsmitteln soviel Arbeit je nach seinen Fähigkeiten leisten, wie es durchschnittlich durch das Subsistenzmaß geboten ist [(175)]. Diese Arbeit kann je nach eigener Ausbildung und Fähigkeit entweder in kommunalen Einrichtungen oder Betrieben oder auch durch eigene Existenzgründung eingebracht werden [(176)]. Wer hierbei mehr Arbeit

175) Das hängt natürlich von der Produktivität der Arbeit ab und schwindet im Maß der Automation. Es gibt Berechnungen, wonach diese Zeit heute bei etwa zwei bis drei Stunden pro Tag läge. Hinzu käme die Arbeit für ein Mehrprodukt, durch das die gesellschaftliche Entwicklung und die Beziehung auf andere Gesellschaften je nach politischem Beschluss voran getrieben werden könnte.

176) Da auch die Ausbildung schon durch die Grundsicherung getragen wird, macht es keinen Unterschied, ob ein Mensch lange ausgebildet wird und dann auch für komplizierte Arbeit befähigt ist, oder ob er einfach und relativ kurz ausgebil-

einbringen will, kann dann auch darüber hinaus mehr Einkommen zu seiner Grundsicherung hinzu verdienen.

Zu all dem braucht es keinen Nationalstaat, der sich aus einem politisch bestimmten Lebensraum begründet, und keine Partei, die sich als Nomenklatur eines Arbeiterstaats herausputzt. Die Vertragsverhältnisse der Wirtschaftsräume können die Beziehungen zu diesem Zweck weitaus „sachgerechter" umsetzen. Und es braucht auch keine politische Macht, welche die einzelnen Menschen als Individuen eines nur persönlichen Selbsterhalts zur Arbeit zwingt. Wo sie ihren Selbsterhalt mit dem ihres Wirtschaftsraums verwirklichen können, wird ihre Arbeit ganz selbstverständlich begründet sein. Aber sie muss wirtschaftlich entschieden sein durch eine gesellschaftliche Form der Politik, die ihre Entscheidungen auch ihrem Inhalt gemäß und für alle durchsichtig mit entsprechenden Delegationen und Aufträgen organisiert.

Man kann hierfür weder auf die bestehenden Produktionsmittel verzichten und auch nicht auf Gesellschaftsstrukturen, durch die politische Entscheidungen zwischen den Individuen und ihrem gesellschaftlichen Zusammenhang sinngemäß entstehen können. Es braucht die Verfügbarkeit des schon vorhandenen gesellschaftlichen Reichtums für diesen Zweck, ohne dass dessen Individualform sich hiervon abspalten muss, so dass der individuelle Einsatz im Rahmen des damit erreichten Fortschritts entlohnt wird. Weder ein bloßer Brotkorbsozialismus noch der Avantgardismus einer politischen Macht können dies erfüllen. Es verlangt sowohl neue politische Formen der Beschlussfassung als auch neue Wirtschaftsformen der gesellschaftlichen Produktion, die aus der allgemeinen Verfügbarkeit der nötigen Mittel zur geschichtlichen Entwicklung der Arbeit und der Kultur der

det wurde und dann einfachere Arbeit verrichtet. Alle Arbeit wird hierdurch gleich gestellt und nur in der Arbeitszeit bemessen.

Menschen in der Einheit von Sinn und Nutzen der Lebensproduktion der Menschen hervorgehen kann.

Das reziproke Rechengeld einer synergetischen Wirtschaft

Das Schwierigste für eine Ergänzungswirtschaft dürfte die fundamentale Umkehrung des Geldes sein, das seinen Wert nur noch aus dem politisch bestimmten Maß der Subsistenz herleitet, also mit einer Maßeinheit einer regionalen Subsistenzwirtschaft sich auf sich selbst wie auch auf andere Regionen, Länder und Kontinente bezieht. Weil es nicht alles in der abstrakten Allgemeinheit bürgerlicher Geldwerte gleichsetzt, muss es in der Lage sein, gänzlich unterschiedliche Substanzen wie Produktivität der Arbeit, der Ressourcen und der Bedürfnisse auf einander zu beziehen. Wo es sich mit ihnen wie von selbst verträgt, wo der Reichtum des einen die Armut des anderen ausgleichen und zufrieden stellen kann, wird es direkt in eine Vertragswirtschaft eingehen können. Wo Geld allerdings umgekehrte Verhältnisse der Arbeitsbedingungen ausgleichen soll, lässt sich weder Armut noch Reichtum quantifizieren. Geld macht dann immer den Armen ärmer und den Reichen reicher, wenn es sich nicht auf die Produktionsbedingungen bezieht, nicht auf das Vermögen der Produktionsmittel bezogen wird. Der arme Weizenbauer wird niemals sich bessere Produktionsmittel eintauschen können, wenn er dieses mit seiner Arbeitskraft erwerben soll. Daher muss ein Rechengeld auch ein umgekehrtes Wertverhältnis zur Produktivkraft eingehen, durch die es sich mit ihrem Fortschritt selbst entwertet und als reziprokes Rechengeld weltweite Beziehungen schaffen kann, die ihren Fortschritt in Raum und Zeit aneinander abgleichen und nicht mehr konkurrieren müssen, indem sie Wert von selbst wertlos werden lassen.

Wirtschaft soll die Aufwände reduzieren und die Produkte optimieren. Sie beruht darauf, dass durch eine gute Organisation der Arbeit deren Erfolg besser ist, indem sich ihre Wirkungen hierdurch ergänzen und sich selbst adäquater werden. Wesentlich ist hierbei die Art der Aufteilung der einzelnen Produktionssphären und das Zusammenfügen der Teile. Es geht also letztlich um die Art und Weise, die Form, in der die Teile zu einem Ganzen werden, zu einem gesellschaftlichen Ganzen, letztlich also um die gesellschaftliche Form der Arbeit und der Bedürfnisse, die sich hierauf beziehen.

Das Prinzip des Rechengeldes [(177)] steht auf der einen Seite des Selbsterhalts auf einer gesellschaftlichen Berechnung des erreichten Lebensstandards und seines Erhalts durch die Zusammenhänge der einzelnen Aufwendungen. Auf der anderen Seite soll dies die sichere Grundlage für eine Weiterentwicklung durch individuelle Initiativen sein, die frei in der Beziehung des Geldes zu besonderen Leistungen belohnt werden. Bleibt das Geld in seinem Maßstab in der Subsistenz

177) Rechengeld ist ein Geld, das ausschließlich als Zahlungsmittel angewandt werden kann, indem sein Wert aus dem Grundbedarf des gültigen Lebensstandards und der damit aufzuwendenden Leistungen für die Subsistenz eines politisch bestimmten Lebensstandards pro Kopf der Bevölkerung berechnet wird. Hierdurch soll eine natürliche Grundsicherung in einer Art Brotkorbsozialismus gewährleistet und das Geld hiernach verteilt, gesellschaftlich vorgestreckt und durch entsprechende Aufteilung der notwendige Arbeit erwirtschaftet werden. Das erfordert eine lokal umgrenzte, z.B. regionale Subsistenzwirtschaft und die ebenso umgrenzte politische Bestimmung dessen, was als gesellschaftlicher Bedarf gültig im Verhältnis zu dem sein soll, was hierfür aufzuwenden möglich ist. Die Grundeinheit dieses Geldes ist der Preis für die Reproduktion der Menschen, also der hierfür notwendigen Aufwände und Mehrprodukte zum entsprechenden vertragswirtschaftlichn Austausch mit anderen Regionen. Alles, was darüber hinaus geht, wird nach zusätzlichen aber hierzu relativierten Zeitberechnungen ermittelt (z.B. Überstunden, Sonderarbeiten, Fortschritte im Verhältnismaß zur einfachen Reproduktion usw). Um die politische Bestimmung dem Bedarf entsprechend zu gewährleisten, ist eine qualifizierte Delegation der politischen Entscheider nötig, die in der Lage ist, den Aufwand für den Grundbedarf als Einheit des Rechengeldes als Zahlungsmittels zu beurteilen.

der Menschen gleich, so wird es durch den Fortschritt der Produktivität vieler Ideen und Leistungen bereichert, seine Wirkung auf den Lebensstandard verbessert, ohne dass ein Jota davon wertvoller sein müsste. Von daher könnte man sagen, dass es sich bei einem reziproken Rechengeld um eine Art Mischung von Planwirtschaft für die Reproduktion handelt und die Belohnung für den Erfolg einzelner Fortentwicklungen durch Mehrarbeit oder Erfindungen auch eine persönliche Bereicherung in einem anwachsenden sozialen Reichtum bewirkt.

Rechengeld wird überhaupt nur aus dem politischen Vermögen einer Gesellschaft bestimmt, worin sich die gesellschaftliche Realität der Verhältnisse darstellt. Als dieses kann es auch politisch auf das gesellschaftliche Vermögen in Zeit und Raum seiner Verhältnisse vermitteln und muss sich nicht erst im Nachhinein der Tauschakte aus der Relation der Preise sich als quantitatives Verhältnis der Waren auf dem Markt darstellen. Es lässt sich als Quantifizierung der gesellschaftlichen Beziehungen erst darstellen, wenn sein Maß für die Subsistenz, der Aufwand für den gesellschaftlichen Brotkorb des Lebens [(178)], bereits eingelöst ist. Hierdurch könnte aus der Kritik der politischen Ökonomie eine wirtschaftliche Politik der Menschen entwickelt werden, wodurch das Privateigentum aus dem Geldwert heraus emanzipiert und zu einen Sachwert aufgelöst wird und in ein gesellschaftlich bestimmtes Eigentum (z.B. Wohnungseigentum der Kommunen) übergehen kann.

---

178) *„Nur zur Parallele mit der Warenproduktion setzen wir voraus, der Anteil jedes Produzenten an den Lebensmitteln sei bestimmt durch seine Arbeitszeit. Die Arbeitszeit würde also eine doppelte Rolle spielen. Ihre gesellschaftlich planmäßige Verteilung regelt die richtige Proportion der verschiednen Arbeitsfunktionen zu den verschiednen Bedürfnissen. Andrerseits dient die Arbeitszeit zugleich als Maß des individuellen Anteils des Produzenten an der Gemeinarbeit und daher auch an dem individuell verzehrbaren Teil des Gemeinprodukts" (MEW23, S.93).*

Rechengeld ist dann Geld als ein bloßes Zahlungsmittel, dessen aktueller Wert politisch nach Relationen von Raum und Zeit in den Verhältnissen des vorhandenen Reichtums eines Gemeinwesens ermittelt wird und über elektronische Medien dessen Tauschkraft berechnet wird, die es ermöglicht, diese im Maß einer verbesserten Subsistenz zu ermitteln, ohne dass sie ihr Wesen durch ihre Erscheinungsweise als Preis der Arbeit vertauschen müsste. Geld begründet sich dann nicht mehr durch seinen Arbeitswert und also auch nicht aus einer Konkurrenzwirtschaft, sondern ist die Grundlage einer Ergänzungswirtschaft, die sich als Vertragswirtschaft mit dieser Geldform innerhalb wirtschaftlich bestimmter politischer Formationen (z.B. eine internationale Kommunalwirtschaft) verwirklichen lässt und zugleich eine Entwicklung reziproker Geldentwertung, also in eigener Konsequenz letztlich die Abschaffung von Geld betreibt.

Wesentlich hierbei ist, dass alle Bewertungen sich nicht an frei bestimmten Preisverhältnissen sondern mit einer politisch bestimmten Entwicklung der gesellschaftlichen Produktivkraft entwickeln. Wirtschaftlich erfolgt beim Austausch der Produkte die Quantifizierung in einem reziproken Verhältnis zur Produktivkraft ihrer Erzeugung, also sukzessive durch eine reziproke Geldentwertung. Hierdurch wird das organische Gefälle der Produktion - die Differenzen ihres unterschiedlichen Produktionsvermögens - ausgeglichen und auf dieselbe Ebene gehoben. In gleicher Weise werden die Preise für Boden, Rohstoff und Wohnen usw. bemessen als reziproker Wert zur Bevölkerungsdichte. Je mehr Menschen in einem entsprechenden Lebensraum zusammenkommen, desto geringer wird ihr soziales Einkommen in dem Maßstab veranschlagt, in dem ihre Subsistenz sich besser zu der anderer Menschen verhält. Die aus ihrer Wirtschaftlichkeit erzeugte Differenz - z.B. von Stadt und Land - kann dadurch ausgeglichen werden, die Entwicklungen der reicheren Regionen in einem umgekehrten Verhältnis zu der schwächerer Regionen gewichtet werden.

Die allgemeine Vermittlungsform der Gesellschaften, wie sie sich heute wirtschaftlich verhalten und miteinander verkehren, hat sich geschichtlich als Geldform ergeben. Sie hat ihre Grundlage als Wertmaß in der einfachen Reproduktion der Verhältnisse, der Güter und der Menschen, die sich hierdurch in Beziehung setzen. Geld kann man deshalb nicht einfach „abschaffen", ohne die gesellschaftliche Verträglichkeit der wirtschaftlichen Beziehungen abzuschaffen. Noch keine Revolution hat dies in dem Sinn überstanden, mit dem sie begonnen wurde. Immerhin stellt Geld nicht nur ein Verhältnis, sondern auch eine Vertragsform dar, die in ihrem allgemeinen Zweck sich auch selbst entsprechen können muss, um sich als Vorrat, als wirklicher Reichtum, als Potenzial seiner Geschichte und ihm gerecht [(179)] sich zu erhalten. Es muss ja auch den entsprechenden Verhältnissen einer Zukunft gerecht werden. Es drückt zunächst nur Beziehungen in der Form aus, in der sie gültig geworden sind. Von daher setzt es Unterschiede voraus, die durch eine Vermittlungssubstanz adäquat ins Verhältnis ihres Entwicklungspotenzials versetzt werden. Von daher ist Geld immer noch die Grundlage für wirtschaftliche Entwicklungen und stellt ein Lebensverhältnis verschiedenster Aufwände des Lebens dar, um diese in einer gerechten und also eigentlich richtigen Form aufeinander zu beziehen - in einem Rechtsverhältnis, das sich aus den wirtschaftlichen Notwendigkeiten der Subsistenz aktuell nicht mehr aus einem Tauschverhältnis begründen muss, sondern sich auch aus einem wirtschaftlichen Willensverhältnis, also politisch durch den Beschluss der Menschen im reziproken Maß der Subsistenzveränderungen begründen kann.

Aber das Maß selbst kann nicht die Politik sein. Es begründet sich immer aus dem Aufwand der Produktion. Der größte Aufwand, der

179) *„Gerechtigkeit ist nicht etwas an sich Seiendes, sondern im gegenseitigen Verkehr, an welchem Ort auch immer, werde ein Vertrag abgeschlossen, sich nicht zu schaden noch schaden zu lassen." (Karl Marx, MEW 40, S. 343)*

dabei ins Verhältnis gesetzt ist, wird demnach aus der durchschnittlichen gesellschaftlichen Arbeit in dem Lebensraum und der Lebenszeit der Menschen ermittelt, der sich im Anteil am Produkt nicht erhöht sondern mindert. Dadurch werden auch die unterschiedlichen Produktivitätsstufen der Arbeit und die regional unterschiedlichen Naturquellen und Umstände, die den Aufwand bestimmen, in einem umgekehrten Verhältnis angereichert oder verringert. Um Produkte richtig aufeinander zu beziehen, müssen diese Bedingungen der Arbeit bewertet und aufeinander bezogen werden um in eine Geschichte einzutreten, in der Arbeit überhaupt allgemeine menschliche Bereicherung bei schwindendem Aufwand erbringen kann. Es wäre ein Geld, dessen Wert sich durch Computertechnologie - z.B. als Chipgeld - bezogen auf Raum und Zeit der Produktion darstellen lässt.

Das Problem aller Wirtschaftsverhältnisse ist schon im einzelnen Verhältnis zu erkennen: Wo sich ein wirtschaftlicher Vorteil entwickelt hat, kann er sich wirtschaftlich immer leichter gegen die anderen durchsetzen und das Maß ihrer Verhältnisse zu seinem Vorteil bestimmen. Nur wenn das Verhältnismaß der damit erzeugten Produkte auch entsprechend umgekehrt wird, um dem anderen den gleichen Vorteil zu ermöglichen, kann die Geschichte zu beidseitigem Vorteil, zu einer gleichmäßigen Reichtumsbildung voranschreiten. Was zunächst vielleicht idealistisch klingt ist im geschichtlichen Zusammenhang der einzig mögliche Realismus: eines Vertrauens in die menschliche Entwicklung der Gesellschaften, die in ihrem Eigennutz nur dann reicher werden, wenn sie diesen am Nutzen der anderen relativieren. Es muss sich deshalb durch eine reziproke Geldentwertung selbst schon jede Produktion im Sinne eines ganzen Produkts aufeinander beziehen und zugleich durch den Wert des mit einer Ergänzungswirtschaft erzeugten Synergiegewinns auch in ihrem Gesamtwert reduzieren lassen. Es wäre die Grundlage für eine Gesellschaft, die ihre Wertbildung mit dem Wachstum ihres Reichtums abbauen würde.

Im Bewusstsein dieses Resultats ist eine Politik möglich, die diesem durch Ausgleich vorgreift, indem dem wirtschaftlich Bessergestellten ein entsprechend geringerer Anteil an dem im Großen und Ganzen wirtschaftlich erworbenen Reichtum zukommt. Auch wenn dieses Verhältnis im Einzelnen durch unmittelbare Aufwände für den Reicheren belastet ist, wird hierdurch die gesamte Produktivkraft besser wachsen und besser gestellt sein, als es eine einzelne schon gut entwickelte Produktivkraft vermöchte. So ist z.B. eine Mehrarbeit für ein ergänzendes Wirtschaftsverhältnis zum Ausgleich der Produktivität zwischen armen und reichen Kommunen oder Länder (z.B. in einer internationalen Kommunalwirtschaft) zwar unmittelbar für die zuschießenden reichen ein "Nachteil", der aber im Ertrag des ganzen Fortschritts dieses Verhältnisses durch das allgemeine Wachstum allen zum "Vorteil" wird und kein Wachstumszwang durch Konkurrenz entstehen kann, aus dem weitere Verluste ergehen. Die Armut, die durch sie entsteht, ihr Wert, der an sich selbst schon zugrunde geht, wird zu einem gesellschaftlichen Reichtum, der nicht mehr die Verwerfungen der Ausbeutung zu sozialisieren und ihre sozialen Löcher zu stopfen hat. Durch Ergänzungswirtschaft kann der Sinn der menschlichen Arbeit erst zu einer gesellschaftlichen Wirklichkeit werden.

Im Grunde ist jede geschichtliche Entwicklung - soweit diese keine Regression, keinen Anachronismus darstellt - der Erfolg einer Ergänzung, die allerdings im Kapitalismus zugleich nur als Klassenkampf eines Ausbeutungsverhältnisses seine gesellschaftliche Macht in die private Macht des Geldbesitzes pervertiert, aus jedem Wirtschaftswachstum nur Wertwachstum als "Erfolg" beziehen kann, weil das ganze Verhältnis im Widerspruch von gesellschaftlicher Produktion und privater Aneignung (siehe Eigentum) sich vollzieht und die Konkurrenz der Beteiligten zum Prinzip ihrer Wertform hat.

Eine Ergänzungswirtschaft entwickelt sich durch Zusammenhänge in der Beziehung der Arbeiten aufeinander und zu ihren Produkten und ist das Gegenteil von einer Wirtschaft, die sich durch die Konkurrenz der Produzenten durch die Teilung der Arbeit entwickelt, also das Gegenteil von Marktwirtschaft. Denn in der Konkurrenz geht es um den Wert bzw. Unwert einer Produktion, die das durchsetzt, was günstig ist und das zum Untergang treibt, was dabei ausfällt. Was hierbei sich im Nachhinein vernichtend auswirkt, wird bei einer Ergänzungswirtschaft durch das bewusste Zusammenführen der Momente und Teile für ein ganzes Produkt schon im Vorhinein eingebracht. Dies setzt also eine bewusste politische Beziehung der arbeitenden Menschen vor der Produktion voraus, die eine wirtschaftliche Politik vollzieht und die politische Ökonomie der Marktwirtschaft ablöst.

Es ist also eine Ökonomie der Ergänzung, welche den gesellschaftlichen Selbsterhalt durch eine lokale Subsistenzindustrie zur Grundlage hat, die von der gesellschaftlichen Einlösung der existenziellen Notwendigkeiten ausgeht, aus denen sich dann auch die Fortentwicklung der Produktion für einen höheren Lebensstandard, für einen gesellschaftlichen Reichtum durch Mehrproduktionen verschiedenster Art ergibt und wodurch daher auch die Existenz der einzelnen Menschen nicht zur Erpressung ihrer Arbeitskraft verwendet werden kann.

Die Einheit von Kultur und Wirtschaft

Eine Wirtschaft, die menschliche Kultur verwirklicht, kann nicht politisch mächtig, nicht als eine Verfügungsmacht sinnvoll sein. Sie folgt dem Sinn menschlicher Lebensäußerungen so, wie sich die Menschen darin gesellschaftlich aufeinander beziehen und es dem Nutzen für menschliche Bedürfnisse entspricht, der sich daraus auch bestimmt. Die greifen weit über ihre bornierte Naturabhängigkeit hinaus und bilden sich unentwegt aus der Befriedigung ihres Verlangens, in dem der Sinn für eine Bereicherung des Lebens durch Arbeit entsteht. So entspricht ihr Verlangen auch dem, was in ihren Beziehungen durch deren Vergegenständlichung sinnvoll und nützlich ist. Daher ist jedes Bedürfnis immer schon gesellschaftlich und drückt den geschichtlich gebildeten Reichtum der Gesellschaften als eine notwendiges Verlangen aus, als ein Verlangen, dem vor allem seine Freiheit nötig ist. Eine persönliche Verfügungsmacht über persönliche Eigentumstitel, über Wohnraum, Natur, Kultur und Produktionsmittel ist von daher verächtlich gegen ihr Vermögen und ihre Fortbildung.

Zugleich ist die Basis einer jeden menschlichen Gesellschaft die bloße Lebenserhaltung der Individuen, die darin zusammenwirken, deren Aufwände für ihre Lebenserhaltung also in einem gesellschaftlichen Verhältnis auf ihre Bedürfnisse bezogen sind und in ihren Verhältnissen als Verhalten von Notwendigkeit in Freiheit entwickelt werden. Ihre gesellschaftliche Beziehung ist daher immer natürliche Beziehung als Teilhabe an einem Verhältnis, in welchem sie einander erhalten, ergänzen und die Synergie ihres Verhältnisses für ihre Sinnbildung und Fortbildung, für ihre Geschichte nutzen. Eine Ergänzungswirtschaft ist von daher auch die natürliche Grundlage einer Gesellschaft, in der die Menschen ihre Lebensäußerungen so vergesellschaften, wie sie es aus ihrer konkreten und natürlichen Geschichte kennen und erkennen können. Die Basis hierfür ist das, was in Sinn und Nutzen gegenwärtig ist und was daher zunächst nur regional entsteht. Zugleich bezieht sich eine Ergänzung aber immer schon über das Gegebene hinaus und verhält sich zu anderen Kulturen, indem sich die eigene Kultur auch durch sie bereichert und ihren eigenen Reichtum in ihnen erkennen kann. Solange Kultur menschlich gestaltet ist, kann sie nicht fremd sein. Fremdenfeindlichkeit ist eine Verkehrung, lediglich eine verkehrte Reaktion auf Ausbeutung, deren Ursprung nicht erkannt und daher allem Fremd scheinenden zugewiesen wird.

Wo Ergänzungswirtschaft auch kulturell gelingt, sind die Menschen einander auch von Natur aus verträglich und stehen ohne ausdrücklichen Vertrag in ihrem Tun und Lassen in Einklang. Doch Gesellschaft verlangt das Eingeständnis ihrer Notwendigkeit und kann Freiheit nur im Einklang mit ihrem Reichtum auf Dauer ertragen. Und das ist ein kompliziertes Verhältnis zwischen dem einzelnen Individuum und seiner menschlichen Allgemeinheit in einer gesellschaftlichen Form, die sich auch als Vertragsform darstellen muss (180), die sich aber nur im konkreten Raum ihrer Wirklichkeit verbindlich erweisen

180) Auch der Kapitalismus betreibt im Widerspruch der Arbeit und der Klassen Ergänzung. Seine Produktivität wird z.B. dadurch geschaffen, dass neue Ideen und Stoffe aus einander ergänzenden Erkenntnissen zusammengebracht werden und sich in einer Synergie ergänzen, die über die durchschnittliche Produktion hinausgeht und "Win-win-Verhältnisse" für Produzenten und Konsumenten im Handel erzeugt, die erst mal auch als gesellschaftlicher Fortschritt erscheinen. Aber in ihrer Getrenntheit zwischen gesellschaftlicher Produktion und privater Aneignung verwirklicht sich nicht die wirtschaftliche Ergänzung als Ergänzungswirtschaft, sondern als Rationalität einer besseren Verwertung, als Wertwachstum. Die Warenproduktion erzeugt einzelne nützliche Dinge, die auf dem Markt für Geld angeboten und daher auch für Geld erzeugt werden. Sie werden durch Geld gleichgestellt und stellen sich im Warentausch als rein quantitatives Verhältnis dar, in welchem das Unterschiedene gleichgestellt und damit in der Beziehung auf alle Unterschiede gleich geltend wird. Ihre gesellschaftliche Wirkung, ihre gleichgültige Wirklichkeit ist Geld, das alle sinnlichen Verbindungen durch das abstrakte Tauschverhältnis bestimmt und als das Wertmaß ihrer Abhängigkeiten in ihren wirklichen Beziehungen zerteilt. Es reduziert ihre Vielfältigkeit auf eine einfältige Wertgröße, die von jeder qualitativen Beziehung absieht und daher von deren Entstehung und ihrem gesellschaftlichen Sinn, also von ihrem Werden, ihrer Geschichte, ihrem wirklich gesellschaftlichen Sein abgetrennt ist.
Der Äquivalententausch teilt den Markt zwangsläufig in Klassen, worin sich die vermögende durch die Armut der Besitzlosen bereichert. Umgekehrt wäre dies, wenn das Vermögen selbst durch Ergänzung ihren ganzen Reichtum erzeugt, also durch die unterschiedlichsten Beiträge nicht nur die Not der vereinzelten Existenzen aufhebt, sondern die Arbeit und Bedürfnisse der Menschen im Ganzen fortentwickelt, also gesellschaftliche Zusammenhänge durch eine Fortentwicklung des gesellschaftlichen Reichtums bestärkt, verfeinert und dessen Sinn in unmittelbar menschlichen

kann. Dieser konkrete Raum ist wie ein lokaler Körper zugleich weltlicher Körper, besteht also nicht nur an der Produktionsstätte und auch nicht dort, wo die Produkte der Arbeit konsumiert werden. Es ist der Lebensraum ihrer Lebensäußerungen, der durch das Leben der Menschen bestimmte Raum, in dem sie sich für eine bestimmte Zeit gesellschaftlich zu sich wie auch zu allen anderen Menschen beziehen, wenn sie durch ihre Ergänzungswirtschaft ihre lokalen Verhältnisse zugleich verweltlichen, sich im Verhältnis zu anderen Wirtschafsräume mitteilen und vermitteln. Gerade durch diese raum-zeitliche Dimension ihres Lebens gibt es keinen isolierten Lebensraum, kein durch politische Grenzen abgetrennten Raum, sondern den Wirtschaftsraum einer bestimmten Kultur, die sich auf andere Wirtschaftsräume mit anderen Kulturen beziehen und auch durch diese sich ergänzen kann.

Es gibt kein eben niemals ein abgeschlossenes Ganzes, das einen Sinn für sich und durch sich zugleich haben könnte. Solcher Sinn wäre eine bloße Tautologie, wie sie sich nur durch Absehung von sich, also als eine abstrakte Selbstwahrnehmung umsetzen ließe und in der ästhetischen Welt der Selbstgefühle auch tatsächlich verwirklicht. Aber die Individuen gibt es nicht ohne Gesellschaft und sie suchen daher immer schon nach Gesellschaft und von daher auch gerne andere Lebensräume auf und verlassen oft die, aus denen sie gekommen sind. Von daher sind sie auch von einer Seite her an eine Geschichte ihrer Gesellschaft gebunden, in der sie andernorts sich gesellschaftlich beteiligt hatten und an anderem Ort nicht neu mit ihrem Fortkommen beginnen können. Weder ihre Kultur kann ihr Leben bestimmen, noch ihre Wirtschaft. Es ist ihr oft unterschiedliches und auch oft wechselndes Wesen, das seine Gesellschaft sucht und seine Arbeit im Sinne seiner Eigenschaften und Fähigkeiten finden muss. Es „passt“

Beziehungen verwirklicht. Doch dies ist in einer Waren produzierenden Gesellschaft durch die dort herrschende Konkurrenz ausgeschlossen.

nicht unbedingt immer zu dem, wo es herkommt und muss sich auch in Freiheit immer wieder neu entscheiden, wo es leben kann und will.

Von daher ist die Vertragsform die einzige Möglichkeit, sich in unterschiedlichen Verhältnissen zu bewegen und zu vertragen. Um hierfür frei zu sein, müssen auch materielle Möglichkeiten geschaffen werden, die erworbenen Subsistenzmittel und Ansprüche zu übertragen. Soweit die einzelnen Gesellschaften sich schon vertraglich gebunden haben, wird dies auch den Individuen übertragen werden können. Wo nicht, wird das Verhältnis transformiert werden müssen, also z.B. in die Geldform einer Währung oder als Sachleistung übertragen werden müssen. Es wird also lange ein Problem der Konversion zwischen den vertraglich bezogenen Ergänzungswirtschaften und den konkurrenzwirtschaftlich bestimmten Gemeinden geben.

Ergänzungswirtschaft ist im Grunde sehr beweglich, denn sie begründet sich durch die einander ergänzenden Unterschiede, stellt damit die inhaltlichen Verbundenheiten gegen die Gleichgültigkeit der Geldverhältnisse und ist von daher schon seinem Wesen nach subversiv. Ergänzungswirtschaft ist von daher im Grunde die Aufhebung von Arbeitsteilung, indem die voneinander getrennten Arbeitsteile in einer konkreten gesellschaftlichen Beziehung zu einander als Organisation der Produktion und auf die Bedürfnisse der Menschen, auf die Nachfrage nach den Produkten, vermittelt werden, wodurch die Emergenz dieser Vermittlung ein völlig anderes Zusammenkommen der Menschen bewirkt [(181)], weil diese Beziehung nur sinnvoll sein kann, wo die Wirtschaft auch der Kultur entspricht, in der ihre

181) In der bürgerlichen Gesellschaft besteht diese Beziehung ausschließlich in der allgemeinen Wertform, in der Geldform, und bleibt von daher für die Menschen abstrakt. Was in bürgerlicher Form nur auf der Seite des Kapitals als sogenanntes "Win-win-Verhältnis" auftreten kann, soll in der Wirtschaftsbeziehung der Vertragswirtschaft als lebendige Synergie der Arbeit selbst gezielt verwirklicht werden, indem sie deren implizite Ganzheit verfolgt, also wechselseitige Ergänzung betreibt.

Bedürfnisse entstehen. Da es auch schon vom Standpunkt einer gesellschaftlichen Ökonomie her sinnlos ist, Arbeit autark und nur aus vereinzelten Kräften zu bewältigen, sucht die Ergänzungswirtschaft nach einer Beziehung, die dem Arbeitszusammenhang von Teilarbeiten und Produkten entspricht und ein Gemeinwesen der hierin verbundenen Menschen darstellen kann. Will man die Lebenszusammenhänge der kapitalistischen Gesellschaft in einer ihnen angemessenen Form aufheben, sie also in ihrer substanziellen gesellschaftlichen Kraft bewahren und zur Form einer Ergänzungswirtschaft emanzipieren, so können sie nicht im Umkreis eines regional beschränkten Lebensraums bleiben. Die Menschen können sich nur dann wirklich gesellschaftlich entfalten, wenn sie sich auf die ganze Natur und die ganze Weltgesellschaft beziehen, die sich durch die geschichtliche Synergie ihrer Bildungskräfte bewahrheitet, also durch die Auswirkungen ihrer eigenen Kraft sowohl vor Ort wie auch überall sich sinnvoll erweist.

Und das ist die Schwierigkeit einer Geschichte, die sich gegen die Verhältnisse der Nationalstaaten und ihre Konkurrenzen wenden muss und ihre Gegner in den vorhandenen Wertmassen und deren Formationen ertragen können muss. Die treiben alles gegeneinander, indem sie es in ihrem Geldwert vergleichen und durch Gleichsetzung aussondern, was hierin nur untergehen kann, was also unwertig gemacht, ohnmächtig wird, um politische Macht aus der Verfügung eines abstrakt verallgemeinerten Gleichnisses zu gewinnen. Gesellschaftliche Verhältnisse der Ergänzung entwickeln sich nicht durch Gleichsetzungen oder Gleichheiten, sondern durch ihre Unterschiedenheiten, die ihrer organischen Natur entsprechen. Und diese hat verschiedene Dimensionen, vor allem eine horizontale auf der Ebene eines gleichen Entwicklungspotenzials und eine vertikale durch die Hierarchie auf einander gründender Entwicklungen.

Bisher war dies versteckt im Verhältnis von Gemeinde und Staat, Staatenbündnis und Freihandel usw. Wenn sich Kommunen oder

Regionen wirtschaftlich weiter entwickeln wollen, so kann das nur über größere Organismen, Potenziale und Mengen gehen. Die Aufwände hierfür müssen an die Beitragenden auch als Erfolg ihrer großen Projekte anteilsmäßig zurückkommen. Und da dies als Quantum nur über ein Rechengeld möglich ist, muss es auch international näher bestimmt werden. Was im Kapitalismus als Gewinn aus dem Wertwachstum des Geldes erscheint, soll sich hier als Bereicherung des Lebensstandards der Menschen herausstellen. Das bedeutet, dass die Grundeinheit des Rechengeldes, der Umfang der Subsistenzmittel, stetig erhöht werden muss, also immer wieder eine neue Etappe des Grundeinkommens eingeführt wird, die sich als gesellschaftlicher Wohlstand sukzessive im Verhältnis zu anderen Wirtschaftsräumen organisch verallgemeinert und einbringt, wie es bisher die „Extraprofite" der Durchschnittsprofitrate als Geldmenge auf der Seite des Kapitals einseitig eingebracht hatten. Mit der Erhöhung des Lebensstandards, der ja durch das reziproke Rechengeld zwischen den Ländern, Regionen und Kommunen abgeglichen wird, entstehen immer wieder neue Durchschnitte des Lebensreichtums der darin einbezogenen Gesellschaften, durch die das Grundeinkommen der einzelnen praktisch immer wieder neu „kalibriert" wird.

Ergänzungswirtschaft wäre daher auch die natürliche Form einer weltweiten Wirtschaftsbeziehung unterschiedlicher Gesellschaften. Diese ergänzen sich, wo der einen fehlt, was die andere im Überfluss hat. Natürlich ist daher auch eine Ergänzungswirtschaft, durch welche die Güter verschiedener Kulturen in eine bestimmte Beziehung versetzt sind, wenn sie ihre überschüssigen Güter austauschen. Und das muss kein Warentausch sein, wenn die Maßverhältnisse des Austauschs genauso natürlich bestimmt werden, wie die Güter selbst es sind. Ihre Herstellung erfordert eben eine durch ihre Natur bestimmte Menge eines Arbeitsaufwands, ein hiernach ebenso zu ermessendes Ausmaß an stofflichem Entzug von Rohstoff und Landschaft und einen bestimmten Verschleiß an Arbeitsmitteln, an Werkzeug und Maschinen, die für ihre Erzeugung nötig sind und die auch wiederum selbst in selber Weise erzeugt worden waren. Dies müssen die Substanzen eines Vertragsverhältnisses sein, in denen der Austausch von Gütern quantifiziert wird. Von daher ist die Ergänzungswirtschaft immer eine Vertragswirtschaft, in welcher diese Verhältnisse bestimmt werden [(182)].

Die internationale Ergänzungswirtschaft

Internationale Ergänzungswirtschaft ist ein Begriff, der die wesentlichen Eigenschaften einer menschlichen Gesellschaft gegen den herrschenden Feudalkapitalismus als einen Lebenszusammenhang von Menschen vorstellt, der sich als das Verhältnis einer wirtschaftlichen Politik aus der gegenwärtigen Gesellschaft der politischen Ökonomie heraus verwirklichen lässt als Internationalismus eines kooperativen Lebenszusammenhangs gegen die politischen Machtansprüche der Nationalstaaten wie sie ihnen durch ihr Verschuldungssystem auferlegt sind. Es ist das Verhältnis gesellschaftlicher Inhalte in der Form eines politischen Gemeinwesens, worin der Kommunalismus als die politische Form einer Ergänzungswirtschaft neue gesellschaftliche

182) Daraus folgt, dass eine Ergänzungswirtschaft relativ und geschichtlich bestimmt ist, sich auch danach entwickelt, wie z.B. die Arbeit, die Werkzeuge und die Rohstoffe verschiedener Lebensräume sich zu einander verhalten. So kann lange Zeit die Wüste wenig Substanz beibringen; sie wird aber bedeutend, sobald deren Fläche zur Gewinnung von Sonnenenergie genutzt werden kann. Auch Immobilien sind immer abhängig vom Bedarf, also der aktuellen Bevölkerungsdichte. Diese wiederum kann variieren nach Verfügbarkeit von Rohstoffen, Anwesenheitsbedürfnissen einer Kultur usw. Schwer wird hiergegen die Beurteilung von so genannten Luxusgütern, also die Bewertung eines Bedarfs, der im Grunde nur noch einzeln zu begründen ist.

Verbindungen schafft und die Wirtschaftlichkeit der Arbeit auf die Verhältnisse der Bedürfnisse von Menschen bezogen wird.

Internationale Kommunalwirtschaft ist somit eine konkrete Utopie zur Verwirklichung einer revolutionären Subjektivität, die sich aus der internationalen Kommunalisierung des gesellschaftlichen Eigentums begründen wird. Das ist das Vermögen, das über die Reproduktion des einzelnen Menschen hinausgeht und zugleich diese und seine Fortbildung sicher stellt. Sie wird sich dann verwirklichen lassen, wenn die Menschen ihre Lebensverhältnisse der Verwertungsmacht des Feudalkapitalismus entziehen, ihren Niedergang begriffen haben und den verheerenden Auswirkungen der bisherigen Wirtschaftsform sich nicht einfach nur politisch, sondern wesentlich gesellschaftlich in ihren konkreten Lebensräumen entgegenstellen.

Nicht eine Transformation wäre das Ziel, sondern die Herstellung einer Form, die dem vorhandenen wirklichen Vermögen der Gesellschaften, den gegebenen Inhalten des gesellschaftlichen Reichtums auch entspricht. Er könnte unbegrenzt in alle gesellschaftlichen Verhältnisse eingehen und sich durch eine wirtschaftliche Politik zu vielen Ländern und Kulturen verhalten. Nicht die Armut oder die Reduktion der bestehenden Potenziale kann gesellschaftliche Formen sprengen und ihren abstrakten Reichtum als Reichtum des gegenwärtigen Lebens der Menschen freilegen. Die bewusste Veränderung der gesellschaftlichen Form kann jederzeit aus der Analyse ihrer Erfahrungen die Kraft entdecken und entwickeln, die in der herrschenden Gesellschaftsform zu erkennen ist. Es muss an möglichst vielen Orten der Welt zur aktiven Befreiung der menschlichen Lebensverhältnisse aus der Wirtschaftsform des Privateigentums überhaupt kommen, indem an den systemrelevanten Stellen der praktische Nachweis geliefert wird, dass der Kapitalismus für die Menschen eine höchst unwirtschaftliche Form der bestehenden Gesellschaft ist, die sich durch die

Menschen aus ihren Kommunen und Regionen heraus besser gestalten lässt als durch die herrschende Politik und ihrer Repräsentation.

Und hierfür müssen klare Ziele und Positionen aufgeführt und ständig erneuert werden, die innerhalb der bestehenden Existenzformen deren Zwecke unterminieren und dazu geeignet sind, Formen und Strukturen einer regionalen Ergänzungswirtschaft vorzubereiten und zu beschließen. Das kann eben auch nur in den herrschenden Formen beginnen, es kann aber nicht dabei bleiben. Überall setzt sich eine wirtschaftliche Macht in irgendeiner guten oder schlechten Form durch, wo die Politik sich mächtig und hierüber erhaben geben will. Nur eine wirtschaftliche Politik kann die Politik der herrschenden Ökonomie ändern. Es geht also auch um den Prozess einer kommunalpolitischen Rückbildung des Staates in das Gemeinwesen der Kommunen und der Regionen und Länder und die Aneignung seiner Vermittlungsformen zur Einrichtung internationaler, regionaler und kommunaler Subsistenzindustrien in kommunalwirtschaftlich betriebenen Gesellschaftsformen, durch welche die Konkurrenzwirtschaft des Kapitalismus zu einer internationalen Ergänzungswirtschaft entwickelt werden kann. Die wichtigsten Funktionen lassen sich hierbei wie folgt entwickeln:

- Sozialisierung aller privatrechtlichen Eigentumsverhältnisse, besonders der reinen Eigentumstitel (allgemeines Recht auf Wohnung, Kommunikation, Verkehr, Ressourcen usw.)
- Herstellung und Ausbildung einer kommunalen Reproduktionsindustrie, durch die eine Grundversorgung der regionalen Bewohner und eine hiervon befreite Bildung und Entwicklung ihres gesellschaftlichen Reichtums ermöglicht werden soll
- Grundsicherung durch den Anspruch der Bewohner auf alle Grundlagen der Lebenshaltung und Fortbildung nach den Möglichkeiten ihres Gemeinwesens

- Aufbau nationaler und internationaler Netzwerke mit dem Ziel, durch eine Ergänzungswirtschaft die Konkurrenzwirtschaft der Warenproduktion in die Produktion eines weltweiten Gemeinwesens aufzulösen
- Entwicklung eines Rechengeldes durch das eine internationale Vergesellschaftung der Gütervermittlung über eine reziproke Geldentwertung möglich ist
- Einrichtung politischer Formen der Auseinandersetzung über die Produktentwicklung und gesellschaftliche Bildung (z.B. qualifizierte Delegation unter wissenschaftlicher Moderation)
- Politisch bestimmte Vorratshaltung und Sozialversorgung (bei Krankheit, Alter und Tod) und kommunale Tagesstätten für Kinder und Kranke.

Die internationale Kommunalwirtschaft

> *"Gesetzt, wir hätten als Menschen produziert: Jeder von uns hätte in seiner Produktion sich selbst und den andren doppelt bejaht. Ich hätte*
> *1. in meiner Produktion meine Individualität, ihre Eigentümlichkeit 'vergegenständlicht und daher sowohl während der Tätigkeit eine indivi duelle Lebensäußerung genossen, als im Anschauen des Gegenstandes die individuelle Freude, meine Persönlichkeit als gegenständliche, sinnlich anschaubare und darum über allen Zweifel erhabene Macht zu wissen.*
> *2. In deinem Genuß oder deinem Gebrauch meines Produkts hätte ich unmittelbar den Genuß, sowohl des Bewußtseins, in meiner Arbeit ein menschliches Bedürfnis befriedigt, also das menschliche Wesen vergegenständlicht und daher dem Bedürfnis eines andren menschlichen Wesens seinen entsprechenden Gegenstand verschafft zu haben,*
> *3. für dich der Mittler zwischen dir und der Gattung gewesen zu sein, also von dir selbst als eine Ergänzung deines eignen Wesens und als ein notwendiger Teil deiner selbst gewußt und empfunden zu werden, also sowohl in deinem Denken wie in deiner Liebe mich bestätigt zu wissen,*

> *4. in meiner individuellen Lebensäußerung unmittelbar deine Lebensäußerung geschaffen zu haben, also in meiner individuellen Tätigkeit unmittelbar mein wahres Wesen, mein menschliches, mein Gemeinwesen bestätigt und verwirklicht zu haben. Unsere Produktionen wären ebenso viele Spiegel, woraus unser Wesen sich entgegenleuchtete." (MEW 40, S. 462f.)*

Weil auch die menschlich Natur sich in ihrem Stoffwechsel notwendig natürlich verhält, hat dies der Kapitalismus in allen seinen Gestaltungen genutzt, um die Arbeit der Menschen und ihrer Existenz zu verwerten. Das Ziel einer kommunalen wie internationalen Ergänzungswirtschaft ist die Auflösung des Existenzwerts in seine organischen Grundlagen im politischen Verhältnis dem entsprechender sozialer Beziehungen. Sie soll die gesellschaftlichen Momente der Reichtumsbildung durch eine Politik vermitteln, in der die Wirtschaft politisch auseinandergesetzt und dem entsprechend entschieden wird. Die wichtigsten Bestandteile ihrer politischen Form stehen durch die Möglichkeiten eines bestimmten Lebensraums (Kommune, Region und Land) in einer weltweiten vertragswirtschaftlich geregelten Beziehung zu anderen Lebensräumen. Diese besteht im Einzelnen aus

- einer demokratischen Beschlussfassung über eine qualifizierte Delegation (Räte, Parlament und wissenschaftliche Gremien),
- der internationale Herstellung, Vermittlung und Verwaltung eines politisch bestimmten Rechengeldes, das den Bestimmungen einer Vertragswirtschaft folgt,
- der politischen Bestimmung über das materielle Potenzial der sozialen und wirtschaftlichen Vorsorge von der kleinsten Zelle bis hin zu einem Bündnis ihrer weltweiten Beziehungen,
- der gesellschaftliche Verfügung über die Lebensressourcen (Boden, Wohnung, Energie und Verkehr) durch jene, die davon abhängig sind und sich diese zu eigen gemacht, belebt und produziert haben,

- einer garantierten Reproduktion aller Menschen und ihres Lebensstandards (regionale, überregionale und internationale Subsistenzindustrie).

Dies soll eine Wirtschaftsform realer wirtschaftlicher Beziehungen begründen, die durch eine demokratisch gewählte Politik über regional gebundene und existenziell bestimmte Räte beschlossen wird. Sie wird im Bewusstsein um die synergetische Wirkung der wirtschaftlichen Ergänzung im Zweck der Bereicherung eines ganzen Lebenszusammenhangs als Wirtschaftswachstum einer Realwirtschaft betrieben, in der kein Machtverhältnis des Geldes als Kapital bestärkt oder vertieft wird, sondern durch eine reziproke Geldentwertung die Teilprodukte selbst sich schon im Sinne eines organisch ganzen Produkts aufeinander beziehen lassen. Die sozialen und wirtschaftlichen Beziehungen werden daran, also nicht nach ihrem Marktwert bemessen und sind unmittelbar durch die regionalen Verhältnisse bedingt. Im Bewusstsein ihres wirtschaftlichen Resultats ist eine Politik möglich, die diesem durch Ausgleich vorgreift, indem im Großen und Ganzen der wirtschaftliche Reichtum durch Grundeinkommen vermittelt und mit regionalen Vorschüssen in die Produktion erzeugt wird. Das regionale Gemeinvermögen ist dabei aufzuteilen in die lokale Existenz und die Abgaben für überregionale Projekte.

Weil eine Ergänzungswirtschaft jederzeit und an allen Orten schon in den bestehenden Verhältnissen eingeführt werden kann, wenn alle Geldmittel hierzu eingesetzt werden und darin ihr Geldwert substanzialisiert, bzw. aufgelöst wird, kann auch jede Kommune zur Zelle einer weltweiten Beziehung werden. Die vorhandenen Verkehrs- und Kommunikationsmittel bekommen einen wirklichen Boden, weil sie in der Lage sind, die Wirklichkeit einander ergänzenden Unterschiede herzustellen.

Alle Verhältnisse werden in einer durch Vertrag definierten Gemeinschaft geregelt. Die Mehrarbeiten werden anteilig den Beitragenden und einem sozialen Mehrprodukt zugerechnet, das die Ressourcen für regionale und überregionale Projekte sicherstellt. Wenn die Verhältnisse hierbei in ein unterschiedliches Produktivitätsniveau geraten, werden im Sinne eines ergänzenden Wirtschaftsverhältnis zum Ausgleich der Produktivität zwischen ärmeren und reicheren Existenzen, Kommunen oder Länder die Erträge des ganzen Fortschritts des gemeinschaftlichen Verhältnisses durch das allgemeine Wachstum allen zum "Vorteil" aufgeteilt, sodass kein Wachstumszwang durch Konkurrenz entstehen kann. Durch Ergänzungswirtschaft kann der Sinn der menschlichen Arbeit als Vertragswirtschaft zu einer gesellschaftlichen Wirklichkeit werden, weil sie nur soweit nützlich ist, wie sie für die Menschen auch sinnvoll sein kann.

Die menschliche Arbeit wird hierbei nicht nur als eine Tätigkeit für den Stoffwechsel angesehen. Sie ist vor allem Verarbeitung und Fortbildung der Menschen in und durch ihre Kultur geworden, Fortbildung ihrer Selbstgestaltung in der Form ihres Lebensreichtums, wie er durch die Gegenstände ihrer Lebensäußerung, ihres Lebens gebildet und Grundlage ihrer Sinnbildung, der Substanz ihrer Geschichte ist. Sie wird erst hierdurch in der Bildung durch die Erhaltung und Entwicklung einer menschlichen Naturmacht wahr, die Bedürfnis und Arbeit, Subjektivität und Objektivität der menschlichen Gesellschaft ist, in ihrem Dasein aber auch ganz unterschiedliche Formen und Sinnesgestalten eingeht. Die menschliche Arbeit hat ihre Natur dabei nicht einfach abgestreift, sondern ihren Stoffwechsel gestaltet. Und daher ist die Produktivkraft der Arbeit endlich als das wesentliche Material in der Geschichte der menschlichen Gesellschaften verwirklicht, als wirkliche Naturmacht des gesellschaftlichen Reichtums vergegenständlicht und durch die Fortbildung ihrer Arbeit und Kultur zur objektiven Produktivkraft ihrer Bedürfnisse geworden.

Index

C

D

E

H

I

K

L

M

S

T

U

V

W

Z